雇佣关系与近代中国

赵入坤 著

全国百佳图书出版单位
时代出版传媒股份有限公司
安徽人民出版社

图书在版编目(CIP)数据

雇佣关系与近代中国/赵入坤著.—合肥:安徽人民出版社,2009.10

ISBN 978-7-212-01133-8

Ⅰ.雇… Ⅱ.赵… Ⅲ.雇佣关系—研究—中国—近代
Ⅳ.F249.295

中国版本图书馆CIP数据核字(2009)第189012号

雇佣关系与近代中国

赵入坤 著

出 版 人:胡正义
责任编辑:杜宇民 孙文波　　封面设计:张晓春

出版发行:时代出版传媒股份有限公司 http://www.press-mart.com
安徽人民出版社 http://www.ahpeople.com
合肥市政务文化新区翡翠路1118号出版传媒广场八楼
邮编:230071
营销部电话:0551-3533258 0551-3533292(传真)
印　　制:合肥现代印务有限公司
(如发现印装质量问题,影响阅读,请与印刷厂商联系调换)

开本:880×1230 1/32　印张:10.75　字数:280千
版次:2010年5月第1版 2010年5月第1次印刷

标准书号:ISBN 978-7-212-01133-8　定价:28.00元

目　录

导 言

一、雇佣关系的界定

雇佣劳动在现代社会占有着越来越重要的地位。从社会历史的发展来看,它的产生与发展被认为是社会进步的标志。从这样的视角出发,人们对雇佣劳动的一般理解,是把它当做典型的资本主义生产关系来看待,认为雇佣关系是“具有剥削性质的劳动关系”①。这种性质界定给现实研究造成了不小的问题。根据历史文献的记载,这样的雇佣劳动在历史上并不鲜见:奉天机匠黄姓扛布机一张到李建家织布,言明每匹工价市钱一千五百文。陕西旬阳县周张氏交给机匠柯瘸武棉线八斤半,包织布五匹。江西万载李恭牙之族侄孙女卢李氏,令其织布四丈,该工钱一百文未还。②在这里,主雇关系的一方是产品的直接生产者,另一方是产品的直接使用者。显然,这样的雇佣劳动是不能用是否属于资本主义生产关系来简单定性的。

同样不可忽视的是,雇佣劳动存在的历史相当久远。无论是在奴隶社会,还是在封建社会,它们都或多或少有些存在。对这样的雇佣关系,以社会性质来定性就必然给现实研究造成困难。二十世纪五、六十年代我国史学界讨论中国资本主义萌芽问题时,以

① 《劳动法词典》,辽宁人民出版社,1987 年版。

② 彭泽益:《中国近代手工业史资料》第 1 卷,生活·读书·新知三联书店,1957 年版,第 412 页。

黎澍先生为代表的一部分学者否认在前资本主义社会中存在雇佣劳动,认为史料中的“雇”、“佣”等等不过是在一定时间内按照农奴条件出卖自己的失业者;以尚钺先生为代表的另一部分学者则根据前资本主义社会中存在雇佣劳动的事实,断定资本主义生产方式古已有之。在大量的事实面前,前一派观点受到严重冲击;而后者也有明显的缺陷。因此,傅衣凌先生提出明代中叶雇佣劳动的性质“既不是资本主义的雇佣劳动,也不是封建的农奴,而是适应于封建社会后期出现带着资本主义萌芽性质;含有自由雇佣若干特点的雇佣劳动”①。显然,这就意味着雇佣劳动除了资本主义性质以外,还有其他性质类型。持不同意见者虽然断言“在近代的资本主义性质的雇佣劳动制度以外”不存在其他性质的雇佣劳动制度,但又把前资本主义社会中的雇佣劳动与资本主义社会中的雇佣劳动相区别。② 这也就等于承认雇佣劳动不能以社会制度标签来一概而论。

以社会性质来定性雇佣劳动阻碍了对雇佣劳动本身的理论研究。在研究雇佣劳动时,对不完全符合资本主义社会典型形式的种种现象,人们常常以雇佣劳动的封建性来概括。如此,我们说在奴隶社会中存在的雇佣关系带有奴隶性,似乎就是合乎逻辑的了。这样一来,我们又无法把握雇佣劳动的本质特征。正是理论视角的局限,在有关资本主义生产关系萌芽的史学讨论中,各行各业中的雇佣劳动颇受有关史家的重视。然而,在资本主义生产关系萌芽的史学研究之外,相关的研究难以深入。人们对这种社会劳动的理解长期停留在较为肤浅的水平上。

不仅如此,以社会性质来定性雇佣劳动是一种典型的泛政治化标准。它往往会在现实生活中造成禁区。其消极影响也不容低估。把商品经济看作资本主义典型生产形态而造成的政治影响和

---

① 《关于明清社会经济问题的讨论》,1960 年 5 月 26 日《光明日报》。

② 罗耀九:《明代中叶的雇佣劳动是资本主义性质的吗》,《历史研究》1961 年第 1 期。

危害,就是前车之鉴。

那么如何正确看待雇佣劳动呢?马克思主义经典作家早就指出:“包含着整个资本主义生产方式的萌芽的雇佣劳动是很古老的;它个别地和分散地同奴隶制度并存了几百年,但是只有在历史前提已经具备时,这一萌芽才能发展成资本主义生产方式”①。经典作家的言论明确告诉我们,雇佣劳动的产生发展有其自身的规律,存在着量变与质变的过程。我们应该根据其自身发展的客观规律来进行性质判断。有学者指出:“从世界历史角度来看,雇佣关系的兴起不等于资本主义萌芽。资本主义萌芽与商品经济的兴起也不等于向资本主义过渡”②。只有从雇佣劳动本身着眼去研究,才可以避免以社会性质界定雇佣劳动的各种困境,真正把握这种劳动形式的内在规律。

雇佣劳动是工资劳动。其基本表现形式是一方支付工资,另一方以劳动来偿还。劳动力所有者能够不受束缚地自由出卖劳动力,是雇佣劳动得以实现的基本前提。只要这个条件存在,雇佣劳动的基本表现形式不因社会制度的不同而有根本的改变。但是,历史条件的变化却使雇佣劳动的社会意义发生了巨大的改变。这个历史条件马克思主义经典作家认为是“财产不均现象的产生”③。此论有值得商榷之处。从资本主义社会雇佣劳动的表现形式来看确实如此,但从雇佣劳动的起源来看又未必如是。因为,财产占有的不同使财产占有多的人有购买别人劳动的可能,而未必一定带来对别人劳动的购买。前述历史文献记载的大量雇佣劳动事例的发生就很难归因于“财产占有不均”。拥有一定生产资料的雇佣劳动者也大量存在。20 世纪 30 年代一种带地佣工在中

① 《马克思恩格斯全集》第 19 卷,人民出版社,1972 年版,第 232 页。

② 罗荣渠:《现代化新论——世界与中国的现代化进程》,商务印书馆,2004 年版,第 261 页。

③ 李文治:《中国近代农业史资料》第 1 辑,生活·读书·新知三联书店,1957 年版,第 672 页。

国农村普遍存在。这种农民成为大农户长年雇工的条件就是“附带耕种自己所有之田地,而享有其出产。其每年工资之多少与其所带田地之多少成反比例”①。同样,有些雇主也并非是生产资料的所有者。②

因此,笔者以为雇佣劳动产生的历史条件是社会分工和商品生产。前者是雇佣劳动产生的社会根源,后者则是它的发展动力。因为只有有了社会分工,社会不同人群或个体之间才有了交换劳动的客观需要,雇佣劳动才能产生。商品生产的目的是利润。只有有了商品生产,购买别人的劳动才能有意义。同时,商品生产自身发展程度的差别,也带来了雇佣劳动在不同历史时期社会劳动形态整体中所占地位的差异。这种差异就是通过劳动形态地位的变化所反映出来的社会发展程度的变迁,体现了社会发展中的量变与质变的过程。

既然如此,摈弃社会制度标准,根据人类社会历史不同时期社会分工和商品经济发展状况来划分雇佣劳动发展的不同阶段,确定其社会属性,应该是一个可行的研究标准。据此,本文把雇佣关系划分为非商品生产性、小商品生产性和商品生产性三类。非商品生产性雇佣关系是社会分工的产物。它以劳动产品直接用于劳动力购买者消费为目标。这种关系的特点是短时性和直接性。雇佣关系的形成是为了一定产品的生产,产品完成了,雇佣关系也就结束了。正是由于这种短时性和直接性,非商品生产性雇佣关系的主雇双方是不固定的。在一次雇佣关系中可能是雇主,在另外一次雇佣中则可能变为被雇佣者。小商品生产性雇佣关系是以商品经济有了一定程度的发展而又发展不充分为前提。这种雇佣关系下的雇佣劳动者不是商品生产的主力,而只是商品生产的帮手。商品生产性雇佣关系是以商品经济的普遍发展为前提。在这种雇

① 《马克思恩格斯全集》第21卷,人民出版社,1972年版,第79页。

② 陈正谟:《各省农工雇佣习惯之调查研究》,《中山文化教育馆季刊》,创刊号,1934年,第356页。

佣关系下,雇佣劳动者是商品生产的主力。

随着社会分工和商品经济发展程度的变化,雇佣关系从非商品生产性向商品生产性过渡。这是雇佣关系发展的一般规律。在社会分工和商品经济发展程度欠发达的情况下,雇佣关系以非商品生产性雇佣关系为主;在社会分工和商品经济有了相当发展后,商品生产性雇佣关系成为社会雇佣关系的主要形态。小商品生产性雇佣关系则是介于两者之间的过渡形态。正如马克思主义经典作家所指出的,小商品生产的"产品所有权是以自己的劳动为基础的。即使利用过别人的帮助,这种帮助通常也是次要的,而且往往除了工资以外还得到别的报酬";商品生产的产品则"完全是别人劳动的产品"①。在这两种情况下,雇佣劳动保持形式上的一致,但由于产品归属的不同而有了质的区别。当然,必须指出,这种划分不是决然的。当一种雇佣关系占主导地位时,并不排斥其他雇佣关系形式的存在。

从本质上讲,雇佣关系是因劳动力的买卖而生的经济关系,也是一种买卖双方权利与义务交换的法律关系。平等与自由是其特征。这种特征是社会发展中的普识性原则,不因为社会制度的更替而变化。然而,由于政治制度的影响和社会经济条件的不同,完全自由平等的雇佣关系总是一种理想。现实中的雇佣关系总有这样那样的缺憾。从前者看,一定历史时期的政治制度所维护的社会劳动形态是社会劳动的主流形态。比如封建社会是一个等级社会。雇佣劳动所体现的价值关系是与身份社会的主流意识有冲突的。为抑制这种现象,明清时期的中国封建政府颁布了"雇工人"法律条款,人为地制造了主雇双方身份上的不平等关系。

同样,一定时期社会劳动主流形态的组成方式不可避免地要对非主流形态的组成方式产生影响。雇佣劳动的发展也总是与其社会历史条件相适应的。在雇佣劳动发展的初级阶段,当社会历

① 《马克思恩格斯全集》第19卷,人民出版社,1972年版,第231页。

史条件发展不充分之时，雇佣劳动总是留下旧制度的种种痕迹。比如雇佣劳动的持续时间问题，马克思主义经典作家就强调，要保持自由平等的关系，“劳动力所有者就必须始终把劳动力只出卖一定时间，因为他要是把劳动力一下子全部卖光，他就从自由人变成奴隶”①。马克思这里是针对欧洲大陆的社会现实而作出的强调。因为欧洲大陆的封建农奴制是在拿破仑战争的冲击下逐步瓦解的。由于自由劳动处在发展初期，很容易受到旧制度的挤压，所以当时欧洲大陆大多数国家通过立法限制雇佣劳动持续的时间，以免雇主通过延长雇佣时间而把雇佣劳动变相地变成依附劳动。同样，中国明清政府修订“雇工人”法律条款时就强调“立有文券，议有年限”的限制。只是明清封建政府强调的目的与欧洲大陆国家不同罢了。上述情况当然不是雇佣劳动的常态。在雇佣劳动有了相当发展之后，在面对就业和生存压力的情况下，维持雇佣稳定则成为雇佣劳动者的诉求。因此，一定时期雇佣劳动存在种种缺陷恰恰是雇佣劳动的发展处在初级阶段的反映。从历史的发展进程来看，雇佣劳动是进步的。它的完善必须依靠其所赖以存在的历史条件的充分积累。

雇佣关系的基本内容是关于工作时间、工资、工种或职务、工作期限、违约责任等经济内容的规定。当然，维护自由平等所需的政治法律规定也是其内容中应有的部分。马克思主义经典作家认为：“实现劳动力买卖的商品流通领域，确实是天赋人权的真正乐园。那里占统治地位的只是自由、平等、所有权和边沁。”②显然，马克思主义经典作家认为，雇佣关系的平等与自由只存在于劳动力的买卖之时。其实，雇佣劳动的生产过程也应该体现雇佣关系的平等与自由。这不是说雇主不能在生产过程中支配雇工的劳动，而是说雇主只能用经济的手段去支配雇工的劳动，获得合理的

① 马克思：《资本论》，中国社会科学出版社，1983 年版，第 152 页。

② 马克思：《资本论》，中国社会科学出版社，1983 年版，第 161 页。

收益;不能用非经济的强制手段,迫使雇工为自己创造合理收益以外的非法收益。现实生活中为了追求更多的收益,雇主往往会用非经济的强制手段来获取非法收益。因此,为维护雇工的权益,必须从法权上确立主雇双方的平等地位,必须由国家政权对雇佣关系进行调节,抑制主雇矛盾的激化,维持双方的平等地位。主雇双方法权关系的变化和国家调节的内容是社会进步的最直接的反映,也是雇佣关系进化的最显著反映。

总之,雇佣关系的研究,不仅要关注雇佣关系的基本内容,即工作时间、工资、劳动待遇等的变化,也要关注雇佣劳动过程中的劳动管理和国家对雇佣关系的调节。雇佣关系的基本特征贯穿于这三个方面。

雇佣关系的概念界定已见上文,而要便于在本文的使用,还有几个相关的概念要在此作进一步说明。

首先,雇佣关系是不是劳资关系。劳资关系是雇佣工人与资本家因劳动力的买卖而生的关系。它是雇佣关系的一种类型。雇佣关系的概念范畴要比劳资关系的概念范畴大。从劳资关系产生的条件来看,它应该属于本文所指三类雇佣关系中的商品生产性雇佣关系。

其次是雇佣关系与劳动关系的区别。劳动关系,按照1999年版《辞海》的解释有广义和狭义之分。广义的劳动关系是指"在一定的生产资料所有制形式的基础上人们在社会劳动中相互产生的社会联系",是"生产关系的组成部分。人类历史已经历了五种社会形态,因而也就形成了五种类型的劳动关系"。狭义的劳动关系是指"劳动者与用人单位之间为实现劳动过程而发生的社会关系"。广义的劳动关系是包括雇佣关系在内的。狭义的劳动关系在内容上与雇佣关系实质上是相同的,只是说法不一而已。

第三是雇佣关系问题。这是指雇佣劳动中的矛盾冲突。从矛盾的主体来看,雇佣关系问题包括两项矛盾——主雇矛盾和雇佣劳动者与国家的矛盾;从矛盾的内容来看,雇佣关系问题主要包括

维护雇佣劳动者的经济利益和政治权益两个方面。雇佣关系问题的基本矛盾是主雇矛盾。其基本内容则是维护雇佣劳动者的经济利益。各种经济性雇佣关系纠纷主要发生在主雇之间。它包括两个层次,第一个层次是劳动报酬方面,第二个层次是劳动保护问题。劳动报酬上的主雇冲突是经济性雇佣关系问题的基本层面。只要劳动报酬不足以维持雇工的基本生活,这一层面上的主雇冲突就会存在。任何社会只要有雇佣劳动存在,就会有这种雇佣关系问题存在。

劳动保护是在大规模商品生产情况下产生的问题。它是由于生产工具的改进,劳动强度空前加大。过度的劳动往往对劳动者的身心健康产生危害,从而影响整个人类社会的健康。由此,要求减少工作时间,改善劳动安全和劳动卫生条件,重视劳动福利和劳动教育,成为一种普遍的要求。劳动保护的内容十分广泛,涉及工资,工作时间,劳动安全,劳动卫生,劳动福利,劳动教育,特殊劳动者,如童工、女工保护,劳动伤害赔偿等多个方面。这一层次的矛盾冲突在主雇之间也有发生,但更多的是体现在雇佣劳动者整体对社会的要求,是社会对雇佣劳动者的责任。这种要求往往以国家政权对劳动保护的相关标准作出硬性规定来表现的。

维护雇佣劳动者的政治权利包括承认雇佣劳动者的平等政治地位、保障基本公民权利等项内容。政治性要求的提出体现了雇佣劳动者组织程度的提高和阶级意识的觉醒,是雇佣关系纠纷达到新阶段的标志。它以主雇矛盾的方式表现出来,实质上反映的是雇佣劳动者与国家的矛盾。

在许多情况下,雇佣关系问题被叫做“劳动问题”、“劳工问题”或“劳资纠纷”。这些叫法一般反映的是对雇佣关系问题的狭义理解,是以近代劳资激烈冲突为研究对象的。严格来讲,传统社会的雇佣关系问题主要体现在雇佣关系问题基本内容的第一个层次上。近代社会的雇佣关系问题则包括了雇佣关系纠纷的各个矛盾。同时,雇佣关系不仅仅是劳资关系。因此,主雇矛盾也就不仅仅是劳资矛盾了。同样,传统社会中的雇佣劳动纠纷也不能用“劳资纠纷”这样的概念来概括。由此可知,“劳工问题”、“劳资纠纷”等概念没有“雇佣关系问题”这个概念范畴广泛。为保持概念一致,本文使用了“雇佣关系问题”这一概念而没有简单地使用“劳资纠纷”或“劳工问题”这样的术语。另外,还要说明的是雇佣关系既包括体力雇佣劳动,也包括脑力雇佣劳动。近代社会雇佣关系问题最突出的表现是近代工业企业中的体力雇佣劳动冲突。这种冲突十分激烈,吸引了社会各方面及国家的注意力。人们在讨论雇佣关系问题时也只是关注这一方面的问题,其他雇佣关系问题往往被忽略。因此,本文的讨论以雇佣关系问题来涵盖传统社会和近代社会中的雇佣劳动冲突。在讨论近代社会的雇佣关系问题时则以近代工业企业的体力雇佣劳动冲突为研究对象。

二、研究内容

本研究着重探讨1840年至1949年间,雇佣关系在中国社会的演变,认为这种演变包含了两种倾向:一是随着社会分工和商品经济的发展,雇佣关系自身的演化与进步;二是国家政权对雇佣关系发展变化的影响。在这两种演变中,后一种演变更具意义。因为中国是一个后发展型国家。此类国家社会发展的共同特点是国家政权在推动社会发展中扮演了重要角色。一般来讲,此类国家的“政府拥有远比以前更大的责任和权限”,它“以前所未有的程度影响着所有居民的生活”①。不仅如此,按照本文的界定,国家对雇佣关系的调节是雇佣关系研究的应有内容之一。所以,更多地关注雇佣关系在国家干预下的变化是十分必要的。近代国家政权对社会的控制力有一个逐渐加强的过程。在这一过程的初期,社会发展的自发倾向还是有相当活力的。随着政府控制力的不断加强,这种自发发展的倾向越来越受到抑制,社会的发展受到政府日益明显地调控。近代中国政府对雇佣关系的调控比较明显地具

① 布莱克:《现代化的动力》,四川人民出版社,1988年版,第90页。

有这种特点。所以,本文依据近代中国中央政权的更替,描述了国家干预的历程、范围和内容的变化,并对国家干预的结果进行了分析。这是本文研究的基本内容。

本文研究基本框架是,第一章讨论传统社会的雇佣关系。此处所说的传统社会是指 1840 年以前的中国社会。所研究的内容涉及雇佣关系产生的历史条件、基本内容、雇佣劳动纠纷和雇佣关系的社会调节(包括民间调节和国家调节)。第二章讨论近代雇佣关系的发生条件与特点。第三章对近代雇佣关系进行具体考察,研究了买办、近代出国劳工、产业工人、农业雇佣关系和几种特殊雇佣关系的状况。第四章讨论了近代雇佣关系问题及其影响,叙述了近代雇佣关系问题的发生与发展,着重从社会舆论对雇佣关系问题的反映、近代知识界对劳工阶级的认知和中国革命中的阶级意识三个方面探讨了雇佣关系问题的社会影响。第五章就是上文提到的近代雇佣关系的国家调节。最后是结论,从总体上概括近代雇佣关系的讨论,阐述健康的雇佣关系对现代社会的意义。

三、研究现状

雇佣关系研究应该是一个有意义的课题。然而,长期以来,雇佣关系一直被定性为一种剥削关系,因而,学术界很少涉及这一问题。现有研究成果基本上是单个层次研究或者是其他研究课题的附属成果。综合性的研究成果几乎是空白。因此,关于研究状况的回顾,只能就单个层次的研究状况作一说明。

传统社会的雇佣关系研究,因是中国资本主义萌芽研究所讨论的重要问题之一,所以受到中国学术界较多的关注,产生了一些有影响的研究成果。如 1961 年《新建设》第 4 期和《经济研究》第 6 期分别发表了欧阳凡修的《明清两代"雇工人"的法律地位问题》和《明清两代农业雇工法律上人身隶属关系的解放》两篇文章。欧阳凡修根据明清时期的法律,较为系统地分析了明清两代"雇工人"在法律上所处的地位及其变化过程,认为明清雇佣劳动在法律形式上经历了人身隶属关系解放的缓慢曲折的历史过程。欧阳凡修的文章引起了史学界的关注。1962 年,刘永成发表了《论清代雇佣劳动》一文,探讨了清代手工业和农业的雇佣劳动状况,认为清代手工业中的雇佣劳动者"在某些生产比较发达和先进的行业中","基本上具备着资本主义雇佣劳动的性质";"农业雇佣劳动者与雇主之间的关系,很难认为就是资本主义关系"①。罗仑等人认为,明清时代受雇于"官民之家"的从事非生产性劳动的服役性劳动者,总的来说,无论是受雇期较长的服役性长工,还是受雇期较短的服役性短工,都不存在人身解放的过程。农民佃户所雇请的农业长工和短工均不包括在"雇工人"等级之内。② 魏金玉在 20 世纪 80 年代发表文章,详细讨论了雇佣劳动者在明清与雇工人等级的关系,认为"明清法典中关于雇工人的规定,不但适用于农业,适于手工业,还适用于商业以及其他行业的雇佣劳动者,终明清之世都无例外";"雇佣劳动者与雇工人等级的关系在各个时期是并不相同的,不是一贯制"。万历十六年以后雇佣劳动中的短工和长工先后获得与雇主一定的平等地位,但仍然属于"由等级向非等级过渡的雇佣劳动者",并不是完全意义的自由劳动。③ 除上述文章外,还有其他一些关于资本主义萌芽时期雇佣劳动的讨论文章。这里就不一一赘述了。

近代雇佣关系的研究在某些方面有比较丰富的成果。如买办和华工的研究就是如此。在这两个领域,前人进行了比较多的研究,其中买办的研究开始得比较早。在民国时期,买办研究就受到一定程度的重视。当时日本人的在华机构曾对买办进行过广泛的调查。日本学者岸根佶的《买办制度之研究》是比较早的研究中国买办的专著。受其影响,中国人沙为楷在 1934 年编写了小册子

① 刘永成:《论清代雇佣劳动》,《历史研究》1962 年第 4 期。

② 景甦、罗仑:《清代山东经营地主经济研究》,齐鲁书社,1985 年版,第 296—297 页。

③ 魏金玉:《试说明清时代雇佣劳动者与雇工人等级之间的关系》,《中国经济史研究》1986 年第 4 期。

《中国买办制》,并由商务印书馆出版了。

总的来看,民国时期的买办研究还处在起步阶段,集中的买办研究是在20世纪50年代以后,研究的主力是中国大陆学者,也有不少的海外学者。关于买办整体研究的专著成果有聂宝璋的《中国买办资产阶级的发生》,黄逸峰等合著的《旧中国买办阶级》,郝延平的《十九世纪的中国买办》等。买办人物研究的成果有夏东元的《郑观应传》,汪敬虞的《唐廷枢研究》,刘广京的《唐廷枢之买办时代》等。专业论文有黄逸峰在《历史研究》1964年第3期上发表的《关于买办与买办制度》,汪熙在《近代史研究》1980年第2期上发表的《关于买办和买办制度》等。这些研究依据大量的史料,从不同的角度,对买办的产生、买办与雇主的关系、买办的收入、买办制度的变迁和买办的评价等多个问题进行了研究。这些研究不仅整理了大量史料,有些观点也值得注意。比如买办的历史地位问题,海外学者与国内学者的观点明显不同,但两种观点并没有实质性的讨论。因此,这一问题在今天也有进一步注意的必要。本文从雇佣劳动入手研究买办时,对相关的研究成果进行了概述。

近代出国劳工问题的研究成果也很多。史料方面有陈翰笙主编的《华工出国史料》。这套丛书内容丰富,既有档案材料的汇编,也对各种研究成果进行了汇集。既有中文方面的材料,也编译了大量的外文资料。从研究的涉及领域来看,众多的论文和专著主要集中在华工劳动状况的恶劣和所受的种种苦难,以揭露殖民主义的罪恶。庄国土的专著《中国封建政府的华侨政策》,研究了晚清政府在华工问题上的态度。民国政府在这一问题上的处理,目前还鲜有涉及。

近代工业的雇佣劳动在民国时期颇受社会关注。史料方面,系统的资料有北平社会调查所出版的第一、二次中国劳动年鉴和国民政府编辑出版的民国二十一年、民国二十二年劳动年鉴。此外,二十世纪20—30年代中国知识分子自发地对中国工业的雇佣劳动状况进行了调查。各种调查报告和文章散见于报刊上。这些资料都是今天研究近代工业雇佣劳动状况不可缺少的材料。研究专著方面，商务印书馆在1929年出版了陈达所著的《中国劳工问题》一书。该著研究了北洋时期中国劳动状况，也讨论了这一时期国家调节劳动问题的情况。香港远东出版社在1939年出版了朱邦兴等人合作的《上海产业与上海职工》一书。该著叙述了抗战时期沦陷区上海的工人阶级状况。

新中国成立后，工人运动史研究受到高度重视，而雇佣关系的研究受到冷落。但是，作为工人运动史研究的附笔，关于雇佣关系基本内容的资料整理却很有成绩。史料方面，孙毓棠编辑的《中国近代工业史资料》第一辑第五章收集了1840年至1894年间，中国近代工业雇佣劳动状况的大量史料。汪敬虞编辑的《中国近代工业史资料》第二辑在第五章中收集了1895年至1913年中国工业雇佣劳动状况的大量史料。《中国近代资本主义典型企业史料丛书》也在各个典型企业史料中收录了有关雇佣劳动状况的资料。至于雇佣劳动关系，1977年人民出版社出版了集体写作的《旧中国的资本主义生产关系》一书。这本著作集中阐述了旧中国存在的多种资本主义雇佣关系。受时代的局限，该书对旧中国资本主义生产关系的研究批判过多，“左”的痕迹比较明显。至于雇佣劳动所包含的劳动管理，国家调节，雇佣劳动关系的变迁，均未有涉及。

在20世纪80年代以后，尤其近几年，学术界出现了重视雇佣关系研究的症状。大型资料丛书、十四卷本的《中国近代工人阶级和工人运动》由中共中央党校出版社在2000年出版。同年，上海财经大学出版社出版了祝寿慈撰写的《中国工业劳动史》。这是一部通史性著作，叙述了从古代到今天工业劳动有关的多方面内容。近代雇佣劳动冲突方面的研究，海外学者裴宜理的《上海罢工》由刘平等人翻译，由上海人民出版社正式出版。同时，报刊上也陆续出现了一些研究论文。如徐思彦的《二十世纪二十年代劳资纠纷问题初探》探讨了资本家和国民党对劳资关系和劳资纠纷

的态度、主张以及国民党政权的有关政策演变。王奇生的《工人(资本家与国民党》从三者关系入手，探讨了20世纪30年代的劳资纠纷问题。饶东辉的《民国北京政府的劳动立法初探》研究了北洋政府的劳动立法情况。总的来讲，目前学术研究涉及的主要是劳资纠纷问题。其他方面内容的研究尚有待加强。

近代农业雇佣关系的研究比较深入。关于近代农业雇佣劳动的性质，有学者进行了研究。《中国经济史研究》1987年第3期发表了陈廷煊的《近代中国农业雇佣关系的封建性》一文，1992年第1期又发表了刘克祥的论文《甲午战后的中国农业封建性雇佣劳动》。这两篇论文集中论述了近代农业雇佣劳动的封建性因素。至于近代资本主义性质农业雇佣劳动的发展情况，刘克祥在《中国经济史研究》1990年第4期上发表了《甲午战争后的自由的、资本主义的农业雇佣劳动的发展》一文，加以讨论。此外，罗仑等人通过实地调查，研究了山东农业雇佣劳动的情况，出版了《清代山东经营地主经济研究》一书。这些论文和论著比较全面地涉及了近代农业雇佣劳动的各个方面。

四、研究意义

雇佣劳动是劳动力的一种社会存在形式。随着社会分工和商品经济的发展，这种劳动力的存在形式日益广泛。同时，由于社会发展情况的多样性，雇佣关系也呈现出多样的特色。因此，研究雇佣关系的变化不失为认识社会变迁的一把钥匙。更重要的是，现在关于雇佣关系的理论总结基本上是马克思主义经典作家总结西方社会的发展情况而得出的结论。东方国家，尤其是中国的社会发展情况大异于西方国家。马克思主义经典作家得出的结论，是否符合中国社会实际，是有待探讨和研究的问题。这就是本文研究的理论意义所在。

从现实社会生活来看，当代中国雇佣关系的现状正处在一个发展时期。如何对其自发发展趋向保持影响，避免出现大的社会问题，是现实社会迫切需要解决的问题。从历史中寻求有益于当代社会的借鉴经验，这是历史研究的任务之一，也是本文研究的现实意义所在。

综合目前关于在雇佣劳动研究的现状，本文创新之处在以下几点。第一，研究视角的创新。如前所述，已有的关于雇佣劳动研究要么从阶级斗争的角度入手，研究工人运动情况，要么只关注雇佣劳动本身的情况，缺乏联系社会发展趋势的比较。本文把雇佣关系作为一个独立的课题对待，从经济史、社会史、思想史和法制史等多个方向入手，改变了过去雇佣劳动研究只是其他研究课题附属部分的地位，拓展了雇佣劳动研究的广度与深度。第二，观点上的独立看法及一些研究空白的填补。本文的研究涉及面较广。有些内容前人已有不少的研究。在此基础上，本文对一些传统的观点提出了修正。如关于买办的评价，关于中国近代无产阶级的起源等。至于近代雇佣关系问题的社会影响，则是从更深的层次探讨近代社会变迁的根源，基本上是填补了史学研究的空白。

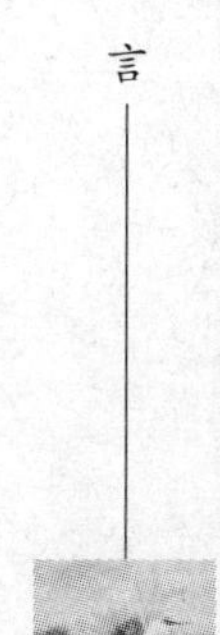

第一章　传统社会的雇佣关系

连续性是社会历史发展的规律之一。雇佣关系的存在有其漫长的历史。雇佣劳动虽然在传统社会中并不占据主导地位，然而作为社会劳动存在的一种方式，它毕竟预示着社会劳动存在方式的发展方向，尤其在传统社会后期，当社会分工和商品经济的发展日益明显之时，雇佣劳动越来越普遍。雇佣关系也随之越来越引起人们的关注和重视。因此，在研究近代雇佣关系时回述传统社会的雇佣关系情况是必要的。

第一节　传统社会雇佣关系的几个问题

一、社会历史条件

社会分工和商品经济是雇佣关系产生的直接社会历史条件。两者之中，前者是雇佣关系产生的前提，后者是雇佣关系发展的动力。自人类社会产生以来，随着生产的发展，社会分工和商品经济获得了不断的进步。传统社会后期社会生产力的进步达到了一个新的台阶。社会经济出现了前所未有的新繁荣。这种繁荣从传统社会的基本生产部门手工业和农业的发展上得到了直接的体现。

在手工业方面，原来严重束缚手工业工人生产积极性的匠籍制度在明代进行了重大改革，工匠可以纳银代役。清朝初年工匠服役制度最终被废除。[①] 手工业生产因此得到了迅速发展。这种发展首先表现在生产技术的进步上。

技术进步在传统手工业的各个部门都有表现,尤以棉纺、丝织和矿冶三业最突出。棉纺织工具在明朝初年就有了很大改进。扎花工具由原来的木制改为铁制,并由原来的两人操作改为一人操作,提高了工作效率。弹花工具在元初时用手拨动绳弦,力度小,工效不高。元末明初,弹花拨弦改用弹椎,弓弦以腊丝代替了麻绳,弹弓的弓背也由竹制改为木制。这些改进使弹花工具操作灵便,工效提高。扎花、弹花工具的改进也推动了纺纱工具的改革,脚踏纺车出现了。明代普遍使用的"容三穗"式纺车,可以同时抽出三根纱。江西乐安甚至出现一手同时抽出五根纱的纺车。当然,最能代表棉纺织技术进步的是一大批精美的棉纺织品的出现。如松江的三梭布"幅宽三尺余,紧细若绸"。由于它质地轻软,皇帝都选用作内衣布料。剪绒毯则"花样巧异,应手而出,能为广数丈者"。另一种飞花布为丁娘子所创,光细洁白,色泽如银,远近仿效。著名的尤墩布,"轻薄细软",为制作暑袜的优质布料。[②]

在丝织业,明代缫丝车的构造比前朝更加灵巧。这种缫丝车一人一日可出丝30两,不仅功效提高很大,而且所缫丝也光洁坚韧,品质优秀。至于丝织工具,这时出现了花机与腰机等不同种类,用于织造不同的丝织品。织工的丝织技术也十分高超。如当时的织匠可以依据画稿穿综带经,多梭并用,随其尺寸度量操作机件,控制织线,"梭过之后,居然花现",其锦心妙手,真所谓"人巧备矣"。由于技术进步,一些丝织品享誉一时。如杭州的皓纱"团花疏朵,轻薄如纸",名动京师,成为达官贵人服暑佳品。

在矿冶业,明代炼铁炉的规制有了很大改进。据朱国帧的《涌

① 彭泽益:《中国近代手工业史资料》第1卷,生活·读书·新知三联书店,1957年版,第391页。

② 田昌五、漆侠:《中国封建社会经济史》第四卷,齐鲁书社,1996年版,第239页。

幢小品》记载，河北遵化的冶铁高炉，“深一丈二尺；广，前二尺五寸，后二尺七寸；左右各一尺六寸”。屈大均在《广东新语》中描述广东佛山的冶铁高炉，“状如瓶，其口上出，口广丈许，底厚三丈五尺，崇半之，身厚二尺有奇”。这种高炉的上料采用机械装置，“率以机车从山上飞掷以入炉”①。冶铁的燃料在有些地方已经使用焦化煤。如方以智在《物理小识》中记载：“煤则各处产之。臭者烧熔而闭之成石，再凿而入炉，曰礁，可五日不绝火煎矿煮石，殊为省力。”这种发明至少比欧洲早一个世纪。在遵化，人们在冶铁时还使用一种桃花石，助铁矿砂消熔。这种桃花石当是一种萤石。以萤石作熔剂，是明代炼铁技术的一大进步。② 此外，铸造技术上，明代已经有了生熟铁连续铸造法。利用生熟铁炼钢的灌钢技术也得到进一步的改进并普及。

在煤矿开采业中，明代的技术也有进步。据宋应星记载，“凡取煤经历久者，从土面能辨有无之色，然后挖掘，深至五丈许，方始得煤。初见煤端时，毒气灼人。有将巨竹凿去中节，尖锐其末，插入碳中，其毒烟从竹中透上，人从下施镢拾取者。或一井而下，炭纵横广有，则随其左右阔取，其上枝板，以防压崩耳”③。

明清手工业生产的发展不仅表现在技术的进步上，还表现在手工业生产内部分工的日益细化上。如乾隆年间，苏州造纸业内部除了管理工作外，就生产过程而言，总工序分为推、刷、洒、梅、插、托、表、拖八道工序。在每种总工序下，又细分为各种专门的匠作。如刷纸工又分成“刷砂录”纸工，“刷玉板笺”纸工，“刷京板风边灰”纸工等；染色纸工又分成“梅本巨红”纸工，“梅顶行高本红”纸工，“梅京放风边红”纸工等。又如棉染织业，其内部分工也十

---

① 屈大均：《广东新语》卷15，《货语·铁》。

② 田昌五、漆侠：《中国封建社会经济史》第四卷，齐鲁书社，1996年版，第247页。

③ 白寿彝：《学步集》，生活·读书·新知三联书店，1962年版，第88—89页。

分明确。总的情况是"漂布、染布、看布、行布各有其人"①。

同样,盐业和陶瓷业两手工业部门的内部分工也十分精细。如温瑞柏在《盐井记》中记述了四川井盐业盐场内部分工,"其人有司井、司牛、司车、司篾、司梆、司漕、司涧、司锅、司火、司饭、司草,又有医工、井工、铁匠、木匠"②等。制瓷业的内部分工,从淘炼泥土到制成陶坯,再送进窑内烧造,须顺序经过二十多个加工过程。一般讲,这些工序包括淘泥、拉坯、印坯、镟坯、画坯、舂灰、合釉、挑槎、抬坯、装坯、满掇、烧窑、开窑、乳料、装料、砂土等。有的工种内还有更细致的分工。如蓝浦在《景德镇陶录》中记述,烧窑工"俗呼把庄,然分三手:有事溜火者、事紧火者、事沟火者"。画工中又分成"乳颜料工、画样工、绘事工、配色工、填彩工、烧炉工"③等。手工业内部分工日益细密是生产专业化的表现。手工业生产专业化的发展,需要生产工具的多样化和工匠技能的专业化,从而带动了为某种手工业服务的其他行业的发展。如苏州一地就有绣作、银作、铁作、铜作等五十多种行业为纺织业服务。

由于手工业内部分工的日益完善,手工业生产的规模不断扩大,传统社会后期某些手工业行业的生产规模已相当可观。如四川井盐业,大盐厂"灶户佣作商贩各项,每厂之人以数十万计。即沿边大宁、开县等厂,众亦以万计"④。广东佛山炼铁业"计炒铁之肆有数十,人有数千"⑤。苏州纸坊有三十三家,"工人八百余名"⑥。苏州染坊踹布工匠,"具系江宁、太平、宁国人民,在苏无家

① 《明清资本主义萌芽研究论文集》,上海人民出版社,1981年版,第92页。

② 温瑞柏:《盐井记》,《皇朝经世文编》卷50。

③ 蓝浦:《景德镇陶录》卷3,《陶务条目》。

④ 严如熤:《三省边防备览》卷9,《山货》。

⑤ 彭泽益:《中国近代手工业史资料》第1卷,生活·读书·新知三联书店,1981年版,第252页。

⑥ 《江苏省明清以来碑刻资料选集》,生活·读书·新知三联书店,1959年,第69页。

室,总计约有二万余人"[①]。四川井盐业的规模则相当大。严如煜在《三省边防备览》中记述大盐厂,由于手工业的发展,一些手工业生产的专业化市镇开始出现。明代中叶江南苏州府的震泽、盛泽、平望镇和黄溪市,嘉兴府的卜院镇、王江泾镇,湖州府的双林镇,都是丝织业较发达的地区。松江则是棉纺织业中心。景德镇是著名的瓷都。佛山是冶铁业中心。到了清代,又有许多新的手工业城镇出现。如广东罗定发展成新兴的手工制糖业城镇,沿河两岸"灶烟冲突"[②],生产繁忙。福建瓯宁因茶叶生产的发展而兴起。

手工业部门的增多和生产规模的扩大,需要农业提供更多的原料。因此,农业中各种经济作物的种植规模也扩大了。最明显的是棉花的种植得到普及。元代棉花的种植还主要在南方地区。到了明代,棉花的种植遍及南北。山东、河南、河北是北方最大的产棉区。南方的植棉中心是长江以南的江浙沿海一带。在苏松常地区,上海耕地"大半植棉"。太仓"十之六七皆弃稻栽花"。嘉定因地势较高,耕地基本用于植棉。明代大学士丘浚对棉业的兴旺曾引以为盛事。他指出棉花的种植,"至我朝,其种乃遍布于天下,地无南北皆宜之,人无贫富皆赖之,其利视丝枲盖百倍焉"[③]。

除了棉花的种植外,其他经济作物的种植也有发展。烟草的种植,北至黑龙江,南到海南岛,几乎都有踪迹,最著名的产地是福建和广西。福建"烟草之植,耗地十之六七"[④]。广西平南县,过去种烟不多,"今种烟之家,十居其半"[⑤]。甘蔗的种植遍布广东、福

---

① 彭泽益:《中国近代手工业史资料》第 1 卷,生活 · 读书 · 新知三联书店,1981 年版,第 255 页。

② 彭泽益:《中国近代手工业史资料》第 1 卷,生活 · 读书 · 新知三联书店,1981 年版,第 266 页。

③ 田昌五、漆侠:《中国封建社会经济史》第四卷,齐鲁书社,1996 年版,第 231 页。

④ 郭起员:《论闽省务本节用书》,《皇朝经世文编》卷 36。

⑤ 刘永成:《论中国资本主义萌芽的历史前提》,《中国史研究》1979 年第 2 期。

建、台湾、四川、江西、浙江、江苏等省。广东番禺、东莞、增城、阳春等县，"蔗田几与禾田等矣"。在台湾，有所谓"蔗田万顷碧萋萋，一望茏葱路欲迷"之说。茶树的种植也得到了普遍推广。安徽、福建、浙江、湖南等省种植最广，当地人多以种茶为生。如安徽霍山"近县百里皆产茶"，"民惟赖茶以生"。浙江于潜县"乡人大半赖以资生"①。福建武夷山下，乡民"不下数百家，皆以种茶为业，岁所产数十万斤"②。另外，菜子、大豆等油料植物以及靛青、苎麻、蔬菜、水果等的生产也有发展。

伴随着经济作物的种植，粮食商品化程度加深。福建每年都要从台湾和邻近省区输入大批粮食。浙江的杭嘉湖地区是著名的粮食高产区，但由于经济作物的种植，其口粮每年都有很大缺口，需从湖北、四川、江西、安徽等长江中上游地区输入。正是由于商业性农业的发展，越来越多的农产品卷入到商品经济的旋涡。

由于手工业和农业的发展，传统社会后期商品经济空前繁荣。首先，社会商品的流通范围更广，市场日益扩大。如景德镇的瓷器行销遍天下，"自燕云而北，南交趾，东至海，西被蜀，无不至，皆取于景德镇，而商贾往往以是牟大利"。两广的铁货，"七省需焉。每岁浙、直、湖湘客人腰缠过梅岭者数十万，皆置铁货而北"。在福建，"凡福之绸丝，漳之沙绢，泉之蓝，福、延之铁，福、漳之橘，福、兴之荔枝，泉、漳之糖，顺昌之纸，无日不走分水岭及浦城小关，下吴、越如流水。其航大海而去者尤不可计，皆衣被天下。所仰给他省者，独湖丝耳"。山西大同原是边塞苦寒之地。此时，"陆驮水航之物，藏山隐海之珍，靡不辐辏而至者，大都东南之产，而转贩之力也"③。苏淞一带的棉纺织品也行销天下。上海的标布"俱走秦晋

① 《明清资本主义萌芽研究论文集》，上海人民出版社，1981年版，第7页。

② 彭泽益：《中国近代手工业史资料》第1卷，生活·读书·新知三联书店，1981年版，第303页。

③ 田昌五、漆侠：《中国封建社会经济史》第四卷，齐鲁书社，1996年版，第263—264页。

京边诸路”,中机“走湖广江西两广诸路”;嘉定的棉布“商贾贩鬻,近自杭歙清济,远至蓟辽山陕”,甚至远销日本、安南、新加坡等地。此时,市场对生产的作用也显现出来。如棉织品的生产规格就视市场而定。标布在明代盛行,各乡镇织户大都织作标布。清代中机销路转盛,织户们多改织中机。①

其次,随着商品交往规模的扩大,传统社会后期商人空前活跃,做贾经商蔚为风气,所谓“富者缩赀而趋末,贫者倾产而就商”。照当时人林希元的说法,“今天下之人从事于商贾技艺、游手游食者十而五六”。就是那些向来以经商为耻而羞于为伍的缙绅官僚,此时也“多以货殖为急”,或开官店,或营高利贷,或贩盐走私。

各地区因商品生产及其他一些因素的不同,从商者的规模人数也各异。江南经济发达,早在明朝正统年间苏州就有大量民众转徙他乡做工经商,到明中期以后,苏州府吴县、长洲居民“往往人生十七八,即扶资出商,楚、卫、齐鲁,靡远不到”。此外浙江、南直隶经商者甚众。而徽州府的“贾人几遍天下”,其活动区域“尽天下通都大邑及穷荒绝徼,乃至外薄戎夷蛮貊,海内外贡朔不通之地”。徽州商帮由此形成全国最大的商人集团。在北方,山、陕商异常活跃。边镇重兵所需的生活品的供给,盐粮开中,茶马贸易,互市贸易以及南北经济的差异等,是促使山陕地方从事长途贩运的重要因素。晋商中的豪富则首推盐商。②

由于商品市场扩大,商人开始打入手工业生产领域。如明代徽州、杭州和福州就有大商人不仅贩销商品,而且自己直接从事手工业经营。如商人胡友松“贸丝,织缯绮,通贩贸易,竟用是起其家”③。又如,雍正三年,广东揭阳县商人苏大发,“承开大溪坪铁

① 《明清资本主义萌芽研究论文集》,上海人民出版社,1981 年版,第 377 页。

② 齐涛:《中国古代经济史》,山东大学出版社,1999 年版,第 333—334 页。

③ 《明清资本主义萌芽研究论文集》,上海人民出版社,1981 年版,第 15 页。

炉一座，递年岁输饷银五十两”[①]。乾隆年间，江西长宁县商人严永盛、钟常丰，各自经营铁冶工场四座。嘉庆年间，商人赖赵兴也经营铁冶工场一座。[②] 有些商人则通过供给原料，收买成品的方法，插手手工业生产。如南京丝织业，商人的账房给手工业者提供原料。手工业者“织成送缎，主人校其良苦，谓之雠货”[③]。在广东、福建等水果产区，水果加工业也出现商人插手的情况。广东的制糖业，商人“春以糖本分与种蔗之农，冬而收其糖利。旧糖未销，新糖复积。开糖房者，多以致富”[④]。

第三，城镇的发展空前繁荣。明清两代以北京为都，作为政治消费城市，繁荣了几百年。传教士利玛窦对北京的印象是：它“什么也不生产，但什么也不缺少”[⑤]。除北京外，全国各地出现了一大批城市。如老牌城市苏州、杭州、临清、淮安、扬州、镇江等运河城市，九江、芜湖、沙市等长江城市，各省会城市，宣府、大同、宁夏等沿边城市，广州、泉州、温州等海港城市，景德镇、佛山镇、松江等手工业城市等。

伴随着城市的发展，带有鲜明专业特色的市镇也大量出现，如江南湖州府的南浔镇、菱湖镇、乌青镇等以桑蚕缫丝闻名。苏州府的震泽镇，嘉兴府的石门镇、王店镇、濮院镇、王江泾镇，杭州府的塘栖镇、长安镇、硖石镇等也是著名的丝业名镇。松江府华亭县的朱泾镇是著名的棉业市镇。桐乡县的炉头镇以冶铸出名，石门镇于蚕丝外又以榨油出名，归安县善琏镇以制笔出名等。

商品经济的繁荣致使雇佣劳动的使用广泛。明代中期以后，

① 彭泽益：《中国近代手工业史资料》第1卷，生活·读书·新知三联书店，1981年版，第311页。

② 彭泽益：《中国近代手工业史资料》第1卷，生活·读书·新知三联书店，1981年版，第315页。

③ 陈作霖：《风麓小志》卷3，《记机业》。

④ 彭泽益：《中国近代手工业史资料》第1卷，生活·读书·新知三联书店，1981年版，第249页。

⑤ 《利玛窦中国札记》，中华书局，1983年版，第327页。

农业雇佣劳动在地方志之类的典籍中有了越来越多的记载。弘治《吴江志》称:“无产小民投顾富家力田者谓之长工。先借米谷食用,至力田最忙一两月者,谓之短工。”嘉靖《吴江县志》卷13载:“若无产者赴逐雇倩,抑心殚力,计岁受值者曰长工,计时而受值者曰短工,计日而受值者曰忙工。”正德《华亭志》卷3称:“农无田者为人佣耕曰长工,农月暂佣者曰忙工。”手工业雇佣劳动的记载也多,而且雇佣规模更大。如碑刻资料记载,康熙时,“苏城内外踹匠,不下万余,均非土著,皆系外来”①。陕西风县有铁厂十七处,“每厂雇工或数十人至数百人不等,其帮工搬运来往无定之人更多,难以数计”②。由于雇佣劳动越来越普遍,其所包含的各项雇佣关系问题逐渐形成。

二、传统社会雇佣关系的基本状况

雇佣劳动在传统社会后期有相当广泛的存在,其种类众多。按时间来分,有长工、月工、短工、忙工之别。以行业来看,有商业、手工业、农业之分。商业上的雇工有号客、号友等不同名目。号客是指各种经营管理人员;号友指的是各种帮手打杂之人,如伙友、火头、徒弟等。农业雇佣劳动的称谓更多。两汉时期有“佣作”、“佣保”、“庸奴”、“流庸”、“客庸”等称呼。明清时期通常的泛称有“雇佣”、“佣工”、“雇工”、“雇工人”、“受雇的”③等。

传统社会雇佣关系基本状况的相关史料在一些内容上有比较翔实的记载,如工作时间、工资、劳动管理等。传统社会雇佣劳动的工作时间,如杭州丝织等业“贫民昼夜苦趁逐,往多夜作。诸凡治机丝煅金锡,皆通夕不寐”。四川自流井制盐业,“凿井之工,岁

---

① 《江苏省明清以来碑刻资料选集》,生活·读书·新知三联书店,1959年版,第43页。

② 彭泽益:《中国近代手工业史资料》第1卷,生活·读书·新知三联书店,1981年版,第313页。

③ 杨国桢:《明清土地契约文书研究》,人民出版社,1988年版,第57页。

停除日元日；烧盐之工，岁不停日，盖天下之至劳苦者也”[1]。由此可见，传统社会雇佣劳动的工作时间较长。但是手工劳动的强度并非很大，很多工作是“老幼残疾，多借此资生”[2]之业。因而，劳动时间的长短并未引起多大的社会重视。传统社会雇佣关系中最突出的内容是工资制度。

工资直接关系到雇佣劳动者的生活。一般情况下，工资的多寡是雇佣劳动者首先要考虑的因素。工资的形式无非是年薪、月薪、日薪或者是计时、计件工资。无论哪种形式的工资，传统社会都已经存在。如雍正十三年，河南王智雇刘二妮一年，工价三千钱，按月支付。山西李贵林于乾隆年间受雇于冯从蔚家，每月工银五钱。乾隆二十二年，山东吕五雇给任继生家佣工，议定一年工价大钱二千五百文，按月交支。乾隆十六年，浙江汤溪县谢起常雇林乔嵩种靛三年，讲定每年辛力银八两二钱。乾隆二十一年，广东顺德谭必昌雇何亚九在家佣工，每年工银花边钱六员。山东临邑县袁祥雇张景轲佣工，讲明每年工价小钱六千。乾隆三十四年，广东揭阳县监生黄相荣雇林阿城佣工，讲定每年工钱一千五百文。[3]广东罗定州杨仕奕，在乾隆六年雇钟亚卯等两人赴寮榨蔗，言定每人每日工钱二十五文，按五日一次给发工钱。[4] 乾隆二年，直隶易州王二雇周士云及其子周德怀佣工，言明大工每日工价一钱，小工每日工钱八十文。[5] 嘉庆十一年，陕西紫阳县仲思陇雇余万和帮

① 彭泽益：《中国近代手工业史资料》第 1 卷，生活 · 读书 · 新知三联书店，1981 年版，第 414 页。

② 彭泽益：《中国近代手工业史资料》第 1 卷，生活 · 读书 · 新知三联书店，1981 年版，第 414 页。

③ 魏金玉：《试说明清时代雇佣劳动者与雇工人等级之间的关系》，《中国经济史研究》1986 年第 4 期。

④ 彭泽益：《中国近代手工业史资料》第 1 卷，生活 · 读书 · 新知三联书店，1981 年版，第 397 页。

⑤ 彭泽益：《中国近代手工业史资料》第 1 卷，生活 · 读书 · 新知三联书店，1981 年版，第 405 页。

工加工木材，言明每拉板宽一丈，工钱一百文，按月清给。[①] 嘉庆三十三年，贵州镇宁州严文通雇谢上品烧瓦，议定每万块给工价银二两。[②] 上述这些史实说明，工资形式随地点、行业不同而不同。运用多种工资形式在各地是相当普遍的。

工资支付在手工业方面一般用各种货币，有的因而还规定了货币的成色。如乾隆二十一年《严禁纸作坊工匠把持勒增工价碑》就明确规定纸匠“给发工价，务遵宪定章程总以九九平九五色按日按工，钱照时价高下”[③]。乾隆六十年的《踹布工价给发银两碑》也载明：“嗣后各布号给发踹布工价，遵照断定章程，统以陈平九八兑九六色银给坊，该坊户即以布号所发之银，亦以陈平九八兑九六色，每两给匠九钱五分，听其自行换钱。”布号、坊户所发银两，“亦不得轻平短色”[④]。农业雇工工资也有用货币给发的，如明末沈氏农书记载：“长年一名，工银五两。”有的则用实物给发工资。如乾隆十五年，广东茂名县周尚璋雇佣何德高佣工，每年工谷十石。乾隆十六年，直隶塔子沟戮哈兔雇吴三佣工，止议秋收完毕给粮五石。[⑤] 以货币支付工资表明商品经济的发达。实物工资的存在则说明社会经济发展的不平衡。一般来讲，工资是在工作完毕之后支付的，不过，也有预支工资的。如《醒世恒言》第35回写道：“那卢楠田产广多，除了家人，雇工的也有整百，每岁十二月中预发来岁工银，到了是日，众长工一起进去领银。”农业短工中也有预支工资的。如“先借米谷食用，至力田最忙一两月者，谓之短工”[⑥]。

---

① 彭泽益：《中国近代手工业史资料》第1卷，生活·读书·新知三联书店，1981年版，第404页。

② 彭泽益：《中国近代手工业史资料》第1卷，生活·读书·新知三联书店，1981年版，第398页。

③ 《明清苏州工商业碑刻集》，江苏人民出版社，1981年版，第90页。

④ 《明清苏州工商业碑刻集》，江苏人民出版社，1981年版，第79页。

⑤ 魏金玉：《试说明清时代雇佣劳动者与雇工人等级之间的关系》，《中国经济史研究》1986年第4期。

⑥ 《明清资本主义萌芽研究论文集》，上海人民出版社，1981年版，第59页。

预付工资也同样存在于手工业中。如苏州丝织业,缎庄机户将“货具经纬”交给机匠揽织,通常“必先付定洋”若干,“以后将工扣算”①。预付工资的存在一方面说明工资制度的灵活性,另一方面这也是一种劳动力的预买制度,有利于雇主对雇工的剥削。

传统社会的工资制度也相当复杂。除工资以外,还有其他一些收入,主要是包括饮食在内的其他一些费用。如苏州纺织业工匠有“常例酒资,纱机每只常例,给发机匠酒资一钱,二月朔日给付四分,三月朔日给付三分,清明给付三分,三次分给,共足一钱之数。缎机每只常例,亦给付机匠酒资一钱,六月朔日给付四分,七月朔日给付三分,中秋给付三分,三次分给,共足一钱之数”②。蓝浦的《景德镇陶录》卷四《陶务方略》中记述,制瓷业工匠“至供饭一例,则阖镇皆三月朔起,有发市钱”③。沈氏农书中的长工,除工资外,每年“吃米五石五斗,平价五两五钱,盘费一两,农具三钱,柴酒一两二钱”。乾隆五年,广西柳城县熊扶包雇请熊扶害帮工,除工资外,每年要给“衣裤各二件”,如半年,则“衣裤各一件”。乾隆六年,河南南阳梁天功雇觅李举帮工。除工资外,每年给“鞋二对”④。

在长期的实践中,传统社会的工资制度也总结出了一些符合价值规律的经验。如工人工资并不是千篇一律,而是“视货物之高下,人工之巧拙为增减”⑤。四川制盐场有明显的因劳动力差别而来的工资等级差别。比如担水工,“其力最强,担可三百斤,往复运送,日值可得千钱”;盐船工和担盐工,“其值稍杀”;而操有技术的

① 《明清资本主义萌芽研究论文集》,上海人民出版社,1981 年版,第 353 页。

② 《江苏省明清以来碑刻资料选集》,生活 · 读书 · 新知三联书店,1959 年版,第 6 页。

③ 蓝浦:《景德镇陶录》卷 4,《陶务方略》。

④ 魏金玉:《试说明清时代雇佣劳动者与雇工人等级之间的关系》,《中国经济史研究》1986 年第 4 期。

⑤ 《江苏省明清以来碑刻资料选集》,生活 · 读书 · 新知三联书店,1959 年版,第 6 页。

盐匠、山匠、灶头工,"其价益昂"①。在造纸业,工匠工资因技术不同而有等差,并且工作量也不同。乾隆二十一年议定染纸作坊工价,规定了各种工匠的工作量和工资。技术很高的洒金工"每日二刀为一工,每工银四分"。技术低的托纸工每日"十刀为一工,每工银二分一厘"②。为增加产量,有些雇主还实行一些原始的奖励制度。如乾隆五十八年的《详定纸匠章程碑》规定,纸匠每日以刷六百张为一工,"如纸匠勤力,春夏昼长,秋冬夜作,尽力刷造,除去六百张为正工","有多至六百张,按月统算,每工给茶点银半分,共成四分五厘,以示鼓励"③。总之,"如有勤力多刷者,亦即按工给价外,再给茶点银半分,以示鼓励"。景德镇制瓷业中的乳料工,"有两手乳两钵,夜至二鼓者,工值倍之"。在有些地方某些手工行业,由于工人长期的斗争,工人工资能在物价上涨时得到相应的补贴。如苏州踹布工价在康熙五十四年,每匹布提高了三毫。五年后又规定踹匠工价"每匹银一分一厘三毫,银色九七……其米价贵至一两五钱,每踹布千匹,加银二钱四分;米价一两二钱则止"④。从这些规定来看,踹匠工价的增长是微不足道的,但这些微不足道的增长表明,传统社会的工资有了随物价上涨而增加的事实,也表明人们有了工资额随生活水平的高低而定的认识。

商品经济的发展需要大量的劳动力。中国传统社会劳动力的雇佣途径也能给这种需要提供便利。当时,劳动力的受雇主要通过两种途径:原始的劳动力市场和传统的社会关系。传统社会后期,无论是农业雇工,还是手工业雇工,都有相当规模的劳动力市场的存在。农业雇工市场在当时的广东钦州及新会县,山东的齐

① 彭泽益:《中国近代手工业史资料》第1卷,生活·读书·新知三联书店,1981年版,第290页。

② 《明清苏州工商业碑刻集》,江苏人民出版社,1981年版,第90页。

③ 彭泽益:《中国近代手工业史资料》第1卷,生活·读书·新知三联书店,1981年版,第414页。

④ 《明清苏州工商业碑刻集》,江苏人民出版社,1981年版,第70页。

河及济宁，河南的柘城、林县，直隶的大兴县与昌平州，山西的阳高与安邑，辽宁的开源县以及四川、湖北的一些地区，都已出现。无职业者在早晨赴集受雇短工的地方，“名曰人市”。雇工到市场上出卖劳动力，叫做“赴市觅雇主”、“到工夫市上卖工夫”。雇主到市场上购买劳动力，则叫“赴市觅工”、“赴街觅人工作”。主雇双方任意买卖。随着劳动力市场的出现，劳动力的市场价格已开始形成。由于农忙与农闲的季节不同和劳动力的强弱不一，市场规定了劳动力的不同价格。[①]

手工业的劳动力市场出现得更早。明代常熟人蒋以化在《西台漫记》中记述了隆庆、万历年间苏州丝织业劳动力市场的情况：“我吴市民，罔籍田业，大户张机为生，小户趁织为活。每晨起，小户数百人，嗷嗷相聚玄妙口，听大户呼织，日取分金为饔飧计。大户一日之机不织则束手，小户一日不就织则腹枵，两者相资为生久矣”[②]。到了清代初年，苏州丝织业劳动力市场不仅继续存在，而且规模扩大，并出现了专业化的市场。据苏州地方志记载：“郡城之东，皆习机业。织文曰缎，方空曰纱。工匠各有专能，匠有常主，计日受值。有他故，则呼无主之匠代之，曰唤代。无主者，黎明立桥以待。织工立花桥，纺工立广化寺。以车纺丝者曰车匠，立濂溪坊。什百为群，延颈而望，如流民相聚，粥后俱各散归”[③]。劳动力市场的存在说明劳动力的买卖是自由的。这种市场的存在及日益专业化本身也是传统社会雇佣劳动发展程度的表现。

雇工通过传统的社会关系途径受雇，是指通过同乡、亲朋故旧的介绍而就雇的办法。这种方式受雇的事例很多。有的是规模较小的手工业作坊，有的是规模较大的手工工场。如山东淄川县在

① 刘永成：《论中国资本主义萌芽的历史前提》，《中国史研究》1979 年第 2 期。

② 蒋以化：《西台漫记》卷 4。

③ 《明清资本主义萌芽研究论文集》，上海人民出版社，1981 年版，第 428 页。

煤炭厂佣工的李斯孔,为康甫得说合亦雇入厂内工作。[①] 浙江余姚县人余起贤学成染匠后,周文远荐他到龚维能染店去做工。江苏铜山县人耿得凭李大说合,投雇韩顺染坊佣工。[②] 陕西岐山县南乡的纸厂,"厂主、雇工,均系湖广四川人";兴安府的纸厂雇工,"均系亲工子侄"[③]。苏州府人数众多的踹匠,"皆江南江北各县之人,递相传授牵引而来"[④]。这些事例说明,中国传统社会晚期虽然已有了原始劳动力市场的存在,但劳动力受雇的主要途径还是通过各种社会关系进行的。

传统社会雇佣劳动的单位规模一般较小,但有些行业存在例外,如前文所述的苏州踹染业和各地矿冶业的雇工规模就比较大。同时,这些行业的雇工管理已经出现了原始的把头制和包工制。如苏州的踹染业"即有一种之人,名曰包头,置备菱角样式巨石、木滚、家伙房屋,招集踹匠居住,垫发柴米银钱,向客店领布发碾。每匹工价银一分一厘三毫,皆系各匠所得,按名逐月给包头银三钱六分,以偿房租家伙之费"[⑤]这种包头又叫作头,是踹匠与客店或称布号两者之间的中间人。在这里,工人、作头和商家三者之间的关系是,"工人听作头稽查,作头听商家约束"[⑥]。客店或布号不直接与踹匠发生关系,但是通过作头或包头,客店或布号又能控制大量的踹匠,既能随时满足生产所需的劳动力,又避免直接管理工人的诸多麻烦。作头或包头的身份也不是纯粹的把头。因为每个作头

① 彭泽益:《中国近代手工业史资料》第1卷,生活·读书·新知三联书店,1981年版,第402页。

② 彭泽益:《中国近代手工业史资料》第1卷,生活·读书·新知三联书店,1981年版,第412页。

③ 彭泽益:《中国近代手工业史资料》第1卷,生活·读书·新知三联书店,1981年版,第262页。

④ 彭泽益:《中国近代手工业史资料》第1卷,生活·读书·新知三联书店,1981年版,第256页。

⑤ 《明清资本主义萌芽研究论文集》,上海人民出版社,1981年版,第274页。

⑥ 《明清苏州工商业碑刻集》,江苏人民出版社,1981年版,第54页。

要能够召集踹匠，还必须有一定的投资，即引文所说的踹布工具和垫支踹匠伙食之资。因此，踹布业的作头或包头具有“包工头与资本业主的双重身份”①。这是原始把头制与近代把头制所不同的一点。原始把头制在景德镇制瓷业也有存在。制瓷业把头一般叫做坯房头，负有替陶户管理工人的责任：“陶户坯作人众，必用首领辖之，谓之坯房头，以便稽查口头出入雇人。其有众坯工多事，则令坯房头处平，有惰工坏作，亦惟彼是让”②。

原始的包工制以北京西山采煤业的“锅伙”最具典型。“锅伙”原为煤窑“各项工作之人早晚食息之所”，后来演变为一种包工机构，由开设锅伙之人“自行赴窑承揽，代煤窑揽雇工人”③。“锅伙”一般有开门、关门、连夏、不连夏之分。“其开门不连夏锅伙，每年七月以后，按照公平时价，雇人工作，或拉煤或淘水，一交次年五月，约计京城内外各煤厂煤铺，俱已积存足供五六七月之用，即行散工，以避盛暑煤毒，是谓开门锅伙，又谓之不连夏锅伙。”这种锅伙可谓一种自由的雇佣劳动。关门连夏锅伙，“则系就地搭盖矮屋数间，周围筑起高墙，遍插棘刺，只留小门，以通出入。如遇寻工负苦之人，诓入锅伙，逼勒进窑工作；出窑后即关闭棘墙之内，防其逃走；并在锅伙内开摆小菜与酒店等项货摊，任意昂其价值，每有工作之人买用，即将应付工价克扣，新陈拖累，严寒盛暑，不得脱身”。这种锅伙待遇工人十分恶劣，“遇有患病之人，辄行抬出丢弃，以至冻馁毕命，甚至殴打垂毙抬弃，以至多被大兽残食，殊为残惨”④。因此，这种锅伙实际上是一种人间地狱，显然不是自由劳动。到近代，锅伙制在华北采煤业很盛行。关门连夏锅伙的很

① 《明清资本主义萌芽研究论文集》，上海人民出版社，1981 年版，第 275 页。

② 彭泽益：《中国近代手工业史资料》第 1 卷，生活·读书·新知三联书店，1981 年版，第 273 页。

③ 《明清资本主义萌芽研究论文集》，上海人民出版社，1981 年版，第 294 页。

④ 彭泽益：《中国近代手工业史资料》第 1 卷，生活·读书·新知三联书店，1981 年版，第 323 页。

多方法被沿用。

除了上述两种特殊的劳动管理形式外，传统社会雇佣劳动管理的一般性特征以统治严酷著称。雇主对雇工的控制比较严密，所使用的方法也以超经济的强制为多。如云南铜矿的管理实行所谓“七长”负责制。直接控制工人的是锅头。铜矿场中“厂徒无数……皆听治于锅头。其笞以荆，曰条子，其缚以藤，曰楦。其法严，其体肃”①。又如，木材采伐业生产采用大规模劳动协作形式，因而生产制度严密，“其开伐以渐而进，平时进止皆有号令，号曰某营，与行军同”。有首诗《木厂吟》对木材采伐业的劳动管理情况进行了十分形象的描述：“商人厚资本，坐筹操奇赢，当家司会计，领岸度工程。书办记簿册，包头伙弟兄，开林百十里……一厂群工备，大者屡千人，以渐开而进，约束似行营……工徒半流徙，亿万寄以生。”②以行伍方式约束工人，工人的自由自然受到更严厉的限制。雇佣劳动管理的这种野蛮状况必然引起雇工的反抗，使主雇之间纷争不已。

三、传统社会的雇佣关系纠纷

传统社会的雇佣劳动一般规模不大，主雇之间往往有千丝万缕的社会联系，双方不易起直接冲突。然而，在一些生产规模较大的行业，雇佣关系纠纷还是不断出现。传统社会雇佣关系纠纷的基本内容是工资纠纷。因为传统社会雇工工资非常低。据时人记载，一个雇佣劳动者日夜劳作，“所得之食仅养一身，父母妻孥，仍然冻饿”③。除工资纠纷外，解雇问题也在传统社会雇佣关系纠纷中占有一定比例。在工资纠纷中，雇工为增加工资而进行斗争的武器是停工不做。当时，这种行为被称为“叫歇”。“齐行叫歇”则带有同盟罢工的性质。因工资而起的雇佣关系纠纷在各行各业都

① 《明清资本主义萌芽研究论文集》，上海人民出版社，1981 年版，第 288 页。

② 《明清资本主义萌芽研究论文集》，上海人民出版社，1981 年版，第 283 页。

③ 彭泽益：《中国近代手工业史资料》第 1 卷，生活 · 读书 · 新知三联书店，1981 年版，第 416 页。

十分普遍地存在。苏州的踹匠、织工、纸工、烛业工人，景德镇的陶瓷工，门头沟的煤窑工，北京的香工，云南的矿工，广州的织工，陕西的木工和铁工等，都有过斗争的记录。其中清代苏州各业手工作坊、工场工人为增加工资和反对场主无故开除工人的各种斗争，其次数之多，规模之大，持续之久，在中国传统社会里是史无前例的。从史料的记载来看，工资纠纷是很容易发生的。有记载称，工人对于工资"锱铢必较，睚眦必复，即银色饭食之类，少有龃龉，动即知会同行罢工罢市，以为挟制。甚至合党成群，恣行抄殴"①。这当然是统治者对工人的污蔑之词。然而，它也说明工资是雇佣关系中最容易动员工人的敏感问题。例如雍正十二年，苏州府长州、元和两县被解雇的机工，联合"挟众叫歇，勒加银两，使机户停织"②。乾隆四年，苏州又有失业踹匠控告布商"不遵旧例，扣克工价，借端齐行"③。在这两个事例中，失业工人都是以工资为突破口，组织了同行工匠与雇主斗争。正是因为工资问题最为敏感，因而，因工资而起的雇佣纠纷规模往往较大。如1700年4月，苏州踹工为要求增加工价，反对包工头克扣工资，举行"齐行"。停工之令一出，"千百踹工景从，成群结队，抄打竟无虚日，以致包头畏避，各坊束手，莫敢有动工开踹者，变乱之势，比诸昔年尤甚"④。此次斗争延续将近一年时间。工匠在斗争中每人出银钱若干，以周济无业或生活困难的工匠，"而众匠无一不出"。因而，此次斗争具有同盟罢工的性质。至于工人斗争的形式，也是多种多样的，从碑刻资料中，也能略窥一二。如织工们"勒加工价，稍不遂欲，即以停工为挟制"，或"将付织经纬，私行当押；织下纱匹，卖钱浸用。

① 彭泽益：《中国近代手工业史资料》第1卷，生活·读书·新知三联书店，1981年版，第418页。

② 《明清苏州工商业碑刻集》，江苏人民出版社，1981年版，第16页。

③ 《明清苏州工商业碑刻集》，江苏人民出版社，1981年版，第74页。

④ 《江苏省明清以来碑刻资料选集》，上海人民出版社，1981年版，第38页。

稍向理论,即倡众歇作,另投别户"[①]。

在斗争中,工人开始意识到组织起来的重要性。各种工人组织如"帮"、"牙行"和"会馆"等纷纷出现。康熙年间,苏州府踹匠借工资问题发动"叫歇"并"结党创立会馆"[②]。雍正元年,苏州府踹匠"纠集拜把,商谋约会";在遭到镇压后,雍正七年,踹匠又"拜把结盟",再度组织起来,"图谋不轨"[③]。确实,工人组织在工人与雇主的斗争中发挥了重要的作用。如广州丝织业工人建立了与雇主的"东家行"相对的"西家行"。当工人要求增加工资时,即由"西家行"的"先生"或称"师爷"出面与"东家行"的"先生"交涉。雇主往往因畏惧工人的"齐行叫歇"而不得不部分满足工人们的要求。有时,通过斗争,工人们也能取得处理雇佣关系的决定权。如康熙年间广东佛山铸锅业工人建立的牙行组织规定,雇主雇佣工人必须经过牙行同意;工人工资标准也只能由牙行确定,不得由雇主擅自做主。[④] 由于工人组织的发展,更由于增加工资、改善生活是工人的长期要求,因此,工匠要求增加工资的斗争到十九世纪初期也时有发生。《元和县严禁机匠借端生事倡众停工碑》就记载了发生在道光二年(1822 年)苏州丝织工人的反抗斗争。[⑤]

除了手工业工人因工资、解雇而与雇主发生纠纷外,许多地区的农业雇工也开展了反对雇主拖欠、克扣工资和无故辞工的斗争。据档案资料的不完全统计,从乾隆二十年至六十年间,江西、江苏、山东、湖北、安徽、陕西、广西、河南、直隶等省部分地区,农业雇主与雇工之间发生的各类案件就有 1239 件。[⑥] 对这些情况,这里就不一一述及。

---

① 《江苏省明清以来碑刻资料选集》,上海人民出版社,1981 年版,第 13 页。
② 《明清苏州工商业碑刻集》,江苏人民出版社,1981 年版,第 66 页。
③ 《明清资本主义萌芽研究论文集》,上海人民出版社,1981 年版,第 100 页。
④ 《明清资本主义萌芽研究论文集》,上海人民出版社,1981 年版,第 100 页。
⑤ 《明清苏州工商业碑刻集》,江苏人民出版社,1981 年版,第 25 页。
⑥ 刘永成:《论中国资本主义萌芽的历史前提》,《中国史研究》1979 年第 2 期。

总之,在中国封建社会晚期发生的这些雇佣工人的斗争,是新的经济因素不断发展的一种表现。虽然史实记载不绝于书,但是从整体上讲,这些只是个别地区发生的,规模不大的,为数极少的自发经济斗争。然而,这些斗争对传统社会构成了一定影响,引起了统治者的重视。为维护统治秩序的安全,包括国家政权在内的传统社会各种调节机构都参与了雇佣纠纷的调节。

第二节　传统社会雇佣关系的社会调节

中国传统社会是一个等级社会。在这个社会中,各种社会矛盾的调节,除了依靠国家政权外,民间组织、传统习惯势力、社会的各种风俗民情等也都起着一定的调节、约束作用。传统社会雇佣关系的调节也是如此。传统社会晚期。雇佣关系矛盾在各个行业均有发生,而以手工业雇佣关系纠纷最为突出。本节着重以手工业方面的内容为主,分民间与国家两个层次讨论。对其他行业雇佣关系矛盾的调节因资料的限制,暂不作过多的涉及。

一、雇佣关系的民间调节

传统手工业雇佣关系的民间调节主要依靠各业行会组织。行会组织的存在历史悠久。它对雇佣关系的调节主要通过同行公议,确定行业规条的方式来约束各项雇佣关系问题。在工资方面,各业都由行会规定统一的工资水平。如制香业客师的工资,行会统一规定为,"每月俸钱一串八百文,每日酒烟钱十文"。粗香店,"每日客俸钱七十文,每箍出进钱十三文"。角盒花簪业的客师在铺做活,"治角者每日伙食钱三十文,治骨者每日米一升,钱四文"①。裱糊业"长年客师工价多少,同议定登簿为凭。约请零工每天工钱一百文,晚工钱六十文"。各署衙门差务,"每工钱六十

① 彭泽益:《中国近代手工业史资料》第1卷,生活·读书·新知三联书店,1981年版,第189页。

文”。包差公价,“每天六十文”①。由于传统社会货币制度复杂,所以用于支付工资的货币种类也是行会规定的重要内容之一。如制烟业规定工价,“每日给官板足制钱一百十五文整,不得徇情私受用毛钱,如有徇情受用等弊,公同禀究”②。对工资的支付方式,行会也有规定。如《湖南商事习惯报告书》中的《商业条规》规定,工人工资“类多以年计算,或以月计算。月薪按月支取,年薪也按月发给,此原则也。其有未经预约按月支取或按月发给者,每于应得范围内随时支取”③。

关于雇佣,各业行会的调节作用体现在两个方面:严厉限制雇工的数量和维护雇佣关系的稳定。马克思曾经指出:“中世纪的行会力图用强制的办法防止手工业师傅变为资本家,限定每个师傅可以雇佣的劳动者的人数不得超过一个极小的最高额。”④这段论述虽然是针对西方社会情况而言的,但也适用于中国传统社会。在近代以前,手工业雇工的主要来源是帮工。帮工又主要是学徒转化而来的。由于一地手工业者到另一地帮工,受到严格限制,所以限制了学徒的数量,也就控制了帮工来源,也即控制了雇佣劳动的规模。对具体的学徒数量,行会虽然都提出了明确限制,但也因行业而异。如长沙京刀业条规规定,“带徒弟者,三年为满,出一进一”⑤。角盒花簪业规定,带徒弟铺户“三年两个,出一进一”⑥。长沙锡店规定“凡带徒弟,只准两出两入”;绸布店业收带生徒,“总

---

① 彭泽益:《中国近代手工业史资料》第1卷,生活·读书·新知三联书店,1981年版,第190页。

② 彭泽益:《中国近代手工业史资料》第1卷,生活·读书·新知三联书店,1981年版,第190页。

③ 彭泽益:《中国工商行会史料集》,中华书局,1995年版,第532页。

④ 《马克思恩格斯全集》第23卷,人民出版社,1972年版,第342页。

⑤ 彭泽益:《中国近代手工业史资料》第1卷,生活·读书·新知三联书店,1981年版,第190页。

⑥ 彭泽益:《中国近代手工业史资料》第1卷,生活·读书·新知三联书店,1981年版,第190页。

以二出二入为常,多则三人为止”[①]。对于违反规定者,行会都有明确的处罚规定。行会一般的处理纠纷形式是“传众公议”。处罚的力度并不大,一般的内容为罚银、罚戏等。但是,有的规定也相当严厉,在经济处罚外,还要革逐学徒或取消师傅的带徒资格。如长沙泥行业规定,“倘有私行重带,冒充继名,一经查出立革,管年徇隐者,议罚”[②]。长沙锡店业对违规者公议,“罚店东银六钱,罚店中伙计银四钱,以作香资,永不准带”[③]。处罚店中伙计明显带有株连成分,是不恰当的。但是,恰恰是这种扩大株连表明,行会的处罚是严厉的。对于不遵守处罚规定者,行会也有应对之法:“倘恃强不遵者,鸣众议论,再行重罚”[④],即动员全行业的力量强制执行。

为保证对手工业作坊的劳力雇佣的限制,行会规定了用工登记制度。上海县乌木公所规定:“苏宁及下乡来沪称工,向所报名入行,一循旧章……就地学徒满师,循向旧章,向所报名注簿”,即使无店铺的经营者用工,“亦向公所报名,入行注簿”[⑤]。

为维护雇佣关系的稳定,大多数手工业行会强调主雇双方彼此有相等的义务。如靴帽业规定,“长年客师,春夏季店东无故不得辞师,秋冬季客师无故不得辞东。倘间有口角争论,必须请凭值年人剖断是非,客师不得借此停工,另帮别店,店主亦不得因故辞师。”染坊业的雇佣习惯一般则是要求,雇工“议定工价以一年为度,方许下工”;对违反习惯,半途辞工的雇工,也规定了相关的处罚办法:“如未满年,不准同人雇请,工价无补。”[⑥]制香业的规定是,雇主在“冬月年近毋得开发客师,至客师倘有荒误工夫,亦不得

① 彭泽益:《中国工商行会史料集》,中华书局,1995 年版,第 260 页。

② 彭泽益:《中国工商行会史料集》,中华书局,1995 年版,第 348 页。

③ 彭泽益:《中国工商行会史料集》,中华书局,1995 年版,第 485 页。

④ 彭泽益:《中国工商行会史料集》,中华书局,1995 年版,第 297 页。

⑤ 彭泽益:《清代工商行业碑文集粹》,中州古籍出版社,1997 年版,第 62 页。

⑥ 彭泽益:《中国近代手工业史资料》第 1 卷,生活·读书·新知三联书店,1981 年版,第 188 页。

辞东,另帮别铺"[①]。各业行会之所以对雇佣作出如此规定,大多数是因为手工业生产存在着忙月和淡月之分。忙月时,劳动力紧张;淡月时,劳动力一般是富裕的。为避免忙闲变化带来的雇佣矛盾,行会通过强制维持雇佣的方式,让主雇双方均作出一定的让步来避免雇佣关系的动荡,以及由此带来的诸多问题。

关于主雇双方的权利义务,行会也有规定。对帮工的一般要求是尽职尽责地工作,制造出合格的产品。如染坊业要求掌缸司务"必须认真经理,欲请帮作,选择诚实。倘失布件,惟掌缸是问"。京刀业规定店家与司务,无论哪方解约,"惟二比账目俱要清楚,方可另做生理"[②]。制香业规定客师"冬月年近,毋得赶忙滥规"[③]。至于雇主对雇工的义务,行规所载内容不多,但确实也有规定。如嘉庆年间,湖南长沙《香店条规》就确定,"客师倘有寒暑之灾,老板毋得扣算伙食。"

除上述这些规定外,行会还明确了雇工的工作、休息时间以及工资以外的其他劳动待遇。如嘉庆年间长沙制香业工人在"五八腊歇工五天外,每月歇工三天。正月初九日起手,外歇工一天,其余少歇一天,照余数扣算。多歇一天照滚数扣算"[④]。这种把休息日与工资挂钩的办法是为了鼓励工人多干活。至于其他待遇,道光年间的木业公议,工作中的木工"犒期五日一次,不得少缺。上梁日酒烟钱点心发钱十二文"[⑤]。

① 彭泽益:《中国近代手工业史资料》第1卷,生活·读书·新知三联书店,1981年版,第189页。

② 彭泽益:《中国近代手工业史资料》第1卷,生活·读书·新知三联书店,1981年版,第188页。

③ 彭泽益:《中国近代手工业史资料》第1卷,生活·读书·新知三联书店,1981年版,第189页。

④ 彭泽益:《中国近代手工业史资料》第1卷,生活·读书·新知三联书店,1981年版,第189页。

⑤ 彭泽益:《中国近代手工业史资料》第1卷,生活·读书·新知三联书店,1981年版,第190页。

各业行会不仅对各业雇佣关系的基本内容作出规定，而且也在其他一些事务中扮演角色。如在清代，苏州机匠向机户揽织必须通过行会组织才能进行。到了十九世纪初期，由于竞争的加强，行会对这种揽织的限制和干预日益加强，甚至要求附近乡镇的"各乡匠揽织机只"，都必须"向机房殿书立承揽，交户收执。揽织之后，务宜安分工作，克勤克俭，计工受值，不得将货具经纬私行侵蚀，以及硬撮工钱"①。在这里，行会扮演了促成雇佣关系的形成和监督雇佣关系履行质量的角色。在雇佣关系纠纷的处理中，行会也起着重要的作用。行会所在的公共场所往往就是各种雇佣纠纷的调解处。调解的结果也常常以新的行业规条的形式固定下来。如在手工业生产中，工人手艺的高低直接决定产品的质量，决定着产品出卖价格的高低，决定着雇主所获利润的多寡。在广东佛山，雇主为了争取手艺高的雇工，实行一种先付"定银"的办法。因而，围绕着"定银"发生的纠纷经常不断。在处理这些问题中，当地行会规定，"如有收过东家定银者……或东家半途推辞，定银不得扣除。倘西行收定之后，或不做或半途退缩，定银还双倍。"②再如北京糖饼行工人因粮米昂贵，工价不敷糊口，要求增加工资。虽经"再四与各号掌案、东家、掌柜等筹商"，却始终得不到合理解决。后由行会出面并和外行"中人"共同调停说合，调整了工资。根据一年四季中昼日的长短和工作的忙闲，规定了工作时间和延长工时的额外工资。结果，在糖饼行生产最旺的八、腊两月，工人的工时延长，工资要"双开"、"双烟钱"③。

行会在雇佣关系中发挥调节作用是依靠民间习惯的约束。这种调节方式在雇佣关系矛盾不太尖锐之时，是能够发挥作用的。

① 《江苏省明清以来碑刻资料选集》，生活·读书·新知三联书店，1959年版，第13—14页。

② 王宏钧、刘如仲：《广东佛山资本主义萌芽的几点探讨》，《中国历史博物馆馆刊》，1980年第2期。

③ 《明清资本主义萌芽研究论文集》，上海人民出版社，1981年版，第245页。

然而,在雇佣关系矛盾尖锐,发生大规模雇佣劳动冲突时,行会调节的弱点暴露无遗。在这个时候,行会为维护旧的雇佣关系往往借助于官府的力量。这样的事例在苏州的各种碑刻资料中有众多的记载。行会不仅勾结官府镇压工匠的"叫歇"斗争,而且把行会厘定的有关工资、工时等各项内容的条规经过官府而公布,取得官方威权的支持,形成一种法律的约束。这样雇佣关系的民间调节就与国家政权相结合,国家调节开始居于主导地位。

二、雇佣关系的国家调节

雇佣劳动在传统社会存在的历史悠久。但,由国家政权对雇佣关系进行直接调节则始于明代。明太祖朱元璋为管理社会上有相当程度存在的雇佣劳动,在制定《明律集解附例》时设置了"雇工人"的法律条款,规定"雇工人"在犯有"贼盗"、"人命"、"斗殴"、"骂詈"、"奸"及"与囚金刃解脱"等项罪行时的处罚原则。这些处罚的根本特征是确定了雇主与雇工人在身份上的不平等。如《明律》规定:"若雇工殴家长及家长之期亲若外祖父母者,杖一百,徒三年;伤者杖一百,流三千里;折伤者绞;死者斩;故杀者凌迟处死;过失杀伤者各减本杀伤罪二等。"雇工冒犯家长亲属也要受重处。相反,"若家长及家长之期亲若外祖父母殴雇工人,非折伤勿论;至折伤以上,减凡人三等;因而致死者杖一百,徒三年,故杀者绞。若违犯教令而依法决罚,邂逅致死,及过失杀者,各勿论。"[①]在明代,社会上的各行各业基本上都存在着雇佣劳动。《明律》关于雇工人的各项规定"并没有明确所谓'雇工人'指的是些什么人"[②]。有学者通过研究后指出:"在原则上,当时社会上所有的雇佣劳动者都属于这一范畴";"它包括了城乡农业、手工业和商业中的雇佣劳动者"。更有学者通过研究封建法庭的判例和封建法学家的各种法律诠释等得出结论:"在当时,受雇的劳动者到

① 景甦、罗仑:《清代山东经营地主经济研究》,齐鲁书社,1985年版,第274页。

② 欧阳凡修:《明清两代农业雇工法律上人身隶属关系的解放》,《经济研究》,1961年第6期。

封建的法庭上与雇主相对峙，就是雇工人，是没有疑问的”[①]。封建政府的这种规定当然有碍于雇佣劳动的发展。然而，雇佣劳动是社会分工和商品经济发展的产物。随着商品经济在封建社会内部的日益发展，解除对雇佣劳动人为束缚的要求日益迫切。明朝万历年间，一部分封建文人“率以雇用工者作凡人论”。当时已经提出什么是“雇工人”以及用钱雇募在家佣工的究竟算不算“雇工人”[②]等等的问题。同时，《明律》关于雇工人的条款大都抄自《唐律》有关部曲的规定。按《明律》规定只有功臣之家才能收养奴婢，庶民之家是没有这个权力的。“雇工人”的地位极似奴婢。这就使得一般人家在实际上得以拥有奴婢，从而紊乱了封建等级制度。这自然引起封建统治者的注意。因此，修改律例，明确雇工人的划分标准就成为自然而然的事情了。明朝万历十六年，刑部上书申明律例未尽完善的条款。其修改意见得到朝廷的同意。关于雇工人，按照新申明的条款：“今后官民之家凡倩工作之人，立有文券，议有年限者，以‘雇工人’论；止是短雇月日，受值不多者，依凡论；其财买‘义男’，如恩养年久，配有家室者，照例同子孙论；如恩养未久，不曾配合者，‘士庶之家’依‘雇工人’论，‘缙绅之家’比照‘奴婢’律论。”就雇佣关系而言，按此新规定，短工被划出了雇工人等级，进入了凡人等级。无论是缙绅之家或是士庶之家，短工与雇主之间不再有等级差距。他们在法律地位上是平等的了。[③] 从万历到清朝康熙末年，关于雇工人的法律条款一直未作修正。封建政府在处理包括农业、手工业和商业雇工等在内的主雇相犯案中，长工一般是按照雇工人等级对待的；短工一般是按照凡人等级来对待的。一句话，在此期间，封建法庭是按照《新题例》的规定

① 魏金玉：《试说明清时代雇佣劳动者与雇工人等级之间的关系》，《中国经济史研究》，1986 年第 4 期。

② 刘永成：《论清代的雇佣劳动》，《历史研究》，1962 年第 4 期。

③ 经君健：《明清两代农业雇工法律上人身隶属关系的解放》，李文治等：《明清两时代的农业资本主义萌芽问题》，中国社会科学出版社，1983 年版。

办案的。[①]

《新题例》解除了对短工的人身束缚，使短工取得了与雇主平等的地位。但是《新题例》赖以界定雇工人的标准：长雇、短雇、有无文券、工值多少，都是在雇佣关系成立时议定的，属于流通领域的现象，与雇佣关系性质没有直接联系，因而，造成了法律裁决上的随意性。魏金玉先生比较了明清两代关于雇工人与非雇工人的法庭判词，明确指出了这一点。[②] 同时，商品经济的发展使得长工摆脱人身束缚，取得与雇主平等地位的要求日益强烈。在封建法庭的判决中，按《新题例》应该判为雇工人而以凡人科断的案子越来越多。如雍正十三年，河南王智雇刘二妮工作一年。主雇相犯。法庭认为："止议年限，未立文券，应同凡论。"乾隆十年，山西李贵林听从雇主使令杀雇主亲属。法庭认为："只系按月受值，并未立有文约，议有年限，应依凡论。"类似的案件魏金玉先生的文章有众多的例举。与此同时，"雇工人"受雇期满辞去以后，重新拥有与原雇主平等地位的情况，得到越来越多的确认。大清律确认"雇工人"，"不过受人雇值，为人执役耳，贱其事未贱其身。雇值满日，即家长亦同'凡人'"[③]。根据大清律，许多雇工与旧日雇主相犯时，雇工的凡人身份得到维持。如乾隆二十四年，福建辞出雇工陈上华，因向旧日雇主黄恺仔借钱不给，后相推拼。陈被黄殴死。封建法庭认为陈上华虽在黄家受雇日久，"但业经辞退半载有余"，"自应仍同凡论"，因而将黄判处"绞监后，秋后处决"[④]。凡此种种使得修改有关雇工人的法律条文成为现实之必需。从乾隆二十四年开始，清政府就着手修改有关雇工人的法律条款，到乾隆五十一

① 魏金玉：《试说明清时代雇佣劳动者与雇工人等级之间的关系》，《中国经济史研究》，1986 年第 4 期。

② 魏金玉：《试说明清时代雇佣劳动者与雇工人等级之间的关系》，《中国经济史研究》，1986 年第 4 期。

③ 刘永成：《论清代的雇佣劳动》，《历史研究》，1962 年第 4 期。

④ 刘永成：《论清代的雇佣劳动》，《历史研究》，1962 年第 4 期。

年，最终确定以有无主仆名分作为区分等级雇工与非等级雇工的标志。在乾隆五十三年，新规定正式颁布实施："凡官民之家，除'典当家人'、'隶身长随'仍照定例治罪外，如系车夫、厨役、水火夫、轿夫及一切打杂受雇服役人等，平日起居不敢与共，饮食不敢与同，并不敢尔我相称，素有'主仆名分'者，无论有无文契、年限，均以'雇工'论。若农民佃户雇请耕种工作之人，并店铺小郎之类，平日共坐共食，彼此平等相称，不为使唤服役，素无'主仆名分'者，亦无论其有无文契、年限，俱依'凡人'科断"①。这样，长期纠缠不清的雇工问题终于有了一个确定的标准。据此标准，大多数长工和短工在法律上摆脱了雇工人等级。但是，这些摆脱了雇工人等级的雇佣劳动者并没有同时也摆脱了雇主的家长制统治。在这一点上，摆脱了雇工人等级的与未摆脱了雇工人等级的雇佣劳动者并无不同。因为封建国家法律继续认为，劳动者既经受雇，便算雇主一家。无论是农业，还是手工业或商业雇工，这种待遇都是一致的。如嘉庆九年，山东济阳县安成举杀死亲嫂并其子女各一人及工人一人，就是按照杀一家非死罪四命，将凶手凌迟处死。嘉庆二十四年，广东梁广贤毒死叶荣华及其所雇船内帮工张广德、张亚厂二人。梁广贤被比照谋杀人而误杀旁人一家三命例拟斩枭。②

从明朝开始设立的"雇工人"法律条款，一直到清朝灭亡才被取消。在其存在的几百年间，虽然经过多次修订，使相当一部分雇佣关系具有了平等性质，但是"雇工人"法律条款的存在本身，就剥夺了相当大的一部分雇佣劳动者与雇主的平等地位。再加上封建统治者在法律适用上的随意性，使得许多不属于"雇工人"范围的雇佣关系被定性为"雇工人"关系。因此，"雇工人"的法律条款确认了主雇双方在法权上的不平等地位，是维护封建等级制度的

① 景甦、罗仑：《清代山东经营地主经济研究》，齐鲁书社，1985 年版，第 277 页。

② 魏金玉：《试说明清时代雇佣劳动者与雇工人等级之间的关系》，《中国经济史研究》，1986 年第 4 期。

工具。

传统社会后期,由于商品经济的发展,手工业生产规模日益扩大,雇佣关系的规模和影响也越来越大。为此,封建统治者开始直接卷入对雇佣关系纠纷的处理。封建官府不仅确认行会提出的有关工资及其他问题的规定,使其具有官方权威的约束力,而且对一些容易闹事的行业加强了控制。如纺织业发达的苏州,踹匠经常因工价问题而与雇主发生纠纷,冲击了封建统治秩序。为此,从康熙年间开始,封建统治者加强了对踹匠的约束。康熙四十年规定"在苏踹匠,俱听两县典史协同城守营委员督率包头约束","包头永遵编甲将踹匠登填籍贯、保引、进坊、出坊","务必互相稽查,盘查来历"①。康熙五十九年又规定"踹匠进作,必须四匠互保,填报册籍。其有来去,务必细注,以便稽查"。这些规定表明,官府是要从工匠的雇佣入手建立严密的控制制度。对踹匠的日常管理,封建官府则建立坊总制度,规定"踹匠初次进坊,俱系坊长认识容留,……嗣后每坊坊长,昼夜巡查踹匠,不许一匠出作";地方把总负责维持治安,"调拨值坊巡役,分地巡查,昼夜无忽。如有奸匠拐布盗逃,赌博行奸斗殴,聚众插盟,停工科敛,闲闯花鼓,纠众不法,把总即行拿解,按律治罪"。为加强对踹匠的控制,封建政府甚至推行连坐法,规定"踹匠五人连环互保,取结册报。一人犯事,四人同罪"②。雍正年间,封建官府对踹匠的控制更严。时任浙江总督节制江南的李卫提出,"踹匠多系单身乌合,防范宜严,请照保甲之法,设立甲长,与原设坊总,互相稽查"。此议得到朝廷批准。雍正九年令江南苏州踹坊设立坊总甲长③。

对手工业者试图建立自己的帮会组织的行为,封建官府也以"图谋不轨"为由严厉镇压。康熙五十四年,封建官府明确禁止踹

① 《明清苏州工商业碑刻集》,江苏人民出版社,1981 年版,第 64—65 页。

② 《明清苏州工商业碑刻集》,江苏人民出版社,1981 年版,第 69—70 页。

③ 彭泽益:《中国近代手工业史资料》第 1 卷,生活 · 读书 · 新知三联书店,1981 年版,第 421 页。

匠设立自己的组织，剥夺了手工业者的结社权。[①] 至于频繁发生的工匠“叫歇”，封建官府从维护地方统治秩序和封建经济利益出发，也严行禁止。雍正十二年，官府示谕工匠，“恪遵宪禁，各安其业，毋得聚众叫歇误工，致干照把持行市律究处，枷号示众”[②]。

在雇佣劳动者集中的矿冶业，封建政府的控制特别严厉。封建统治者一向认为矿业劳动易于“聚众生事”。雍正的上谕就说过，“昔年粤省开矿，聚集多人，以致盗贼渐起，邻郡戒严”；矿业乃“聚众藏奸”之所[③]。因此，为巩固统治，封建官府不仅对矿藏开采时弛时禁，而且对矿业劳动者取严密控制之法。无论哪种矿冶行业，其雇佣劳动者要受雇工作必须履行担保手续。如乾隆年间山东采煤业雇工，“必用本籍之人，取具地邻各结，无许外方人等充冒”[④]。多数情况下，统治者把对矿业劳动者的管理委托给了矿业投资者。如四川各采矿业，均仿照建昌铜厂制度，“凡各商名下伙计伙房硐头矿夫人等，俱令本商取具连环互结，造报厂官。如有更换添退，随时禀明。其夫匠中每十名择一老成勤慎者，立为头目，分隶其众，各给腰牌为验”[⑤]。嘉庆年间，在广东各铁厂雇佣工人时，封建朝廷也要求“官为设立章程，或编造厂册，令该商等递加保结，地方官再按季考察”[⑥]。为防止矿业劳动者闹事，在矿业劳动者集中的地区，封建官府不仅设有专司处理雇佣劳动问题的“印委员弁”，而且准许设立枷杖刑具。对于反抗之矿工“予枷责，或插

① 《明清苏州工商业碑刻集》，江苏人民出版社，1981年版，第66—67页。

② 《明清苏州工商业碑刻集》，江苏人民出版社，1981年版，第16页。

③ 《清朝文献通考》卷30，《征榷考五·坑冶》，转引自张晋藩主编：《中国法制通史》第八卷，法律出版社，1999年版，第456页。

④ 彭泽益：《中国近代手工业史资料》第1卷，生活·读书·新知三联书店，1981年版，第420页。

⑤ 彭泽益：《中国近代手工业史资料》第1卷，生活·读书·新知三联书店，1981年版，第421页。

⑥ 彭泽益：《中国近代手工业史资料》第1卷，生活·读书·新知三联书店，1981年版，第312页。

耳箭游示”,或“请照见办迤西匪类章程,就地请令正法。”①

综观传统社会国家对雇佣关系的调节,可以得出一个基本的认识是,国家的天平是倾向于雇主一边的。然而,从国家调节的程度来看,除了关于雇工人的法律规定外,对其他多数雇佣关系问题的调节往往就事论事,由地方政府比照其他国家法律规定自行解决,别无明确的法律条文依据。多数情况下,官府调节只是对民间调节的确认。这说明封建统治者无所谓解决雇佣关系问题的国家政策,也无专门的机构。封建国家的调节离不开民间组织的支持。

传统社会雇佣关系情况已见上文。在结束本章时试对此问题作一简单小结。

传统社会雇佣关系,按其劳动性质,可分为非商品生产性、小商品生产性和商品生产性三类雇佣关系。由于传统社会的社会分工还处于欠发达的状况,因此,大量的雇佣关系是非商品生产性和小商品生产性的。非商品生产性雇佣关系的特点是短时性和直接性。雇佣关系的形成是为了一定产品的生产。产品完成了,雇佣关系也就结束了。如奉天机匠黄姓扛布机一张到李建家织布,言明每匹工价市钱一千五百文。陕西旬阳县周张氏交给机匠柯癃武棉线八斤半,包织布五匹。江西万载李恭牙之族侄孙女卢李氏,令其织布四丈,该工钱一百文未还。② 在这里,主雇关系的一方是产品的直接生产者,另一方是产品的直接使用者。此外,农业生产中大量的换工性雇佣,也属于这种雇佣关系。

小商品生产性雇佣关系一般存在于各种手工业作坊、铺户之中。如广东罗维万受雇在苏国成铺内弹棉花,言定弹花一百斤给

① 《清朝续文献通考》卷43,《征榷考十五·坑治》,转引张晋藩主编:《中国法制通史》第八卷,法律出版社,1999年版,第722页。

② 彭泽益:《中国近代手工业史资料》第1卷,生活·读书·新知三联书店,1981年版,第412页。

工钱三百文。四川刘宗文开棉花店生理，短雇何熊生在铺内弹花，每月许给工钱六百文。安徽当涂县卜玉万开豆腐店生理，雇巢县人姚起周陈二在店帮工，每年十两工钱。这种雇佣关系是小资产所有者与劳动力出卖者之间的关系。这种雇佣劳动的产品虽然数量有限，但小资产所有者占有这些产品是为了出卖而不是归自己消费。

传统社会后期，商品生产性雇佣关系在手工业的某些行业相当广泛地存在。苏州丝织业“机户出资经营，机匠计工受值”，就是一个典型。其他手工业行业，如景德镇的制瓷业，广东佛山的冶铁业，四川的井盐业，陕南、江西的造纸业等行业都广泛存在商品生产性雇佣关系。在农业生产方面，如乾隆年间，河南舞阳人梁良是一个从事经济作物生产的经营地主，雇佣较多工人“种桑养蚕”。同期，江苏溧水人刘子毅雇佣众多工人，经营水稻种植，每天晚上歇工时都要为众工人“烧水浴身”。直隶新城县进行商品粮生产的经营地主，雇佣割麦的工人一次就达五六十人。[①] 这些事例说明商品生产性雇佣关系在农业生产中也有一定程度的存在。随着商品经济的发展，商品生产性雇佣关系将会日益增多。

雇佣关系的基本特征是自由与平等。对于自由这一点，马克思的看法是：“直接生产者，劳动者，只有当他不再束缚于土地，不再隶属或从属于他人的时候，才能支配自身。其次，他要成为劳动力的自由出卖者，能把他的商品带到任何可以找到市场的地方去，他就必须摆脱行会的控制，摆脱行会关于学徒和帮工的制度以及关于劳动的约束性规定。”[②]从实际情况来看，中国传统社会雇佣关系有一些不同于马克思论述之处。中国传统社会是小农经济社会。小农除受国家控制外，对自己的人身是有权支配的，也就是说，农民的人身自由受农奴主支配的情况在中国传统社会是不存

① 刘永成：《论中国资本主义萌芽的历史前提》，《中国史研究》，1979 年第 2 期。

② 《马克思恩格斯全集》第 23 卷，人民出版社，1972 年版，第 783 页。

在的。有时,非小农经济状况在中国传统社会也有出现。这种情况往往出现在落后民族在中国居于主导地位时,但是这些王朝为时短暂,应该不是传统社会的主流。由于中国传统社会是小农经济社会,农民多数拥有一定的土地。多数情况下,农民的受雇工作只是作为生活的补充,不是生活的唯一来源。因此,有学者指出中国传统社会的自由雇佣劳动者"不一定要完全脱离生产资料"[①]。传统社会后期,城乡各种劳动力市场的出现也是劳动者拥有人身自由的表现。正是因为这种人身自由的存在,所以主雇关系才能表现为一种纯粹的经济关系。主雇可以因为经济利益而结合,也可以因为经济利益而分离。例如江西陈黑受雇为人破竹造纸,议定每日工钱二十五文。上工后,陈黑查知各蓬破竹每工均系钱三十文,"当即辞工不做"[②]。在苏州纺织业,如果机匠"不谙工作",当"为主家所弃"[③]。倘机匠不愿继续在机户家工作,也可以"另投别户"[④]。同样,在劳动管理中,经济手段的运用也更多一点。如沈氏《农书》中记载:"今人骄惰成风,非酒食不能劝。"以酒食相劝以调动雇工的生产积极性,正是一种物质刺激手段。

自由与平等应该是紧密相连的。传统社会雇佣劳动者可以自由出卖自己的劳动力,但是一旦雇佣关系形成,主雇之间则不完全具有平等地位。之所以出现这种情况,则完全是由于传统社会国家政权的调控所致。封建政府关于"雇工人"法律条款的设立,在相当长的时间内使各行各业的主雇关系不是一种平等关系。然而,必须指出这种不平等关系只在雇佣期间存在。一旦雇佣期满,从前的雇佣劳动者就与昔日的雇主拥有相同的身份地位。这也从另一方面说明中国传统社会的雇佣劳动者是能够自由支配人身

① 《关于明清社会经济问题的讨论》,1960 年 5 月 26 日《光明日报》。

② 彭泽益:《中国近代手工业史资料》第 1 卷,生活 · 读书 · 新知三联书店,1981 年版,第 397 页。

③ 《江苏省明清以来碑刻资料选集》,上海人民出版社,1981 年版,第 6 页。

④ 《江苏省明清以来碑刻资料选集》,上海人民出版社,1981 年版,第 13 页。

的。正因为自由平等在传统社会雇佣关系中的相分离现象,所以用传统的资本主义与非资本主义标准来衡量中国传统社会的雇佣关系就难以揭示其复杂性。这也是本文使用劳动性质区分雇佣关系的根源。

第二章　近代雇佣关系的发生条件与特点

近代中国社会的发展受到西方资本主义的深刻影响。近代雇佣关系的变化也概莫能外。由于西方资本主义的入侵,雇佣关系的发生条件、内容以及社会调节等均发生深刻变化。中国传统雇佣关系迅速向近代雇佣关系转变。自本章开始,本文将对近代雇佣关系的有关内容进行系统分析。首先讨论的就是近代雇佣关系的发生条件及其特点。

第一节　近代雇佣关系的发生条件

传统社会后期商品经济的发展已达到了相当程度,但近代商品经济的发展并不是前者的延续。西方资本主义的入侵打断了中国社会经济发展的自有进程,加快了近代中国商品经济发展的步伐。近代商品经济的发展决定着近代雇佣关系的状况。讨论近代雇佣关系,注意历史条件的状况是必不可少的。

一、近代中国商品经济的发展状况

近代雇佣关系发生条件的变化主要体现在两个方面,即新经济形态的出现和商品经济规模的进一步扩大。前者表现为对外贸易的发展和近代工矿企业的兴起,后者集中体现在农产商品化规模的扩大上。下面就此三方面的情况分别加以叙述。

（一）对外贸易的扩大

我国的对外贸易有着悠久的历史。在宋代，中国对外贸易的范围就远达东南亚、阿拉伯、印度、东非等20余国。当时，中国是农业、手工业生产发达，航海业技术先进的国家。中国的输出商品以丝织品、瓷器等手工业品为主。输入商品则以各种经济作物为大宗。在中国封建社会后期，由于种种原因，首要是当权的封建统治者推行海禁政策，中国的对外贸易大大萎缩。鸦片战争前，中国对外贸易范围只限于日本、朝鲜、东南亚等周边地区，对外贸易口岸也只有广州一地。据统计，1833年，广州口岸主要出口商品总值是2017万多银元，进口商品货值为2756万多银元。[①]

鸦片战争后，西方列强以武力打开中国国门，取得了种种经济贸易特权。根据中英《南京条约》，中国被迫开放了广州、福州、厦门、宁波、上海五个自由通商口岸。在以后的不平等条约中，西方列强继续强迫中国清政府增开新的通商口岸。到1894年，这种通商口岸遍布中国18个省，有35处之多。除了不断增辟通商口岸之外，列强还通过不平等条约取得了协定关税的特权。通过协定关税，列强极大地降低了他们输华商品的税率。协定关税在1843年开始执行之时，棉花、棉纱和各色棉布的进口税率比原规定最低的减少了58.45%，最高的减少了78.64%。[②] 对于其他没有明文列举的货物则规定了值百抽五的纳税比例。这样，晚清中国的关税壁垒被打破。不仅如此，列强还趁中国内乱之机劫夺了中国海关控制权。1853年列强利用小刀会起义之机，派兵占据了上海海关，劫夺了海关的行政权，宣布实行所谓"领事代征制"。1854年列强派人组织了"关税管理委员会"，管理上海海关。这个委员会以英国为主导，由英国人威妥玛总负责。第二次鸦片战争之后，根据1858年中英《通商章程善后条约》第十款"邀请英人帮办税务"

① 姚贤镐：《中国近代对外贸易史资料(1840—1895)》第一册，中华书局，1962年版，第254—256页。

② 严中平：《中国近代经济史统计资料选辑》，科学出版社，1955年版，第59页。

并“各口划一办理”的规定，列强在上海劫夺海关行政权的办法被推广到其他通商口岸。这样，列强扫除了中国保护本国经济的一切壁垒，便利了他们对华商品输出和原料掠夺的贸易活动。

鸦片战争后，西方列强掀起了对华贸易的狂潮。如英国商人将大量商品运入中国。曼彻斯特的纺织业资产阶级“好像全都发了疯似的。他们勇往直前地开始和想象中的‘全人类三分之一的人口’做起生意来”[①]。第二次鸦片战争之前的中外贸易以中英贸易占主导地位。这一时期的英国输华商品直线上升，1842 年为 96.9 万镑，1843 年增加了 55%，1844 年又增加了 58%。[②] 五口通商后，广州一口在 1846 年时的出口货物总值就达 23198493 元，进口货物总值为 12390213 元。[③] 这些数据是正常中外贸易的反映。除此之外，还有非法的鸦片贸易和走私，而这些贸易的总值远远超过正常贸易值。无论从哪方面讲，中外贸易的规模是大大超过了鸦片战争之前的水平。

由于对外贸易的发展，中国对外贸易的中心逐渐北移。在 1845 年以前，广州在中国对外贸易中占绝对优势。1844 年进出广州的船只有 306 艘，142099 吨。进入上海的船只有 44 艘，8584 吨。此后，进入上海的船只越来越多。1849 年是 133 艘，52547 吨，1855 年为 437 艘，157191 吨。[④] 在进出口贸易的总值方面，1853 年上海开始超过了广州。就对英出口贸易而言，上海在 1852 年就超过了广州。[⑤] 是年上海的茶叶出口第一次超过了广州。至

① 严中平：《英国资产阶级纺织利益集团与两次鸦片战争》，《经济研究》1955 年第 1—2 期。

② 许涤新、吴承明：《旧民主主义革命时期的中国资本主义》，人民出版社，1990 年版，第 67 页。

③ 姚贤镐：《中国近代对外贸易史资料（1840—1895）》第一册，中华书局，1962 年版，第 553 页。

④ 黄苇：《上海开埠初期对外贸易研究》，上海人民出版社，1979 年版，表 25。

⑤ 《马克思恩格斯选集》第 2 卷，人民出版社，1995 年版，第 260 页。

于丝的出口,早在1846年上海就已超过了广州。[1]

五口通商后,中外贸易的总形势是,进口增长在经历了战后初期的盲目扩张后,下降很大,在19世纪50年代保持在年均150万英镑的水平。出口贸易则稳步地迅速增长。在正常贸易中,中国保持出超的地位。为弥补贸易逆差,加上欧美国家陆续实现金本位制,中国在19世纪50年代变白银外流为银圆内流。1854至1856年,英国输入中国的白银平均每年达500余万盎司。[2] 但是,加上鸦片贸易和走私,中国的对外贸易又并非出超。据一些专家估计,1843至1858年,中国对外贸易中有6年表现出超,9年表现入超,一年持平,净入超额达5275万海关两,合8218万元。[3] 西方工业品在华销售不多的根源,一是中国的自然经济对其保持着强大的抵制力,二是鸦片贸易挤占了中国购买力的大部分,因而留给工业品进口的部分自然十分有限。西方列强不认为是他们的对华非法贸易阻碍了正常贸易的发展,而是归罪于中国开放的不够。为扩大对华贸易,列强处心积虑要挑起新的侵略战争,掠夺更多的权益,以此扩大对华商品输出。

第二次鸦片战争的结果,西方列强从清政府手中获得了更多的侵略特权。除了政治特权外,直接有利于列强扩大对华贸易的经济特权有内地通商权、沿海贸易权、沿海和内河航行权。有了这些特权,外国商品在中国取得了比过去广阔得多的销售市场。尤其是走私和贩卖鸦片,列强船只“任意毫不拘束地在他们所愿去的地方,用他们所愿用的方法去进行贸易”,愈是“偏僻的港汊”,愈是这种贸易最好的场所。[4] 正因如此,中外贸易在第二次鸦片战

① 王方中:《中国近代经济史稿》,北京出版社,1982年版,第107页。

② 许涤新、吴承明:《旧民主主义革命时期的中国资本主义》,人民出版社,1990年版,第76页。

③ 许涤新、吴承明:《旧民主主义革命时期的中国资本主义》,人民出版社,1990年版,第75页。

④ 聂宝璋:《中国近代航运史资料》,上海人民出版社,1983年版,第3—4页。

争后明显不同于过去。无论规模还是程度,中国越来越深地卷入资本主义世界经济体系。这可从中外贸易额的迅速增长中得到证明。在1859至1863年间,中国的进出口总额平均每年约合11.3万海关两。从1864年开始,海关有了全国性进出口统计。19世纪70年代前期,进出口平均每年为13.7万海关两。80年代前期进出口增长为平均每年14.9万海关两。90年代前期进出口增为平均每年26.9万海关两。其中进口值的增长远大于出口值的增长。①

随着对外贸易的发展,西方各国的对华贸易份额发生了变化。在进出口贸易中,英国仍然居于首位,但已失去了占绝对优势的地位。19世纪60年代以后,美日两国的对华贸易额急剧增长。1870至1895年间,美国的对华贸易额增长了13倍。在1868至1895年年间,中国对日本的出口额增长了16倍。同一时期中国的对外贸易格局也发生了变化,上海始终居于首位,而且占压倒的优势。广州始终居于第二、三位。北方地区在对外贸易中的地位迅速上升。第二次鸦片战争后开放的天津、牛庄、烟台的进出口贸易增长极快。1867年天津的进口货值是71.5万多海关两,出口货值是85.7万多海关两。1894年分别增加到455万1千多海关两和665.5万多海关两,分别增长5.3倍和6.7倍。1867年牛庄的进口货值是33.5万多海关两,出口货值不足1万海关两。1894年分别增加到86.4万多海关两和153.4万多海关两,分别增长15倍和153.9倍。这一时期长江中游汉口的对外贸易也发展迅速。汉口的洋货进口货值从1865年的840万多海关两增长到1894年的1098万海关两。出口货值从1867年的51万多海关两增长到1894年的439.9万多海关两,增长7.5倍。② 这些情况表明外国的商品侵略已经扩展到华北、东北、长江中上游的广大地区。中国

① 郑友揆:《中国的对外贸易和工业发展》,上海社会科学院出版社,1984年版,第334—335页。

② 王方中:《中国近代经济史稿》,北京出版社,1982年版,第166页。

卷入世界资本主义体系的程度进一步加深。

(二)近代工业的兴起与发展

中国近代工业经济有三个组成部分,即由西方列强在华投资的近代工业企业、各种官办工业企业、中国民间资本投资创办的近代工业企业。中国近代工业经济始自晚清,发展在民国。在此期间,中国近代工业经济上述三部分的情况均有很大变化。下面试分别叙述。

西方列强在华工业投资从五口通商之后就开始了。1843 年,英国传教士在上海开办了墨海书馆。1845 年,英人柯拜在广州黄埔开办了一造船厂。此后,西方列强在上海、厦门等地接连开办了一些工厂。西方列强在中国开设的工厂大致可分为两类:一类是完全为进出口贸易服务的,如船舶修理、砖茶制造、缫丝、制革、制糖、轧花、打包等行业。这类投资占全部外国工业投资的 70% 以上;另一类是食品、印刷、日用品和各埠租界的公用事业。投资规模在甲午战前并不大。具体讲,外国的船舶修造业集中在广州、上海。在广州,除柯拜船坞外,还有在 1851 年建的美商旗记铁厂,英商在 1852 年建立的几个船坞。在上海,外国船坞的设置始于 1850 年,规模较大的企业有上海浦东船坞公司和上海船坞公司。在 19 世纪 60 年代,外商在华船舶修造业有了较大发展,船厂增多,并出现了大资本集团。1863 年,在广东创办的香港黄埔船坞公司初期资本为 24 万元,1870 年就增至 100 万元,1894 年增至 156 万余元。该公司成立后,先后合并了一系列船舶修造企业,成为一个大企业。上海在这一时期连续出现九家船厂,其中就有后来成为列强在华造船业巨头的祥生船厂和耶松船厂。为出口茶叶的需要,俄国人在 1863 年开设了顺丰砖茶厂。此后,俄国商人又陆续开设了几个砖茶厂。除俄国人外,英国商人也在中国设立砖茶厂。当时,砖茶厂主要集中在汉口。1878 年汉口共有外资砖茶厂 6 个。除汉口外,福州是另一个砖茶厂开设比较集中的地区。1875 年时,当地也有五六家砖茶厂。在机器缫丝业方面,早在 19 世纪 60

年代初,外商就开始尝试在华设立机器缫丝厂。但,由于种种原因没有一个办成功。至于其他出口加工业,都随出口贸易的变化应运而生,随着贸易的发展而扩大。大致讲,到甲午战争之前,西方在华投资的工业企业达到了70多家,资本估计约为2800余万元①。

甲午战争之后,西方列强取得了在华投资的合法权益。从那以后,列强在华投资迅猛增长。列强在华投资分为直接投资和间接投资,直接投资的主体是企业投资,间接投资的主体是各种借款。列强在华企业资产,1902年为478877千美元。1914年为1000319千美元。1930年为1977063千美元。② 列强在华企业投资包括金融、贸易、运输、矿业、制造和公用事业等多个方面,主体是商业性资本。金融、贸易、运输三项合计,1914年约占外国在华企业资产的49%,1930年占64%以上。③ 矿产资源是甲午战争后列强掠夺的重点。许多重要的矿山纷纷落入列强之手,如德国在1908年夺取了井陉煤矿。英国先在1900年夺取了开平煤矿,1912年又吞并了滦州煤矿和北京门头沟煤矿。日本也在东北和山东掠夺了许多矿山的开采权,如东北的鞍山铁矿、本溪湖煤矿,山东的坊子和淄川两个煤矿等。列强对中国矿产资源的掠夺达到了十分惊人得地步。1913年列强控制开采的煤炭占全国机械采煤总量的93%,到1926年还占78.3%。④

甲午战争后,列强在华制造业投资的增长也很快。1895至1913年间,列强设立的主要工厂投资达5318万4千元⑤,投资主要集中在棉纺织、卷烟、船舶修造、面粉业和公用事业等部门。在

---

① 孙毓棠:《中国近代工业史资料(1840—1895)》第一辑(上),科学出版社,1957年版,第234—238页。

② 吴承明:《帝国主义在旧中国的投资》,人民出版社,1955年版,第52页。

③ 吴承明:《帝国主义在旧中国的投资》,人民出版社,1955年版,第60页。

④ 王方中:《中国近代经济史稿》,北京出版社,1982年版,第375—376页。

⑤ 陈真:《中国近代工业史资料》第三辑,生活·读书·新知三联书店,1959年版,第439页。

棉纺织业,列强于1897年开始在中国设立棉纺织厂。到第一次世界大战爆发前,势力以英商最大,日本次之。[①] 在卷烟业中,烟草行业的大托拉斯英美烟公司1902年在中国上海浦东设厂,1907年以后发展迅速,在汉口、沈阳、哈尔滨、天津、青岛等地设立卷烟厂。它从1913年起逐步垄断了中国卷烟市场。从20世纪20至40年代,英美烟公司的产量经常占到全国卷烟产量的60%左右。[②] 在船舶修造业,祥生船厂和耶松船厂在1901年合并后,"控制了上海港的整个造船事业"[③]。为垄断船舶修造业,合并后的耶松船厂采取种种手段打击和排挤中国民族造船工业。

第一次世界大战改变了列强在华经济实力对比。大战期间,西欧列强因忙于战争而减少了对华投资。美日,尤其日本的在华投资迅速增长。以纺织业为例,1914至1918年间,日资在华增加纱锭约20万枚。战后,日本在华投资进入空前高潮。日资纱厂纱锭数增长极快,1919年为332922枚,1922年为621828枚,1925年为1268176枚。同期,英资纱锭则只从138036枚增长到205320枚。[④] 尽管列强实力各有变动,但此消彼长。列强在华总体实力是惊人的。以上海为例,1928年外国在上海的工业投资占上海整个工业资本总额的64.7%。[⑤] 这样,列强在中国近代资本主义工业中占据了主导地位。

从清政府开始,近代中国历届政府都进行过各种官办工业的活动。清政府官营军事及民用工业企业的创办始于洋务运动。1861年曾国藩在安庆设立内军械所和1862年李鸿章在上海设立三所洋炮局,是其开端。从那时开始到1890年,洋务派在全国各

① 严中平:《中国棉纺织史稿》,科学出版社,1955年版,第150页。

② 汪熙:《从英美烟公司看帝国主义的经济侵略》,《历史研究》,1976年第4期。

③ 汪敬虞:《中国近代工业史资料(1895—1914)》第二辑(上),科学出版社,1957年版,第237页。

④ 严中平:《中国棉纺织史稿》,科学出版社,1955年版,第177—178页。

⑤ 陈真:《中国近代工业史资料》第二辑,生活·读书·新知三联书店,1958年版,第956页。

地共创办了21个军工企业。围绕着这批近代军事工业,为了解决原料燃料和运输工具,自19世纪70年代起,洋务派用官办、官督商办、官商合办等方式创办了一些民用企业。到90年代,这类企业共有20多个。

甲午战争之前,清政府创办的官营军工及民用企业是中国近代工业的主体。甲午战败宣告洋务派自强运动的破产。官办工业遭到日益尖锐的批判。1895年顺天府尹胡燏棻指出:“中国欲籍官厂制器,虽百年亦终无起色,必须准各省广开各厂,令民间自为讲求……则人人有争利之心,亏本之惧,自然专心致志,实力讲求,以期驾乎西制之上。”①同年,光绪帝下诏要求清政府原有官办局厂,“亟应从速变计,招商承办,方不致有名无实”②。此后,多数官办民用工业改归商办或官督商办。如汉阳铁厂最终在1908年与大冶铁矿、萍乡煤矿合组汉冶萍公司,由盛宣怀承办。江南制造局在1905年将制造局的船坞、轮船、锅炉、机器分离出去,组成江南船坞,实行商办。这样,清政府官办工业逐渐衰落下去。

北洋政府取代清政府后,主要是接办清代洋务派所办企业,除几个军工厂外,自身甚少创建。据专家统计,1912至1926年间,北洋政府创办的民用工业企业不过29家,而且企业规模不大,总计设立资本3200万元。除公用事业外,大多经营不良,风雨飘摇,常在官办、商办之间转移,最后多半归于商办或者停闭。③ 官办工业的这种状况在南京国民政府的统治确立后,在20世纪30年代中期以后才逐渐改变。

近代中国民间投资近代工业始于1869年。是年,铁匠作坊主

---

① 《变法自强疏》,《中国近代史资料丛刊·戊戌变法》第二册,上海人民出版社,1961年版,第282页。

② 汪敬虞:《中国近代工业史资料(1895—1914)》第二辑(上),科学出版社,1957年版,第460页。

③ 许涤新、吴承明:《旧民主主义革命时期的中国资本主义》,人民出版社,1990年版,第790页。

方举赞创办了发昌机器厂，采用车床。民间资本的投资集中于缫丝、棉纺织、面粉、造纸、印刷、火柴等轻工业。某些行业的发展是比较快的。如缫丝业，广东自华侨商人陈启源创设继昌隆缫丝厂后，“三四年间，南（海）顺（德）两邑相继起者多至百数十家”。到90年代，“顺德县有蒸汽缫丝厂二百家以上”①。“当广东蚕丝业极盛时，全省共有丝偈三百多间，即共有缫丝女十五万人，可谓极盛一时”②。在上海，机器缫丝业兴起于19世纪80年代。到1894年，本国资本缫丝工厂有8家，投资总额达286万余元，工厂数和投资规模都超过了外资工厂。③ 棉纺织业起步较晚。1887年中国最早的机器轧花厂在宁波建立。民营机器纺纱厂于1891年在上海创办。在甲午之前，中国棉纺织业的大体规模是轧花厂4家，资本31.5万两；纱厂2家，资本48万两。④ 总的讲，从1869年开始到1894年，民营近代工业企业创办了50多个，资本额共有500余万元，实力微弱。与洋务派创办的企业相比，规模小，技术设备也落后。

甲午战争之后，民营近代工业出现了一个较好的发展势头。这首先表现为战前旧有工业规模的扩大。在棉纺织业的投资额，据严中平估计，“在1895年华厂投资总数只有9862千两，至1913年当有26232千两，即增高了166%”⑤。在机器缫丝业，从1895年到1913年，全国开设的丝厂有141家，投资1133.3万元。⑥ 其

① 许涤新、吴承明：《旧民主主义革命时期的中国资本主义》，人民出版社，1990年版，第456页。

② 彭泽益：《中国近代手工业史资料》第2卷，生活·读书·新知三联书店，1957年版，第52页。

③ 张仲礼：《近代上海城市研究》，上海人民出版社，1991年版，第333页。

④ 许涤新、吴承明：《旧民主主义革命时期的中国资本主义》，人民出版社，1990年版，第469页。

⑤ 严中平：《中国棉纺织史稿》，科学出版社，1955年版，第140页。

⑥ 许涤新，吴承明：《旧民主主义革命时期的中国资本主义》，人民出版社，1990年版，第653页。

中,上海的机器缫丝业发展最快,按丝车计,年增长率达9%。[①] 机制面粉业,在战前只有3家机器磨坊。战后,到1913年,全国实有华商面粉厂57家,设立资本884.7万元。[②] 其次,一些新的行业出现了中国民营资本。如卷烟业,1902年成立的官商合办的北洋烟草公司,是民族资本投资开设卷烟厂的先声。1905年,民族卷烟业的最大企业南洋兄弟烟草公司在香港设立。在此前后,中国出现过民族资本投资卷烟业的高潮。在1905至1906年间大约有16家华商卷烟厂设立,投资共118万元。[③]

民国时期,中国民营资本主义近代工业经济获得一定的发展。一方面,民国建立,中国资产阶级取得了在政治上的领导地位。另一方面,第一次世界大战爆发,西方列强不仅因忙于战争而暂时放松了对中国的经济压迫,而且由于战争的需要扩大了从中国的进口。如面粉业出口在1914年全国不足7万担,1915年就上升至约20万担,以后逐年上升,至1918年超过200万担,1920年更接近400万担。[④] 棉纱的进口也因大战而锐减。[⑤] 正因如此,中国民族资本主义出现了一个发展的高潮。据统计,从1912年至1919年,中国新建的厂矿企业达470多家,投资近1亿元,加上原有企业的扩建,新增资本达到1.3亿元以上,相当于辛亥革命前50年的投资总额。中国工厂使用的蒸汽动力,1913年为43448马力,1918年为82750马力,约增长了一倍。[⑥]

"一战"及以后的一段时间,中国民族资本主义工业的发展除轻工业外,民族机器工业也有所发展。在上海,民族资本机器工厂

① 严中平:《中国近代经济史统计资料选辑》,科学出版社,1955年版,第162页。

② 许涤新、吴承明:《旧民主主义革命时期的中国资本主义》,人民出版社,1990年版,第661页。

③ 汪敬虞:《中国近代工业史资料(1895—1914)》第二辑(下),科学出版社,1957年版,第912页。

④ 《荣家企业史料》(上),上海人民出版社,1962年,第40页。

⑤ 严中平:《中国棉纺织史稿》,科学出版社,1955年版,第165页。

⑥ 李侃、李时岳等:《中国近代史》(第四版),中华书局,1994年,第473页。

在1914至1924的10年间,由原来的91家增加到284家。[①] 民族机器工业以修配为主,但也生产了较多的机器。如车床因大战而输入减少,1915年起民族机器工厂制造的车床开始出现于市场,并一度行销于东南亚市场。到1924年,上海已有10家制造车床的专业工厂。[②] 随着纺织业的发展,1914至1924年间,经营纺织机器修造的专业工厂由13家增加到50家,针织机器制造专业工厂由3家增加到39家,针织机、铁木织机均已仿制成功,并能大量生产。[③] 在此期间,中国民族机器业在制造动力机器方面也有重大进步。上海鸿昌机器船厂在1918年仿造柴油引擎成功。[④]

由于民族资本主义工业的发展,这一时期中国出现了一些有一定规模和实力的资本集团。比较著名的有张謇创办的大生资本集团,荣宗敬、荣德生创办的申新资本集团,郭顺、郭乐创办的永安资本集团,徐荣廷等人创立的裕大华资本集团,周学熙创办的华新纺织公司和启新洋灰公司,范旭东等人创立的天津永利碱厂等。

(三)农产品商品化的扩大

农产品的商品化主要是指经济作物的种植和粮食生产商品化而言。鸦片战争之前,我国农产品的商品化已经有了一定程度的发展。茶、桑蚕和蔗糖等经济作物基本上已是商品性生产。鸦片战争之后,农产品商品化发展的表现一方面是商品数量的增多,另一方面是新的经济作物品种的广泛种植。以甲午战争为界,近代农产品商品化的发展可分为两个阶段。在第一个阶段中,农产品商品化最突出地表现在茶叶、甘蔗、蓝靛等经济作物种植的发展。在第二个阶段,茶叶、甘蔗、蓝靛的种植减少,蚕桑、棉花、烟草、花生的栽培则进一步推广,商品化和专业化程度提高;原来种植不多的芝麻和大豆得到长足的发展,成为一些地区的主要农作物,在出

① 王新:《上海民族机器工业》,中华书局,1979年版,第303页。
② 王新:《上海民族机器工业》,中华书局,1979年版,第201页。
③ 王新:《上海民族机器工业》,中华书局,1979年版,第202页。
④ 王新:《上海民族机器工业》,中华书局,1979年版,第213页。

口农产品中占有重要地位。南方一些地区的油桐、油菜籽种植也因市场的需要而发展起来。在这一阶段中,经济作物的发展在全国形成了一些农业专门化区域。如棉花多产于江苏、湖北、山东、河北、河南、陕西等省,蚕桑多产于江苏、浙江、四川、广东等省,烟草多集中于山东、河南、安徽等省,大豆主要产于东北,花生主要产于山东、广东、安徽等省,稻米主要产于江苏、湖北、湖南、安徽、江西、四川、浙江等地,而小麦主要产于河北、河南、山西、山东等地区和东北一带。①

植桑养蚕在中国有着悠久的历史,在鸦片战争前后形成了太湖流域、珠江三角洲、四川盆地等几个著名蚕桑区。鸦片战争后,由于生丝出口的增加,促进了国内蚕桑业的发展。一些原来不种蚕桑的地区开始种植蚕桑。老区的种植面积也在扩大。如江苏高邮,"民素不饲蚕……近年来湖东西以农兼桑者不可胜计,至丝成时,江南贩丝者无岁不至"。又如无锡过去蚕桑养植并不发达,现在"该处荒田隙地,尽栽桑树,由是饲蚕者日多一日,而出丝者亦年盛一年"。江苏丹阳的蚕桑种植原本有限,由于官吏利用荒地"采湖桑教民栽种,不十年,桑阴遍野,丝亦渐纯,岁获利以数万计"②。安徽的蚕桑"向不讲究",产量也不多。在19世纪70年代末,芜湖出口的生丝每年仅有300余担。到20世纪初,蚕桑业逐渐在芜湖周围地区推广开来。据1928年的调查,安徽每年提供给上海丝厂的茧丝达一万数千担。③ 在四川蚕桑区,各地曾普遍成立"蚕桑公社",推广蚕桑种植。20世纪初,一些州县的蚕桑生产有不同程度的扩大。如富顺,由于地方官吏奖励,养蚕渐渐推广;遂宁种桑者日众、蚕业兴旺,蚕丝产量较20年前增加了10倍;三台桑地面积

① 章有义:《中国近代农业史资料》第2辑,上海三联书店,1957年版,第216—228页。

② 李文治:《中国近代农业史资料》第1辑,上海三联书店,1957年版,第427页。

③ 汪敬虞:《中国近代经济史(1895—1927)》(中),人民出版社,1998年版,第857页。

从1909年的2.5万亩增加到1919年的5.5万亩,蚕茧产量从213万斤增至319万余斤,分别增加了1.2倍和0.5倍。[①]

除南方各地桑蚕业发展外,中国北方的山东、东北等地的柞蚕丝生产也有很大发展;如东北奉天东南部的柞蚕丝业,在19世纪70-80年代已有了初步的发展。甲午战争前后,柞蚕饲养进一步扩大。到20世纪20年代中,辽东半岛各县的柞蚕生产,已经是"无地无之,人民多专业之,亦如奉天北部之产大豆者然"[②]。

其他经济作物的种植也有较大发展。如棉花种植到20世纪20年代遍及全国。正如时人所说:"长江一带、汉水流域,以及各铁路道线附近之地、滨海淤泥积涨之土,植棉之地年有扩张。北迄燕、齐、豫而竭乎满洲、内蒙,西届秦、晋、蜀而宣乎甘肃、新疆,多见产出;即原来产棉之区,最著者如江、浙、闽、广等省,近亦扩充棉区,几乎全国均从事植棉矣。"[③]又如大豆,本是一种自给性粮食作物,在19世纪末叶,大豆的工业用途被发现,因而,中国大豆开始大量出口,成为一种重要的商品性经济作物,种植面积迅速扩大。如1915年,东北大豆的播种面积占主要农耕土地面积的22.6%,1918年则达到24%,1926年升到28.7%,1927年达到31.3%。[④]随着播种面积的扩大,大豆的产量也逐年增高。1909年,东北大豆为199万余吨,1919年为230万吨,1921年为350万吨。[⑤]东北所产大豆,除约十分之一供当地消费外,其余以原豆或制成豆饼、豆油,输往国外市场。

经济作物生产的发展给中国农作物种植结构的变化造成了影

① 汪敬虞:《中国近代经济史(1895—1927)》(中),人民出版社,1998年版,第858页。

② 汪敬虞:《中国近代经济史(1895—1927)》(中),人民出版社,1998年版,第856页。

③ 章有义:《中国近代农业史资料》第2辑,上海三联书店,1957年版,第196页。

④ 汪敬虞:《中国近代经济史(1895—1927)》(中),人民出版社,1998年版,第871—872页。

⑤ 章有义:《中国近代农业史资料》第2辑,上海三联书店,1957年版,第204页。

响。它排挤了粮食生产,因而又促进了粮食作物生产的商品化。长江下游、江浙一带及珠江三角洲地区原本是最重要的产粮地区,但是,由于经济作物等种植面积的不断增长,粮食越来越依靠从外部输入。如江苏太仓,口粮“全恃他县接济”。南通棉田占十分之七,每年须运入粮食50万担。浙江海宁、富阳、余杭、吴兴等桑棉渔业区,无不缺粮。海宁每年输入的粮食达“十成之五六”,吴兴即遇丰年,亦短粮30%。珠江三角洲粮食“出产殊稀”。全粤所出,不足供3个月之粮。食米“非抑给于镇江、芜湖、广西,则输入于安南、暹逻”①。

近代城市兴起后,城市经济的发展也增加了对商品粮食的需求。如上海食米每年需365万担左右。而本地非产米区,全恃常熟、无锡、苏州等地白米,湖南、安徽的各色籼米及东南亚稻米输入接济。② 又如武汉“人烟辐辏,烟火百万家,日食所需,几难数计”③。此外,粮食加工业,尤其是酿酒业的发展也增加了对商品粮食的需求。

商品粮需求的旺盛刺激了生产。湖南、四川、安徽、苏北、江西、广西、直隶、山西、绥远、东北的一部分州县,成为主要的商品粮供应地。长江流域的长沙、九江、芜湖形成著名的米市。商品粮的供应逐年增加。据有学者估算,1894年时,商品粮为372.5亿斤,合产量的15.8%;1920年时,商品粮为526.83亿斤,合产量的21.6%,说明粮食商品化的程度提高了。④

近代农业商品化的发展还表现为经营性农业的发展。近代中国经营式农业包括经营地主经济、富农经济和农牧垦殖公司三类。

---

① 汪敬虞:《中国近代经济史(1895—1927)》(中),人民出版社,1998年版,第883—884页。

② 汪敬虞:《中国近代经济史(1895—1927)》(中),人民出版社,1998年版,第886页。

③ 李文治:《中国近代农业史资料》第1辑,上海三联书店,1957年版,第478页。

④ 许涤新、吴承明:《旧民主主义革命时期的中国资本主义》,人民出版社,1990年版,第989页。

它们在20世纪初开始大量出现,一般雇工经营,以商品生产为目的,是资本主义性质的农业。其中以中小农场的经营最具资本主义性质。其他形式处在向资本主义性质的农业过渡阶段上。其分布和发展状况各不相同,具体情况如下。

经营地主经济。农产商品化,刺激一部分地主从事土地的雇工经营。如机器棉纺织业的发展,引起棉价上涨。因此,江苏南通"多数地方退佃自耕"。海门、启东、太仓一带也群起效法,不但"小本地主"自营土地的多,即使大地主,雇工自种"也是极普通的情形"。又如因粮食价格上升,20世纪20年代安徽宿县"地主退佃问题,亦因之而发生"。河南获嘉地方在20世纪初叶,也因"粮价日昂,凡有地之家,类皆自耕,或佣工代耕,佃租已日见减少"。在城市周围,因蔬菜消费量的日益增长,一些地主就扩大经营,"雇佣了许多长短工",从事蔬菜生产。这种情况,在上海、北京、重庆等大城市和口岸城市所在多有。[①] 经营地主产生的具体途径多种多样,如撤佃自耕,领垦荒地或购买土地等。领垦荒地而成为经营地主的例子有:1906年,桐城人徐海秋,领取繁昌县境一块长30里、宽25里的芦苇沙洲,改种稻麦。湖南湘乡李笃真领得"新淤万顷",将其中"数百顷辟作桑园,以收蚕桑之利"[②]。除南方地区外,北方的北京附近,绥远、察哈尔、东北等地都有领垦荒地而成为经营地主的实例。但是,大多数经营地主的形成是通过购买和积累土地而发展起来的。以山东经营地主的情况为例,据学者对山东131家经营地主的调查,以经商起家的有64户,以种地起家的有59户,共123户,占调查总数的94%;以做官起家的只有8户,仅占调查总数的6%。调查显示大多数经营地主的土地都有一个相当长的积累过程。如章丘东矾硫村太和堂李家,乾隆年间有土地

① 汪敬虞:《中国近代经济史(1895—1927)》(中),人民出版社,1998年版,第1027—1028页。

② 汪敬虞:《中国近代经济史(1895—1927)》(中),人民出版社,1998年版,第1031页。

175.72 亩,同治七年时增加到 340.4 亩,光绪三十一年时增到 515.72 亩。这些增加的土地是在 145 年间分作 104 次买进的。淄川栗家庄树荆堂毕家的土地扩张也复如此。由此可见,“经营地主大都是随着土地拥有数量的递增而逐渐成长起来的。一般说来,大都经历过中农、富农的发展阶段”①。经营地主的分布主要是在那些水陆交通便利,商品经济比较发达的地区,特别是通商口岸附近,交通道路沿线,江河两岸及滨湖滨海地区。据有学者研究,经营地主在全国范围内的分布,由南向北呈递增的趋势,长江流域及其以南地区约 10% ~20%,少数地区不到 10%;淮河流域为 20% ~30%,少数地区超过 30%,黄河流域和东北地区为 30% ~40%,少数地区不足 30%,或超过 50%。全国平均,估计为 20% ~25% 左右。② 因此,经营地主经济在近代中国农村经济中并不占显著地位。

富农经济。近代中国富农经济的产生途径有两条:一是从经营自有土地开始致富的,一是通过经营租佃土地而致富的。在近代中国,前一种途径是产生富农经济的主要途径。如广东东莞,农民植桑养蚕,据说“家有十亩可以致富”。江苏南汇,地近上海,菜蔬畅销,平均一亩菜地年均收入在百元以上,故“以种圃起家者,颇不乏人”③。后一种途径成功的比较少,但是毕竟也还存在。据 20 世纪 20 年代中对江苏昆山、南通和安徽宿县的调查,由佃农而能上升为富农的约占百分之二三。④

富农经济主要分布在交通便利、农产品商品化程度较高的地区。从全国来讲,富农经济主要分布在珠江三角洲,芜湖、南京、宁

---

① 景甦、罗仑:《清代山东经营地主经济研究》,齐鲁书社,1985 年版,第 202 页。

② 刘克祥:《中国近代的地主雇工经营和经营地主》,《中国经济史研究》,1994 年增刊。

③ 汪敬虞:《中国近代经济史(1895—1927)》(中),人民出版社,1998 年版,第 1084 页。

④ 汪敬虞:《中国近代经济史(1895—1927)》(中),人民出版社,1998 年版,第 1085 页。

波、杭州、烟台等通商口岸附近和长江三角洲，粤汉、京汉、陇海、津浦、胶济等铁路沿线，某些沿湖、沿海淤积地、盐垦区以及边远省份农业新垦区。富农占有的土地和经营面积，由南向北呈递增趋势：长江流域及其以南地区一般为 20 至 40 亩；淮河和黄河中下游地区，多为 30 至 60 亩，小部分达到 100 亩左右；察绥、热河和东北南部，大多为 100 至 200 亩，一部分达到 300 亩以上；东北北部一带，大多在 200 亩以上，不少超过 500 亩乃至千亩以上。[①] 近代中国的富农经营一般都使用雇工劳动，进行商品生产，属于资本主义的雇工经营，是近代中国农业资本主义的一个组成部分。但是另一方面受历史条件和时代的局限，“中国的富农一般地带有很重的封建和半封建剥削的性质”[②]。中国富农经济的这种特色对其雇佣劳动产生了深深的影响。

农牧垦殖公司。近代中国农牧垦殖公司最早兴起的地方是苏北盐垦区，以 1901 年张謇创办通海垦牧公司为开端。辛亥革命后，在“振兴实业”，“垦植荒地”的鼓动声中，农牧垦殖公司大量涌现。近代农牧垦殖公司因经营范围、经营状况和方式的不同，大致分为三类：第一类是从事特种经济技术和园艺作物栽培，以及家禽家畜、蜜蜂、淡水鱼的饲养的中小型农场。这类农场一般设在资本主义经济比较发达的城市郊区，一般规模不大。比较典型的是穆藕初、葛敬中在上海郊区杨思乡创办的蔬菜种植场，商人赵楚梅等在重庆广元坝创办的树畜公司。这些农场以城市的消费为目标，雇工进行肉、禽、蛋、乳和蔬菜、水果、花卉等农产品和园艺作物的生产。其经营者，大都具有较高的文化素养和一定的专业知识。在经营谋利的同时，他们也进行一些农作物品种改良及优良品种推广的工作。如南京受谦养蜂园的创办者发起组织了亚群养蜂

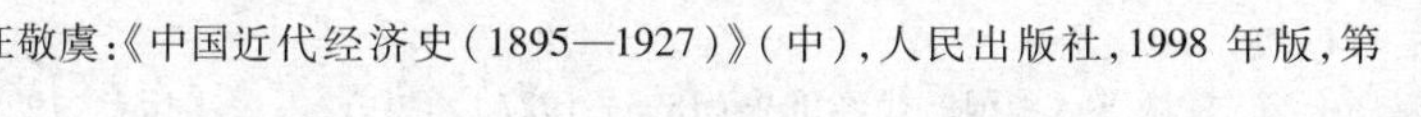

① 汪敬虞：《中国近代经济史（1895—1927）》（中），人民出版社，1998 年版，第 1100 页。

② 《毛泽东著作选读》下册，人民出版社，1986 年版，第 632 页。

会,北京兴农养蜂场出版了有关华北养蜂的杂志等[①]。这一类农场一般都"实行资本主义方式的经营"[②],是近代农牧垦殖公司中资本主义性质表现最为明显的一类。第二类以苏北盐垦区的垦牧公司为典型。这类公司一般采取自垦和租佃等两种方式经营土地。一般是在所领有的土地中划出一部分土地,自己雇工经营植棉、畜牧等生产;其余大部分土地招佃租种,公司坐收地租。这类公司除江苏省比较多外,在广东、福建、贵州、广西等地也有分布。这类公司的资本主义色彩虽有,但很淡。第三类是一些较大的垦牧或垦务公司,主要分布在内蒙和东北地区。这类公司一般凭借特权低价领得荒地,然后进行土地投机,转手高价倒卖。土地倒卖完成,这类公司往往随之解散。因此,这类所谓垦牧公司,不过是地主豪绅垄断和倒卖土地的机构和手段而已。

二、近代中国商品经济发展之分析

近代中国商品经济的发展程度,从纵向来看确实有了长足进步,但这种发展的程度决不能高估。

比如,小农经济是农业和家庭手工业紧密相结合的自然经济。小农经济下的家庭手工业包括磨面、舂米、酿造等农产品加工,以土石、竹木等为原料的工具和生活用品的制造等多个方面。棉、麻、丝等手工纺织业是小农经济下家庭手工业最主要的内容,其中手工棉纺织业在家庭手工业中占有最主要的地位。无论产棉区还是非产棉区,都有家庭手工棉纺织业的存在。小农经济的解体是商品经济发展的前提,它的解体就是农业和家庭手工业相分离,主要的是农业与家庭手工纺织业的分离。小农经济解体根本的原因是生产力和社会分工的发展。这一过程在中国封建社会后期就出现了。在近代,中国小农经济的解体不是中国农业自身生产力发

① 汪敬虞:《中国近代经济史(1895—1927)》(中),人民出版社,1998 年版,第 1149 页。

② 汪敬虞:《中国近代经济史(1895—1927)》(中),人民出版社,1998 年版,第 1144 页。

展的结果,而是外国资本主义列强倾销商品和掠夺原料的结果,表现为洋纱排挤手工纺纱,洋布取代手工织布。这种排挤和取代过程从鸦片战争后就开始出现了,在当时就引起人们的注意。如早在1846年包世臣就说:"近日洋布大行,价才当梭布三之一。吾村专以纺织为业,近闻已无纱可纺。松太布市削减大半"①。1853年的广东《顺德县志》也记载了当地家庭手工纺织业受到冲击的情况。② 不过,此时中国家庭手工纺织业受到的冲击主要是由用本国棉花纺织改为用印度入口棉花纺织,其范围也只是局限于非产棉区的广东和福建一带。从总体上来讲,鸦片战争后的相当一段时间,中国小农经济还保持着对外来工业品的强大抵制力。19世纪60年代以后,中国小农经济对西方工业品的抵制力开始受到严重挑战。由于美国内战的爆发,世界棉花市场出现重大变化。棉花价格开始迅速上涨,导致中国在1867年以后形成了棉花出口超过进口的长期趋势。由此,中国农民的家庭手工棉纺织业开始面临严重的原料危机。小农经济链条中的第一环——植棉与纺纱开始相脱节。

中国家庭纺织业缺乏原料的同时,外国机纺纱即洋纱开始大量入口,并且由于技术的改进,进口洋纱的价格不断下降。1868年进口洋纱为5.4万担,每担价格为29.48关两;1876年进口洋纱为11.3万担,价格为每担25.14关两;1886年进口洋纱38.5万担,每担价格降到20.46关两;1892年达到130.6万担,每担价格降为16.97关两。③ 与洋纱价格下降相反,土纱却由于棉花价格的上升而成本增加,失去了价格优势。如1887年牛庄口岸,每包三百斤的洋纱售银57两,而同量土纱却要售银87两左右。④ 由于洋

① 包世臣:《答族子孟开书》,《齐民四术》,中华书局,2001年版,第86页。

② 李文治:《中国近代农业史资料》第1辑,上海三联书店,1957年版,第506页。

③ 许涤新、吴承明:《旧民主主义革命时期的中国资本主义》,人民出版社,1990年版,第270页。

④ 严中平:《中国棉纺织史稿》,科学出版社,1955年版,第63页。

纱价格的竞争,土纱的价格也在下降。这样,手工纺纱不仅无利可图,而且要赔本。土纱的生产受到了沉重打击。如广东番禺,“按邑中女红以纺织为业,近洋纱自外国至,质松价贱,末俗趋利,以充土纱,遂多失业矣”;又如1887年山东土纱纺织业因洋纱竞争而“几乎全部停歇,因为纺工每天只能赚得工资制钱二十文,他们若编制草帽缏,工资便可加倍,甚或更多”①。由于洋纱价格的低廉,手织业者自然要舍弃土纱而改用洋纱。这就使得手纺与手织开始分离。

在洋纱排挤土纱的同时,土布也受到洋布的排挤,只是这一过程没有洋纱对土纱排挤的迅速。这一方面是因为洋布的劳动生产率与土布相比,远不如洋纱对土纱那样悬殊。1894年,中国国内机器棉纺织厂,人均每天出纱13.4磅;农村手摇纺车,人均每天出纱0.303磅,相差悬殊。机器织布,人均每天出布31.1方码;农村投梭机一般为2.33方码。② 另一方面是因为中国土布纺织业在失去土纱来源后采用洋纱织布,不仅缩短了劳动时间,提高了劳动效率,也降低了成本,增强了对洋布的抵制力。尽管洋布排挤土布的过程中比较缓慢,但其轨迹是清晰可见的。如1846年松江太仓地方,本来“木棉梭布,东南杼轴之利甲天下……今则洋布盛行,价当梭布而宽则三倍,是以布市消减”③。进入70年代后,情况进一步严重起来。英国领事在报告中说:“土布和进口商品相竞争,(在品质上)决不就处于不利的地位。但是手织土布的售价较高,因而贫苦的中国人便不得不买便宜的但并不耐用的竞争品了”。到了80年代,则由于洋布“幅宽质细价廉,而适于用,人皆便之,反弃土

① 彭泽益:《中国近代手工业史料》第2卷,生活·读书·新知三联书店,1957年版,第207—208页。

② 许涤新、吴承明:《旧民主主义革命时期的中国资本主义》,人民出版社,1990年版,第275页。

③ 包世臣:《致前大司马许太常书》,中华书局,2001年版,第88页。

布而不用”①。90 年代后,则“迄今通商大埠,及内地市镇城乡,衣大布者十之二三,衣洋布者十之七八”②。这一段时间,洋布的进口数量也从另一方面反映了它对土布的排挤程度。据统计,1867 年,进口洋布为 425 万匹,值 1167 万关两。1876 年进口数为 1164 万多匹,值 1737 万多关两;1886 年进口数达到 1404 万多匹,值 2124 万多关两;1892 年进口数为 1635 万多匹,值 3055 多关两。③不到 20 年的时间,进口数约增长了 4 倍。由此可见,土布受到洋布越来越多的排挤。

洋纱洋布对土纱土布的排挤在进入 20 世纪后速度加快,首先看洋纱对土纱的排挤。1895 年进口洋纱 113.2 万担,到 1913 年达到 268.5 万担,增长了 1.37 倍。而同期土纱的生产日益减少。土纱在 1860 年时每年生产 625 万担,1894 年降至 469 万担,而 1913 年仅有 143 万担。因此,到 1913 年,中国农民家庭手纺业基本瓦解。④ 其次,这一时期,洋布也逐渐挤占了土布的商品市场。1894 年进口洋布为 1334 万匹,1913 年为 3075 万匹,增加了 1.3 倍。同期,农村土布的市场占有率不断下降。1860 年,自给土布在全部棉布供给量中所占比重是 46.08%,1894 年降为 43.54%,1913 年为 39.80%,1920 年为 39.27%。农村土布的自给性生产程度逐步降低⑤,耕与织的紧密结合出现明显的削弱。由此,中国农民与市场的联系更加密切。据 1921 年至 1925 年对安徽等七省十七处的调查,在农村家庭全部支出中,现金支出占 47.6%,非现金支出占

① 彭泽益:《中国近代手工业史资料》第 2 卷,生活·读书·新知三联书店,1957 年版,第 222 页。

② 夏东元:《郑观应集》(上),上海人民出版社,1987 年版,第 115 页。

③ 姚贤镐:《中国近代对外贸易史资料》第 3 册,中华书局,1962 年版,第 1368 页。

④ 许涤新、吴承明:《旧民主主义革命时期的中国资本主义》,人民出版社,1990 年版,第 953 页。

⑤ 许涤新、吴承明:《旧民主主义革命时期的中国资本主义》,人民出版社,1990 年版,第 964 页。

52.4%；在全部收入中，现金收入占 58.1%，非现金收入占 41.9%[①]。

但是，小农经济的解体并非如人们想象的那么彻底。以上海地区为例，这里是外国资本主义侵入较早和较为集中的地区，但大量方志资料表明，直到近代末期，甚或到 20 世纪 40 年代末，这个繁华都市的四郊农村，仍在相当程度上过着自筹衣食的小农生活。嘉定县“近虽机器纱布盛时，家人衣著仍有自纺自织者”；1907 年前后的上海县“棉花纱布，乃邑产之大宗。布之种类不一……其名各殊，乡民赖之以度日”；光绪年间，嘉定县真如镇四乡：“女工殊为发达。盖地既产棉花，纺织机杼之声相闻，而又勤苦殊异，因非此不足以补家用也。”[②]上海地区尚且如此，内地及边远地区则自不待言。

近代工业的发展是近代中国商品经济发展的重要推动力。虽然近代工业从无到有，取得了长足进步，但是中国资本主义工业的发展水平不高。大量的企业属于工场手工业性质。据北洋政府农商部统计，1916 年，25 种行业有手工业工场和作坊 13736 家，职工 410881 人。另据解放后的统计，私营资本主义工厂中有 80% 是工场手工业性质。[③] 中国民族资本主义工业的总体技术落后。1916 年全国 16957 家工场中，没有使用机械动力的就有 16467 家。[④] 在机床使用上，1920 年上海 100 多家民族机器厂平均每家只有机床 5.9 台，工人 25 人，并有 30% 的工厂靠人力发动，不使用动力。[⑤]中国民族工业不仅技术设备落后，而且规模小。以棉纺织业为例，

① 章有义：《中国近代农业史资料》第 2 辑，上海三联书店，1957 年版，第 268—269 页。

② 黄苇等：《近代上海地区方志经济史料选辑》，上海人民出版社，1984 年版，第 24—34 页。

③ 王新：《旧中国的资本主义生产关系》，人民出版社，1977 年版，第 153—154 页。

④ 陈真：《中国近代工业史资料》第一辑，上海三联书店，1958 年版，第 17 页。

⑤ 王新：《上海民族机器工业》，中华书局，1979 年版，第 202 页。

1914 年民族资本 23 家纱厂，平均每厂纱锭为 23686 枚；9 家外资纱厂平均每厂纱锭为 51664 枚。[①] 在重工业中，民族资本企业同样规模不大。1913 年煤矿业年产 100 万吨以上的全部是外资，年产 10 万吨的民族资本仅占 11.5%，年产 10 万吨以下的民族资本占 59.9%，年产 1 万吨以下的全部是民族资本。[②] 1913 年上海 91 家民族机器工厂资本共有 87010 元，平均每厂 956 元[③]，而耶松船厂一家的资本是 772 万元。民族工业基础薄弱，无法与外资竞争。这种的情况对雇佣关系的影响是，资本家为了取得更多的利润，必然加强对工人的剥削。

同样，近代城市化的发展状况也能反映商品经济的发展情况。在世界资本主义的发展史上，人口城市化是其经济自身发展的必然结果。近代中国城市人口在 1843 年为 2070 万人，至 1893 年增至 2350 万人，在总人口中的比重从 5.1% 上升到 6.6%；到 1949 年城镇人口进一步增至 5766 万人，在总人口中的比重上升到 10.6%。城镇人口总量有一倍多的增长，但这一时期世界城镇人口比重达到 28.8%。相形之下，中国城市化的水平远低于世界平均水平。[④]

资本主义近代城市的明显特点，在于它不仅是政治、文化中心，而且也是因商品货币关系的日益扩展而兴起的经济活动中心。总的来讲，近代“中国没有一个能够为现代化计划的需要服务的城市系统”。国外学者认为，在中国近代 1600 多个大、中、小城市中，人口在 3000～10,000 人的集镇差不多就在 1000 个以上，每个中心市场就伴有 4 个小的、标准的定期集市，这一比率远远超过其他

① 汪敬虞：《中国近代工业史资料（1895—1914）》第二辑（上），科学出版社，1957 年版，第 403 页。

② 汪敬虞：《中国近代工业史资料（1895—1914）》第二辑（上），科学出版社，1957 年版，第 403 页。

③ 王新：《上海民族机器工业》，中华书局，1979 年版，第 196 页。

④ 罗荣渠：《现代化新论——世界与中国的现代化进程》，商务印书馆，2004 年版，第 349 页。

发达国家。如果将大、中、小各类城市用金字塔的形式显现出来，那么，中国城市金字塔的基础之宽是其他国家无可比拟的。这就意味着中国近代商品没有像其他国家那样被大量地运到标准的集市之外。这类集镇的发展主要依赖于高度的地方性流通，依赖于贸易体系本身的功能，在很大程度上，它的功能主要是应付乡村人口抵御荒年及从事农业、手工业品的交换，而绝非供应大、中城市。反过来，为数庞大的小集镇的存在，相当程度上减弱了沿海城市的影响，沿海城市不仅无法从根本上改变国内贸易的形式，也不能为较多的内地和小城市创造成倍的经济效益。①

在半殖民地半封建的中国社会，人口城市化受到了西方资本主义侵略势力的强烈影响，近代中国人口城市化的发展不仅不可能具有那种自身的或独立的发展形态，而且必然会带有明显的殖民地色彩。中国近代只有沿海极个别城市规模庞大，成为畸形发展的特大城市，而广大内地城市，包括大部分通商口岸城市均规模有限，且十分悬殊。上海和广州作为中国近代对外通商的两大门户，人口城市化的速度极为迅猛，清末时人口均在 200 万左右，而其余的“次大城市”，包括天津、汉口、杭州、福州等商埠城市，人口规模均在 100 万以下，绝大部分内地城市人口规模则在数万乃至几千人。这是一种典型的“单一支配型”城市结构。在这种城市结构中，特大城市受人口高度集中及经济生活的低度发展限制，只是作为帝国主义列强的行政和商业中心，而不是促进国内商品经济发展的市场。因而它不能带动内地广大城市的同步发展，难以形成大、中、小城市相结合、相互依存、联系紧密的群体化城市体系。②

明显的殖民地色彩不仅表现在中国近代城市化的过程中，也

---

① ［美］吉尔伯特·罗兹曼：《中国的现代化》，上海人民出版社，1989 年版，第 210—214 页。

② 周积明、宋德金：《中国社会史论》（下），湖北教育出版社，2005 年版，第 608—609 页。

体现在中国的对外贸易方面。从中国对外贸易商品结构来看,进口商品以廉价的工业消费品为主,出口商品以农产品及工业原料为主。在进口货中占主要地位的是鸦片、棉布、棉纱。三者在进口货值中所占比重最高时达到71.7%,以后由于其他商品输入的增加,到90年代降低到50%左右。除了鸦片、棉布、棉纱外,其他进口货有毛织品、铁及铁器、锡、火柴、煤油、糖、烟酒等直接消费资料。机器等生产资料的进口,由于中国国内工业的发展而增加。甲午以前的5年间,全国机器进口值每年平均为60余万关平两。1895年以后的5年间,全国机器进口值每年平均为200余万关平两。到一战以前的5年间,每年平均为700余万关平两。[①] 但是,这种增加的数量有限,并没有改变中国进口商品以工业消费品为主的结构。1893年进口商品中生产资料价值为8.4%,消费资料占91.6%[②];1913年钢铁、机械和交通器材的进口占7.5%;1916年为10.4%;1920年为14.1%;1925年为8.4%。[③] 由此可见,中国进口工业品以消费品为主是显而易见的。

中国出口商品在第二次鸦片战争后就确立了原料、半制成品、制成品的出口格局,而且半制成品、制成品主要以手工业产品占主导地位。如1873年的出口,原料占2.6%;半制成品中手工制品占37.4%,机制品没有;制成品中手工制品占58.3%,机制品只占1.7%。1893年的出口,原料占15.6%;在半制成品中手工制品占28.4%,机制品占0.1%;制成品中手工制品占53.4%,机制品占2.5%。[④] 中国出口商品不仅以原料、半制成品为主,而且出口商品的品种随国际市场的需要而变动。丝茶在出口商品占有很大比重。十九世纪60至70年代,二者在出口货值中所占比重达到

① 王新:《上海民族机器工业》,中华书局,1979年版,第112页。

② 严中平:《中国近代经济史统计资料选辑》,科学出版社,1955年版,第72页。

③ 郑友揆:《中国的对外贸易和工业发展》,上海社会科学院出版社,1984年版,第41页。

④ 严中平:《中国近代经济史统计资料选辑》,科学出版社,1955年版,第73页。

90%左右,以后逐年下降,到90年代仍占60%左右。[①] 在丝茶出口下降的同时,一些鸦片战争前未曾出口的原料开始出口,而且数量和品种不断增加。先是棉花在19世纪60年代开始出口,随后是大豆、烟叶、皮毛等产品大量出口。到20世纪,各种籽仁、油料和矿砂大量出口。

鸦片战争后中外贸易的规模不断扩大,由此形成了为对外贸易服务的庞大雇佣劳动者队伍。但是,在华从事贸易的外国人却并不多。在广州口岸,外国在华从事贸易的侨民人数在1845年是250名,在1855年也只有324名。[②] 另据海关关册统计,1872年在华外商有343家,侨民3673人;1882年在华外商有440家,侨民4894人;1892年在华外商有579家,侨民9945人。[③] 因此,绝大多数中外贸易业务的进行,是由外国人雇佣的中国人承担的。雇佣华人为其服务是外国列强在鸦片战争后就获得的合法权益。由此形成了一个为外国人服务的涉外雇佣者群体。在这个涉外雇佣者群体中,最重要的人物当是买办。

近代中国对外贸易的殖民地色彩也造成了中国近代农业商品化的畸形发展。20世纪30年代有学者指出,中国农业商品化的发展"并不是说中国农村中农产品已像工业中的制成品似的全部为市场而生产,或全国如米麦棉丝茶等重要农产品的生产中已绝对地不含有自己消费或作家庭手工业用途的意义"。"农产商品化的发展具有一种不平衡性与不统一性,不但各地方不一样,而且各经营间也是不一样的"。中国农业的分业形态与工业的分业形态不同,不过是"某地方这类生产占重要地位,另一地方则其他类

① 姚贤镐:《中国近代对外贸易史资料(1840—1895)》第三册,中华书局,1962年版,第1609页。

② 姚贤镐:《中国近代对外贸易史资料(1840—1895)》第一册,中华书局,1962年版,第552页。

③ 许涤新、吴承明:《旧民主主义革命时期的中国资本主义》,人民出版社,1990年版,第89页。

生产占重要地位而专门化罢了”。同样,“农产商品化中的交换,完全没有依据价值法则,完全是一种带有额外利润的剥削性的不等价交换”。因此,“中国农业商品化不但没有更进一步的前途,而且造成了一个农村破产化的局面”①。

近代中国农业商品化的发展远不是一种新型生产力的发展。近代中国农业商品化的总体规模远高于过去。一般说来,各地农业经济的商品率不低于40%,在专门化的种植区域内则达到60—70%②。这种商品化发展的根源,有学者指出:“农民出售农产物所得,有相当大部分是要用来纳租银,完赋税,偿还积欠之用,所余才能购置一些生活资料和生产资料。”③因此,近代中国政府“财政的高度货币化,是推动近代农产品走向市场的一个重要因素”④。近代农业商品化缺乏利润刺激机制,致使发展动力不足。

中国近代农户与市场的依存度不仅总体水平低,而且结果也逸出常规。近代中国家庭农场规模是按照地主、富农、中农和贫雇农的次序排列的。按商品经济发展的常规来看,农场规模越大,那它与市场的联系就应该越多。但是,在近代中国情况并非如此。20 世纪 20 年代初对黑龙江流域农户的市场依赖度的调查情况如下⑤:

每户耕作面积	15 垧以下	15 ~ 30 垧	30 ~ 75 垧	75 垧以上
每垧农作物出售额占产额%	56.9	55.5	58.2	61.9
每人每年购买饮食费占其饮食品总值%	58.7	16.4	15.2	6.4

① 孙晓村:《中国农产商品化的性质及其前途》,《中山文化教育馆季刊》,创刊号,1934 年,第 221—238 页。

② 严中平:《中国近代经济史统计资料选辑》,科学出版社,1955 年版,第 325 页。

③ 黄逸平:《中国近代经济变迁》,上海人民出版社,1992 年版,第 224 页。

④ 周育民:《晚清财政与社会变迁》,上海人民出版社,2000 年版,第 447 页。

⑤ 严中平:《中国近代经济史统计资料选辑》,科学出版社,1955 年版,第 329 页。

从表中情况来看，不同阶层农户对市场的依赖度是不一样的。就农产商品化程度而言，中等农户比较低，富裕户与贫穷户则较高。从食品对市场的依赖来看，则贫穷户最高。这表明贫穷户的商品化程度之所以高，是为生活所迫。他们只有通过出售农产品，才可能换得维持自己最基本的生存需要所需的生活资料。近代史上普遍存在的农民出售细粮换回粗粮的现象，就是农民生活窘境的反映。这种商品生产不可能有积累，更多的是在商业盘剥和生活重压下的日益贫困化。20世纪30年代就有学者总结了中国农业商品化的发展，指出“捐税的剥削，即是农民经济商品化的有力中轴。”“中国的商人很懂得，并努力地将自己的购买去适合于那收税时期；他们早已晓得，在这一时期，贫农和中农势必要将自己的产品出卖的，无论当时中国的市场价格如何。”“国内和国外的商业日益发展……并不是因为生产之一般的扩大，而实由于农民之穷困部分的降低。”①

至于富裕户对市场的依存度则呈明显的单向性。之所以出现这样的情况，是因为富裕户的经营方式所致。比如近代中国农村富裕户的典型当是经营地主。这种“伴随商业性农业而兴起的”农业经营方式在近代中国有了很大发展。它不仅是单位农业经营雇工最多者，也是农业经营最成功者，是农业生产最有可能取得质性突破的部分。然而，大量材料显示，经营地主仅以他们土地的20.7%作为经营农业之用。② 经营地主所拥有土地的一半以上用于种植维持其家庭以及雇工生活所需的各种农作物。③ 这种经营模式使富裕户能够更好地应付农产商品化可能带来的风险，尤其在近代中国农产品价格持续走低的情况下更是如此，但也失去了利用商品生产取得更多利润的机会。经营地主可以通过这种经营

① 章有义：《中国近代农业史资料》第2辑，上海三联书店，1957年版，第424页。

② 景甦、罗仑：《清代山东经营地主经济研究》附录1，齐鲁书社，1985年版。

③ 黄宗智：《华北的小农经济与社会变迁》，中华书局，2000年版，第73页。

模式在商品化生产中有所积累，但积累增长的速度相当缓慢，不符合利润追求的一般规律。显然，这种经营模式并“未资本化”[①]，它也就不会为追求更多的利润而扩大农业经营。经营地主变得愈大愈富有，便愈会放弃直接的农作经营转而出租土地和进行商业及其他活动，也证明了这一点。因此，从性质来讲，以经营地主为代表的农村富裕户的经营依然是一种自给自足经济，只是家庭现金收入的主要来源，由典型小农经济中的家庭手工业变成了商品化的农产品而已。

这种经营模式要取得突破，必须使农产品经营者看到扩大经营的极大利润，否则是不可能的。这就要依靠农业自身商品化和整个社会商品经济的巨大发展，而这在近代中国又是无法实现的。农产品商品化必须建立在农业生产力发展的基础上，同时还需要农产品流通的顺畅和工业等其他产业发展的刺激。这些条件在近代中国均不具备。由于国内市场的分裂，农产品流通受到严重的人为阻碍。长江流域是重要的稻米产区，在北洋军阀统治时期，年年都有相当长的时间被禁止稻米出境。[②] 重重关卡更是严重阻碍了农产品的流通。上海豆米行同业公会指出，由于重征累税以至“运销成本既增”，“商贩裹足不前”[③]。因此，中国近代农业商品化不可能自然地达到它的下一个阶段。

近代中国农产品商品化的发展一方面扩大了农业雇佣劳动的规模，另一方面受农业经济发展水平的限制，农业雇佣劳动表现了与资本主义工业雇佣劳动不同的状况。中国近代农村土地的绝大多数归地主所有，但是土地的60% ~90%是由中农和贫雇农耕种的，大多数地主、富农阶级所经营的土地面积不到30%，极少有超过40%的。十分明显，土地使用的主角不是地

① 黄宗智：《华北的小农经济与社会变迁》，中华书局，2000年版，第15页。

② 章有义：《中国近代农业史资料》第2辑，上海三联书店，1957年版，第278页。

③ 章有义：《中国近代农业史资料》，第3辑，上海三联书店，1957年版，第141页。

主、富农,而是中农和贫雇农。土地所有集中,而使用分散。由此造成的问题是经营规模狭小。就农场规模来说,地主、富农的较大,但很少超过 50~60 亩的,中农次之,贫雇农更次之,后者一般不到 10 亩。全国各地农场平均面积不过 15~20 亩,其中 47% 的农场不到 10 亩,而华中华南地区尤为分散。[①] 更为重要的是,从 19 世纪 90 年代起,单个农户农场面积就在不断缩小,到 20 世纪 20 年代以后,这一现象则更加严重。据 20 世纪 30 年代北平社会调查所对河北深泽县的调查,深泽农户拥有土地多至十余块,通常在 3 至 7 块之间。田块最小的可至 0.20 亩,平均在 4 至 5 亩之间。田块距离农舍最远可达 5 里至 6 里,平均在 1 至 2 里之间。南京国民政府中央研究院对无锡的调查显示,农户耕地的平均数为 16.5 亩,但是每家平均分为 12 坵,每坵平均两亩半,最小的坵甚至只有 0.35 亩。河北定县一个拥有 1552 坵土地,共 200 户农家的村庄,所有土地通常距村庄 1 英里远近。200 户中,只有 26 户的耕地只分成 6 坵,最坏的有分成 20 坵的。大多数坵的面积,总在 5 亩以下。[②] 这说明拥有土地越多,土地也就越分散。土地的分散降低了工作效率,制约了农户经营规模的扩大。近代中国许多农户直接经营土地数达到一定程度后,走向规模与效益背反的怪圈,其根源就在此。经营规模小,雇工能力薄弱。通过增加雇工而获得更多收益的优势就无法显现,雇佣劳动也就无法发展。因此,近代中国农村不解决土地的细小经营,就不能促进农业商品经济的发展,也就形成不了真正的农业雇佣劳动者队伍。

---

① 严中平:《中国近代经济史统计资料选辑》,科学出版社,1955 年版,第 280 页。

② 孙晓村:《现代中国的农业经营问题》,《中山文化教育馆季刊》,1936 年夏季号,第 465—466 页。

第二节　近代雇佣关系的特点

雇佣关系的发展受社会经济状况的影响极大。近代中国社会经济是半殖民地半封建的经济，一方面新的社会经济因素出现，商品经济的发展有了长足的进步，但其发展水平不高；另一方面传统经济虽然还具有相当的势力，甚至保有整体上的优势，然而在新经济因素的刺激下，其发展出现了某种微变，突出地表现在自然经济的逐步解体和农村商品经济的进步。总的来看，在半殖民地半封建社会经济条件下发生、发展的中国近代雇佣关系是“资本主义、殖民主义、封建主义乃至奴隶制的一个大杂烩”[①]，是一种畸形的雇佣关系。具体讲，由于社会历史条件的变化，近代雇佣关系的性质、雇佣关系纠纷状况和雇佣关系的社会调节等方面发生了变化。

一、雇佣关系性质的变化

前文已述，传统社会的雇佣关系以非商品生产性和小商品生产性雇佣关系为主。在传统社会后期出现的商品生产性雇佣关系只存在于个别地区、个别行业，并不是传统社会雇佣关系的主流。传统社会雇佣关系的形成具有自由契约的特征，但是由于封建国家的干预，雇佣关系一旦形成，主雇双方在法权地位上是不平等的。自由与平等的脱节是中国传统社会雇佣关系性质的最大特色。近代社会雇佣关系的性质与传统社会雇佣关系有了很大不同，表现为商品生产性雇佣关系的日益发展和主雇双方在法权上的平等关系得到完全的确认。

通过研究近代雇佣关系发生的历史条件，我们可以发现商品生产已遍及近代社会各个经济部门。伴随着社会商品经济的发展，近代社会的商品生产性雇佣关系取得了长足的进步。首先，传统经济部门的商品生产规模在近代扩大了。商品生产性雇佣关系

① 王新：《旧中国的资本主义生产关系》，人民出版社，1977 年版，第 80 页。

也随之日益普及。以手工业为例,在传统社会,某些手工业部门的商品生产已经具有相当规模。在近代社会,一方面一些手工业行业在自然经济的逐步解体中受到冲击,出现了生产萎缩的现象;另一方面随着商业贸易的发展,相当多的手工业行业商品生产规模又在逐步扩大。这些手工业的种类既包括传统行业,也包括新兴的部门。十九世纪七、八十年代手工业产品的出口情况明显地反映了这一点。根据海关的统计,从1868年至1889年中国11种手工业制品的外贸出口均有不同程度的增长。出口增长指数的具体情况如下:①

类别／年份	陶瓷	皮革皮货	纸	糖	茶	烟叶	油	生丝	绸缎	夏布	土布
1868	100	100	100	100	100	100	100	100	100	100	100
1871	155	156	88	247	106	100	1172	101	121	106	56
1875	200	545	175	395	107	1370	345	89	230	342	429
1880	208	13260	209	801	104	1596	1594	106	310	367	751
1885	185	26771	243	463	94	2335	1915	60	261	489	771
1889	418	70167	581	669	82	8610	10223	110	422	837	1703

从表中可以看出,11种手工业制品的出口虽然起伏不定,某些手工业制品存在着减少的情况,但增长的总趋势是十分明显的,有些增长则是跳跃性的。这些指数表明商品化程度加深是传统手工业在近代发展的主线。传统手工业生产中雇佣劳动的社会属性也发生了质的变化。

其次,新的商品生产性雇佣关系产生。近代中国经济结构发生了很大变化。一方面由于国门洞开,中外贸易往来不断扩大,人

① 彭泽益:《中国近代手工业史资料》第2卷,生活·读书·新知三联书店,1957年版,第54—56页。

员往来也逐渐增多。由此,对外贸易业和劳务输出发展起来。中国出现了涉外雇佣劳动,其中对外贸易业的雇佣关系以买办雇佣最重要,近代劳务输出的主体则是契约华工;另一方面从列强在华投资设厂开始,中国近代机器工业兴起。由此,产业工人出现。随着中国近代工业的发展,产业工人队伍不断壮大。全国产业工人在1894年约有10万人,到1913年约有50至60万人,在二十世纪二、三十年代有200万人左右,抗战时期有250至300万人,全国解放前夕近400万人。[①] 这些雇佣关系的新种类反映了雇佣关系的时代特色,也代表着近代雇佣关系发展变化的历史趋势。

在近代社会,由于雇佣关系的不断发展,主雇双方在法权上的平等地位最终获得了国家的确认。传统社会后期,由于封建政府不断地修订法律,雇佣关系中自由与平等脱节现象有了很大改善。乾隆五十三年对“雇工人”法律条款的修订,是近代以前最后一次关于雇佣关系法律条文的修改。经过这次修改,无主仆名分的雇工取得了与雇主及其亲属家族成员在法律上的平等地位,但是这种平等关系还带着长长的不平等尾巴:雇工还是被当做雇主一家来看待,在实际上仍然处于雇主的家长制统治之下。道光初年,这种状况开始改变。在处理湖北一个杀死雇主及雇工的案件时,清朝刑部提出:“嗣后杀死同主雇工并杀死雇主至二三命者,不得以致死一家二三命论;如与雇主无主仆名分,即照凡人谋、故、斗杀各本律例,从一科断;其有主仆名分者,仍以杀死家长,各按本律、本例,从其重者论。”刑部的意见得到了朝廷的同意。光绪三年,清朝刑部进一步确认,被杀雇工如“系雇请耕种工作,平日彼此相称,不为使唤服役,并无主仆名分者,即应照非一家论,从一科断”[②]。由此,无主仆名分的雇工从雇主的家长制统治下解放出来。当然,应该承认,无主仆名分的雇佣关系只是传统社会雇佣关系的一部分。

① 王新:《旧中国的资本主义生产关系》,人民出版社,1977年版,第16页。

② 魏金玉:《试说明清时代雇佣劳动者与雇工人等级之间的关系》,《中国经济史研究》,1986年第4期。

它的解放不等于其他受"雇工人"法律条款调节的雇佣关系的解放。近代主雇平等关系的最终确立是由政治变革导致的。1911年辛亥革命胜利后,资产阶级共和国建立。自由平等作为基本人权明列于《临时约法》之中。为体现这种关系,新政权废除了清王朝的法典。此后,法律上不再有雇工人这一特定的社会等级。各行各业的雇佣劳动者因此而取得了与雇主平等的身份。

二、雇佣关系纠纷的尖锐化

传统社会雇佣关系纠纷在内容上比较狭窄,主要涉及面是工资问题。在个别行业,雇佣关系纠纷有时表现得比较尖锐,但是,雇佣关系纠纷的总体发生频率并不高。近代雇佣关系纠纷的总趋向呈不断尖锐化的趋势。

首先,雇佣关系纠纷的涉及面突破了工资范围,扩展到要求缩短工时、改善劳动条件及福利待遇、保障雇佣等多个方面。如在1919年至1921年间,全国发生的罢工共计298起,其中要求增加工资的有223起,占总数的74.8%。另有一部分罢工是反对拖欠、克扣工资的。这两项纠纷都是直接与工资有关的。它说明工资问题同样是近代雇佣关系纠纷的主体。除此之外,反对苛刻待遇和军警压迫的罢工,有30次;反对延长工时、裁减工人及其他压迫的,有21次。另有一些罢工是反对增加租税的。[①] 上述种种雇佣关系纠纷的起因属于经济范畴,其中减少工时、改善劳动条件和福利待遇等要求是近代机器工业兴起后,才大量出现的,也是传统社会所极罕见的诱因,代表了雇佣关系纠纷的时代特征。然而,近代雇佣关系纠纷内容的扩展不仅表现在经济纠纷诱因的增多,更表现为政治性因素也成为雇佣关系纠纷的导火线。

近代中国工业中占优势地位的是外国投资企业。在这些企业中,雇佣关系的实质是种族等级制。第一等级是投资者本国的工

---

① 刘明逵、唐玉良:《中国近代工人阶级和工人运动》第3册,中共中央党校出版社,2000年版,第315页。

人，第二等是来自他们殖民地的工人，中国工人处于最底层。实行这种等级制，中外工人工资的差别极大。如抗战前在东北的日资工厂中，日本工人平均每天工资 329 钱，中国工人只有 71 钱。上海美商电力公司的白俄司炉和吊车工人工资比同工种的中国工人高两三倍。[①] 在这些企业工作的中国工人不仅工资低，而且经常遭到外国资方及管理人员的打骂虐待。这就必然引起工人反抗虐待、争取待遇平等的斗争。虽然这些斗争属于经济性质，但是由于斗争的矛头指向拥有政治特权的外国资本家及其代理人，所以外资企业中发生的雇佣关系纠纷带有反对民族歧视的性质，属于政治性范畴。雇佣关系纠纷中的政治性诱因在近代一开始就出现了。如鸦片战争后，在广州人民反对洋人入城居住的斗争中，中国近代工人也积极参与。广州和佛山的三行建筑工人散发传单，斥责洋人的侵略行径，相约拒绝为洋人雇佣，制止了英人租地建屋的计划。[②] 随着近代中国工人觉悟程度的提高，这种纠纷明显增多，斗争目标也更加明确。如 1917 年 6 月中东铁路华工罢工。他们提出的主要要求就是“华工与俄工待遇皆要一视同仁”，华工“亦要与俄工同享八点钟工作”[③]，明确反对铁路局方的民族歧视，要求中外工人待遇平等。虽然铁路局方在罢工期间采取了种种镇压手段，但由于中国工人的团结坚持，罢工最终取得了胜利。

其次，雇佣关系纠纷的发生频率不断增高，冲突规模日益扩大，逐渐遍及全国许多地区和各产业、非产业部门。近代雇佣关系纠纷次数呈明显上升趋势。以罢工事件为例，其情况如下表所示：

① 王新：《旧中国的资本主义生产关系》，人民出版社，1977 年版，第 79 页。

② 彭泽益：《中国近代手工业史资料》第 1 卷，生活 · 读书 · 新知三联书店，1957 年版，第 509—511 页。

③ 刘明逵、唐玉良：《中国近代工人阶级和工人运动》第 2 册，中共中央党校出版社，2000 年版，第 225 页。

时段＼类别	总次数	年平均次数	年发生最高数
1895 年以前	71	1.31	8
1895—1913 年	277	14.58	30
1914—1919 年 5 月	185	34.7	60

从表中可以看出,1895 年以前的 50 多年间,雇佣关系纠纷呈现出一种偶然、零星的状态。1895 年以后,这种状况迅速改变。1895 至 1913 年间发生的纠纷次数超过了前一阶段总数的 3.8 倍。1914 年至 1919 年五四运动爆发前的年平均数是前一阶段的 2 倍多。五四运动以后,纠纷发生得更加频繁。在五四运动至中共成立的短短两年多时间内共发生各种经济纠纷 314 次,平均每年纠纷发生数是前一阶段最高年发生次数的 2 倍以上①。

近代雇佣关系纠纷不仅发生次数明显增多,而且规模的扩大也十分显著。在 1895 年以前的罢工中,已知人数在 100 人以上的共计有 21 次,约占斗争总数的 30%。其余斗争参加人数大多不足 100 人,有些甚至只有几人或十来人。如 1869 年 3 月《上海晚报》排字工人罢工只有三四人参加。1879 年 9 月上海祥生船厂工人反对工头打人的斗争参加者仅 10 人。该厂 1881 年 7 月发生的反对工头克扣工资的斗争只有 5 人参加。在 21 次百人以上的纠纷中,有百余人的 4 次,200 至 300 人的 4 次,400 至 600 人的 5 次,1000 至 2000 人的 4 次,3000 至 4000 人的 3 次,“集中万人”的 1 次②。1895 年以后参加人数明显增加,如上海 1914 年建筑业工人罢工“有数万之多”。1915 年上海人力车夫的罢工有两万多人,

① 刘明逵、唐玉良:《中国近代工人阶级和工人运动》第 3 册,中共中央党校出版社,2000 年版,第 311 页。

② 刘明逵、唐玉良:《中国近代工人阶级和工人运动》第 2 册,中共中央党校出版社,2000 年版,第 10—11 页。

1919 年上海三新纱厂工人的罢工有八千多人。五四以后的两年多期间，有人数记载的经济罢工共有 179 次，参加人数总计 392642 人，平均每次 2193.5 人。按各次罢工实际参加人数统计，有 1000 至 3000 人的罢工 26 次，3000 至 6000 人的 22 次，6000 至 10000 人的 4 次，万人以上多至数万人的 14 次。①

不仅罢工规模急剧扩大，而且罢工的波及面扩展到全国许多地方和多种行业。例如五四以后的两年多时间内，除西南西北未见记载外，其余上海和华东、华北、华南、华中、东北等地区的 14 个省、48 个城镇都曾或多或少地发生过罢工事件。据统计，这些罢工发生在产业部门的有 152 次，非产业部门的有 162 次。产业部门中发生罢工最多的行业是纺织业和交通运输业，其次是机器制造业，包括金属冶炼和造船、机器修造及兵工、水电等行业，再次依次是矿业、卷烟、面粉、食品加工业、建材和工程建筑业、印刷、火柴、造纸、成衣等行业。非产业部门的罢工所涉及的行业部门更多，大约在 50 个以上。其中罢工较多和比较重要的是机织、泥木建筑、木器、铁器、理发、洗衣、酿酒、榨油、缝纫、靴鞋、刨烟以及人力车、大车等手工业、服务业和苦力运输业。②

雇佣关系纠纷的日益尖锐，使雇佣劳动冲突的处理逐渐成为一个影响现存社会秩序安定的重要问题。由此，引起了社会各方面前所未有的关注。这是近代雇佣关系的一个十分显著的特征。

三、雇佣关系发展的不平衡性

近代雇佣关系的发生不是中国商品经济充分发展的产物，而是在半殖民地半封建社会经济条件下萌发的。半殖民地半封建社会经济是一种畸形经济，因而近代雇佣关系表现了相当明显的发展不平衡特色。具体讲：

① 刘明逵、唐玉良：《中国近代工人阶级和工人运动》第 3 册，中共中央党校出版社，2000 年版，第 320 页。

② 刘明逵、唐玉良：《中国近代工人阶级和工人运动》第 3 册，中共中央党校出版社，2000 年版，第 312—313 页。

第一，许多近代雇佣关系实质上是商品生产性雇佣关系，但仍然借用着传统雇佣关系的外壳。如买办在传统社会就已存在。在明代，买办专指为宫廷采买物品的商人。在清朝，买办在公行贸易时代就已经出现。那时，买办是招待外商并为之服务的办事人员。公行时代的买办虽为外商服务，但是他由中国封建官府雇佣，承担管理和监督外商的任务。1809 年，在两广总督百龄等人的上奏中就明确规定，“夷商买办，应令澳门同知就近选择土著殷实之人，取具族长保邻切结，始允承充，给予腰牌印照”，并由官府就近监督，“如敢于买办食物之外，代买违禁货物及勾通走私舞弊，并代雇华人服役，查出照例重治其罪。”①鸦片战争以后，买办的雇佣不再由中国封建官府掌握。根据 1844 年签订的《中美五口贸易章程》规定，外商“雇觅跟随、买办及请通事、书手……均属事所必需，例不得禁，各听其便”。中国地方官“勿庸经理”②。据此规定，买办由封建政府的工具变成外商进行对华贸易的雇员。其性质、作用显然不同以往，但名称依旧。

又如学徒在传统社会和近代社会都广泛存在。传统社会学徒与雇主(即师傅)的关系是封建的宗法性关系。学徒投师学艺往往利用亲朋故旧等各种社会关系为引介。学徒的目的是学得手艺，将来成为师傅。在学艺期间，学徒不仅学习手艺，而且要为师傅干各种杂务，甚至做家务劳动。学艺期满后，经过一定的仪式，学徒就可以成为师傅。学徒在学艺期间的劳动虽然是无偿的，但是这种劳动相当部分是学习费用性质，不完全是剥削。近代学徒制度继承了传统学徒制度的这些外壳。如近代学徒的拜师仪式保留着十分浓厚的封建性。以上海机器业为例，学徒进厂拜师要“具备一副香烛”，“在介绍人的陪同下，先向师傅(资本家)叩首礼拜，再拜师娘，然后向财神爷、灶君爷参拜，最后在师傅的引导下向各

① 姚贤镐:《中国近代对外贸易史资料(1840—1895)》第一册，中华书局，1962 年版，第 224 页。

② 王铁崖:《中外旧约章汇编》第 1 册，上海三联书店，1957 年版，第 52 页。

位老师傅行礼"[①]。但是,为了适应商品生产的需要,近代学徒制度又在接受学徒的条件、学徒数量等方面进行了一些改革。

由于行会制度的封闭性和排他性,传统学徒制度对收授学徒的诸项条件有着明确的规定。这些规定包括对学徒年龄、来源地域等方面的限制。对学徒的来源地域,传统学徒制度明确规定,非本地人不收。如长沙漆匠业规定:"新带徒弟,我等同人,从不传别府别县之人为徒,违者议罚。"[②]又据《中国经济全书》记载,中国学徒"大概从亲戚知交辈中,择其十二三岁以上之子弟,教养之以为徒弟者也,又往往于亲戚朋友以外,即同乡者之子弟,亦教养之。然而大抵无他乡之缘者,则不养也"[③]。这就明确指明学徒的首选对象是亲缘关系,次为乡土观念。这种规定显示了突出的宗法性。近代学徒制度打破了地域的限制。如江南制造局有不少学徒。建局之初,就有一批孤儿院的孤儿进局当了学徒。其他学徒的来源则有招考与介绍两种。投考的人各地方都有,而以上海、宁波人居多。介绍的学徒中湖南人不少,尤其在早期湖南人在制造局中当学徒的占相当大的比重。[④] 虽然江南制造局的学徒仍然存在地缘特征,但是单纯一个地域的限制已不复存在了。又如天津棉纺厂的学徒工有两类:一类叫做甲工,属于本地人;一类叫做乙工,他们来自远方,如直隶或更远的农村。[⑤] 天津工厂招收学徒一般是委托代理人回其原籍招收。这样,学徒的来源自然各不相同。

传统学徒的年龄比较小,以便于学习技术,一般从十二三岁到十五六岁不等。近代学徒年龄要求比较高。如1910年天津饶阳大尹镇益记织布厂招收工徒的年龄规定是"十六岁至二十五岁,体

① 王新:《上海民族机器工业》,中华书局,1979年版,第813页。

② 彭泽益:《中国工商行会史料集》,中华书局,1995年版,第466页。

③ 彭南生:《中间经济:传统与现代之间的中国近代手工业(1840—1936)》,高等教育出版社,2002年版,第269页。

④ 王新:《上海民族机器工业》,中华书局,1979年版,第68页。

⑤ 刘明逵、唐玉良:《中国近代工人阶级和工人运动》第1册,中共中央党校出版社,2000年版,第592页。

壮性纯,粗知书算者”①。苏经纺织绸缎厂在1918年招工徒时要求的年龄是“十五岁以上,二十五岁以下”②。振亚织物公司的规定则是:“年龄须在二十岁以上、三十岁以下”③。之所以如此,是因为对于资本家来说工徒的年龄大一点,就便于派给各种工作,才能成为合意的廉价劳动力。

行会师徒之间有一种继承关系,学徒的数量和学徒期满后能否开业,受到严格的限制。一般是“出一进一”,即一个师副一次只能带一个徒弟,学徒满师后才准带新学徒。行东有缺额后,满师学徒才能开业。学徒数量的限制在近代也被突破。在手工业方面,南京刻骨扇坊招收学徒时,“并无定额,换言之,即多多益善”④。沙磨房业收徒也“并无定额”⑤。在近代手工工场中,学徒的数量相当多。1924年,北京地毯业雇工中,学徒工占74%;1927年,天津织布业雇工中,学徒占65%;1936年,上海手工纺织业雇工中,学徒占30%;手工冶炼业雇工中,学徒占57%。规模愈小的,学徒比重愈大,如天津织布业,雇工在100人以上的工厂,学徒占56.1%,雇工在30人以下的工厂学徒占70.9%,还有55家没有工人,全部用学徒。⑥ 在近代机器大工业中,学徒的数量也十分惊人。如上海民族机器工业中的学徒,在1927年大革命以前占全部雇佣工人数的比重约是70%至80%;在1937年抗战以前,学徒还占全部雇佣工人的40%至50%。有些企业使用的学徒数量远大于上述平均值。如大昌源机器厂雇佣学徒的比重达到80%左右。⑦

由于有了这些改革,近代学徒“不再是师傅的重要来源,不再

---

① 《天津商会档案汇编》(下),天津人民出版社,1989年版,第1327页。
② 《苏州丝绸档案汇编》(上),江苏古籍出版社,1995年版,第621页。
③ 《苏州丝绸档案汇编》(上),第635页。
④ 《中外经济周刊》第110号,杂纂,1925年5月2日。
⑤ 《中外经济周刊》第113号,杂纂,1925年5月23日。
⑥ 王新:《旧中国的资本主义生产关系》,人民出版社,1977年版,第154页。
⑦ 王新:《上海民族机器工业》,中华书局,1979年版,第808页。

是业主后备者，而是劳动力后备军”①。近代学徒与师傅的关系实质上是一种纯粹的商品生产性雇佣关系。

第二，近代雇佣关系纠纷深受传统社会旧式手工业工人斗争和农民斗争的影响，在解决方式上，既有采取罢工手段等高级的近代解决雇佣关系纠纷方式的，也有通过向官府告状或直接运用暴力行动等传统方式寻求解决纠纷的。通过向官府告状，以寻求解决纠纷，在产业和非产业领域均有发生。在产业部门，1869 年 3 月，《上海晚报》排字工人反对拖欠工资，就采取了向法庭控告的方式。1882 年 7 月，英资会德丰公司驳船水手要求增加工资的斗争，有 300 人参加。工人在举行罢工的同时，也向法庭控告。最后，经法庭判决，由上海知县与英租界会审委员会“出示晓谕”，基本满足了水手们的要求。② 在非产业部门，采取向官府控告的方式寻求解决纠纷的更多。1876 年，景德镇瓷工因饭食问题而“齐行歇手”，厂主以工人有意把持为由，向官府控告。工人得知后“亦往递呈，并在分府分属俱递呈一纸”。又如 1877 年 7 月，苏州丝织业机匠反对机房减低工价。机匠往官府控告，“七八十人焚香环跪府堂，求请给示定价”③。

在近代初期，雇佣关系发生纠纷时采取向官府控告方式的非常多。据统计，1895 年以前的 71 次纠纷中，可以肯定采取了向官府控告方式的有 23 次。④ 即使以罢工形式解决雇佣关系纠纷，传统的影响也十分明显。在罢工组织形式方面，除了一些完全分散、自发、一哄而起的罢工外，一般手工业工人的罢工和一些规模较大

① 彭南生：《中间经济：传统与现代之间的中国近代手工业（1840—1936）》，高等教育出版社，2007 年版，第 285 页。

② 刘明逵、唐玉良：《中国近代工人阶级和工人运动》第 2 册，中共中央党校出版社，2002 年版，第 63 页。

③ 彭泽益：《中国近代手工业史资料》第 2 卷，生活·读书·新知三联书店，1957 年版，第 278 页。

④ 刘明逵：《中国近代工人阶级和工人运动》第 2 册，中共中央党校出版社，2002 年版，第 11 页。

的产业工人罢工,大都是在旧式行会和帮会的领导下进行的。如1911年上海各船厂的木工罢工就是由广东帮发动的。1913年上海耶松船厂翻砂工人的罢工则是行会为维护行业规条的效率而发动的。在行会帮会领导下的罢工,其形式往往采取齐行罢市、聚众施压和集体控诸官府等形式,在遭到无理拒绝和蛮横压迫时,往往聚众捣毁作坊、厂房、店铺或雇主住宅,并与军警冲突,甚至"焚署殴官"。前述1876年景德镇瓷工罢工中,因官府偏袒雇主,结果"自县讯后,众人愈加喧闹,即大开会馆议事,集众至万余人,持械并起,先将各处要道堵塞,以与厂主从事。厂主闻信,各窜身远逃,遂蜂拥入署,立将各署监内紧要犯人,一概放出,并将县署书办家资,抢掠一空"①。

除了斗争方式深受传统影响外,由于传统组织形式的作用,雇佣劳动者在纠纷中不团结的现象十分突出。这种不团结既发生在产业工人与非产业工人之间,也发生在产业工人内部。在近代中国机器工业初起时,屡次发生传统手工业者攻击机器工厂,捣毁机器的事件。这类事件反映的不是工厂内部的劳资关系,而是机器大工业和旧式手工业的矛盾。当这类事件发生时,使用机器的工厂工人和交通运输工人往往与厂主站在一起,反对前来攻击他们工厂和机器的手工业者。比如广东机器缫丝业兴起后,原来手工缫丝业受到影响。手工缫丝业工匠因此聚众攻击缫丝机器。1881年南海县手工缫丝劳动者聚众前往机器缫丝厂裕厚昌号,企图拆毁机器。裕厚昌号所在地学堂乡,"亦纠众守御","两造枪炮已施,各不相下,有非理喻所能济者"②。学堂乡守御者主要是裕厚昌号的工人。中国近代之所以出现手工业工人与机器工人的对立,是因为工矿企业的工人虽在企业内部受到沉重的剥削,但是比

① 彭泽益:《中国近代手工业史资料》第2卷,生活·读书·新知三联书店,1957年版,第278页。

② 彭泽益:《中国近代手工业史资料》第2卷,生活·读书·新知三联书店,1957年版,第47页。

起他们无以为生的生活要好得多，特别是一些经过努力成为技术工的人，其境遇比一般农民和手工业者要好。晚清企业工人，即使是非技术工人每月也能获得数元工资收入。如上海一般工人在19世纪80年代每月所得工资5至8元。[①] 技术工人的工资则更高。同期，普通农民的总收入，“甚至在年成好的年头，每人只有十八元”[②]。因此，一个企业工人的收入虽然只有每月数元，但在当时已是相当可观了。正如时人所指出的：“江海通商，食力之民，趋之若骛，每月工资至少数元，以养妻孥，绰有余裕。”[③]对于他们来说，工厂矿山机器就是他们的饭碗。砸了这些东西，就等于砸他们的饭碗。因此，他们不仅不会反对工厂和机器，还会反对那些毁坏他们所在工厂的人。至于产业工人内部因帮会而形成的不团结现象也是相当普遍的。如1911年上海船厂广东帮木工发动罢工时，宁波帮不仅不响应，反而乘机取代广东帮木工的工作。到20世纪20年代，在真正的工人运动兴起后，这种状况继续存在。当时，能否团结各帮派工人往往成为决定一场斗争成败的关键。

近代中国产业工人在罢工中破坏厂房机器设备的举动也有。但是，这种行动与西方工人攻击生产工具本身的“路德运动”又有不同。“路德运动”是西方工人觉悟过程的一个发展阶段。马克思在《共产党宣言》中详细地描述了西方工人攻击生产工具行为的发展轨迹。他说：“最初是个别的工人，然后是某一工厂的工人，然后是某一地方的某一劳动部门的工人，同直接剥削他们的个别资产者作斗争。他们不仅仅攻击资产阶级生产关系，他们攻击生产工具本身；他们毁坏那些来竞争的外国商品，捣毁机器，烧毁工厂，力图恢复已经失去的中世纪工人的地位。”[④]与西方工人的早

① 孙毓棠：《中国近代工业史资料（1840—1895）》第一辑（下），科学出版社，1957年版，第1213页。

② 周建波：《洋务运动期间的劳工雇佣与管理》，《文史哲》，2002年第1期。

③ 陈炽：《讲求农学说》，《续富国策》第1卷。

④ 《马克思恩格斯全集》第23卷，人民出版社，1972年版，第295页。

期斗争相比,中国近代工人斗争在一开始就有某种程度的成熟性。工人所反对的不只是“直接剥削他们的个别资产者”,而且同时反对外国资本主义的民族压迫和本国封建势力的压迫剥削,具有明显的政治斗争性。不像西方工人的政治斗争是在经济斗争相当成熟以后才出现。近代中国产业工人破坏生产工具,往往是对厂方无理态度的“报复行动,或者是为了用这种激烈手段迫使厂方对他们的要求做出让步”①,完全不是把自己的苦难归罪于机器和工厂本身。

近代工人积极参与反对外国资本主义的民族压迫和本国封建势力剥削的政治斗争,反映中国工人具有较高的觉悟;而在经济斗争中,为维护自身生存而反对其他工人斗争的行为,则表明工人的觉悟远未是一种阶级的觉悟。这种反差是近代雇佣关系发展不平衡的又一突出表现。

第三,非自由平等因数在近代雇佣关系中广泛存在。这主要表现在两个方面:一是雇佣劳动的管理存在着大量的超经济强制手段,二是某些行业中非自由雇佣劳动严重存在。近代社会黑帮势力十分活跃,典型的就是青洪帮等城市黑势力。为控制和压迫工人,资本家也积极利用各种黑帮组织。有的资本家自当“老大”,招工时要工人入帮,然后用帮规统驭工人。还有些反动迷信组织也被引入企业。如有的资本家自当一贯道的坛主,工人非入道不能进厂工作。除了利用黑帮势力外,资本家加强对工人控制的最普遍的做法是,要工人在进厂时提交所谓“志愿”书和行为担保人。在志愿书中,工人作为公民的一些自由权利被明文取消。志愿书的内容虽然不尽相同,但如下内容一般都有,如“恪遵厂规,服从命令,如有违反,任凭随时解雇”,“如有意外,各听天命,与厂无涉”等。上海大中华汽车材料厂的志愿书除了上述类似内容外,

① 刘明逵、唐玉良:《中国近代工人阶级和工人运动》第2册,中共中央党校出版社,2000年版,第15页。

还要特别保证“决无集社、结会、营私、舞弊等情”[①]。有了这些保证条文,资本家可以任意加强对工人的剥削而不怕工人会有什么反抗。

非自由雇佣劳动严重存在的行业主要是矿业和农业。在矿业劳动中,20 世纪 30 年代才发现的山西“窑黑子”是“在包工制下完全失去自由的,实际上过着奴隶一样的生活的工人”[②]。同样,上海等地纺织业流行的包身工制也是一种较为典型的非自由雇佣劳动。农业中的非自由雇佣劳动有典当雇佣和债务雇佣等形式。典当雇佣是农民把自身或者妻儿典当给雇主,在典当期内听从役使直到典限期满,偿还典价为止。债务雇佣为农民通过受雇于债主而偿还债款本息的一种雇佣。这两种雇佣方式在中国南北各地都有分布。较为典型的典当雇佣,如在广西,“贫农为着各种急需,只能够把自己的子女押到地主富农家里。期限愈长,身价愈高,例如三年的身价是 30 元,五年的身价是 50 至 60 元,十年的身价是 100 元或 100 元以上,女子和未成年的男子身价按照上述比例依次减少”[③]。债务雇佣分布比较广。如在浙江慈溪县农民借贷,“以雇于该农户为条件,倘雇佣时期未毕,债务未了,继续借贷,则下年继续雇佣直到债务完了为止”[④]。在河南新野,这种雇佣叫“放工”,在山东峄县则叫“工夫帐”。

第四,近代雇佣关系的总体状况不容乐观,但有阶段性的改善。工作时间长,工资收入低,劳动待遇恶劣,是近代中国雇佣劳动的基本状况。根据 1930 年前后国民政府的有关调查,矿山工人实行三班制的,如开滦等矿,为 8 小时;二班制的,如抚顺等矿,为

① 王新:《上海民族机器工业》,中华书局,1979 年版,第 812 页。

② 刘明逵:《中国近代工人阶级和工人运动》第 7 册,中共中央党校出版社,2000 年版,第 748 页。

③ 农英:《广西各地的农业劳动》、《东方杂志》,第 32 卷第 22 号。

④ 陈正谟:《各省农工雇佣习惯之调查研究》,《中山文化教育馆季刊》,创刊号,1934 年,第 334 页。

12 小时;其他是 10 小时左右。交通运输部门,铁路工人是 9 至 10 小时,邮电工人是 8 至 10 小时。工厂工人大多数要劳动 12 小时或 12 小时以上,甚至有十七八个小时。工人的劳动时间几乎超过了人体极限。

劳动时间长,工资收入却不足维持生活。1920 年,上海纱厂的工人工资约为每天 0.27 至 0.30 元,合每月 7.3 至 8.1 元。较高的机器业工人工资约为每天 0.30 至 0.40 元,加饭费 6 元,合每月 14.1 至 16.8 元。上海工人的生活费,据 1920 年 5 月 1 日《星期评论》的一个材料,夫妻二人每月需 17.5 元。又据上海租界工部局 1923 年的调查,夫妻二人每月至少需 16 元。两项对比,工资收入不足维持生活是十分明显的。

当然,近代雇佣状况并不总是如此。某些阶段也有雇佣劳动工资上升的情况,如中国近代工业创办时期,由于熟练劳动力的缺乏,工人的工资因而上升。英国领事在 1882 年的商务报告中说:开平矿务局"对技术工人付的工资比在欧洲高。广东铁匠每月能赚三十五、四十或五十元,还供给住处……机器操作匠平均四十五元,每日八小时一班,而且只管一架小机器"①。这表明熟练劳动力的缺乏不仅提高了工资,也降低了劳动强度。1895 年以后,工业企业的投资热潮对雇佣劳动状况的影响也十分突出。盛宣怀在 1898 年的奏稿中说:上海"杨树浦一带,增厂日多……工价因争雇而益贵"②。再如 20 世纪 20 年代中期,雇佣劳动状况的改善也十分明显。以上海工厂工人工资为例,1927 年上海市总工会发表的工人生活费概算统计,独身男工一人一月食品、衣服、燃料、房租、杂项等五项费用合计为 10.70 元,夫妻二人的各项费用合计为 19.50 元,夫妻二人及小孩一人的各项费用合计为 23.80 元。同期

① 孙毓棠:《中国近代工业史资料(1840—1895)》第一辑(下),科学出版社,1957 年版,第 1218 页。

② 陈旭麓等:《盛宣怀档案资料选辑:上海机器织布局》,上海人民出版社,2001 年版,第 399 页。

上海工厂工人工资如下[①]:

业别	男工	女工	业别	男工	女工
棉纺	15.50	14.43	漂染	20.78	—
丝织	24.88	18.15	机器	30.34	—
棉织	22.05	11.64	电机	21.13	19.76
针织	17.87	13.65	造船	32.13	—
毛织	14.31	7.53	面粉	16.95	—
造纸	21.55	8.81	榨油	15.42	—
皂烛	17.64	8.93	制蛋	21.11	13.95
火柴	19.30	4.80	烟草	22.62	14.07
制革	18.29	13.12	自来水	25.24	—
搪瓷	17.49	7.98	电气	25.45	—
缫丝	—	15.60	印刷	40.20	29.05

出现阶段性改善的原因有两个:一是雇佣劳动的基本规律在起作用,二是政治形势的影响。首先,雇佣劳动的基本规律表现为经济发展状况和劳动力供应状况的影响。经济发展状况对雇佣劳动状况的影响,最根本的是,经济发展的阶段性决定着劳动力的需求呈现出阶段性。在经济发展的繁荣时期,劳动力需求旺盛,雇佣劳动状况会因此而得到一定程度的改善。在经济发展的平稳时期,劳动力需求不会出现大的起伏,劳动状况也就不会有明显的变化。此时,改善劳动状况的可能性不大。维持过去的劳动状况不变,是雇佣劳动者所愿;但是雇佣劳动状况的恶化也不是不可能的。

劳动力的供应状况对雇佣劳动状况的影响,与经济发展状况

① 王新:《旧中国的资本主义生产关系》,人民出版社,1977年版,第127页。

的影响正好相反。在劳动力供应充沛之时,企业主在雇佣劳动力时有较充分的选择余地。因而,雇主开出的劳动条件不会有多优厚。对于雇佣劳动者而言,就业竞争的压力使其无法就劳动条件与雇主讨价还价。雇主对利润无止境的追求会导致雇佣劳动状况的恶化。当劳动力供应一般,甚或不足时,企业主竞雇的压力会导致雇佣劳动状况的改善。

当然,经济发展状况与劳动力供应状况的影响不是孤立进行的,两者往往对雇佣劳动产生共同作用,导致雇佣劳动出现复杂的变动。从经济发展来说,近代中国经济发展的阶段性特征十分明显。在经济繁荣时期,雇佣劳动状况,尤其是技术劳动状况有比较明显的改善;从劳动力的供应状况来看,晚清时期,以至整个近代中国都是充沛的。这可以从城市人口的增长反映出来。以上海为例,1880 年时人口为 10 余万人,1900 年为 34 万余人,1905 年为 92 万人,1911 年为 125 万人。[①] 上述数据显示,晚清上海城市人口的增长一直不曾间断。其中,1880 年至 1900 年,上海城市人口的增长是比较平稳的;1900 年至 1905 年则出现了跳跃性的增长。这种增长表明,上海城市人口的增长不可能依靠人口的自然增长,而是另有他因。这个他因就是大量的外来移民。近代中国各种灾害的频发,推动了全国人口的跨区域流动。当灾害发生时,灾区饥民为谋生而逃离家园。在过去,灾区饥民逃荒的方向往往是没有受灾的地区。在近代,城市及其周围的富庶地区成为云集灾民最多的地区。如"丁戊奇荒"之时,苏北、皖北的大批饥民纷纷渡江南下,流亡到苏常一带。据江苏巡抚奏报,渡江而下的饥民,"千百成群,殆无虚日",其中由苏南地方官员和士绅在苏、松、太及江阴、镇江、扬州等地收养的流民合计约达九万余人。[②] 容闳在其著作中记载了黄河决口的影响:"人民失业,无家可归者,无虑千万,咸来

① 汪敬虞:《中国近代工业史料(1895—1914)》第二辑(下),科学出版社,1957 年版,第 1173 页。

② 李文海等:《中国近代十大灾荒》,上海人民出版社,1994 年版,第 85 页。

上海就食。”[1]外来人口的大量拥入导致了城市人口的急剧膨胀，为工业企业的发展提供了充足的廉价劳动力。近代中国雇佣劳动状况虽然由于工业经济的发展而有过改善，但是这种改善是暂时的。由于大量廉价劳动力竞争就业的压力，近代雇佣劳动状况从整体上来说并不乐观。

其次，政治形势的影响主要是国家的干预。20 世纪 20 年代是“保护劳工”叫得最响的时期。一方面工人为争取改善雇佣状况的频繁斗争引起了社会的高度重视，改善雇佣劳动者待遇已形成一种社会共识；另一方面在国共合作的条件下，中国革命出现了第一次高潮。国民政府颁布了一系列法律支持工人改善待遇、增加工资的要求，保护工人的利益。正是这些原因，才出现了阶段性雇佣状况改善的局面。

四、大量雇佣女工和童工

大量役使妇女和儿童是近代雇佣关系的一个显著特征。在传统社会，手工业和农业生产的一些辅助劳动有妇女和儿童劳动的使用。近代由于机器的采用，原来要求较强体力、不适应妇女和儿童的工作开始能够使用妇女和儿童劳动。更由于妇女和儿童的劳动，改变了工人家庭生活费用的负担由男子独立承担的状况，整个社会的工资水平因而可能被大大降低。这对资本家来说是非常有利的。所以，近代中国工厂中有大量的妇女和儿童。女工、童工在晚清时期就已经使用在各资本主义工业企业之中，只是当时的数量并不突出。进入民国以后，女工和童工的使用成了十分引人注目的问题。上海海关在 1912 年至 1921 年的报告中就明确指出：“近来在上海工厂中，妇女和儿童劳动的使用，大大增加。”[2]又据北洋政府农商部的统计，在 1920 年，女工约占全国工厂工人总数的三分之一。到了国民党统治时期，女工的比例进一步上升。据

① 池子华：《中国近代流民》，浙江人民出版社，1996 年版，第 19 页。

② 汪敬虞：《中国近代工业史资料（1895—1914）》第二辑（下），科学出版社，1957 年版，第 1234 页。

国民政府有关机构1933年的调查,女工在全国工厂工人中的比重达48.7%。这两项统计只限于雇工在30人以上的工厂。在小厂和某些工场手工业行业中,女工也不少。大量的厂外工人也基本上是妇女和儿童。在一些工商业发达的城市和某些轻工业中,女工所占比例尤其突出。如在上海,据国民党上海市社会局的调查,1933年女工占上海工厂工人总数的55%,1946年达到了58.9%。棉纺、卷烟业中女工占四分之三左右。①

童工早期主要使用在丝厂、纺织、卷烟等行业。童工的数量相当惊人。1902年镇江的缫丝厂女工、童工约各占一半。童工多在12岁以下,有的只有七八岁,甚至更小。据上海工部局童工委员会1924年对申新系统企业的调查,申新一厂有12岁以上的男童工700人,12岁以上的女童工3000人,不足12岁的女童工分别是100人和200人;申新二厂12岁以上的男女童工数分别是650人和1540人,不足12岁的男女童工分别是20人和30人。② 这是以12岁为童工标准年龄计算的,如果把不足16岁的也列入童工,则申新厂实际使用童工数将更多。在上海的机器五金行业,虽然大量使用学徒,童工仍占25.5%。③ 使用童工受到社会舆论的强烈谴责,加上失业的熟练工人越来越多,童工的使用有减少的趋势,但总体数量还是相当大的。据1933年调查,全国雇工在30人以上的工厂中童工有47060人,占工人总数的9.4%。④

五、在雇佣关系的社会调节机制中国家作用日益重要

传统社会雇佣关系的社会调节机制以民间组织和社会习惯势力为主导,国家调节的范围比较狭窄,主要针对大的雇佣关系纠纷。近代社会,由于国家职能的扩大和强化,在雇佣关系的社会调节机制中,政府的地位日益突出。这种变化对近代雇佣关系的发

① 王新:《旧中国的资本主义生产关系》,人民出版社,1977年版,第84页。
② 《荣家企业史料》(上),上海人民出版社,1962年版,第135页。
③ 王新:《旧中国的资本主义生产关系》,人民出版社,1977年版,第84页。
④ 王新:《旧中国的资本主义生产关系》,人民出版社,1977年版,第85页。

展有重大影响,是近代雇佣关系的重要特点之一。近代国家作用加强的表现,一是国家调节雇佣关系的法律日趋完善,二是民间组织调节雇佣关系的职能逐渐融入到国家的专设机构之中。

近代国家调节雇佣关系的法律就是劳工法。劳工立法始自北洋政府。1923年北洋政府公布的《暂行工厂通则》是其开端。劳工立法的鼎盛时期是在国民党统治时期,从1924年《工会条例》开始到1937年抗战爆发前形成了较为完整的劳工法体系。国民党的劳工法体系包括工会组织、劳资关系、厂矿检查、最低工资及储蓄、劳工教育、职业介绍、侨工及国际公约等八大类。这八大类法规,由于各法律的性质及发布的机关不同,又分成基准法和一般法两类。如工会组织类中,工会法及其施行法,为工人组织方面的基准法,由国民政府颁布。依据这一基准法,政府有关部门制定了一些相关的组织法规,如中央民运会颁发的《县市总工会组织准则》、《工会之分会小组织通则》;中央训练部颁发的《某省某市县(职)产业工会章程准则》;实业部颁发了《工会代表大会选举大纲》;行政院颁发了一些特殊工会组织规则,即《中华海员工会组织规则》、《民船船员工会组织通则》、《邮务工会组织规则》、《电务工会组织规则》、《铁路工会组织规则》等。在劳资关系类法律中,国民政府颁布了《劳资争议处理法》、《团体协约法》、《劳动契约法》。这些为处理劳资关系问题的基准法。国民政府实业部依据《劳资争议处理法》,制定了《推定仲裁委员暂行办法》。在厂矿检查类法律中,《工厂法》及其实行条例、《矿厂法》、《工厂检查法》为基准法,由国民政府公布。依据这些基准法,实业部先后颁布了《工厂设置哺乳室及托儿所办法大纲》、《工厂卫生室设置办法》、《工场安全及卫生检查细则》、《工厂检查员任用及奖惩暂行规程》、《中央工厂检查处组织章程》、《各省市工业安全卫生委员会组织大纲》等法令。在最低工资及储蓄方面,国民政府颁布了《最低工资法》。此前,行政院发布了《国营企业最低工资暂行办法》,后来又发布了《工人储蓄暂行规程》。在劳工教育方面,实业部和

教育部联合制定了《劳工教育实施办法大纲》、《劳工教育奖励规则》、《劳工教育设计委员会章程》、《劳工教育设计委员会细则》、《各市县劳工教育设计委员会组织章程》、《劳工教育实验区组织章程》等法令。在职业介绍方面,实业部先制定了《职业介绍所暂行办法》。后来,国民政府颁布了《职业介绍法》。对于侨工方面,国民政府制定了《工人出国条例》。侨务委员会据此制定了《出国工人雇佣契约纲要》、《募工承揽人取缔规则》。在国际公约方面,国民党政府先后批准的有:《创设规定最低工资办法公约》、《关于表明航运重包裹重量公约》、《农业工人集会结社权利公约》、《外国工人与本国工人关于灾害赔偿应受同等待遇公约》、《工业工人每周应有一日休息之公约》、《修正船舶起卸工人灾害防护公约》、《关于雇佣妇女工作于一切矿厂地下之公约》、《关于遣送海员回国公约》、《规定雇佣伙夫或扒炭之最低年龄公约》、《关于海员雇用契约条件公约》、《关于海上雇用青年及儿童强制体格检查公约》等。

劳动类国际公约属于国际法的一部分。一般都是在一战以后,由历次国际劳工大会制定的。它与国内法的效力是不一样的。按规定,国际劳工组织制定的公约草案,各会员国若核准,便要到国际联盟秘书厅登记,并且每年提交一份说明实施情况的报告供审查。对不实行公约规定的已签字会员国,其他会员国、雇主团体、工人团体、国际劳工局的理事院或国际劳工大会的一名代表,均可提出抗议。因此,国际公约对签约国的立法行为有一定的约束力。同时,国际公约一般为调节劳动问题、保护劳工利益的原则规定,反映世界潮流,因而对各会员国制定本国劳动法规有明显的借鉴作用。中国批准的国际劳动公约最早的是 1930 年 2 月批准的《创设规定最低工资办法公约》。批准公约最多的年份是 1936 年,当年 10 月批准了五条公约。

在国家劳动立法日益完善的同时,近代民间组织在雇佣关系中的调节角色逐步淡化。在晚清时期,民间组织在雇佣关系中的调节作用还是很强的。不仅许多罢工斗争是帮会、行会等民间组织发动的，而且在十九世纪七八十年代各地进行了行业规条的重整活动。帮会、行会在其间发挥了重要作用。行业规条的重建本身也表面民间组织调节雇佣关系作用的加强。到民国建立后，民间组织的职能逐渐转到官方专设机构中去了。在北洋时期，由于法制建设的加强，民间组织非经国家允许不能设立。国家通过立法对各民间组织的职能进行了界定。由于当时北洋政府没有处理雇佣关系的专设机构，商会、同业公会等民间组织被付与了调节雇佣关系的职能。如 1926 年由北洋农商部制定的《工艺同业公会规则》就付与同业公会负责“关于职工学徒之保护奖励事项”①。到了国民党统治时期，由于雇佣关系纠纷十分突出，政府开始设立了专职的雇佣纠纷处理机构。这就是劳资争议调解委员会和仲裁委员会。根据法律规定，委员会以政府的代表为核心，劳资双方各自的组织或团体受政府之命，于规定的时间内推举各自的代表参加到政府设立的委员会中，在政府代表的领导下参与雇佣关系的调解。② 这样，民间组织就不具备独立调解雇佣关系的资格了。

上述几点特征是近代雇佣关系中比较突出的现象，是近代雇佣关系的主流。当然，这几点特征的归纳并不能反映近代雇佣关系的全貌。对近代雇佣关系的研究还必须作具体的分析。

① 彭泽益:《中国工商行会史料集》，中华书局，1995 年版，第 990 页。
② 《中华民国法规大全》第三册，商务印书馆，1936 年版，第 3451 页。

第三章　近代雇佣关系的具体考察

近代雇佣关系的研究是一个十分复杂的问题。任何一项研究都不能完整地反映这一问题的各个方面。个案的具体分析是这一研究必须采用的手法。本章在前一章的基础上试作进一步的具体分析。限于客观的可能,具体考察的对象只涉及了买办、近代出国劳工、产业工人、农业雇工等几个方面。

第一节　买　　办

买办一词,为"Compressor"的意译,系借用旧称。买办是外商在华企业的雇员,是中外贸易的中间角色。自19世纪50年代,在对外贸易中崭露头角以后,买办逐渐在中外贸易中占有举足轻重的地位。自19世纪70至80年代开始,又由于中国社会变革的需要,买办又在中外贸易以外的其他社会领域中发挥了一定的作用。买办在近代中国社会中充当的各种角色一直到1949年以后才中断。作为一类被雇佣者,买办为什么能在近代中国社会发挥多种作用,如何看待买办的各种作用。从研究买办与其外国雇主的关系入手,可能会给这些问题的解答提供有益的帮助。

一、买办在对外贸易中的角色转换

近代中外贸易兴起之前,买办就在公行时代的中外贸易往来中担当一定的角色。在当时,买办有两类:商船买办和商馆买办,其职责虽不尽相同,但都是外商所不可缺少的杂务经管人员。他们“不仅是洋行的总管、账房和银库保管员,而且还是大班的机要秘书”,是“在商馆中最重要的中国人”[①]。中国开埠初期,买办的作用与公行时代没有什么区别。唐廷枢在19世纪60年代编的《英语集全》一书中,所列举的买办职责就是公行时代的内务总管和银钱保管等。这说明,买办还没有在中外贸易中担当直接的媒介作用。之所以如此,是因为在旧的贸易制度被破除后,新的贸易制度并不能立即发挥作用。当时的一个外国商人曾埋怨:“尽管条约已经签订了好几个月,但是贸易继续按老样子进行,因为没有时间组织一个新的制度。虽然我们能知道它的运行,可是它不会像旧的公行制度那样令人喜欢,在我们的交易中再也没有同样的安全感了。”[②]由于没有建立一个行之有效的新的贸易制度,开埠初期大量的中外贸易是物物交易。这在各通商口岸外国领事的报告中均有反映。如英国驻宁波领事罗伯聃在1846年的一份报告中说:“我们在上海的大量交易中,市场上有两种价格,即现款交易价格与物物交易价格。当上海最初开港通商时,我们的制造品有时售得现银,但嗣后一切都成了物物交易。”[③]物物交易的特点是直接性和暂时性。一场交易,只要交易双方对对方的物品满意,谈妥了交换价格之后,即可成交。在这种交易中没有过多的保证,但是由于中外语言的隔阂,必要的翻译是不可缺少的。因此,中外贸易初期的媒介是通事,而不是买办。王韬说过:“沪地百货阗集,中外贸易,惟凭通事一言,半皆粤人为之。”[④]

正因如此,当时通事在通商口岸非常吃香。姚公鹤在《上海闲

① 聂宝璋:《中国买办资产阶级的发生》,中国社会科学出版社,1979年版,第3页。

② 郝延平:《十九世纪的中国买办》,上海社会科学院出版社,1988年版,第52页。

③ 姚贤镐:《中国近代对外贸易史资料(1840—1895)》第一册,中华书局,1962年版,第402页。

④ 王韬:《瀛壖杂志·瓮牖余谈》,岳麓书社,1988年版,第12页。

话》中记载了一个叫穆炳元的宁波籍通事在上海活动的情况,“无论何人接大宗交易,必央穆为之居间”,以至于他应接不暇。因此,他开始“收学徒若干,教以英语,教以与外人贸易之手续法……使其学徒出任介绍”[①]。通事穿梭于中外商人之间传达语言,说合价值,于事成之后收取佣金,收入颇丰。王韬曾形象地说,通事可不费吹灰之力,于“顷刻间,千金赤手可致”。然而,通事在说合中外贸易的过程中没有一个完整的程序。他们因交易而出现,因交易结束而离去,不存在固定的雇佣关系。咸丰年间一个通事承认:“作为一个掮客,我没有任何账簿,本来我随身还携带一个折子,当交易完结,收到货款,并把钱交给茶贩以后,这个折子就不要了。而现在,我只用一个便条,钱货两讫,连便条也不要了。”[②]

这种简陋的手续与中外贸易的发展极不相称。强买强卖的事时有发生。因通事而起的中外贸易纠纷也不断出现。英商敦利丝栈的账册史料中,就有因通事强买丝货而起纠纷的记载。[③] 正因为通事在中外贸易中的种种拙劣表演,引起世人对通事这一行业的鄙视。世人对通事的评价普遍不高。英国领事阿礼国说,通事是“一群卑鄙的通译,除个人责任和利用内地商贩的无知而外,没有任何本钱,而且也极不老实”。早期洋务人才冯桂芬认为,通事于“声色货利之外不知其他,且其能不过略通夷语,间识夷字,仅货名价目与俚浅文理而已”。在华外商也“没有人愿意向掮客直接买货,因为他们明知掮客是不负责任的,对所售货物也无保证”[④]。为摆脱通事对中外贸易的影响,一种集代理人、翻译、掮客、顾问和业务管理、保证人于一身的买办制度从19世纪50年代后期开始,在各个通商口岸实行起来了。

买办取代通事最先是以中外贸易的媒介面目出现的。之所以

---

① 吴桂龙:《论上海开埠初期的通事和买办》,《史林》1996年第4期。

② 吴桂龙:《论上海开埠初期的通事和买办》,《史林》1996年第4期。

③ 王庆成:《稀见清世史料并考释》,武汉出版社,1998年版,第37—38页。

④ 吴桂龙:《论上海开埠初期的通事和买办》,《史林》1996年第4期。

需要这样一个媒介,有其客观的理由。一般的看法是:欧洲人学习中国语言很感困难,有使用通晓实务英语的买办的必要;中国的货币,度量衡非常复杂,需要专门的技术人才来掌握;中国人对商业信用非常重视,对没有熟人关系的外国人往往不表信任,没有一个适当的中介,中外贸易无法进行;此外,中国各地的商业习惯各不相同,外国商人一时对此无法了解清楚。上述这些情况是中外贸易初期引入买办的客观根源。然而,在中外交往有了相当长的一段时间,上述种种情况逐渐不复存在时,买办不仅依然存在,而且依然活跃在中外交往的各种场合。因此,有论者指出:“旧中国买办制度的形成和发展,乃是外国资本主义和帝国主义入侵中国,并日益扩大侵略活动的结果。”[①]征诸买办制度在旧中国存在和发展的有关史实,此种观点还是具有相当的道理的。

首先,会说英语并不是成为买办的绝对条件。例如早期买办的著名人物吴健彰的英语水平极为有限。与他接触过的外商对他的英语水平的评价是“同他的广东官话一样蹩脚”[②]。大买办莫仕扬“英语说得不很好”,但因其富有和是个“有大面子”的人而成为买办。[③] 不能说英语而成为买办的例子,还能举出一些。如1858年旗昌洋行在上海的买办何顺昌不会讲英语。他的业务工作由他的堂兄弟代理。[④] 汇丰银行第一个买办王槐山连一般的英文信件也看不懂。所有这些例子说明,语言问题并不是买办产生的绝对原因。

其次,外商在选择买办时,最注重的是那些能够帮助他开展业务或有利于其业务顺利进行的人。早期买办的雇用常常是外国商

---

① 黄逸峰等:《旧中国的买办阶级》,上海人民出版社,1982年版,第24页。

② 汪熙:《关于买办和买办制度》,《近代史研究》1980年第2期。

③ 郝延平:《十九世纪的中国买办》,上海社会科学院出版社,1988年版,第189页。

④ 郝延平:《十九世纪的中国买办》,上海社会科学院出版社,1988年版,第199页。

人主动寻找的。开拓业务的能力是他们首要考虑的因素。在成为买办之前,许多人往往都是一个十分成功的商人。如著名买办席正甫在19世纪70年代成为汇丰银行买办之前,就是一个成功的钱庄主。徐润的叔父徐荣村19世纪50年代才进入宝顺洋行,但1847年以前,他就在上海开设了闻名的荣记丝号。① 洋行商人在19世纪60年代就明确强调:"洋行要求买办首先必须是一名商人。"②

随着在华业务的扩大,外国洋行雇用买办的条件在20世纪初出现了新的变化。为能加强对中国经济的操纵能力,外国洋行更注意雇佣一些有政治关系的人充当买办。因此,一些并非商人出身,而是有较多政界关系的人成了外商雇用的买办。如沈葆桢的孙子沈昆山成为英美烟公司在华企业的买办。英美烟公司上海董事在说明罗致沈昆山的原因时指出,"要有人能真正探知官场里究竟在搞些什么名堂"。这是"绝对重要的"。外国人或我们所通常雇佣的那一类的中国人去了解这类情况是太困难了。除非我们保持高度警惕,"否则我怕有一天早晨醒来,我们会发现事情已经发展得无法挽救了"。这位董事对雇佣沈昆山的效果是十分满意的。他在给伦敦总公司的报告中得意地说,由于聘用了沈君,"我和那些当权的人比我以前任何时候都更接近了"③。这就很明显地展示出了买办对列强的作用所在,可以说是对买办制度长期存在的最好解释。

买办为列强对华扩张所需要。随着列强对华扩张的加强,买办队伍不断扩大。19世纪末,中国买办队伍达到万人左右。20世纪20年代时逐渐达到约4万人的最高峰。列强在华经营的各个行业几乎都有买办的存在。有学者把近代买办分为六个大类,即洋行买办,银行买办,轮船公司买办(包括公司买办,驻船买办和码

① 汪敬虞:《唐廷枢研究》,中国社会科学出版社,1983年版,第29页。

② 汪敬虞:《唐廷枢研究》,中国社会科学出版社,1983年版,第33页。

③ 《英美烟公司在华企业资料汇编》第三册,中华书局,1983年版,第969页。

头仓库买办)，保险公司买办，工矿企业买办和房地产公司买办。[①]这种划分比较全面地囊括了近代买办的种类，但是不能反映出近代买办产生的时间先后及其产生的规律。

那么这个规律是什么呢？笔者以为，近代买办的产生是伴随着列强对华侵略而来的。虽然列强在华经营的各行各业都有买办，但从列强对华经济侵略的历史进程来看，近代买办大致分为两类：商业贸易买办和工矿企业买办，其对应的是列强对华商品输出和资本输出两个阶段。在商品输出阶段，扩大商品贸易是列强的主要追求。洋行是执行列强对华商品输出政策的主力，因此，商业贸易买办以洋行买办为主。其他如轮船公司及保险公司，都是围绕着为扩大贸易服务的，因此，轮船公司买办及保险公司买办，都是居于从属地位的。资本输出的主要形式是在中国设立厂矿企业，直接利用中国廉价原料和劳动力进行生产，产品倾销于中国市场。工矿企业买办和房地产公司买办是在这个阶段出现的。从时间来看，两类买办出现的时间先后不同。商业贸易买办在甲午战争之前就大量出现了。工矿企业买办和房地产公司买办是在甲午战争后才大量产生的。随着列强对华商品输出规模的扩大，银行买办在这一阶段后期出现，但是其社会影响力是在列强对华资本输出阶段显现的。19 世纪上海滩最为显赫的买办是洋行买办，比如徐润家族以洋行贸易起家，不仅家族财富在上海滩首屈一指，而且他本人也因此深得洋务派大官僚的器重，活跃于各种洋务活动场合。到 20 世纪，上海滩最为显赫的买办是银行买办。长期担任汇丰银行买办的席氏家族在晚清至民国初年在上海滩的影响力就是一个典型。总的来说，买办是适应列强对华扩张的需要而产生的。正因如此，这一本来普通的雇佣关系就带有了非同一般的意义。

① 黄逸峰等：《旧中国的买办阶级》，上海人民出版社，1982 年版，第 6 页。

二、买办雇佣关系的基本情况

买办通过签订雇佣契约，与外国雇主之间形成固定的雇佣关系。雇佣契约确定了买办与外国雇主之间的权利与义务。买办契约的一般内容是关于业务，买办收益，雇佣时间，担保和违约责任等的规定。它们分别用中文和有关的外文书写，早期一般是一式三份，由外国雇主、买办和有关外国领事馆各保存一份。现存买办契约并不多见。1891 年，天津宁通洋行与买办张松甫所签订的合同，可为代表。合同如下①：

美国公民麦克加斯林于 1890 年 10 月 3 日以宁通洋行的名义在天津开始营业，兹与一位名叫张松甫的中国人签订下列合同。

凡是我在天津经营的买卖都将由他充任我的买办。我们双方同意下列 10 条规定，在合同期间，任何一方如破坏这些规定，将付出天津纹银 2000 两的罚金。

第一条 张松甫充任买办，每月支薪 50 两，买办部门所需用的职员及各项开支由他自理。

第二条 凡属本行进口货物，如非签约定购者，买办应在 4 个月内付清货款，此项货物运到时，一切费用均由买办支付。

第三条 签约定购的货物应于货到一个月内付清货款，如在限期以前提货，买办须向银行提出保证，货到时一切费用均由买办支付。

第四条 收购的输出货品，在装船时买办可按货价收款 80%，其余 20% 从装船之日起 4 个月内结清；如逾期未付，买办有权加收利息；买办垫款在 10000 两以内，免收利息；在 10000 两以上，将按年利 9 厘计息。

第五条 每月对账一次，如一方对另一方负债时，所欠款项数目须掣给收据为凭。

---

① 姚贤镐：《中国近代对外贸易史资料（1840—1895）》第二册，中华书局，1962 年版，第 1014—1015 页。

第六条 如发现买办有任何舞弊中饱情形,应罚款2000两。

第七条 如果我在本合同限期(3年)之内破坏协议,或者不经过他(买办)就在天津购货,我将付给张松甫(买办)纹银2000两。如果他破坏或不履行这个合同所规定的条件,他应付给我同样的数目。

第八条 我在租界所租房屋的租金应由我支付,买办垫付的房租记入我的账户作为暂欠。

第九条 买办可向土产出售人收受2%的佣金,对于售出的进口货,如果出售的利润允许我这样办,布匹方面我将付给他1.5%的佣金,其他进口货则付以2%的佣金。

第十条 对于由买办介绍的军用品、机器、木材之类的买卖,如果出售的利润允许我这样办,我答应付给他1%的佣金。本合同自上述日期起有效期间为3年,满期时,一切账项必须结清。同时我认为合意,我有将合同再延长3年的优先权。

签字人 麦克加斯林

买办签字

签约地点 天津美国领事馆

合同正本于1891年2月14日由我眼同盖印,并当面交我收执。

负责的副领事皮迪克签字

买办契约这样完整的内容规定是到19世纪80年代才形成的。早期买办契约的内容比较简单。如1860年琼记洋行横滨买办阿九的契约内容就不多。关于买办的业务,由于初期洋行的业务比较庞杂,任何中外贸易只要有利可图,洋行均会插手。因此,契约只是笼统地要求阿九作为买办,“应尽其一切方法促进和辅助洋行的生意”;其任职时间规定是“在双方同意的一段时间内”,要求他在到达横滨的“一年之内不得离任并必须在至少四个月前将他离职的打算通知洋行”,“只要双方同意就可长期延续”;如不得

洋行同意，不得擅自进行自营商业活动；因不轨行为和懒惰而被解职时，买办可获得一个月的额外薪金；买办可以雇佣一名司事、一名厨师和两名苦力，由洋行支付他们每月 170 元的薪水和往返日本的旅费。① 这一点规定后来被更改，买办所雇用的其他人员薪水及开支由买办自理，并成为一种惯例。这在上述张松甫契约的内容中就有体现。

在甲午战争之前，为不断打开中国市场，西方列强在侵华过程中相互勾结，共同为夺取更多的侵略权益而活动。同时，资本主义国家经济还处在自由竞争阶段。在华西方各国洋行是各自国家所有企业对华倾销商品、掠夺原料的共同工具。在甲午战争之后，主要西方列强都进入到帝国主义阶段。资本主义经济由自由竞争阶段过渡到垄断阶段。此时，各个垄断集团直接在中国经营的企业成为西方列强对华侵略的主导力量。在华洋行也逐渐成为专为本国大垄断企业服务的工具。从 29 世纪末开始，列强在华竞争也日益突出。因此，进入 20 世纪后，买办契约的有关内容规定也发生了变动。

首先，买办的业务开始日益专业化。甲午战争之前，洋行买办一般既要负责洋行进口商品的推销，也要负责出口土产的收购。同时，由于洋行是各国工业企业对华贸易的共同代理商，所以，洋行经营的进口商品种类繁多，并且常有一个买办为几家洋行服务的现象。甲午战争以后，买办的业务逐渐单一起来。如英美烟公司在华企业的买办分为原料收购买办、产品推销买办及房地产买办等。不同的买办专司各自不同的职责。一个买办为多家服务的现象受到明确的禁止。如在大买办郑伯昭和英美烟公司签订的契约就规定，在合同期内，除得到该公司的书面同意外，“不许出售任何其他公司的产品”②。

① 郝延平：《十九世纪的中国买办》，上海社会科学院出版社，1988 年版，第 196，209 页。

② 《英美烟公司在华企业资料汇编》第二册，中华书局，1983 年版，第 622 页。

其次,买办的自营事业也开始受到限制。甲午战争之前,买办经营自己的事业十分普遍。在买办契约条款中,洋行一般均要求买办在经营自己事业之前要取得洋行同意。对与洋行自身利益无冲突的请求,洋行一般也会同意①,甚至有些洋行利用买办的商业活动赚取佣金,彼此朋分。如天津旗昌洋行买办刘森记与该行之间即曾协定:"一钱归我,一钱归旗昌。"②在甲午战争之前,买办经营自营商业的极为普遍。洋行一方面赞同这种行为,另一方面也对这种行为提出批评,声称:"外国人破产了,买办则变为安享荣华的富翁。"③在甲午战争之后,由于列强之间在华经济竞争的激烈,外商要求买办集中精力,运用全部时间和精力为其服务。因此,禁止买办经营其他营业的条款开始在契约中出现。如在王采丞的契约中就明确规定,买办"不许另行经营其他工商业"④。新沙逊洋行的买办契约也规定买办"应专心为该行牟利,不预外事"⑤。买办"图一已之利益,起而与洋行作同种之商业行为",更是决不允许。⑥

原来,买办合同非经有关领事馆签字作证,不为有效。现在,买办契约的涉外色彩也有些淡化了,没有经过有关领事馆证明的买办合同也出现了。如1910年,德商天津瑞记洋行与买办刘衡甫签订的合同,就没有德国领事馆的证明。⑦ 进入20世纪20年代后,买办合同不经过领事馆成为一种正常的现象。如中法实业银

① 郝延平:《十九世纪的中国买办》,上海社会科学院出版社,1988年版,第196页。

② 聂宝璋:《中国买办资产阶级的发生》,中国社会科学出版社,1979年版,第41页。

③ 汪敬虞:《唐廷枢研究》,中国社会科学院出版社,1982年版,第70页。

④ 许涤新、吴承明:《旧民主主义革命时期的中国资本主义》,人民出版社,1990年版,第160页。

⑤ 张仲礼、陈曾年:《沙逊集团在中国》,人民出版社,1985年版,第165页。

⑥ 沙为楷:《中国买办制》,商务印书馆,1934年版,第38页。

⑦ 《天津商会档案汇编》(下),天津人民出版社,1989年版,第1949—1950页。

行与王采丞签订的契约就注明合同“一式二份，银行与买办各执一份”①。英美烟公司与其各地买办签订的契约也都没有经过外交机构。② 不过，日本商人雇佣的中国买办合约在20世纪依然要经过日本领事机构。如一份1905年合同的最后一款是：“本合同作成三纸，在上海日本总领事馆各自签字盖印，经日领事盖印后，各执一纸，更有一纸存日领事馆为照”③。买办合同的缔结经过外交机构，使得这一民事法律程序具有明显的殖民地性质。20世纪以后，买办合同不经过外交机构，这种情况表明列强对华经济侵略范围的扩大和程度的加深。虽然买办合同的签订不需要经过外国驻华外交机构，但是任何关于买办与外商之间纠纷的处理，都有外国在华外交机构的干预。其裁判也不依照中国的民事法律。如王采丞的契约上就规定：“所有银行与买办间发生之一切争执，统由驻津法国领事馆及其他法国官厅审理裁决”④。

从买办契约的各项规定来看，买办与洋行的关系是权利、义务失衡的片面关系。有学者认为：“洋行同买办之间的关系基本上是一种相辅相成的关系，两者都从中得益。”⑤其实，“两者都从中得益”是真，而“相辅相成”则并不确切。根据契约，洋行把自己的一切进出口贸易都委托给了买办。这看似洋行大权旁落。实际上，洋行对一切交易只问结果，不管过程。所有的买办契约几乎都规定买办应定期把货款交给洋行。除上述张松甫的契约外，日商中石洋行与汪洪金的合同也规定，进口货物“全系买办作保贩卖，先

① 许涤新、吴承明：《旧民主主义革命时期的中国资本主义》，人民出版社，1990年版，第162页。

② 《英美烟公司在华企业资料汇编》第二册，中华书局，1983年版，第572页。

③ 姚贤镐：《中国近代对外贸易史资料（1840—1895）》第二册，中华书局，1962年版，第1019页。

④ 许涤新、吴承明：《旧民主主义革命时期的中国资本主义》，人民出版社，1990年版，第161页。

⑤ 郝延平：《十九世纪的中国买办》，上海社会科学院出版社，1988年版，第203页。

定价钱、日期,彼此不误。如过期不付……由买办先行筹垫”[①]。这样,买办承担了买卖交易的一切风险。他不仅要对所经手的买卖交易、银钱往来、保管的物品作出保证,而且还要担保往来客户的“偿付能力”。洋行则坐享交易之利。

买办与洋行权利义务失衡的最突出表现是,任何一个买办必须向洋行提供担保。买办的担保有信用担保、财物担保和现金担保等多种形式。早期买办的担保还是比较简单的。在19世纪50年代,买办的担保主要是信用担保。著名商人的一封荐书就足以使任何中国人担任买办。[②] 进入19世纪60年代以后,由于大量中小洋行的出现,甚至一些一无所有的洋人冒险家也来中国淘金。财物和现金担保开始普遍起来。由于中小洋行本身资金不足,买办所提供的担保金往往被洋行挪用进行商业运营。有的甚至成为那些一无所有的洋人冒险家的唯一营运资本。对买办的担保,可以是全部的,也可以是部分的,即规定的担保金额既可以由一个人提供,也可以几个人共同出资。此外,还可以采取联环保的形式,即由一个担保人对另一个担保人作保。保证人一旦同意为买办作保,就要立一纸保证书或“保单”。保单的内容无非是各种赔偿责任的规定,其条款详略不一,试举一例[③]:

立保单人某某等,今保到某某银行聘用某某充当买办,如有致使银行受亏情事,应即照数赔偿。为此订立保单如下:

一、买办需请四人代为担保,并提出现银(两存储银行)。二、担保该买办尽心竭力为银行办事,及买办雇佣之人不得更改账目。三、担保该买办各事认真,小心谨慎,不得将银行机密事泄漏于外。四、担保该买办代银行进出存款,寄往外埠之金银元宝、银钱、货物

① 姚贤镐:《中国近代对外贸易史资料(1840—1895)》第二册,中华书局,1962年版,第1016页。

② 郝延平:《十九世纪的中国买办》,上海社会科学院出版社,1988年版,第190页。

③ 《上海地方史资料》(三),上海社会科学院出版社,1984年版,第224—226页。

押款券票等类，务必奉公守法，不得有丝毫作弊情事。五、担保该买办雇佣之人，代收中国庄票、银票、期票、汇单、票据等，到期不能收款，或因该买办出口作保，失误欺骗，致使银行受亏，均必遵守信用，全数赔偿。若与买办无涉之事，保人不任其责。六、担保该买办应交银行各款，不能照数付还，致令银行亏耗时，不论是何情况，均照上文所载将保银赔补，如尚有亏耗不敷之数，仍照上文所载，保人四名，一律摊赔。若银行通融，使买办展期认赔，一任银行之便，即不必函知保人，待其应允后行。所有四家保人情愿担保之数，开列于后：

某某以银××万两为限

某某以银××万两为限　　共银××万两

某某以银××万两为限

某某以银××万两为限

如保人情愿退保，均需在六个月之先，专函通知银行行东或署理人，仍俟六个月限满之后，其担保责任方无关系。倘于限内银行有损失情事，仍照以上所载，均系四保人之责。若四家保人有一人或数人退保时，未退保者之责任仍在，不得藉口推诿责任。

此项保单，用汉、英两国文字缮写，日后如有争议之处，应以英文为准。

××年××月××日

立保单人××、××、××、××

保单也必须由外商代理人作证，并经有关的领事馆签字。[①]买办的担保人一般由买办自己选择。进入20世纪后，买办的担保人或者由契约中指定，或者须由洋行认可方行。如德商瑞记洋行与刘衡甫所订合同规定“华源昌为本行担保经理人所用银两”[②]。

---

① 郝延平：《十九世纪的中国买办》，上海社会科学院出版社，1988年版，第191页。

② 《天津商会档案汇编》(下)，天津人民出版社，1989年版，第1950页。

德商禅臣洋行与蒋文伟的契约则规定:"买办在约期内,须提供由洋行认为殷实可靠的客户或有相当声誉的商人作为负责担保人。"①当然,不要担保的事例也有。如井陉煤矿买办高星桥是因得到德国人韩纳根的赏识而由司磅员提升的。韩知道他交不起保证金,就授意高去找韩的岳母德华银行的大股东"德老太太",给他在德华银行作了10万元的保证。天津永兴洋行买办叶星海,原是另一家洋行买办,又广设外庄,有十几万元的巨额存货。永兴洋行是慕名延聘,主动提出免纳保证金。当时曾轰动买办阶层,被称为罕见之举。

买办的担保制度把外商的生意风险降低到最低点。这个制度使外商一旦遭遇贸易损失时,能对买办及其保证人穷追到底。不少买办在洋商的追迫之下倾家荡产,以至坐牢吃官司,丢掉性命。② 许多担保人也在买办破产之时被迫拿出数额不少的赔偿。如郑观应拿出10万两银子,偿还了太古洋行上海买办杨桂轩欠下的债务。徐润为他的儿子,向一家德国洋行赔偿了50万元的损失。买办的担保保证了洋行利益。而洋行一旦陷于破产,因洋商拥有治外法权,买办所提供的担保资金和财物往往无法追回。19世纪60年代,许多中小洋行倒闭以后,洋人一走了之。买办因此而遭受损失的不在少数。郑观应就因此而遭受过重大的挫折。③洋行对买办的穷追及买办在遭受损失后的无奈,更显示出这种制度的不公平与不合理。

买办在与洋行的关系中处于劣势地位。而之所以有众多的人愿意充当买办,也在于攀附洋人确实能给买办带来丰厚的回报。例如汇丰银行买办王槐山经手银行对钱庄的拆票业务,"岁存庄家何止数百万,银根偶紧,通事即乘间居奇","十余年来,银行获息

① 黄逸峰等:《旧中国的买办阶级》,上海人民出版社,1982年版,第277页。

② 彭雨新:《抗日战争前汉口的洋行和买办》,《理论战线》,1959年第2期。

③ 郝延平:《十九世纪的中国买办》,上海社会科学院出版社,1988年版,第206页。

无算,王亦骤富,同乡中咸有'快发财'之名"[①]。近代买办的收入是一个非常庞大的数字。不少学者对此进行过估计。黄逸峰估计1860年至1894年间,买办总收入为白银4亿两;郝延平估计1842至1894年间买办总收为白银5.3亿两;严中平估计1890至1913年间买办的总收是6.2亿海关两;汪熙估计1868至1936年间买办总收入是15.29亿美元。[②] 各种估计的具体数字虽有差别,但都可以得出买办财富的积累是相当庞大的共同结论。

买办收入中薪金是不占什么比重的,主要的成分是佣金和自营事业。买办的佣金一般在契约中规定。在早期佣金比较高,大致情况是,19世纪60年代,进出口佣金及轮船水脚佣金为2%左右,内地收购佣金约1%,鸦片交易佣金每箱五两左右。[③] 然而,买办佣金收入毕竟有限。有人计算过,19世纪60年代中期到90年代中期,中国的进出口贸易总值累计为49亿海关两。佣金数额按最高比例计算也不到1亿两,如按最低比例计算,则不过1200万两。何况,买办佣金是洋人对华掠夺的余润。买办佣金收入高,就意味着洋人收入的减少。因此,洋人总是不断调低买办佣金的比例。19世纪90年代,买办佣金比例一般是0.5%~0.25%。这样,佣金收入显然不足以构成数以千百计的买办暴发的主要部分。正如怡和的买办唐廷植所言:"仅靠1%的佣金,买办是无利可图的。"[④]

买办攀附洋人的根源在于依靠洋人势力保护自己的经营。这种经营的收入构成了买办财富的主要部分。买办打着洋行的旗号经营自己的企业在旧中国十分普通。正如当时人所指出的那样:"通商口岸,洋行如林,其真正洋商东家,十中不过一二,而挂洋行

① 《上海钱庄史料》,上海人民出版社,1960年版,第29页。

② 许涤新,吴承明:《旧民主主义革命时期的中国资本主义》,人民出版社,1990年版,第168页。

③ 汪熙:《关于买办和买办制度》,《近代史研究》,1980年第2期。

④ 汪敬虞:《唐廷枢研究》,中国社会科学出版社,1983年版,第116页。

牌子,则比比皆是。”[①]除了在经济上得到丰厚的回报外,买办在洋人的庇护下,也可部分地享受治外法权的保护。犯罪的买办不经外商的同意,中国官府不能实行拘捕。1868 年的《上海洋泾浜设官合审章程》第三条规定:“凡为外国服役及洋人延请之华民,如经涉讼”,中国方面应将“该人所犯案情移交领事官”,审讯时由领事官或其所派之人“来堂听讼”[②]。买办因此而得享治外法权的保护。许多买办利用此点为非作歹,引起国人的侧目。曾被誉为第一等洋务人才的郭嵩焘就说过:买办“持夷人为奥援”,“遇事辄勾通夷人横生枝节,遂使情法两穷”[③]。由此可见洋人的庇护对买办的重要性了。

当然,买办与洋行之间的关系是比较复杂的。在信用担保盛行时期,洋行与买办的关系还是比较融洽的。洋行对买办的评价也较好。如有洋行大班曾说过,买办“做生意一般是很诚实的,就像彼此是绅士一样,人们都是一言为定,可以完全信赖。没有那种不择手段的事情,没有律师,也不诉诸法律”[④]。再如,唐廷枢挪用洋行银款的事被发现后,洋行老板约翰生虽然十分不满,但是却没有对他有任何制裁;相反,尽管有了这样明显的金融上的舞弊行为,约翰生在自己的私人信件中谈到唐景星的买办工作时,总是替他说好话。[⑤] 这种状况的出现,一方面是因为凭信用交往在当时很盛行。一个买办或商人是不愿以自己的信用作赌注的。此外,早期洋行与买办建立雇佣关系的时间较长,人际关系因素也能起一点作用。另一方面,更重要的是买办对洋行的业务开展实在是太重要了。这种作用可以通过洋行自身对买办工作的评价反映出

① 姚贤镐:《中国近代对外贸易史资料(1840—1895)》第二册,中华书局,1962 年版,第 842 页。

② 《中外旧约章汇编》第 1 册,上海三联书店,1988 年版,第 269 页。

③ 汪敬虞:《唐廷枢研究》,中国社会科学出版社,1983 年版,第 62 页。

④ 郝延平:《十九世纪的中国买办》,上海社会科学院出版社,1988 年版,第 203 页。

⑤ 汪敬虞:《唐廷枢研究》,中国社会科学出版社,1983 年版,第 7 页。

来。当时,对买办在业务开展上的作用,洋行商人给予肯定评语的,比比皆是。如怡和洋行经理就公开说,他的天津代理业务"经营效率的提高在很大程度上得力于唐景星的事务所"①。洋行对买办的倚重,甚至到了当买办生病,所有业务就停顿了的地步。当买办的担保实行现金和实物担保制度后,买办与洋行间的纠纷增多,以至于洋行与买办之间发生债务纠纷的官司经常在报纸上出现,成为一大社会新闻。由此改革买办制度的呼声自然出现。在20世纪20年代后,虽然出现了高级职员制等取代买办制度的新形式,但买办制度还是或多或少地保存着。声称最先废除买办制的英美烟公司就存在多种专业的买办。②

三、买办地位的演变

近代买办拥有巨量的财富,但是社会各界对其评价却普遍不高。在19世纪,买办一行往往是一些出身低微的人所为。在当时,中国士大夫和一般社会人士对买办为一己私利而屈事洋人,非常蔑视。过去就有论者曾指出:"向者中国士大夫视洋行买办,不过为洋商之奴隶,唯知奔走奉命,攘同胞之利益,以孝敬其主人,……鄙夷弗屑道。"③《二十年目睹之怪现状》的作者说:"那班洋行买办,他们向来都是羡慕外国人的,无论什么都是外国人好,连外国人放个屁都是香的。"这种看法是鄙"夷"和排外思想的混合物,在当时颇有点代表性。④

不仅一般人对买办的印象不佳,即使那些受过西方教育,或倾向于向西方学习的中国人也对买办的评价不高。容闳说:"买办之俸虽优,然操业近卑鄙……以买办身份,不过洋行中奴隶之首领耳。"⑤李鸿章对买办有过一些好的评价言论。如他认为这些人

① 汪敬虞:《唐廷枢研究》,中国社会科学出版社,1983年版,第4页。
② 《英美烟公司在华企业资料汇编》第三册,中华书局,1983年版,第42页。
③ 《论洋行买办制之利害》,《东方杂志》,16卷11号。
④ 汪熙:《关于买办和买办制度》,《近代史研究》,1980年第2期。
⑤ 容闳:《西学东渐记》,湖南人民出版社,1989年版,第41页。

“熟精洋情”,“殷实明干”是“极一时之选”①。然而,李鸿章这样的言论往往是针对具体的买办人物而言。对买办阶层的整体,李鸿章的评价也不高。他认为买办“惟知藉洋人势力播弄挑唆以遂其利欲,蔑视官长,欺压贫民,无所忌惮”②。

当然,买办的奢华生活也确实引起了不少人的羡慕。20 世纪初年,一些有社会地位的人也争相充任买办。据上海对部分买办的调查材料,具有大学或留学学历的人,至少有二三十人。曾任上海总商会副会长的方椒佰后来回忆说:“幼年时闻老辈言,上海买办怎样阔绰,有财有势,听来大家有做不到买办之苦,对买办无不为之向往。”在 1902 年,他到达上海后,也确实目睹了“人人争以做买办为荣”③的场景。这是买办社会地位改善的表现。

不过,买办社会印象的改善趋势并没有能够持续下去。就在买办声势高扬之时,由于中国民族意识的觉醒,救国思潮的高涨,买办开始受到中国社会前所未有的批判和谴责。章太炎 1906 年在《民报》上发表了《革命之道德》一文。在此文中,他把社会职业按道德人品的高下及有无道德水准分为十六等,而把外国洋行的“雇译”归入最后一位,称之为“白人之外嬖”④。鲁迅则认为买办只是“倚徙于华洋之间,往来于主奴之界”⑤的人物。五四以后,买办阶层更受到中国民族主义者的猛烈批判,在社会上成为声名狼藉的一种人。也就是在这种情况下,买办问题引起了中国革命政府的关注。1925 年 8 月,汪精卫向广东国民政府提议,不允许买办担任行政官吏及各社团董事。这一提议获得通过。在有关命令发布后,广东商业联合会即函询国民政府:“近今年人组织之船务、

① 《复刘仲良方伯》,《李文忠公全集·朋僚函稿》卷 13。

② 《请设外国语言文字学馆折》,《李文忠公全集·奏稿》卷 3。

③ 许涤新,吴承明:《旧民主主义革命时期的中国资本主义》,人民出版社,1990 年版,第 760 页。

④ 汤志钧:《章太炎政论选集》(上),中华书局,1977 年版,第 318 页。

⑤ 《鲁迅全集》第 6 卷,人民文学出版社,1981 年版,第 42 页。

银行、洋行、亦多有买办之设”，这些买办是否处在令禁的范围？由此，广东国民政府开会讨论了这一问题，并对买办的情况进行调查。[①] 一个人数不多的社会阶层引起本国政府的特别关注，这本身就说明了买办问题在当时社会的重要性。而由政府作出决定对其政治前途进行封杀也说明了当时买办在人们心目中的可憎印象。

买办的评价也引起了中外学术界的重视。目前，此一问题的观点很多，大致可以分成否定论、肯定论、优劣兼有论三者。否定论观点在我国学术界比较普遍。比较有代表性的意见认为，“买办是西方资产阶级按照自己的面貌用恐怖的方法改造世界、改造中国过程的产物”，是“一个依附于中外反动统治者”[②]的阶级。“它虽然也是资本主义，但它不能代表中国民族的资本主义生产关系，而且压迫民族资本，成为帝国主义侵略中国的助手和帮凶，阻碍中国社会生产力的发展，是资本主义的变种。”[③]

肯定论观点在西方学者中比较盛行。代表的学者是郝延平、刘广京等人。他们认为买办是东西方之间不可缺少的中介，“在文化上是有价值的引线人”。买办所从事的经营活动“是 19 世纪中国经济中最重要的打破平衡的力量，它为经济变革提供动力，起到了先导部门的作用，造成了连续的经济增长的进程”[④]。

优劣兼有论的观点在 20 世纪 80 年代初就出现了，他们一方面认为“买办是资本帝国主义侵略中国的桥梁和得力的帮凶，外国侵略资本对中国经济发展的阻滞和对中国人民的剥削都有买办参与其事”，另一方面“买办所参与的推销洋货，收购土产的活动震

① 《中华民国史档案资料汇编》第四辑（上），江苏古籍出版社，1991 年版，第 126—128 页。

② 聂宝璋：《中国买办资产阶级的发生》，中国社会科学出版社，1979 年版，第 41 页。

③ 黄逸峰等：《旧中国的买办阶级》，上海人民出版社，1982 年版，第 26 页。

④ 郝延平：《十九世纪的中国买办》，上海社会科学院出版社，1988 年版，第 12、262 页。

撼了中国家庭手工业与小农经济相结合的顽固结构”,为中国资本主义的发生创造了条件,起了“媒介和中间的作用”。买办积累的资本投向新式企业,也有助于中国经济的近代化。①

买办评价问题的代表性观点,已如上述。之所以在这个问题上出现众说纷纭的局面,还在于买办的存在贯穿于整个中国近代历史。买办的人数虽然不多,但他们几乎涉及近代中国社会生活的各个方面。买办活动的复杂性是造成买办评价意见难以统一的根源。这种复杂性表现在买办所经营的对外贸易既包含了是中国经济发展客观需要的因素,也包含着阻碍中国经济发展的因素;经买办而介绍到中国来的西方文明既包括有利于中国文明成长的积极因素,也包括不利于中国文化发展的破坏因素。人们在谈论一个方面的情况时很难把它与另一方面情况区别开来。加上买办活动时间的漫长,使得这一问题更难以把握。上述几种代表性的观点都有其合理的一面,对某一段历史时期来说,其评价是比较合理和中肯的。而从长时段来看,又都存在不到之处。因此,买办评价问题不能笼而统之地论述,而应该区分不同历史时段,进行具体分析。

本文认为,从近代买办活动的社会影响来看,以辛亥革命为界,前后分为两个阶段。在辛亥革命之前,中国处在近代化的起步阶段。中国封建社会固有的稳定性,使得外在因素对中国近代化进程的启动起着十分显著的作用。又由于中国封建社会自身对外来因素的强大抵制,这种外来因素是以十分可憎的面目出现在中国近代史上的。这种出现方式是很容易引起人们的反抗的,对社会的进步则起着一种反作用。因此,买办活动的社会作用是交织着推动和阻碍的双重影响。在辛亥革命之后,中国近代化的进程已经启动。中国资本主义经济发展的道路已经打开。领导中国近代化进程的阶级也已经成长起来。而此时,买办的许多活动在经

① 汪熙:《关于买办和买办制度》,《近代史研究》,1980 年第 2 期。

济上阻碍了中国民族资本主义的发展,在政治上成为中国革命的对象之一。因此,这一阶段买办的社会作用,在整体上讲是应该否定的。

具体地讲,辛亥革命之前,列强对华贸易既有正常的中外贸易的成分,也有非法的、掠夺贸易的因子。后者主要是贩卖鸦片、掠卖人口和走私。这些掠夺贸易都是经过买办之手而实现的。著名的所谓"苏州制度"就是从上海带鸦片到苏州产丝地区,在那里用鸦片购买生丝。这种活动完全是经过买办之手完成的。[①] 一直到19 世纪 90 年代,鸦片贸易一直占中国对外贸易的第一位。鸦片贸易对中国经济的破坏性作用,是人所共知的。买办在其中所起的作用,被认为是侵略者的帮凶。这一结论是不过分的。在西方殖民主义者掠贩人口的活动中,买办的帮凶作用也复如此。在 19世纪 60 年代初,广东潮汕就出现过"开设行店"、"私贩人口出洋"的买办。70 年代中期的广州,也出现过勾结洋行老板设馆拐骗华工的买办。[②] 除掠夺性贸易外,买办经手的推销西方工业品,收购中国土特产的工作,既促进了中国小农经济的商品化,又满足了社会生活的需要。这种正常贸易,是任何社会的发展所必需的。在中国没有近代工业时,输入西方工业品也是必要的。不能因其是西方的东西而盲目地加以反对。买办在这一方面的作用是应该肯定的。

同时,买办是近代最先接触西方文明的中国人之一。买办的这种接触使得他们在中国近代化起步阶段,发挥了许多有益的作用。这些主要是:买办是联系国外市场的生产与流通的桥梁,发挥了与国际市场的规范与惯例接轨的示范作用;买办是西方科学文化,包括思想、观念与生活方式的接受者,有一定的务实作风和敬业精神;买办的资本和企业壮大了民族资本、民族工业的力量。[③]

---

① 郝延平:《十九世纪的中国买办》,上海社会科学院出版社,1988 版,第 98 页。

② 汪敬虞:《唐廷枢研究》,中国社会科学出版社,1983 年版,第 51 页。

③ 李良玉:《加强对中国近代商业文明的研究》,《经济研究》,1994 年第 6 期。

买办的上述有益作用，在这个历史时段还是有比较多的具体事例的。比如在近代中国，买办最早引进了西方的股份制和企业核算制。唐廷枢在轮船招商局的集股章程中明确列举了成为股董的应备条件和应尽的责任。他提出，“商董如不称职，可以另行选举”，“商总倘不能胜任，方应由各董联名禀请更换”；关于局务的处理程序，则规定“照买卖常规”，遇有紧要事情，则邀请“在股众人集议，择善而行”等，体现了一种务实作风。这在当时是进步的，在今天也有一定的借鉴意义。在他制定的局规中也明确列出了企业核算的规定：“各分局银钱出入数目，按船逐次清厘，开列细账，连应解银两，一并寄交总局核收，每届三个月结小总，一年汇结大总，造册刊印，分送在股诸人存查；平时在局收付诸账；任凭在股诸人随时到局查阅。”[①]正是股份制和核算制等西方东西，使唐廷枢等原买办人物在洋务运动中发挥了积极的作用。

在文化思想方面，郑观应的《盛世危言》等著作对当时中国思想界有巨大的启迪作用。其影响力到20世纪初期还依然存在。在政治上，19世纪末的戊戌维新和20世纪初的孙中山领导的资产阶级民主革命都有买办人物的参加。在戊戌变法时，天津买办吴懋鼎参与了一些活动。变法失败，险遭不测，逃到英国公使馆，才免于难。康有为逃到香港时，离开警署就成为大买办何东的座上客。[②] 在孙中山的革命活动中，买办的身影也不少。兴中会的成立地点就是在一个买办的家里。1895年广州起义的杨衢云就是新沙逊洋行的买办。辛亥起义中，也有不少买办以自己的方式参加了推翻清政府的斗争。[③] 买办投资近代工业，创办民族资本主义企业的也不在少数。据对第一次世界大战前上海、南通、无锡

① 聂宝璋：《中国近代航运史资料》第一辑（下），上海人民出版社，1983年版，第845页。

② 汪熙：《关于买办和买办制度》，《近代史研究》，1980年第2期。

③ 郝延平：《十九世纪的中国买办》，上海社会科学院出版社，1988年版，第239页。

三个地区,棉纺织、面粉、榨油、金属加工、火柴、缫丝六个行业中规模较大的38家民族资本企业的调查显示,初步查明了出身的企业创办人或投资人共42人。其中是买办和买办商人的有26人。① 上述这些事例表明,辛亥革命前买办对中国社会的积极作用还是相当大的。

在辛亥革命之后,买办阶层中不仅不再有郑观应那样有影响的人物,而且买办为在华帝国主义企业的服务直接压抑了中国民族企业的发展。如英美烟公司通过山东原料地的买办建立了庞大的烟叶收购网,垄断了山东烟叶产量的80%。② 中国民族烟草企业南洋兄弟烟草公司受到极大的排挤。英美烟公司的买办田增联曾说,"南洋兄弟烟草公司从民国10年前后起,约四五年间,曾在益都进行收购,由于英美烟买办网的排挤",以致收购数少,陷于不得不暂时停止的困境。③ 在这一阶段的人民革命中,买办的主要作用是反动的。虞洽卿的活动可为一个典型。至于文化思想方面,由于中国新一代知识分子的成长,买办作为东西方文化接线人的角色也早就不存在了。

第二节　近代出国劳工

近代中国以契约华工为主体的劳工出国,持续不断,规模巨大。华人以契约方式受雇于外国雇主,是中国过去所没有过的一种新的雇佣劳动,为劳务输出的早期形式。然而,在相当长的时期内,契约劳工是西方对华经济掠夺的一个重要组成部分,是可耻的、血淋淋的奴隶贩卖。契约劳工并不是自由的雇佣劳动力。契约劳工输出也不是劳务输出。后期,由于中国政府的干预和对各种犯罪行为的打击,契约劳工才逐步摆脱了血腥的历史,成为契约

① 丛翰香:《关于中国民族资本的原始积累问题》,《历史研究》,1962年第2期。
② 陈真:《中国近代工业史资料》第二辑,上海三联书店,1958年版,第146页。
③ 黄逸峰:《关于旧中国买办阶级的研究》,《历史研究》,1964年第3期。

劳动。处理弊端丛生的契约劳工问题，一直是近代中国政府的重要事务之一。通过对此事务的处理，折射出近代中国政府侨务政策的变化。本节试讨论近代出国劳工的雇佣状况及中国政府对此事务的管理。

一、近代出国劳工的早期雇佣状况

从明代中后期开始，中国人出洋就已经存在了。到了清代，漂洋过海，到外国谋生的人越来越多，主要的输出地是东南沿海一带。据记载，1837 年前后，搭乘帆船去新加坡的华人，“从未少于 6000 或 8000 的数目”。这些华人“只要有人替他们偿付在船上所欠的债务，他们是乐意到各处去的”[①]。华人之所以大量出国，原因是多方面的。

首先是日益加重的人口负担。清代自康熙平定三藩之乱后，长城以南的广大地区在 100 多年的时间里基本上没有过战乱。社会生活安定，人口繁殖很快。东南沿海一带尤其突出。据统计，乾隆年间（1786—1791），福建人口 12646833 人，广东有人口 16175667 人。道光年间（1830—1839），上述两省的人口数分别是 18001800 和 24643100。在 1840 年至 1850 年的 10 年时间更分别达到了 19390000 人和 27048091 人。[②] 人口的急剧增长使人均可耕地面积减少。1821 年广东的人均田地是 1.67 亩，福建的是 0.98 亩。[③] 既有的耕地已养不活巨量的人口。多余人口出国谋生，成为一条出路。

其次是连年的灾荒。据统计，从 1369 年至 1615 年的 246 年间，福建共发生了 29 次旱灾，即每 8.9 年发生一次。广东省在

① 姚贤镐:《中国近代对外贸易史资料(1840—1895)》第一册，中华书局，1962 年版，第 464 页。

② 梁方仲:《中国历代户口、田地、田赋统计》，上海人民出版社，1980 年版，第 262 页。

③ 梁方仲:《中国历代户口、田地、田赋统计》上海人民出版社，1980 年版，第 400 页。

1369年至1596年的227年中发生旱灾8次,即每28.4年发生一次。至于饥荒,福建在1416至1635年的219年中一共发生了20次,即每11年发生一次。广东在1390至1626的236年中总共发生了18次,即每13.4年发生一次。[①] 每当遭遇灾荒,东南沿海人口纷纷出洋谋生。在鸦片战争前,林则徐在关于华民出国情况的奏折中就提到“十余年前,连值荒年,去者曾以千百计”[②]。

鸦片战争后,契约华工的大量出国除了上述两点原因外,主要是由西方资本主义国家从中国掠夺廉价劳动力造成的。19世纪中叶,西方殖民主义者在南洋群岛的开发已全面进行。同时,资本主义经济势力的触角也伸进了世界各地,美国中西部、澳大利亚、南非、中美洲等地的开发方兴未艾,迫切需要大量的劳动力。在过去,西方殖民主义者主要通过黑奴贸易获得廉价劳动力。这种血腥的贸易在19世纪中期,因世界舆论的谴责而终止。为弥补开发殖民地所需劳动力的缺口,西方列强把目光瞄向了中国。

西方列强从中国输出的第一批契约劳工是1845年从厦门出口的。此后,掠贩人口的活动遍及各个通商口岸,成为一股汹涌的恶浪。确定华工出国的契约在早期十分简略。从1852年德记洋行在厦门的一个契约文本就可以略窥一斑。文本内容是[③]:

立约字人厦门××姓名×××,今因与英属国葸而武甲连马呀捞立约,愿往彼国做工,限至5年为满,俟船到国之日算起,或耕种,或牧牛羊,或做作什工,俱各听从东家命令使唤,不敢违逆。其日食及医生调治病症以及住房,均各给予工人;逐月工资同英国之人一体,另扣医生银每年三元,借税银六元,如扣明白,仍旧每月给工资银×元。今先向德记行借出番银六元,言约就逐月辛金扣起一元,如扣明白以外,仍照每月辛金发足。此乃甘愿画押,欲往做

① 陈翰笙:《华工出国史料》第四辑,中华书局,1981年版,第5页。

② 姚贤镐:《中国近代对外贸易史资料(1840—1895)》第一册,中华书局,1962年版,第463页。

③ 《闽南契约文书综录》,《中国社会经济史研究》,1990年增刊,第120页。

工，并非抑勒等情之事，今欲有凭，合立约字一纸为照。

咸丰贰年六月　　日　　　　　　　　　　立约字人

过去华人出国谋生一般是出于本人自愿，也有一些人发财归来，但鸦片战争后大量契约华工出国则是欺骗、绑架、拐卖的结果。外国人口贩子和沿海及内地一些奸民、客头相互勾结，以种种方式拐骗、利诱，甚至胁迫、绑架裹走了大量的沿海居民。岭南苍生合启的《救救猪仔论》中提到了在国内拐骗、绑架华工的各种方式："吾闻拐徒与洋人串通，约有数万，专投人之所好，或诱以妓药，或供以银钱，一入其饵，不拘多寡，如无银还，即拘而赴诸海外。或潜诸四方，黑暗中于僻静码头，如粤省怡口街闸外之处，声呼过海而成载被擒。售于洋船。或灯后往来之人，竟被布袋套住，拉牵而去者，不知几许。"[①]被拐骗、绑架的居民在被运往国外之前，均被关押在招工馆里，其情景极为悲惨："数百名苦力被集中在奴隶收容所中，他们被剥去衣服，赤身裸体，并且在他们的胸部打上或涂上C（古巴）、P（秘鲁）或S（塞尔维亚群岛）的字样"，"里面肮脏不堪，每间120×24尺，只有卧身之地"[②]。在招工所，被劫掠来的居民被强迫签订"自愿"出洋的契约。如果有人敢拒绝在招工合同上画押盖印，轻的是"用绳子从腰上或脚指头上吊起来"，重的"脖子上挨一刀"[③]。

契约华工在被送往目的地的途中，受到的折磨更大。当时各国的航运都规定船舶的吨位与载人数量的比例和旅客的粮水供应量，但西方船主为多装华工，牟取暴利，粮水供应量控制在最低限度，他们是"世界上从来未有的最无情的暴徒"[④]。华工经常遭到

① 庄国土：《中国封建政府的华侨政策》，厦门大学出版社，1989年版，第128页。

② 姚贤镐：《中国近代对外贸易史资料（1840—1895）》第一册，中华书局，1962年版，第466页。

③ 汪敬虞：《唐廷枢研究》，中国社会科学出版社，1983年版，第43页。

④ 姚贤镐：《中国近代对外贸易史资料（1840—1895）》第一册，中华书局，1962年版，第895页。

船主和水手的肆意鞭打枪击。因此,华工在运输途中大量死亡。1850 年,在开往喀拉欧的两艘船上共有 740 名苦力,有 247 人在航程中死亡,占全数的 33%。1852 年一艘开往巴拿马的船上有 300 名苦力,其中有 72 人死亡,占 24%。在 1848 年到 1857 年的 10 年中,从香港到古巴的苦力有 23928 名,其中约有 3342 人在航程中死亡,一般死亡率为 14%。[①] 运载华工的船只确确实实是“浮动的地狱”。

契约华工在西方雇主那里受到的苦难也是罄竹难书。雇主为了从华工身上榨取尽可能多的财富,雇有总管、工头、监工等督促工作。庄园或厂矿设有各色刑具,对华工的任何反抗进行血腥镇压。各国的华工管理条例一般都赋予了雇主惩罚工人的权利,其司法机构在保护契约尊严的原则下,主张契约工必须严格履行他们的义务。实际上,契约关系可以不经华工本人同意,在雇主之间任意转卖。[②] 雇主对华工的虐待令人发指。据到古巴调查华工情况的陈兰彬说:“其工夫过重,其饮食过薄,其作工时刻过多,其被棍撞、鞭拷、锁闸等诸般荼毒又最多。递年各地打死、伤死、缢死、服毒死、投水死、投糖锅死者,叠叠不绝。现时折手、坏脚、瞎目、烂头、落牙、缺耳、皮开肉裂请求验伤者亦复不少,凌虐实迹人所共见。”[③]受此种种虐待,华工死亡枕藉。据估计,1800 至 1925 年间出国的契约华工总数有 300 万人,其中有 100 万人牺牲了生命,另有 30 万人致残,两项合计约有 130 万人。[④]

鸦片战争前,清政府是严禁人口出国的。《大清律例》第 225 条规定:“一切官员及军人等,如有私自出海经商者,或移住外洋海

① 姚贤镐:《中国近代对外贸易史资料(1840—1895)》第一册,中华书局,1962 年版,第 478 页。

② 陈翰笙:《华工出国史料》第四辑,中华书局,1981 年版,第 155 页。

③ 陈翰笙:《华工出国史料》第四辑,中华书局,1981 年版,第 156 页。

④ 陈翰笙:《华工出国史料》第四辑,中华书局,1981 年版,第 172 页。

岛等，应照交通反叛律处斩立决。”[①]鸦片战争后，西方掠贩华人出洋还属于非法行为。因此，清朝有些地方官员也对掠贩人口活动进行有限的打击。如1859年，上海因洋人掠贩人口引起民众的反抗斗争。上海道官员利用这个机会，迫使法国领事追回运载华工的船只，救出被拐卖的华工150多人。但是，清中央政府对流往海外的华人状况漠不关心，采取“人已出洋，已非我民，我亦不管”[②]的听之任之的态度。因此，某些地方官员的这种行动并不能阻止外国人口贩子的活为。即使这样，西方列强也不能容忍，竭力要扫除一切障碍，处心积虑地要取得招雇华工的合法权利。结果，英、法等西方列强利用第二次鸦片战争之机，实现了这一愿望。1860年在《中英北京续增条约》中规定：“凡有华民情甘出口，或在英国所属各处，或在外洋别地承工，俱准与英民立约为凭，无论单身或携带家属，一并赴通商各口，下英国船只，毫无禁阻。”此后，契约华工出国人数迅速上升。据估计，截至1850年，出国的契约华工有32万人，而截止到1875年时达到了128万人[③]。

二、晚清政府对出国劳工事务的干预

虽然华工出国在1860年就合法化了，但是东南沿海掠贩人口的问题并没有因此而立即解决；相反，问题变得更加严重了。不仅一般民众被拐卖绑架，甚至一些有功名的乡绅也遭毒手。许多地区人心惶惶，甚至省城广州附近的乡村也“行人为之裹足，民情恐惧异常”[④]，社会正常秩序受到严重影响。同时，清朝当权者在对外接触中逐渐具备了一些近代外交知识，认识到保护出国华工的重要性。如恭亲王奕訢认为“如坐视华工受虐，而不设法拯救，不独无以对中国被虐人民，且令各国见之，亦将谓中国漠民命，未免

① 陈翰笙：《华工出国史料》第一辑第一册，中华书局，1981年版，第1页。

② 陈翰笙：《华工出国史料》第一辑第一册，《序言》，第11页。

③ 陈翰笙：《华工出国史料》第四辑，中华书局，1981年版，第169页。

④ 姚贤镐：《中国近代对外贸易史资料（1840—1895）》第一册，中华书局，1962年版，第469页。

启其轻视之心”[1]。由此,清政府开始改变那种听之任之的态度,着手进行保护海外华工的工作。虽然清廷当权人物已认识到保护华工的必要,但是由于当时清政府还没有在各国派驻外交人员,因而它在保护华工的手段上并没有多少选择余地。严厉惩治国内拐匪和与列强议定招工章程,是其唯一能使用的两个方法。

咸丰末年同治初年,东南地方督抚纷纷就严厉打击拐卖人口行为上奏朝廷,提出建议。1866 年,清廷发布上谕,接受各地督抚的建议,严厉惩治拐卖人口行为,规定“为首斩决,为从绞决”,试图以“即行正法”之严令“以挽颓风”[2]。在清廷上谕颁布后,各地地方政府在惩治拐匪问题上采取了积极措施。如 1868 年,福建泉州地方官府发布告示,一方面提醒民人加倍提防,另一方面明定了对拐匪“获案之日,讯实钉架处死,房屋入官。父兄邻佑知而不首,照妖术一体连坐。练总获送者,每名赏银二十两。通风报信,减半优奖”[3]。由于各地官府的努力,惩治拐贩很见成效,受到惩处的拐贩人数直线上升。两广总督在报告中说,从 1866 年到 1869 年 6 月,共处决人犯 56 名。三个月后,处决人犯 131 名,又三个月后,处决人犯 106 名。经过严厉打击,东南沿海拐骗之风得到有效遏制。1875 年,因诱拐案日渐减少,清政府接受了广东巡抚张兆栋的建议,改对拐贩“先行正法”为“循定例”[4]办理。

至于严订出国章程,按照 1860 年的条约规定,清朝地方督抚要会同当地外国领事馆共同办理此一事项。但是,各地在办理招工事宜时,办法不一。因而,发生与外国人的冲突就在所难免。如同治三年,法国拟在江西招工出洋之时,江西巡抚沈葆桢就拒绝由地方官出面设局办理各事。因而引起与法国领事的外交交涉。为改变这种状况,就在江西招工事件后,清中央政府着手与有约各国

① 庄国土:《中国封建政府的华侨政策》,厦门大学出版社,1989 年版,第 203 页。
② 陈翰笙:《华工出国史料》第一辑第一册,中华书局,1981 年版,第 55 页。
③ 陈翰笙:《华工出国史料》第一辑第一册,中华书局,1981 年版,第 219 页。
④ 陈翰笙:《华工出国史料》第一辑第一册,中华书局,1981 年版,第 99 页。

谈判招工章程，以便各通商口岸在办理招工事宜时有统一的依据。总税务司赫德奉总理衙门之命，与两广总督和广东巡抚共同草拟招工章程。赫德指出，契约华工所受苦难一个是在未出国之先，一个是在出国之后，要保护华工必须从这两方面入手。前者有四点比较重要：一应由地方官查明华工与外国人所立之约，内中各节，该工人是否全行明白。此约应明定前往何处，行海日期，并做工年限，工价，工人遇病如何处理，作何工役，每日做工时间，契约未满须提前返回的处理办法，先行借贷钱物的归还办法等项内容；二应确保华工是情甘自愿出口；三是由地方官查明装载华工之船，是否坚固合适；四是出口之时，应由地方官查明船上有无未立合同之人。对于后者，值得注意的是：一是华工在目的地应如当地居民一体对待，毋得歧异；二是合同之外，“不要勉强令其倍力作役”；三是工人有病，应准休息并请医调治；四是明定不准主人预先借给银两，以工人按身抵押；五是确保工人可以回到中国。①

经过清廷中央与地方官员的讨论，总理衙门提出了有 18 个条款的招工章程，与英法进行交涉。经往返磋商，最后在 1866 年清政府与英法两国公使签订了新招工章程 22 条。新章程详细规定了华工出洋的手续和保护措施，第八款要求华工的契约内必须载明：“指定何国、何处承工、年限多寡；限满回国，计其人口，约保水脚路费若干；在彼作工预定日期，时刻；在彼承工，应受衣物工食，并各等利益；遇有疾病，医治医药，不用该人工值；只身出洋，或有眷口留在中华，意欲按年计月，拨给养家之费，应扣若干；所有今定章程第八、九、十以及十四、二十二等款，尽须开列。”除上述各款以外，“不准更加形似工人容免全行之条，倘有擅加，理应置勿庸议”。章程规定，工人承工年限“不准逾于五年”，承工工作日期、时刻，“定准七日之内，必得休息一日。一日之内作工，不过四时六刻（即外国九点钟零二刻也）”；“华工或在船上之时，或至彼处之

① 陈翰笙：《华工出国史料》第一辑第一册，中华书局，1981 年版，第 120 页。

后,曾借银钱等物,约明期满后作工抵还,一并严禁。如至期满将欲回国之时,或有债主申诉,借此情节为扣留华工,亦必不准因此拦阻”①。清政府在签订招工章程时还声明,中国政府对于自由移民,概不禁阻;但是,对不遵守章程规定者,加以惩处;对于违背其人志愿,诱骗或暴力绑架中国民人,送往外国者,处以死刑;招工必须在通商口岸设立招工所,由当地领事和中国当局联合监督。非通商口岸禁止招工。②

清政府所确定的华工出国原则是在政府监督下进行。其所订各项条款对华工保护措施,是比较严密的。但是英法两国政府拒不批准。1868 年 7 月 17 日和 9 月 21 日,英法政府先后通知中国,要求按旧章在广东招工,遭到中国政府的拒绝。连英国公使阿礼国也不得不承认,“这件事道义上的理由在中国人手里,因为拒绝批准该条约的公开理由是两个外国政府坚持要按减轻本国雇主负担的条件,取得中国苦力”。结果,中国清政府单方面宣布,外国在华招工要按新章程行事。③ 由于中外双方对招工的异议,西方殖民主义者均不按新招工章程办理,拐骗掳掠时有发生。清政府加大了对拐骗行为的打击力度,对发现的违法行为也能严厉追究。如对西班牙人啤利哦在厦门拐骗苦力事件的处理,清政府是尽了力的。由于清政府的努力,国内招工之事虽不时有违法之事,但 22 条章程的影响是存在的。如 1870 年广东流传的一种承工合同中所列条款,大都与 22 条章程的规定相符。④

招工章程的 22 条款是比较周密的,但是它有一个致命的弱点。英属西印度群岛招工理事官三顺当时就指出:“对于合同条款

① 陈翰笙:《华工出国史料》第一辑第一册,中华书局,1981 年版,第 156—161 页。

② 陈翰笙:《华工出国史料》第四辑,中华书局,1981 年版,第 12 页。

③ 陈翰笙:《华工出国史料》第四辑,中华书局,1981 年版,第 225 页。

④ 陈翰笙:《华工出国史料》第一辑第一册,中华书局,1981 年版,第 223—224 页。

的忠实履行与否我们有什么保证?《续定通商各口招工章程条约》把责任完全放在招工代理人身上,这是决无用处的……这意味着签订这条约的人们自己没有把握能否使华工前往的外国政府负担这项责任"[1]。由于清政府没有驻外使领对华工契约的履行进行监督,海外华工因雇主违反契约而遭受苦难的消息不断传来。特别是中国派人对古巴和秘鲁华工状况进行调查后,设领护侨之事提上了清廷的议事日程。

最先提出设领护侨建议的清朝地方大员是1866年任广东巡抚的蒋益澧。[2] 古巴、秘鲁华工报告公布后,清廷上下的讨论更多了。李鸿章提出:"今若于秘鲁、古巴各岛分别遣使设官,拯其危急,从此海外华民皆知朝廷于绝岛穷荒,尚不忍一夫失所,忠义之心不禁油然而动,有裨大局,诚非浅鲜。"[3]海外华人也对清政府设领护侨一事作出积极反映。郭嵩焘指出:"各处民商,闻有遣派公使之信,延首跂望,盼得一领事与维持揆揆民情,实所心愿。"[4]在海内外的一致努力下,从1877年清廷派出第一个驻英公使起,清政府逐步在有关国家设立领事,保护侨民。1879年清政府首任驻古巴总领事刘亮源到任。刘在任内尽力办事。到任之初,就与古巴当局订立优待华人章程5条。被拘于官工所的华工也经交涉得到解放。陈兰彬于1880年两次到古巴,华工有契约已满而不得自由者,经陈的交涉,也得恢复自由。[5] 除古巴以外,东南亚等其他各地的驻外使领馆外交人员也为保护侨工进行了积极努力。由于国内外的共同努力,严重的华工问题逐渐从漫无限制转到了在政府的监督之下进行。如1901年法国商人魏池为马达加斯加在福州招工,就是由福建洋务局与法国领事及法商共同议定华工契约

① 陈翰笙:《华工出国史料》第一辑第一册,中华书局,1981年版,第199页。
② 庄国土:《中国封建政府的华侨政策》,中华书局,1981年版,第139页。
③ 《请遣使赴秘鲁片》,《李文忠公全集·奏稿》卷25。
④ 庄国土:《中国封建政府的华侨政策》,厦门大学出版社,1989年版,第143页。
⑤ 庄国土:《中国封建政府的华侨政策》,厦门大学出版社,1989年版,第212页。

的条款。契约明确规定华工到马达加斯加是“作官工,不得派充别用并由地方官准行”,其他有关华工工作时间,休息时间,报酬及华工回国等内容都在契约中明确规定。章程并明定中国驻法公使可以“随时派员前往考察华工章程”[①]。继法国之后,英国在1904年也通过与清政府协定华工契约的方式为南非矿业招雇了数万名劳工。由于政府的监督,华工契约的保护条款日渐完备。华工出国佣工才成为一个自由的契约劳动。而清政府在处理华工问题中,其侨务政策的变化体现了向近代政府转化的趋向。

三、民国政府保护出国劳工的法制措施

民国建立后,历届政府均对契约华工问题给予了关注。民国是一个资产阶级政权。其侨务政策与清政府并不一样。在总结晚清保护契约华工经验的基础上,民国政府不仅建立了专门的处理华工事务的机构,而且颁布了一系列法律法规,把对契约华工出国的管理纳入了法制化的轨道。此为民国时期侨工管理的最大特色。

中华民国南京临时政府建立后,孙中山就十分关注保护华工和海外华侨的问题。1912年3月19日,孙中山致电广东都督,指出“禁止猪仔出口,尤为刻不容缓之事”,要求广州“严行禁止”猪仔贩卖活动。[②] 孙中山是以资产阶级民主平等思想为基点,来处理禁绝贩卖猪仔及保护华侨问题的。他在致外交部的指示中强调:“今民国人民同享自由幸福,何忍侨民向隅?”要求外交部本“博爱平等之义,实力推行”禁止猪仔一事,“以尊重人权,保全国体”[③]。在辛亥革命期间,有关地方政府也在保护侨民方面做了一些工作。如1912年1月,福建都督府应闽侨所请,将保商局和华侨招待所合并设立了福建暨南局。这是民国第一个省级侨务机构。它非但对福建侨务事业的发展起了重要的推动作用,同时也

① 《中外旧约章汇编》第二册,上海三联书店,1959年版,第15—18页。

② 《中华民国史档案资料汇编》第二辑,江苏人民出版社,1981年版,第36页。

③ 《中华民国史档案资料汇编》第二辑,江苏人民出版社,1981年版,第36页。

为我国中央侨务机构的设立提供了经验和准备了条件。[①]

由于南京临时政府存在时间短暂，孙中山的主张并没有来得及实施。北洋政府统治确立后，在1912年8月颁布的《中华民国国会组织法》中规定，华侨得选参议员6名[②]，从而确立了华侨的参政权，提高了华侨的政治地位。1912年11月，北洋政府又颁布了《国籍法》，采取血统主义兼属地主义原则，规定了中华民国国籍，为中国政府驻外机构保护侨民利益，提供了法律依据。

第一次世界大战爆发后，西方国家为弥补因战事而致的工农业生产劳动力紧缺问题，重又来中国寻求劳动力。此次西方的劳动力需求比较集中，人数也比较多。为管理招工事务，北洋政府加强了监督。1916年5月，中国商人组成的惠民公司为法国招募劳工。此次招工因战事关系华工契约有些特殊条款规定，即第一条，此项工人不干预战事；第十四条，如中国官府视为需要可派一外交官员前往法国驻扎，视察在法国或摩洛哥及亚劳智理做工人情形；第十五条，工人在法国时期当享有法国法律对于一切国民所保证之自由权，雇主应注视中国工人不致受其他工人种种设法之恶待。[③] 北洋政府对此事很重视。在惠民公司的申请递到北洋政府外交部后，外交部就法国雇主能否确保契约条款的实施问题，照会法国公使。同月，法国驻华公使就此问题，对中国外交部提供了保证。[④] 此后，北洋政府才批准了惠民公司的申请。随后，惠民公司派人在河北、山东、湖南、广东等处招募华工，定额两千名。岂知以工资较厚，又不赴前线，应募者竟超过定额十倍。在北洋政府参加协约国，对德宣战后，按参战条件规定，中国要为协约国提供从事战勤服务的劳工。为进行这一工作，北洋政府设立了国务院侨工事务局，专门负责组织、监督、保护出国侨工事务。这是中国中央

① 蒋顺兴、杜裕根：《论北洋政府的侨务政策》，《民国档案》1993年第4期。

② 《政府公报》第4册，文海出版社印行，第53页。

③ 陈翰笙：《华工出国史料》第一辑第四册，中华书局，1981年版，第1814页。

④ 陈翰笙：《华工出国史料》第一辑第一册，中华书局，1981年版，第1815页。

政府设立的第一个专门保护华工的机构。侨工事务局亲自监理的招工是第一次由中国政府出面组织的劳工输出。由于中国是参战国,而且中国劳工从事的是战勤服务,因此,原来华工契约中的不干预战事规定已被突破。政府组织的劳工输出也与以前私人的经营完全不同。为适应各国大规模招募华工的事务,经国务总理批准,侨工局在直隶、江苏、厦门、济南、安徽、湖南、浙江、海远、河南、广东等地设置了分局,在汉口、福州、哈尔滨、新疆、烟台等地设立侨工事务经理员,具体招待监督招工的任务。

一战期间,除了北洋政府组织的劳工输出外,民间招募工人出国也很活跃。为统一管理募工工作。北洋政府在 1918 年 4 月 21 日公布了《侨工出洋条例》和《募工承揽人取缔规则》。按照政府规定,无论是政府选送,还是由募工承揽人招募或直接应募者,必须在 20 岁以上 40 岁以下,身体健康,无传染病,品行端正未曾犯罪有案,侨工合同均应依侨工合同纲要的规定,经侨工局核准;任何工人出洋时必须执有侨工事务局签发的护照。① 《募工承揽人取缔规则》共有 20 条,详细规定了成为募工承揽人的条件,及对违反规则者的惩处办法。这两个法规保证了大战时期契约华工出国的有序进行。作为北洋政府管理侨工出国的总机关,侨工局在其存在的四年间也为侨工做了不少有益的工作,得到海外华侨的好评。一战后,侨工局改为侨务局。根据《侨务局组织条例》,侨务局"直隶于国务总理,掌握本国在外侨民移殖保育一切事务"②。侨务局的工作由于政局动荡的影响,鲜有成绩。张作霖执掌北京中央政府后也公开承认:"比年国家多故,于国外保惠诸政,尚多阙如,遂致颠连时见,呼吁无门,保障莫施,殊堪太息。"③

国民政府从广东时期开始,就对保护侨工及海外侨民的工作

---

① 陈翰笙:《华工出国史料》第一辑第一册,中华书局,1981 年版,第 1815—1816 页。

② 蒋顺兴、杜裕根:《论北洋政府的侨务政策》,《民国档案》,1993 年第 4 期。

③ 蒋顺兴、杜裕根:《论北洋政府的侨务政策》,《民国档案》1993 年第 4 期。

比较重视。国民党“二大”议决设立侨务委员会。至同年 8 月，《侨务委员会组织条例》公布，规定该会专管海外华侨事务，由广东国民政府任用委员 5 人组成。后由于国民政府北迁，该会并入广东民政厅。武汉国民政府时，在外交部下设侨务局，处理华侨事务。宁汉合流后，南京国民政府于 1928 年 2 月恢复设立侨务委员会，直属于国民政府，同年 10 月又改隶行政院。根据《侨务委员会组织法》规定，该会设委员长、副委员长各 1 人，委员若干人，均由国民政府任命，负责处理华侨事务。[①] 侨务委员会的设立，使得侨务工作有了一个统一的领导机构，有利于各项工作的开展。20 世纪 20 年代末 30 年代初，世界经济危机爆发后，海外华工纷纷回国。侨务委员会在救济、安置回国华工等方面做了有益工作。在经济危机过后，20 世纪 30 年代中期，华工再起出国浪潮。为使华工出国有序化，并保护侨工利益。国民政府在 1935 年 10 月 21 日颁布了《工人出国条例》。次年 11 月 6 日，侨务委员会制定了《出国工人雇佣契约纲要》和《募工承揽人取缔规则》。

《工人出国条例》有 9 条，确定了侨务委员会在管理工人出国方面的主导地位，并对工人出国的种类、条件、手续等作了规定。[②]《出国工人雇佣契约纲要》有 14 条。它规定任何人出国佣工必须签订雇佣契约，并到侨务委员会和当地使领馆备案。雇用契约内容必须包括雇主姓名及工厂或公司名称，工作所在地，雇用期限，工资，工作日长短，休假日，出入国旅费的负担，食宿供给，工作保险，在居留地税费由雇主支付，伤残抚恤，雇主解聘补偿等；关于中国政府的监督，《纲要》规定，工人伤害、死亡及离职情况，雇主必须随时登记报告所在地中国使领馆；发生雇用纠纷必请所在地中国使领馆调解；中国政府派员到佣工地视察时，雇主须开诚接纳，明白答复。《纲要》还特别规定，雇主待遇佣工应与当地工人平

① 谢振民：《中华民国立法史》（上），中国政法大学出版社，2000 年版，第 387 页。

② 《中华民国法规大全》第三册，商务印书馆，1936 年版，第 3454 页。

等;国际间优待工人办法应一律同等享受,不得歧视。[1]《募工承揽人取缔规则》有15条,详细规定了成为承揽人的各项条件。为防止雇主及招工人的欺诈,国民政府在有关法律中作了明确规定。《出国工人雇佣契约纲要》要求,签订契约的雇主必须出具店铺保证。雇佣契约也要由该地侨务局或地方政府或工会签字见证。《募工承揽人取缔规则》规定承揽人应向指定的银行交纳保证金,以对其任何违法行为进行有效的牵制。[2]

国民政府制定的各项法规,从法律条文上讲,对契约华工的利益保护,是比较周全的。其关于工作保险,解雇补偿等的有关规定反映了保护契约华工的新内容,体现出一种时代的进步。但是也必须指出,由于国力的软弱,虽然国民政府制定了较好的法规,但并不能取得好的保护华工效果。在国民党统治时期,海外华侨及华工受迫害之事层出不穷,而国民政府无能为力,就是一个明证。

第三节　产业工人

近代中国产业工人的总数不多,但由于他们的分布非常集中,具有很强的团结力。因而,从社会影响力来说,产业工人的雇佣关系是近代最重要的雇佣关系。近代产业工人大致分为企业直接雇佣的工人和非企业直接雇佣的工人两类。有的把前者称作里工,把后者称作外工。里外工的雇佣关系状况并非一致。本节讨论里工的雇佣关系状况,而把外工的雇佣关系状况放在特殊的雇佣关系一节中加以研究。

一、中国产业工人的来源及雇佣

近代中国产业工人产生于晚清。随着近代工业的发展,企业雇佣劳动者人数不断增多,据不完全统计,在1910年已经达到24

① 实业部劳工司:《劳工法规汇编》,中山公记印书馆,1937年,第174—176页。

② 实业部劳工司:《劳工法规汇编》,中山公记印书馆,1937年版,第179页。

万多人。[1] 这些雇佣劳动者的来源多种多样。马克思主义经典作家认为，资本主义生产产生的基本条件直接来源于商品市场的两极分化。这种两极分化的过程“一方面使社会的生活资料和生产资料转化为资本，另一方面使直接生产者转化为雇佣工人”[2]。由此，一般的普遍看法认为，中国早期工人的来源是贫困破产的农民和手工业者。

从历史资料来看，中国早期无产阶级产生的情况表明，这种小商品生产的两极分化并不突出。在掌握生产资料，投资于近代工业的资本家中，从小商品生产中积累财富的人微乎其微。近代工业的雇佣劳动者也不是来源于在手工业生产竞争中破产的手工业者，而是旧有手工业者直接转化的。占近代工业劳动者多数的农民也主要是农村的多余劳动力。这些多余劳动力的家庭一般也不是没有任何生产资料的破产者。

首先，近代工业企业的主要生产工具是机器。操纵机器，除少数华侨和华工以外，对大多数中国工人来说是陌生的。在中国近代工业化的初期，工业机器的操纵、安装、修理等工作主要是外国人承担的。晚清工业企业中雇佣了相当数量的外国工人，不仅清政府的官营工业企业中有外国工人，中国民营企业中也有不少外国工人。例如，福州船政局创办之初，就雇佣了约 50 名外国人。[3] 英国领事在 1872 年的商务报告中说，江南制造局“雇佣着不少的外国技师”[4]。上海机器织布局雇佣着“外国技师二人，日本技师

① 汪敬虞：《中国近代工业史资料（1895—1914）》第二辑（下），科学出版社，1957 年版，第 1183 页。

② 《马克思恩格斯全集》第 23 卷，人民出版社，1972 年版，第 782 页。

③ 孙毓棠：《中国近代工业史资料（1840—1895）》第一辑（下），科学出版社，1957 年版，第 1186 页。

④ 孙毓棠：《中国近代工业史资料（1840—1895）》第一辑（下），科学出版社，1957 年版，第 1183 页。

十人”①。

其次,在清政府的官营近代企业中有相当一部分工人是集体转业的军队士兵。这些集体转制的士兵开始可能保持着军人的身份,但最终转化为企业雇佣劳动者,是必然的。有材料显示,1884年前后,江南制造局里“制造工人,各营弁兵,湘人甚众”②。

第三,一般工人中也并非全是破产的农民和手工业者。中国最早的近代工业——外资船厂的工人,就并非来源于破产的农民和手工业者。外资船厂机器部中的“红铜工”是比较重要的工种之一。它与我国原有的铜锡器店的铜匠相同。外国人最初找不到机器工人时,大部分“红铜工”活计委由中国铜锡器店的铜匠修配。外商船厂设立后,这些铜锡器店的老师傅及学徒很多转到外商船厂为“红铜工”,成为早期的有技术的优秀的机器工人。③ 大致讲,外商船厂中机器工人的来源,在1895年以前,一般是通过招收学徒,经过若干年训练,再逐步成为机器工人;1895年以后,上海民族机器厂每年满师学徒人数增加,陆续通过领班关系到外商船厂中做机器工人。④ 这些学徒也主要是家庭的剩余劳动力。据访问英商祥生船厂的老工人,其祖辈都是贫农,“在宁波乡下种田,但种的田太少,无法维持生活”,因而经人介绍进厂当学徒。⑤ 除外商工厂外,中国工厂的工人也有很多是由学徒转化来的。如江南制造局创办时,有一批孤儿院的孤儿进局当学徒。后来江南制造局的工人有不少是学徒逐年递升的。⑥ 又据《中国的大门》记载,上海纱厂的工人“有些是来自近郊农村中的,而且环境很舒适。

① 孙毓棠:《中国近代工业史资料(1840—1895)》第一辑(下),科学出版社,1957年版,第1197页。

② 张国辉:《洋务运动与中国近代企业》,中国社会科学出版社,1979年版,第71页。

③ 王新:《上海民族机器工业》,中华书局,1981年版,第53页。

④ 王新:《上海民族机器工业》,中华书局,1981年版,第56页。

⑤ 王新:《上海民族机器工业》,中华书局,1981年版,第52页。

⑥ 王新:《上海民族机器工业》,中华书局,1981年版,第68页。

一个家庭的一两个成员可能在纱厂里作工，却不是那样必要地希望他们能够对家庭收入微有帮助”①。这种状况到20世纪20年代也没有多大变化。《新青年》的调查显示，上海纱厂工人主要来自当地乡民。这些人有“田地房屋”②。20世纪30年代的调查发现，上海附近“有土地的家庭，喜将土地出租，或者租出一部分于他人，以便剩出余时，自由从事于都市职业”③。这些农民有相当数量成为工厂工人。50年代土改时的调查材料显示，苏南小土地出租户中的18.42%是工人。④ 不仅工厂工人如此，矿业工人也是这样。奉天东边矿务章程就规定：“开矿夫匠人等，专用本地有家业之人”⑤。

第四，早期工业企业普遍地在企业所在地招募工人。如湖北织布总局“纺织工徒需用二三千人，皆用湖北本地之人”⑥。上海机器织布局“大小女工，多自上海周围二三百里之远”⑦。这些工人有的是因为建筑工厂征用了他们的土地而进厂当工人。如江南制造局在高昌庙圈地，土地被征用的农民转入局中当工人。⑧ 荣家企业在无锡建立的企业也有这样的工人。⑨ 有的是利用农闲时

---

① 汪敬虞：《中国近代工业史资料(1895—1914)》第二辑(下)，科学出版社，1957年版，第1205页。

② 李次山：《上海劳动状况》，《新青年》第7卷第6号，1920年5月1日。

③ 《工业化对于农村生活之影响——上海杨树浦附近四村五十农家之调查》，《社会半月刊》第1卷第5期，转引自马俊亚：《混合与发展》，社会科学文献出版社，2003年版，第100页。

④ 中共苏南区委农村工作委员会：《苏南土地改革文献》，第505页。

⑤ 汪敬虞：《中国近代工业史资料(1895—1914)》第二辑(下)，科学出版社，1957年版，第1220页。

⑥ 孙毓棠：《中国近代工业史资料(1840—1895)》第一辑(下)，科学出版社，1957年版，第1189页。

⑦ 孙毓棠：《中国近代工业史资料(1840—1895)》第一辑(下)，科学出版社，1957年版，第1196页。

⑧ 王新：《上海民族机器工业》，中华书局，1981年版，第68页。

⑨ 《荣家企业史料》(上)，上海人民出版社，1962年版，第119页。

节当工人,挣外快,贴补家用。如台湾基隆煤矿"自年初至七月,煤矿雇佣的工人渐多",但七月至九月,矿工人数大减。"嗣后,工人们又放弃了他们暑天打鱼的生计而回来"[①]。南通大生纱厂工人均来自附近农村。农民农忙时在农田工作,农闲时在工厂做工,是一个普遍现象。据对214名大生纱厂工人的调查显示,曾参加农业或家庭手工纺织劳动的共92人,占总人数的42.99%,其中种过田的有78人,占92人的84.78%[②]。正因为大生纱厂工人多数不离开土地,所以大生纱厂工人在工资极低的情况下能够维持生存。

企业工人的来源不同,招募的方式也多种多样。晚清近代工业企业工人可分为外国技术工人、本国技术工人和本国非技术人员三类。他们的招募方法各异,外国技术工人的招募有的是经人推荐而被雇佣的;有的是委托海关(后来是驻外机构)招募的,如沈葆桢1875年在台湾开办煤矿时,就通过总税务司赫德雇佣英国矿师翟萨到台湾选择矿址,后又派此人到英国选购机器雇佣矿师和工匠。[③] 1888年,张之洞连续致电驻英出使大臣刘瑞芬,请其带为雇佣洋匠。[④] 另外,还有相当部分是通过毛遂自荐的方式而被雇佣的。如上海机器织布局要招聘引擎师的消息传出后,一个叫巴保的外国工人就自荐上门。湖北开采煤铁总局开办之时,就有一英国人马立师来局自荐为矿师。外国技术工人主动上门,解决了中国企业的燃眉之急。但是,由于对所雇洋人情况的不了解,通过自荐而被雇佣的外国工匠往往名不副实。如前述英国人马立师自称承办开矿机器事务20多年,是一个有丰富经验之人,实际上,

---

① 孙毓棠:《中国近代工业史资料(1840—1895)》第一辑(下),科学出版社,1957年版,第1190页。

② 穆烜、严学熙:《大生纱厂工人生活的调查》,江苏人民出版社,1994年版,第201页。

③ 张国辉:《洋务运动与中国近代企业》,中国社会科学出版社,1979年版,第190页。

④ 张国辉:《洋务运动与中国近代企业》,中国社会科学出版社,1979年版,第282页。

他"不谙地学、化学,遂致旷时靡费"[①]。中国企业受了不小的损失。有此经历,外国技术工人的招聘就比较慎重,委托专人办理,所聘雇员往往附有各种资格证明文件。[②]

无论哪种形式招募的外国技术工人,都签订有雇佣契约,规定主雇双方的权利义务、雇佣期限、解雇办法等。这样的合同散见于各种历史资料,现举华盛总厂哈顿洋匠合同为例,加以说明。合同全文如下[③]:

督办华盛机器纺织总厂盛道台今与美国人哈顿订立合同,彼此允照后列条款办理:

一、华盛纺织总厂准延哈顿充当纺纱厂洋师,订立合同,其应办之事自安置机器并纺纱一切事务均归经理。二、哈顿应悉遵照此次盛道台所立合同办事,所有旧局合同概与本总厂无涉。三、此合同于签字之日起,订定一年为期,期内哈顿须竭力尽职,始终如一,不得稍有推诿,厂内寻常之事,哈顿应与洋总管丹科同本厂总办和衷妥商。经理,遇有紧要事件,须由丹科、本厂总办请示督办批准后方可照行。四、厂内各事,哈顿务须悉心筹划,应纺之纱须看市面情形合宜销售,即行竭力教导工人照纺,以期利益。五、哈顿于此合同签字之日起,照西历按月给薪水规银一百三十五两,另外给房租银二十五两,俟总厂将该洋师住房造成,即将房租二十五两停给。六、哈顿在合同期内,督办另设分厂,如派哈顿兼理,哈顿亦须兼顾,不另给薪水。此外,不得另兼他事,倘办事不肯认真,由督办察看实在情形,即可随时将此合同废销。七、哈顿倘遇疾病,延请名医诊治,若病势十分沉重,致有性命之虞,即将医生字据验看,如果确实,此合同可以废销。八、此合同分缮两纸,各执一纸

① 陈旭麓:《湖北开采煤铁总局/荆门矿务局》,上海人民出版社,1981 年版,第 144 页。

② 陈旭麓:《湖北开采煤铁总局/荆门矿务局》,上海人民出版社,1981 年版,第 163—164 页。

③ 《上海机器织布局》,上海人民出版社,1981 年版,第 280 页。

为凭。

光绪二十年三月廿六日，即西历一千八百九十四年五月一号。

督办华盛机器事宜头品顶戴直隶津海关道盛。

美国人哈顿。

这样的合同如中国传统契约一样也有见证人共同签字。这些人有的是开业的西方律师，有的是当地外国驻华使领馆官员。雇佣外国技术工人的合同内容大致如上述例子所举。就具体情况而言，各种内容的规定详略并不一致，有些规定体现了涉外雇佣契约的特点。如湖北开采煤铁总局与矿匠派克的合同中规定了来华旅费及养家费用问题的办法："该匠董由伦敦赴上海所需船价，应由中国买二等舱客票付给。至沿途杂费及由伦敦至上海期内约得薪水之数，共给英镑五十一磅"；"该匠董三年工满，若欲回国，应将回国川资发给。三年期内若因患病必须回国，其回国川资亦应发给。以上所言川资，均按二等舱客之价核发"；"招募期内中国驻英委员会等应于每月底付给该匠董之妻英银九磅"。这些条款所订待遇相当优厚。这在初期雇佣外国技术工人时是一种普遍现象。此外，有些条款表现了注重工作实绩和主雇双方平等的原则。在上述同件合同中，技术工人薪水支付数量，在合同期的各年内是不一样的：招募期内，该匠董薪水，"第一年应给薪水关平银一千二十两；第二年应给薪水关平银一千八十两；第三年应给薪水关平银一千一百六十四两"。薪水一年比一年高就是要求工人工作一年比一年好。同时，初期工资定低一点，带有试用的性质。在解雇问题上，雇主可以随时将合同废销，"惟须于三个月之先行文知会该匠董查明，或付三个月薪水，不先知照亦可。"技术工人也可将合同随时终止"惟亦应于三个月之先呈报"雇主，"若不预为呈报，应将三个月薪水银呈缴"①。这项规定为以后中国各种雇佣契约所

① 陈旭麓：《湖北开采煤铁总局/荆门矿务局》，上海人民出版社，1981 年版，第 167—168 页。

吸收。

中国技术工匠的雇佣，因企业的不同，方法不一样。早期中国的熟练工人都来自广州、上海、宁波、厦门等地，如1868年福州船政局就派日意格专程去上海招收江浙工匠。[①] 工人们为谋生而组织的各种帮会、行会等机构往往囊括了大多数技术工匠。企业招募技术工匠多与这些机构联系，如张之洞在湖北创办企业时就指示属下，“募广东人宁波人，可托该两会馆董事”[②]。此外，晚清官营企业技术工人还以另外两个途径获得：一是通过调拨的方式，从已建立的工厂向新建工厂派遣技术工人。如天津机器局，即从“上海铁厂调来熟练可靠员匠，帮同照料”[③]。左宗棠在陕甘设立军火工厂时就曾招募在江南和金陵两制造局受过训练的工人，又选用宁波及闽粤一带的工匠带同机器到兰州劳动。[④] 山东机器局是依靠天津和浙江一带的技术工人教会本地工人的。稍后四川机器局又从山东吸收技术力量。[⑤] 另一方式就是自己培养。最初创办的企业往往通过招募的外国技术工人训练中国工人。如江南制造局轮船制造部雇佣外国技术工人三人监工，另雇普通中国工人数百，“且助且学”[⑥]。福州船政局鉴于开办时招募的工匠“类皆中年以往”，学习掌握新技术迟缓，“各厂分招十五以上十八以下有膂力悟性者”[⑦]为艺徒。后期创办的企业往往选送工人到早先创办的企业中当学徒，以此培养

① 《海防档·福州船政局》第一册，第122页。

② 孙毓棠：《中国近代工业史资料（1840—1895）》第一辑（下），科学出版社，1957年版，第1217页。

③ 《李文忠公全集·奏稿》卷17，中国社会科学出版社，1979年版，第36页。

④ 《海防档·机器局》第一册，中国社会科学出版社，1979年版，第127页。

⑤ 张国辉：《洋务运动与中国近代企业》，中国社会科学出版社，1979年版，第378页。

⑥ 孙毓棠：《中国近代工业史资料（1840—1895）》第一辑（下），科学出版社，1957年版，第1184页。

⑦ 《中国近代史资料丛刊·洋务运动》（五），上海人民出版社，1961年版，第78页。

熟练工人。如张之洞为创办湖北织布局在1892年选送30名幼童到上海机器织布局学艺,次年又选送了50名幼童。这些人"学艺完成了即将在武昌织布官局中工作"①。

晚清一般民营企业招募技术工匠的办法,不如官营企业之多,一般通过会馆、同业公所等旧的职业机构介绍。在招募时,主雇双方往往签订雇佣合同。例如天津商报馆就与其所雇排字工人签订了契约,全文如下②:

立合同人:天津商报馆

郭燕良

今因天津商报馆延请郭燕良为排字工头,彼此订立合同,以凭遵守。除另有日行章程外,兹将彼此商定条款列左:

一,每月由天津商报馆送给郭燕良薪水洋银十五元,膳宿由报馆供给。其薪水按月支给,不得预支挂借。如报馆生意扩充,得利稍厚薪水仍可酌加。二,所有排字工师均由郭燕良延聘,薪水由报馆开支,膳宿由报馆供给。所延工师不得过六人,每人每月送薪水洋银十二元。如报馆生意扩充,得利稍厚薪水仍可酌加。惟工师如有任情疲玩,不肯用力做活者,应由报馆商同郭燕良将该工师辞退另延。三,如报馆关乎排字房之事,有不合宜之处,准由郭燕良向总经理婉商改良,不得私自聚议罢工,以图挟制。四,工头及工师均准轮班休息,不得因夜工太晚,希图加给工资。五,排报版之外,如有他项印件,均应照排,报馆于三节核算外来印件,所获余利进项,每百元提十五元归排印两项工头均分,以示鼓励。六,报馆所募排字学徒,统归工头郭燕良约束。应认真教授,以冀成全。学徒由到馆之日起,限至三年毕业。按每三个月考试一次,如排字敏速,错落不多者,酌量每月给以工资。该学徒应于每月所得工资之

① 孙毓棠:《中国近代工业史资料(1840—1895)》第一辑(下),科学出版社,1957年版,第1206页。

② 《天津商会档案汇编》(上),天津人民出版社,1989年版,第157—158页。

内,提出十成之三送给工头,以为酬报,至毕业之日为止。该学徒于未到毕业之前,不得借词告退,向他报馆充当工师。七,此合同以一年限满,倘有两不相宜之处,均须于一个月以前预为通知。郭燕良不准骤然告退,报馆亦不得骤然将郭燕良辞退。倘或未到一年,报馆停办,此合同即作为废纸,毋庸缴销。

一般非技术工人的招募手续比较简单。在华外国人设立的工厂,有的仿效招募中国华工的方法,在工人输出比较集中的地方设立招募办事处,招集普通工人。例如东北日本人经营的企业在山东烟台,开平煤矿英商在天津,山东德国人经营的企业在广州,都以这种方式招募工人。有的工厂采取"买办工头制",由外国资本家雇佣的工头负责招募、管理普通工人。资本家不直接与工人发生雇佣关系,但是"经理对工人有充分的管理权,能够雇佣或者开除他们,也能增加或减低他们的工资"。用这种办法管理普通工人,外国资本家认为"比较合算"[①]。所以这种制度逐渐在外国人设立的工厂中推广开来。

晚清中国工厂也有的采取这种办法,但是工头的权力扩大了。他"包揽一切职工招雇、解雇及发放工资等事,与职工有关的一切责任,都由工头担承"[②]。晚清矿业企业中这种工头制度比较盛行。如开平矿务局一创办就使用了这种制度。也有的矿业企业不采取这种办法。如四川雅州金银矿招工,"由各股商户每户认雇工役数名"[③]。除上述两种招募办法外,一般工厂多因为企业规模小,招募人数少的缘故,采用张贴招工广告的方式进行。1904 年 3 月 18 日的《捷报》就记载,杭州一家针织公司为招雇 40 名女工而

---

① 汪敬虞:《中国近代工业史资料(1895—1914)》第二辑(下),科学出版社,1957 年版,第 1236 页。

② 汪敬虞:《中国近代工业史资料(1895—1914)》第二辑(下),科学出版社,1957 年版,第 1236 页。

③ 汪敬虞:《中国近代工业史资料(1895—1914)》第二辑(下),科学出版社,1957 年版,第 1220 页。

在街头张贴招工广告。[①] 这种广告除自行张贴外,还通过一些社会机构,如会馆、同业公所、商会等散发。无论哪种形式招募的普通工人,职工与雇主均"别无契约"[②]。由于招募的方法不同,工业企业工人各自所得到的劳动待遇也不一样。

二、晚清雇佣关系的基本状况

晚清技术工人的劳动待遇比一般工人要好得多。现存的一些雇佣契约反映了这一点。首先,技术工人的工资较一般工人为高。如1889年4月12日的《捷报》记载:开平矿工"工资每月3.50元至12.0元不等。粤籍技工200人,每月工资自5.0元至60.0元不等"。除工资以外,技术工人还能得到额外的收入,如奖金、花红等。而一般工人不仅工资低,而且极少有工资以外的收入,只有一些长年工作的工人,多少有些优待,"有时给些奖金以资鼓励,有时分给一些红利"[③]。其次,技术工人与普通工人在发生劳动伤害时的待遇也不一样,如福州船政局规定,"工匠因工作受伤,每日给药费二钱,伤愈停给。如历久未愈,亦惟给至三个月,以示限制"[④]。一般工人则无此待遇。如武昌纺织局工人因病旷工按日扣薪,如果在机器上受了伤,休养并不扣薪,别无补助医药费之说。燮昌自来火公司内职工工作受伤,"别无恤金,至不堪其用时,即遣去之。只有技术者或监督者之不幸时,稍有多少之给与云"[⑤]。第三,技术工人比普通工人有更多的雇佣保障。按照技术工人与雇主的雇

① 汪敬虞:《中国近代工业史资料(1895—1914)》第二辑(下),科学出版社,1957年版,第1197页。

② 汪敬虞:《中国近代工业史资料(1895—1914)》第二辑(下),科学出版社,1957年版,第1243页。

③ 汪敬虞:《中国近代工业史资料(1895—1914)》第二辑(下),科学出版社,1957年版,第1243页。

④ 孙毓棠:《中国近代工业史资料(1840—1895)》第一辑(下),科学出版社,1957年版,第1239页。

⑤ 汪敬虞:《中国近代工业史资料(1895—1914)》第二辑(下),科学出版社,1957年版,第1215页。

用契约规定,雇主不能骤然解雇工人。而对一般工人,雇主的解雇权没有受到这样的限制。

技术工人的劳动待遇因国籍的不同而有别。中国技术工人的待遇远低于外国在华技术工人。在工资方面,上海机器织布局"中国人工每工不过二三百文,外国自七角半至一元,工价之悬殊几已过半"①。同时,中国工人是按劳付酬,有工做,才能拿工资。而外国工人"有合同年限,不论工作有无,仍须照给薪费"②。在其他待遇方面,中国工人没有厂方提供的公房居住。外国工匠都有厂方提供的公房。没有公房的,也由厂方补贴房租。外国工人来华工作和返程的差旅费由中国厂方负担。有的还要按时给工人在其国内家属支付生活费③。在工人伤病方面的待遇,中国工人更是与外国工人不能相提并论,上述契约条款的规定十分明白,此不再为例举。中外工人待遇悬殊问题在近代中国一直存在。但是民国建立以后,由于中国技术工人的成长,外国在华技术工人的数量减少。此一问题才不为突出。

近代工人工资制度在晚清基本形成。工人工资的支付有月薪和日薪两种。月薪工资有一月支付一次的,也有每月分两次支付的。日薪就是按日计时工资。工人做一工算一工。对资本家来说,采取月薪还是日薪制,以哪种方式对其更有利而定。如上海民族机器业绝大部分采取日薪制。这种制度使资本家在业务清淡时,可以少给或不给工资;在业务繁忙时,工人又得从月初到月底夜以继日没有休息地工作。

工资的计算已存在计时工资和计件工资的分别。计件工资在

① 孙毓棠:《中国近代工业史资料(1840—1895)》第一辑(下),科学出版社,1957年版,第1204页。

② 孙毓棠:《中国近代工业史资料(1840—1895)》第一辑(下),科学出版社,1957年版,第1225页。

③ 陈旭麓:《湖北开采煤铁总局/荆门矿务总局》,上海人民出版社,1981年版,第169页。

晚清已十分普遍，无论在沿海或内地都存在，史料的记载十分丰富。如1882年6月的《捷报》记载了上海熟皮公司的营业情况，称该厂“雇佣工人方面差不多一切工作都用计件工资制，结果十分满意。工资这件重要的事，厂方经常在严加注意”①。在重庆火柴厂，火柴盒“由女工和童工或在工厂或在家里糊制，每制盒百个付工价四十文”②。

工资奖励制度在晚清已具雏形。工人在支付额外劳动时能够获得相应的工资。如天津机器局工人每日工时延长两个钟头，“其工银照加四分之一”③。奖励制度的一种办法——升工制度，在晚清也已经存在了。如江南制造局规定，各工匠照章“每一星期只做六日工，例得升补辛工一日”。1912年，江南制造局在李钟珏当总办时，因提高工人工资而取消了这一制度。④ 升工制度增加了工人的工资，对工人有利，但是这种制度并不普遍。同时升工也加强了工人的劳动强度。以上海机器业为例，上海机器业的升工制度一般规定，每一工人在半个月内不停工，得升工一天；一个月内不停工，得升工两天；如在半个月内停工一天，升工取消。这种制度促使工人为微少的升工终年累月拼命工作。后来，升工制度变成资本家控制工人流动的一种办法。如上海明精机器厂规定升工在每年年终结算一次，一个月内不停工，升工照旧，仍为两天；一年内不停工，则除每个月两天升工外，再加六天，共有升工三十天。如一年内停工一天，则只有二十三天升工，年底外加升工数全部取

① 孙毓棠：《中国近代工业史资料（1840—1895）》第一辑（下），科学出版社，1957年版，第1211页。

② 孙毓棠：《中国近代工业史资料（1840—1895）》第一辑（下），科学出版社，1957年版，第1207页。

③ 孙毓棠：《中国近代工业史资料（1840—1895）》第一辑（下），科学出版社，1957年版，第1222页。

④ 汪敬虞：《中国近代工业史资料（1895—1914）》第二辑（下），科学出版社，1957年版，第1242页。

消。中途离厂,升工作为放弃。[1]

同样,为了控制熟练工人,克扣工人工资的存工制度在纺织行业相当普遍。例如大生纱厂工人工资是套着拿的:头两个礼拜没钱拿,下两个礼拜拿头两个礼拜的钱。这种存工制度由大生纱厂《工料总账房章程》明文规定。[2] 在丝织业,丝厂在老茧用完、新茧未上市之前停工,"但是为了保证女工们将来仍到厂工作,习惯上不把全部工资结算给他们而要扣下两周的工资"[3]。

至于中国工人的工资水平,除少数技术工人外,每日工资最高的不过五角,最低的不及二角,一般是二三角之间。但是由于中国社会经济发展的不平衡,各地区、各产业、各工种之间,工资标准差别很大。一般说,南方工资高于北方。如同一木工在厦门挣4角3分到8角7分,在山西只能挣1至3角。同是铁路小工,在广东挣5角8分,在山东只挣1角7分到4角2分。机械工人在广东挣0.8元,在山东挣0.22元到0.48元。沿海工资,如上海、广东比内地高。

各行业工资差别也大。最低的是缫丝和纺织,其次是矿工,最高的是金属工人。同一企业中工种差别也很大。技术工人、熟练工人比非技术工人工资要高几倍。如中兴煤矿技术工人月工资22.79元,非技术工人月工资7.64元。开滦煤矿头等电汽机工人日工资1至1.85元,电机、汽机小工日工资0.15至0.25元。金属工人,如上海机工精练工人每月工资20至40元,普通工人5至8元。工资差别还存在年龄和性别问题。女工一般工资低于男工,棉纺厂是0.18元与0.45元之比,火柴厂是0.15元与0.25元之比,烟厂是0.22元与0.7元之比。童工与成年人工资相比,一

① 王新:《上海民族机器工业》,中华书局,1979年版,第790页。

② 穆煜、严学熙:《大生纱厂工人生活的调查》,江苏人民出版社,1994年版,第199页。

③ 汪敬虞:《中国近代工业史资料(1895—1914)》第二辑(下),科学出版社,1957年版,第1259页。

般约低二分之一到三分之二。[①]

晚清工人的工作时间多由资方在企业创办章程中规定。如上海机器织布局规定:工人"七点钟起,六点止,每日十点钟为一工"。工人的雇佣契约中鲜见关于工作时间的规定。各厂矿的工作时间长短不一。有一个工作日为八九个小时的,也有一个工作日为12至13个小时的。[②] 由于工作时间的不一,有的工厂实行两班工作制,有的实行三班工作制。开平煤矿在初期实行每天工作8小时,矿工分为三班,轮流工作;上海机器织布局在解决了照明问题后,实行昼夜两班工作制。

至于工人休息日的规定,也情况各异。有的企业规定每星期日停工,有的规定每两星期停工一日,有的则没有例行的休息日。如广东士敏士工厂"无星期礼拜之说,每月亦无放工,定期请假极多以四日为限;端阳、中秋、冬至、万寿圣节各放工一日,此外请假者按日扣资,请假日久者革除"[③]。一般来说,外国在华设立的工厂,以每星期日休息为多。其余华人所设各厂,习惯上每两星期休息一天。这是一般情况。在工作繁忙之时也有取消休息日和延长劳动时间的,特别是一些有季节性的工业均是如此。不过,像广东士敏士厂那样的规定还是比较少见的。

晚清工人的劳动待遇情况并不乐观。工人除工资收入外,并无其他福利可言。工人住房除极个别工厂外,绝大多数工厂不予提供。工人教育更是无从谈起。工人工资本来不多,还要经常被克扣和拖欠。工人因反对克扣和拖欠工资而起斗争的事件在进入20世纪后日益增多。至于工人的工作环境也十分不

---

① 刘明逵、唐玉良:《中国近代工人阶级和工人运动》第一册,中共中央党校出版社,2000年版,第378页。

② 孙毓棠:《中国近代工业史资料(1840—1895)》第一辑(下),科学出版社,1957年版,第1222页。

③ 汪敬虞:《中国近代工业史资料(1895—1914)》第二辑(下),科学出版社,1957年版,第1203页。

利于工人的身体健康。在晚清,工人工作环境的"不清洁"、"不整顿"、"不规律"十分令人吃惊。时人描述工厂工作环境"如登万怪之堂,如入百魔之窟。其得认为工场者,仅赖有数种不整顿之机器耳"。这种情况在当时十分普遍,"在于外国人管理下之工场,与在于中国人管理下之工场,殆莫不如此"①。在这样的工作环境中,工人的劳动强度也相当大。19 世纪末考察中国工业情况的布莱克本商会访华团报告说,中国纱厂工人"白天在午饭时休息一小时,夜间则不停工。工人以少量食物度日,找机会急忙地吃掉"②。

恶劣的环境和繁重的劳动严重损害工人的身体健康,加上多数厂矿没有安全生产设备,工厂企业工人伤亡事故不断发生。以抚顺煤矿为例。1907 年该矿发生工作事故 125 次,伤亡 141 人;1908 年发生事故 203 次,伤亡 209 人;1909 年发生事故 356 次,伤亡 443 人;1910 年发生事故 581 次,死伤 600 人;1911 年发生事故 1233 次,伤亡 1247 人。③ 工伤事故和伤亡人数的不断上升,说明资方根本就没有在发生事故之后采取相应措施,减少灾害。工人生命在资本家心目中的位置及工人所受劳动待遇状况,均由此可见一斑。

晚清工人受到资本家的种种盘剥,生存状况很坏。但是与其他劳动阶层相比,工人的状况并不是最坏的。时人认为普通工人"相当于下等社会的中等人"④。之所以出现这种状况,根本的还是因为工业经济是先进生产力的代表,比农业、手工业经济拥有优

① 汪敬虞:《中国近代工业史资料(1895—1914)》第二辑(下),科学出版社,1957 年版,第 1204 页。

② 汪敬虞:《中国近代工业史资料(1895—1914)》第二辑(下),科学出版社,1957 年版,第 1198 页。

③ 汪敬虞:《中国近代工业史资料(1895—1914)》第二辑(下),科学出版社,1957 年版,第 1208 页。

④ 汪敬虞:《中国近代工业史资料(1895—1914)》第二辑(下),科学出版社,1957 年版,第 1256 页。

势。业工者当然比旧行业从业者收入高。

工业企业在近代中国是一新生事物。在城市进行集中的大规模生产,是过去中国所没有过的事情。企业化生产的成败,管理是关键。劳工管理是企业管理的重要内容。晚清几十年举办近代工业的实践在劳工管理上取得了一些符合企业化生产的管理方法。这些主要是以下几个方面:

第一,对工人在企业中的重要性有了明确的认识,对招募和管理工人提出了正确的主张。如:会办北洋事宜都察院左副都御史吴大澄在创办企业的实践中认识到,“一厂之中,以匠头为最要。众厂之中,以机器为最要。安设锅炉,非熟手不可;装配机器,非良工不就”①。洋务派官员从实践中认识到招募熟练工匠的重要性。翰林院编修贵铎提出招募工匠,应“工食从厚”②,否则难以达到目的。许多洋务派官员在经办招募工匠过程中注意到了这一点。如曾国荃为从江南制造局和上海各外资工厂招募熟练工匠,开出了比工人在原工作地方所得为多的工价,以保证得到“手艺精巧之匠”。张之洞为从上海招募广东、宁波工匠,“悬重赏以鼓励之”③。

第二,认识到使用廉价劳动力对企业发展的重要性。唐廷枢在核算开平煤矿成本时,比较了中外工人的工价和工作效率,指出若用内地工人,引以西法,每人工食二钱,可取煤二吨半,则以相当外国工人四分之一的工资可取得外国工人一半的工作效率。由此开平煤矿的成本“必比英国便宜”④。山东巡抚丁宝桢在创办机器

① 孙毓棠:《中国近代工业史资料(1840—1895)》第一辑(下),科学出版社,1957年版,第1228页。

② 汪敬虞:《中国近代工业史资料(1840—1895)》第一辑(下),科学出版社,1957年版,第1220页。

③ 孙毓棠:《中国近代工业史资料(1840—1895)》第一辑(下),科学出版社,1957年版,第1217页。

④ 孙毓棠:《中国近代工业史资料(1840—1895)》第一辑(下),科学出版社,1957年版,第1214页。

局招募工人时，避开工资要求较高的广东工匠，“专雇浙江、直隶熟手工匠，而招东省土著心地明白之人，相间学习，是以勤奋过于洋匠，而工资不及一半”①。盛宣怀在经办上海机器织布局之时，鉴于上海办厂由于原料和人工成本上涨而致整个成本提高的情况，提出“腾出股本经在内地产花之通、海、苏、太及浙东等处，分设数厂，棉花不必远运，人工不必远举，举沪厂最繁最重之端，皆变为轻而易举”②。民族资本家张謇也就是看到了这一点而率先在南通举办大生纱厂。

第三，工资标准的制定执行了一些正确的办法。这首先是以工人的生产能力和工作效率为据，确定工人的工资。如李鸿章在同治十一年九月“奏报机器局经费折”中提出“中外匠役，量才给值，高下悬殊；又复随宜损益，均无例价可循”③。其次是根据工人社会生活的状况制定工资标准。20 世纪初，由于物价的上涨，工人的生活程度增高，旧有工资不能维持生活。在这种情况下，工厂开始提高工资标准。如 1902 年至 1911 年的秦皇岛海关报告就记载着这样的内容：“付给工匠的工资也随着生活费而增加了。10 年以前支付一天工资的 0.15 元，现在还不够一天的伙食，现在每天的工资普通都是 0.40 元。”④

第四，制定一定的升迁制度，刺激工人工作的积极性。例如 1880 年的关册记载，汕头怡和糖厂“雇佣着很多的小工，厂方并且定了制度，当操作机器的工人名额有空额时，即选择小工中最聪明

① 孙毓棠：《中国近代工业史资料（1840—1895）》第一辑（下），科学出版社，1957 年版，第 1227 页。

② 《上海机器织布局》，上海人民出版社，2001 年版，第 400 页。

③ 孙毓棠：《中国近代工业史资料（1840—1895）》第一辑（下），科学出版社，1957 年版，第 1216 页。

④ 汪敬虞：《中国近代工业史资料（1895—1914）》第二辑（下），科学出版社，1957 年版，第 1250 页。

的提升使学作工人"①。纺织厂则有一种"查工"制度,入厂的学徒经过考核,"根据当时作业如何,一二年成为帮车,四五年成为正车,而逐渐升级"②。

第五,对企业雇佣员役的工作责任进行区分,制定行为规范要求。企业人员众多,明确责任是提高管理效率的客观要求。晚清洋务派官僚在创办企业的实践中比较早地注意到这一点。如官办企业湖北开采煤铁总局在1877年公布了一个《开矿司事、石龙头、人夫章程》,详细规定各项人员的职责。如石龙头的职责是"每日督率众夫,克勤做工,不得疏忽懒惰"。对于各种工人,要求"不准赌博闹酒,如违责革"。对杂务工人的行为也有多种要求,如伺候司事火夫;"每日闲时即做杂务,捡点煤块,不准偷懒"。矿内火夫也要在"闲时帮做杂务等事"③。上海机器织布局在附设纺纱厂章程中把这种认识概括为"用人宜各专责成也"④。私营企业主也注意到这种职责的划分。张謇在创办大生纱厂时拟定了《厂约》,对企业所雇职员的工作责任进行了规定。如厂工董事的责任是:"考机器之坚窳滑涩,纠人工之勤惰精粗,审储备煤油物料之缓急之寡,明匀整绵卷纱绞之得失轻重,慎防火险,稽查偷弊"。《厂约》中还规定了重要职员对下属职员的附带关系,即"各执事之功过,皆其功过",以加强重要职员的领导责任。⑤

尽管晚清工业企业的雇佣劳动管理制定了一些较为科学的管理办法和制度,但是,由于处于开创时期,雇佣劳动管理上的缺陷

① 孙毓棠:《中国近代工业史资料(1840—1895)》第一辑(下),科学出版社,1957年版,第1177页。

② 汪敬虞:《中国近代工业史资料(1895—1914)》第二辑(下),科学出版社,1957年版,第1194页。

③ 陈旭麓:《湖北开采煤铁总局:荆门矿务总局》,上海人民出版社,1981年版,第142—143页。

④ 《上海机器织布局》,上海人民出版社,2001年版,第176页。

⑤ 《张季子九录》(三),《实业录》卷一,上海书店版,1932年版。

也是明显的。

首先,晚清工业企业基本上没有设立专门的工务机构。工厂之中的各种职员均有督导、管辖工人之权。如在创办大生二厂时,张謇所规定的各部门执事的职责之中就有管束工人之权。如机件账房正账有"考察机匠工艺勤惰精细","参酌工资高下考记功过之权"①。这种事务管理与人事管理不分的状况是企业管理不成熟的表现之一。

其次,晚清企业雇佣劳动管理中的封建因素特别严重。大规模的集中生产,中国过去的采矿业就已经存在了。封建统治者害怕集中的工人滋事,所以制定了一整套的办法来严加约束工人。例如云南一些大资本经营的综合性铜矿场,为管理工人,场中设有笞杖之刑,"具笞以荆,曰条子,其缚以藤,曰楦。其法严,其体肃"②。这些办法在晚清企业中被相当程度地使用,清政府官营企业中尤为突出。不仅如此,晚清工业企业用军事化方法管理工人的现象十分普遍。沈葆桢在福州船政局"以兵法部勒"工人,"每十人以什长一人束之,每五什人以队长一人束之,特派勤能之武弁统焉"③。对违反规定的工人,"均按军法从事,历历有案"④。之所以如此,沈葆桢认为:"内地工匠专以偷工减料为能",因此,"非峻法以驱之,重赏以诱之,不足以破除其相沿之痼习"⑤。这种军事统制的办法不仅在军用工业中推行,也见之于矿山企业。19世纪80年代初,唐炯在云南规定各大小铜矿必须做到,工人每二十五人设丁目一名,丁目十人设丁长一名,丁长四人设总头一名,"逐层

① 《大生系统企业史》,江苏古籍出版社,1990年版,第121页。

② 王钰欣:《清代前期手工业经济的性质和特点》,《明清资本主义萌芽研究论文集》,上海人民出版社,1981年版,第288页。

③ 孙毓棠:《中国近代工业史资料(1840—1895)》第一辑(下),科学出版社,1957年版,第1242页。

④ 《船政奏议汇编》卷20,第4页。

⑤ 《中国近代史资料丛刊·洋务运动》(五),上海人民出版社,1961年版,第50—51页。

管束”。张之洞在广东时也用过这种办法。这种管理办法不仅见之于官营企业,在民营企业也非罕见。江苏私营企业利国驿煤矿“仿营制,暗为部勒”[①]。

为加强对工人的控制,封建的担保制度也被广泛运用。担保有人保,也有铺保。无论哪种形式均有保书,或称保结。其内容因工作种类而异,一般为对所保人的行为、工伤责任等的担保。举例如下[②]:

具保结人王俊主、唐文官。今结到大人台前,实保得看山开煤人张河书、腾祥都、刘秀官、周上达,前赴湖北广济县看山开煤,一切遵照局规,每人先支工价五千文,共领钱二十千文,以到局之日起工,此钱在工价内扣还。所以盘川、火食、路用各钱,均由局给。倘敢领钱不到局,惟身是问。所具保结是实。

光绪二年十月　日。具保结人王俊主十、唐文官十。看山开煤人张河书才、腾祥都十、刘秀官十、周上达才。

由企业直接招募的工人往往要寻求相当的担保才能应募。如福建石竹山矿工人受雇,要“各具连环保结”;如果违反约束,便“送官究治”[③]。开平矿务局从一开始就规定,工人受雇工作时必须交付保结,才能下矿干工[④]。1887 年湖北兴山县矿务各厂章程第七条规定:“砂丁入洞掘挖,应照各煤厂向例,凭保书下凭据,设有不幸之事,各安天命,不与本局相干”[⑤]。

另外,企业管理中的野蛮残暴现象随处可见。上海江南制造

---

① 张国辉:《洋务运动与中国近代企业》,中国社会科学出版社,1979 年版,第 384 页。

② 陈旭麓:《湖北开采煤铁总局:荆门矿务总局》,上海人民出版社,1981 年版,第 134 页。

③ 《石竹山铅矿章程》,《矿务档》第五册,第 2959 页。

④ 《开平案据汇编》,第 78 页。

⑤ 汪敬虞:《中国近代工业史资料(1895—1914)》第二辑(下),科学出版社,1957 年版,第 1216 页。

局的总办冯竹如经常在工厂中巡视，如见到工人有任何不令其满意之处，则“手执军棍自挞之”①。高级管理人员如此，一般管理人员更是上行下效。上海纺纱局的监工们“常携棒巡视场内，验职工之勤惰，若见有怠惰者，即以棒击之”；纱厂各部的基层监工也对工人“随时鞭打”②。处此野蛮威胁之下，工人往往动辄得咎，处处受罚。

上述情况表明，晚清工业企业的雇佣劳动管理交织着先进、合理与愚昧、落后两种因素。各种落后、愚昧的雇佣劳动管理既是时代的局限所致，也是资本家追求利润的选择。近代雇佣关系的大杂烩特点在晚清时就已显现出来了。

三、民国时期企业雇佣关系的演变

进入民国以后，虽然中国资本主义经济有过一阶段的繁荣发展，但是中国工人阶级整体的劳动状况存在着恶化的趋势。首先工人的工作时间延长，实际工资收入减少。据当时人的调查，1920年上海机械工人的最低工作时间是8小时，最高工作时间长达16个小时；手工业工人的最低工作时间是10小时，最高工作时间是15小时；交通工人最低的工作时间较短，为6小时，而最高的工作时间也达到16个小时；服务性行业工人最低工作时间是9小时，最高工作时间是18小时。除了极少数的现代化工厂有一定的休息时间外，大多数工人都是一年到头长时间的日夜劳动。③ 另据英国人的报告，20世纪20年代中期上海工厂的劳动时间，英国工厂里，开工时间一般为23.5小时，分日夜两班，每班12小时，期间只有两次休息，每次15分钟；在日本人的工厂里，开工时间为22.5小时，分日夜两班，每班12小时，有两次休息，时间为30分钟和15

① 汪敬虞：《中国近代工业史资料（1895—1914）》第二辑（下），科学出版社，1957年版，第1219页。

② 汪敬虞：《中国近代工业史资料（1895—1914）》第二辑（下），科学出版社，1957年版，第1216页。

③ 《五四运动在上海史料选辑》，上海人民出版社，1960年版，第14页。

分钟;在中国人的工厂里,一班的劳动时间是14小时,没有休息时间。①

工作时间延长,工人的实际工资收入却因生活费用的上涨而下降。工人实际工资的水平从1914年至1920年纱厂工资指数与上海重要物价指数的比较中可得到明确的反映。纱厂工资指数与上海重要物价指数的比较(1914—1920):②

年份	上白米(每石)		土布(每公尺)		煤(每吨)		工资指数
	实价(元)	指数 1915=100	实价(元)	指数 1915=100	实价(元)	指数 1915=100	1915=100
1914	6.30	82.9	35.50	106.0	5.20	100.0	-
1915	7.60	100.0	33.50	100.0	5.20	100.0	100
1916	6.85	90.1	34.50	103.0	8.00	153.8	102
1917	6.35	83.0	44.55	133.0	12.00	230.8	106
1918	7.60	100.0	48.15	143.7	14.00	269.2	110
1919	9.55	125.7	49.05	146.4	14.50	278.8	114
1920	10.50	138.2	52.00	155.2	15.00	288.5	135

由于实际收入的下降,工人家庭经常入不敷出。据英美烟公司1924年对该公司在全国各地工厂工人平均生活费的调查,沈阳厂机工工资占其平均生活费的75%,男工占20%,女工占50%,童工占50%;哈尔滨厂的上述各项百分数相应是,机工是50%,男工是33%,童工是20%;天津厂的上述各项百分数,男工是94%,女工是52%,童工是50%;汉口厂的上述各项百分数相应是,机工是51%,男工是31%,女工是28%,童工是20%;青岛厂的上述各项

① 刘明逵、唐玉良:《中国近代工人阶级和工人运动》第1册,中共中央党校出版社,2000年版,第796页。

② 《荣家企业史料》(上),上海人民出版社,1962年版,第130页。

百分数,男工是62%,女工是42%,童工是41%。[1]

其次,资本家对工人的管理监督更严,工人的劳动强度加大。晚清企业对工人工作的管理还没有成立专门的机构。江南造船厂到1904年才设有专门的考工科,配置专门人员,监督工人工作情况。进入民国以来,考工机构在各资本主义工业企业中普遍建立起来。以刘鸿生企业大中华火柴公司为例,考工机构一般是在总事务所内设立考工科,在工厂内设立驻厂考工员。驻厂考工员受考工科直接领导。除一些需要厂长协助或监督的事务,经由厂长转达命令外,考工科可以对驻厂考工员直接下达命令。驻厂考工员权力很大,可以"对于不在必要范围之内之主管事务,认为必要时,亦得直接指挥各部职员或工人"[2]。为规定考工员的职责,刘氏企业制订了详细的《考工科办事细则》和《驻厂考工员服务规则》,赋予考工员"办理工友之进退、升降、赏罚、调动及其他管理待遇","得便宜行事"[3]的大权,为加强对工人的监督,刘氏企业先是在各车间,后来是在工厂大门口设置考勤钟,工人、职员上下班都要去打印,以备检查。有此措施,工人工作时提心吊胆,连小便也不敢轻易出去。[4]

除了严密考工纪律,民国工业企业形成了完整的厂规,对工人在企业内行为规范作出了详细规定。晚清张謇在宣统年间所订的大生纱厂各部门章程,有24种,共218条。这些章程大都先是关于操作规程、工资制度等规定,最后是管理工人的条文。各项条文内容比较简单、笼统。到第一次世界大战期间,留美资本家穆藕初所订的德大、厚生纱厂厂规,被同业资本家誉为"典范"。厚生厂规有28种,共544条,除各部门章则外,已专订有《工人约则》52条,其中主要是禁例,有33个"不准"。罚则共达100多项,主要是

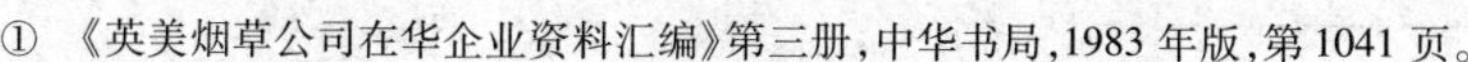

① 《英美烟草公司在华企业资料汇编》第三册,中华书局,1983年版,第1041页。

② 《刘鸿生企业史料》(上),上海人民出版社,1981年版,第148页。

③ 《刘鸿生企业史料》(上),上海人民出版社,1981年版,第350—351页。

④ 《刘鸿生企业史料》(上),上海人民出版社,1981年版,第325页。

罚工、罚款。1922年开办的永安纱厂，厂规已完全从操作规程中独立出来，称《办事规程》和《工人约则》，有27种，共375条。其规定严格详尽，无所不包[①]。

制定完整详细的厂规，应该说是现代化工业生产的客观要求。厂规的完整是企业管理成熟的标志。对一些违反操作规程和容易造成工伤损害的行为进行限制是应该的、正确的。民国时期的厂规有关于这些内容的规定，但是有些规定明显不妥。如为维护企业里的等级森严，德大等纱厂规定，工人如"出言不逊"要罚工，而"不听指挥"则可开除；"谩骂工头"要罚工，而"辱骂司事"必须开除。[②] 对工人的请假也限制过严，处罚过重：工友请续假，未经厂长核准，"作旷工论"；厂长可以停止工人假期，工人不服者"作旷工及不服管理论"。"工友在厂内及工作时间内，不得为工作以外之个人或团体活动"[③]，则明显是针对日益觉醒的工人斗争的。

雇佣劳动状况的恶化必然引起雇佣劳动者维持自身劳动利益、改善劳动状况的斗争。在单个工人与资本家的斗争中，由于就业压力和谋生的需要，工人处于极为明显的劣势地位，使得工人无法就雇佣条件等问题与资本家讨价还价。但是在工人集体与资本家交涉雇佣条件时，雇佣劳动者的劣势地位就会大大减轻。雇佣劳动者集体与资方交涉雇佣条件而形成的契约或协议，称为团体契约或团体协约。这种契约的出现是雇佣劳动者觉醒的表现。其出现的必要条件是雇佣劳动者组织程度的提高，即雇佣劳动者团体的形成。

中国工人阶级最早的组织是封建社会旧有的行会、帮口和秘密结社等。行会原是封建社会中城镇手工业者和商人的同业组织。随着社会的发展，行会后来又分为手工业行会、商业行会和各种体力劳动者行会。帮会是一种按同乡、地域关系结合起来的，以

① 《旧中国的资本主义生产关系》，人民出版社，1977年版，第223页。

② 《旧中国的资本主义生产关系》，人民出版社，1977年版，第225页。

③ 《刘鸿生企业史料》（中），上海人民出版社，1981年版，第298—299页。

非技术性、粗笨体力劳动者为主体的，为维护某种行业雇佣权而形成的劳工集团。帮口在旧中国工人中十分盛行。在上海工厂中，帮口林立，著名的有广东帮、宁波帮、山东帮、湖北帮、江北帮等。每个帮口都对某一职业或某地域，甚至某工种的工作拥有垄断权；中国工人阶级的这些早期组织在维护工人的权益上也做过一些工作。最早的团体契约就是这些组织与资方谈判而成的。如 1911 年 9 月上海各船厂木工罢工是由于广东帮发起的，其解决条件之一就是广东帮与船主签订了一个协议："广东木工应尽可能比宁波木工优先雇用"①。这是比较早的维护某种雇佣权的团体协议。

行会、帮口等中国工人阶级的早期组织，在维护工人利益方面是发挥了某些作用。但是，这些组织自身存在许多落后的东西，在维护工人阶级根本的政治、经济利益的斗争中，是不能发挥应有的作用的。维护工人的根本利益还必须依靠现代工人组织——工会。中国现代工会组织是在中国资产阶级知识分子的帮助下建立起来的。孙中山在领导辛亥革命时就对建立工人组织，发动工人给予一定的重视。受当时情况限制，孙中山领导的革命派主要在海员和华工中进行了组织活动。"五四"运动以后，以共产主义知识分子为主体的中国知识界广泛地投入到发动工人的队伍中。现代工会组织纷纷建立。其发源最早的地点是广东。据不完全统计，到 1921 年，广州已有各种工会组织 130 多个，香港则有 120 多个。其中组织规模较大、在工人中较有影响的工会有广州茶居工会、理发工会、丸散工会、革履工会、酒楼茶室工会等。此外，广东还成立了一些地方性工会和较大的工团联合组织。如 1920 年由国民党员谢英伯创办的互助总社，有 23 个团体会员，人数约 2 万多人。1921 年 5 月成立的广东总工会，以广州茶居工会的丸散工会为骨干，在全省范围内有 7 个支会。②

① 汪敬虞：《中国近代工业史资料（1895—1914）》第二辑（下），科学出版社，1957 年版，第 1268 页。

② 王永玺：《中国工会史》，中共党史出版社，1992 年版，第 74 页。

工人组织的发展使得工人斗争走上了争取签订集体雇佣契约的道路。中国工人组织在20世纪20年代有了很大的发展,也就是在这个时期团体契约的数量大增,成为大多数雇佣纠纷的解决方式。团体契约有与单个资本家签订的,也有与多个资本家签订的;既有涉及个别企业的,也有涉及整个行业的。契约内容大多数涉及工资待遇、工作与休息时间、劳动福利、政治待遇、雇佣方法与手续等。这里以1922年正太铁路局与工人签订的团体契约为例,加以说明。①

《正太铁路工人雇佣条件》:(一)加薪分三等。(甲)现得薪金十五元以下者,加日薪二角。(乙)十五元以上至三十元者,加日薪一角五分。(丙)三十元以上者照原价加十分之一。(二)以后每年按第一条之规定,加薪一次。(三)路局增用工人,须尽先容纳工会之所介绍者。(四)凡车务处工人以及夜间守厂及屋外操作工人均应由路局每年发给羊皮大袄一件。(五)星期日,国家例假日,及重要劳动纪念日,均须放给例假;照员司成例并每年给二十天特假。例假及特假,仍给工资。倘若于假期间加工,而得工人同意者,给双薪。(六)路局每月须辅助工会所办之每一工人学校二百元。开办费由路局全部负责。(七)工作时间,不得超过八小时,否则,照所增之时间增薪。(八)工人因工受伤,除由路局供给医药费外,其因伤致死者,除由路局给予三百元之丧葬费外,并照最后工资还恤金送于其家属至三十年,又在路局服务,满二十五年,或十五年,而年逾五十五岁者,应照最后工资给予养老金,至死后三年为止。(九)由路局发给工人以本路常年免票,及无限制之家属免票,并每年发给全国铁路免费通票三次。

其补充条款又规定:(一)路局应承认正太铁路总工会有代表全路工友之权。(二)罢工期间不得扣薪。(三)不得因罢工而借

① 《正太铁路工人全体罢工》,1922年12月16日《晨报》。

端开革工人，以后路局处罚工人，亦须先得工会同意。（四）本会会员有因小故而被革除者，应即复职。（五）短工均改长工，以后新上短工，满一年后，亦须改为长工①。

团体契约的签订是主雇双方经过谈判而成立的，改变了过去雇佣条件由资方单方决定的状况，体现了主雇双方的平等关系。由于主雇双方地位平等，因而，团体协约所规定的雇佣条件内容与过去相比有了相当的变化。在工资方面，有的契约提出了规定最低工资的要求。如：湖北汉阳机器联合会与机械联合会签订的契约规定："工友最低工资十元为起码，未备伙食者另给伙食费七元。"②有的对奖金之类作出规定。如广九铁路总工会与公司历年订立的契约中规定："全路员工服务三年期满，准照向章加给发恩饷壹个月（即酬劳金）"；"每年铁路收入除养路经费外，如有盈余年终应照向章给奖金一个月"③。

在雇佣方面，除一般的保障会员雇佣外，有的契约对艺徒的雇佣数量，艺徒毕业后的雇佣，工人解雇手续作了规定。如湖北汉阳机器联合会与机械工会共同规定：各厂艺徒数额"以各厂工友工作之人数为标准，长年有 2 人 5 人者每年进艺徒一名，余例类推，年龄以 15 岁为合格，卒业以三年为限度"④。广九铁路总工会与公司签订的契约规定："见习生、电报学生经车务处认可者六个月后酌量录用"，一时不易安置者，每月补给膳费，学生数额"由车务处酌定限制，至多不得过 5 名"，"机厂艺徒毕业准照大工发给工金"⑤。广州中华西食饼干洋务联合工会与饼干面包西饼各号签订的团体契约中规定，各号不得无故开除职工，"如无故开除者须

① 《正太路工人态度强硬》，1922 年 12 月 20 日《晨报》。

② 《各地劳资新旧合约类编·机械类》，京华印书馆，1930 年版，第 47 页。

③ 《各地劳资新旧合约类编·交通类》，京华印书馆，1930 年版，第 1 页。

④ 《各地劳资新旧合约类编·机械类》，京华印书馆，1930 年版，第 46 页。

⑤ 《各地劳资新旧合约类编·交通类》，京华印书馆，1930 年版，第 2 页。

预早一个月通知，如不预早通知者补回被裁工人原有工金一个月"[①]。

关于政治待遇，工会有代表工人之权是一般契约中均要规定的内容。它体现了工会在维持工人利益方面的重要性。除此之外，有的契约对工人参加政治活动权作了明确规定。如杭州布厂厂主与布厂工会的补充协议规定："遇有爱国行动时，小者派代表参加。关于群众游行者得全体参加。"[②]1927 年 3 月鸿生火柴厂与该厂工会签订的合同中规定，工人有"参加市政集会、言论、出版、罢工自由之权"[③]。

从上述团体契约所规定的内容来看，工人的劳动状况比过去大大改善了。如广州工人工资在 1922 年后明显增加，1927 年比 1913 年高出两倍以上。[④] 武汉工人工资 1926 年底到 1927 年 7 月每月增加 10 元左右，少数低工资提高了一倍或几倍，高工资提高了三分之一。劳动时间一般缩短到 10 小时以下，最多不超过 12 小时，少数工厂为 8 小时。[⑤] 这种改善得益于工人团结力的发展。虽然团体契约中有些条款带有一定的时代特色，有的也不一定正确，与当时实际并不相适应，缺乏实行的可能，但是多数条款是符合订约当时中国社会经济条件的，符合当时世界改善劳动状况的潮流，体现了一种社会的进步。

团体协约的出现是劳资矛盾尖锐的象征。由于团体协约涉及的劳资双方不再仅限于单个的资方或雇佣劳动者，因而，团体协约的社会影响力要比单个的雇佣契约大的多。20 世纪 20 年代，劳资矛盾尖锐之时，签订团体协约成为解决矛盾的主要方式。由于劳资矛盾的具体情况不同，社会上流行的各种团体协约内容庞杂。

---

① 《各地劳资新旧合约类编·饮食类》，京华印书馆，1930 年版，第 31 页。

② 《各地劳资新旧合约类编·织染业》，京华印书馆，1930 年版，第 14 页。

③ 《刘鸿生企业史料》(上)，上海人民出版社，1981 年版，第 335 页。

④ 丁同力：《世界劳动状况》，大东书局，1930 年版，第 302—303 页。

⑤ 《武汉工人运动史》，辽宁人民出版社，1987 年版，第 112 页。

同时,劳资双方对协约的遵守不能如一,使得纠纷丛生,矛盾百出。南京国民政府建立后,国民党为推行其社会改良的劳动政策,为纠正团体协约签订及遵守情况的混乱,开始着手拟订《团体协约法》,试图把团体协约事务纳入法制化的轨道。1931 年 10 月,国民政府立法院劳动法起草委员会拟订的《团体协约法》公布。1932 年 10 月,国民政府明令定于同年 11 月 1 日起实施。

国民政府颁布的《团体协约法》,对劳资双方签订团体协约有一定的影响。根据非劳资关系方面的内容不适用于《团体协约法》的规定,20 世纪 20 年代团体协约中的政治性内容的规定被取消。如吴县火柴产业工会与鸿生火柴厂协定的条件就明确限制了罢工权。适应不得"限制雇主之自由去取"的规定,协约确认了厂方雇工的自由权。厂方在工人不守厂规或有其他行为时,可"开除之或罚工资。同时可取得工会同意,惟不能由工会代行职权"①。

20 世纪 20 年代中期是近代中国雇佣劳动状况改善最显著的时期。从 20 年代末开始,由于世界经济危机的影响,中国资本主义经济衰退。雇佣劳动状况日趋恶化,加上长期的战争,这种趋势直至全国解放才改变。

首先,无论是工人名义工资,还是实际工资,均明显下降。如上海福新面粉三厂按工资支出总额和在职工人数计算的每人平均工资,1927 年为 17.45 元,1929 年为 17.17 元,1930 年为 17.14 元。另据《国际劳工通讯》对上海工人货币收入的调查,若以 1931 年的工资指数为 100,则 1932 年的工资指数为 98.83,1933 年的工资指数为 96.15,1934 年的工资指数为 91.39,1935 年的工资指数为 84.30,1936 年的工资指数为 93.16,1937 年的工资指数为 79.03。② 由于工资减少,工人家庭入不敷出,生活水平下降。1935 年,国民党上海市社会局对工人家庭生活费支出进行了调查,情况

① 《刘鸿生企业史料》(上),上海人民出版社,1981 年版,第 337—338 页。

② 《旧中国的资本主义生产关系》,人民出版社,1977 年版,第 131 页。

如下：①

	户数	平均家庭人口	平均每月支出
第一类	62	3.95	28.10
第二类	95	4.17	32.10
第三类	80	4.89	38.85

同年上海工人月工资收入情况如表所示：②

业别	男工	女工	业别	男工	女工
棉纺	10.77	10.23	搪瓷	19.54	9.88
丝织	15.56	11.95	机器	24.56	—
棉织	17.74	10.96	缫丝	—	6.56
织袜	14.67	12.92	造船	40.19	—
毛织	18.90	9.67	面粉	16.71	—
造纸	22.68	9.04	榨油	18.29	—
内衣	20.98	15.52	印刷	29.86	14.75
火柴	11.42	13.65	烟草	28.11	13.36

两项对照，可以看出大多数工人家庭生活的维持十分困难。

其次，工人的就业状况明显恶化，表现为工人的半失业状态加剧，工人受雇佣代价增加。由于经济不景气，资本家力图减少工资支出。为此，除大量使用女工、童工和学徒工外，资本家还用生产旺季大量雇工、生产淡季大量裁员的方法，减少工资支出。结果工人经常处于半失业状态，如荣家企业的福新面粉厂在每年端午节新麦上场前后，开始大批地招进工人（包括临时工及上年停工的老

① 《旧中国的资本主义生产关系》，人民出版社，1977年版，第132页。

② 《社会半月刊》第1卷第11、12期合刊。

工人),到了重阳节后,又大批地解雇工人,只保留检修机器及部分技术力量以为下年开工之用。[①]

资本家不仅在生产淡季大量裁减工人,而且大量增加临时工,减少固定工。临时工工资极低,而且除工资以外不能享受其他福利待遇。使用临时工,资本家不仅大大减少工资支出,而且加强了对工人的控制。资本家通过续签合同的办法,使临时工在需要时变成永久临时工,从而保证生产发展对劳动力的需求,又在不需要时随时解雇。工人的职业则毫无保障。从20世纪30年代开始,工厂中临时工大量增加。上海民族机器工业,资本家一般很少雇佣基本工人,大多雇佣临时工。上海大同机器厂本厂只有三个技工和五个学徒。业务清淡时,做一些修配工作。如接到整批修配或制造业务时,就增雇临时工。特别是在劳资冲突激烈之际,资本家更是以雇佣临时工代替长期工。工人入厂必须签订志愿书,保证自愿充任临时工,"工作久暂",任厂方去留,"日后解雇,除应得工资外,绝无任何要求"[②]。

由于经常处于失业威胁之下,工人为得到工作而付出的代价明显增大。他们不仅要忍受资本家提供的极低工资,而且还要为获得雇佣机会支付其他额外开销。民国时期,晚清时已经实行的包工制广泛地被采用。在这种体制下,包工头(有的叫拿摩温、堂倌或指导员)掌握着招收工人的权力,也有解雇工人的权力。他们"往往为一般工人生活的操纵者"[③]。工人为了取得工作机会,必须向这些掌握命运者贿赂。据一些老工人的回忆,即使有了工作的人也必须向这些人奉迎拍马,否则工头就会"把牌子拿去,不让工作"[④]。刘鸿生企业所属的中华码头公司包工头曾说:在码头上

① 《荣家企业史料》(上),上海人民出版社,1962年版,第126页。

② 王新:《上海民族机器工业》,中华书局,1979年版,第802页。

③ 朱邦兴等:《民国丛书·上海产业与上海职工》,上海书店版,1992年版,第25—29页。

④ 《南洋兄弟烟草公司史料》,上海人民出版社,1960年版,第314页。

要找100条狗,倒是困难的,可是要找100个工人却非常容易。工人到码头干活,一定要得到包工头或拆账头的同意,发到号码或臂章才能进栈。做一天,算一天工钱,包工头稍不如意,工人随时都可能失去工作的机会。① 这样的就业状况迫使工人付出更多的机会成本。

第四节 几种特殊的雇佣关系

近代中国雇佣关系发育的历史条件极不充分,因而,雇佣关系存在多种特殊形式。这些特殊形式是封建制及奴隶制的混合,是近代中国雇佣关系的怪胎。其主要种类有学徒制、包工制等。研究近代中国雇佣关系,这些特例也是应该注意的对象。

一、学徒制

学徒制度在行会手工业时代是一种技术训练制度。近代学徒制度仍然具有技术训练的作用,但性质却是一种披着宗法外衣的雇佣劳动制度。由于近代中国工业技术设备落后,学徒的使用十分广泛。各行各业都有,尤其以“洗染、成衣、印刷、制革、制皂、五金、地毯、钱铺、药店、粮食等工厂商店为最”②。学徒又称艺徒、工徒等。纺织业的学徒被称为养成工,是学徒制度的变种。近代学徒制最先开始于在华外资企业。早期学徒由工头招雇,保留了较多的传统学徒制色彩。后来,学徒逐渐改由企业招雇,但个人招雇的办法依然存在。江南造船厂把由企业招雇的学徒叫做“厂内学徒”,把工头等个人招雇的学徒叫做“厂外学徒”。到20世纪20年代,“厂外学徒”仍占绝大多数。“厂外学徒”的身份类似于包工制下的工人。他们不仅受到资本家的剥削,还受到包工老板(即师傅)和点工头脑的剥削。

---

① 《刘鸿生企业史料》(上),上海人民出版社,1981年版,第317页。

② 刘明逵、唐玉良:《中国近代工人阶级和工人运动》第7册,中共中央党校出版社,2000年版,第739页。

学徒和厂主(即师傅)通过契约形成雇佣关系。近代学徒契约包括工厂制定的学徒章程、学徒志愿书、担保人出具的保书等三件文书。章程规定了学徒习艺期间的行为规范。志愿书和保书是雇主对艺徒进行管教的法律凭据。志愿书的内容往往是对艺徒在厂内责任义务的规定。保书则是确保雇主利益、免除雇主义务的凭据。师傅与学徒间的一切关系,学徒学艺期间的所有活动,均由契约确定。为便于讨论,选列这三件文书文本于下:

学徒章程以中兴铁工厂工徒章程为例,其内容如下:①

一、工徒须具有十六岁以上十八岁以下之年龄,须有小学毕业或同等之程度,身体强健能耐劳苦,经考验及格方得进厂学习。二、工徒须遵守厂中规则,服从职员指导,不得聚众滋事,扰乱秩序。三、工徒进厂学习,最初三个月为试习期,在试习期内如厂方认为该徒个性不适宜于工作者,得令其退学。如有自愿退学亦可。但不论辞退或自愿退学,均需交纳每月六元之膳费。四、工徒于入厂时,应缴纳保证金三十元,此款于习业期满时发还之。五、工徒习业期限,规定为六年,分前后两期,前期三年为学习时期,后期三年为实习时期。六、工徒在规定期限内,不论日工夜工均须勤奋工作,不得任意请假,倘因故请假,不论事假、病假,均须于规定期限终了时,照所缺日期补足之。但夜工缺席一次,应照日工半工补足之。七、工徒于学习期内,得视其工作之勤惰,技术之高下,每月酌给相当之津贴。于实习期内,得按技能之高下,给以相当之工资。但每次所得之工资,应扣除五分之一,作为储蓄金,存于本厂会计部,于六年习业期满时与保证金同时发还。八、保证金非到六年习业期满,中途概不发还。工徒如中途辍学或被开除者,得没收之。但如遇死亡不在此例。九、工徒在学习期内,如中途辍学或被开除时,除照章没收其保证金外,并应偿还厂方每月膳费六元及期内所耗之医药费。十、工徒在实习期内缴存之储蓄金,如中途因故离

① 王新:《上海民族机器工业》,中华书局,1979年版,第818—820页。

厂,不论自辞或被辞,此项储蓄金,俟至期满后经保证人确已履行第九条规定赔偿责任者,方得如数发还。十一、工徒进厂,应觅取殷实保人担保该工徒之行为及应纳费用,或中途发生赔偿及意外不测之事。十二、工徒均应注意卫生,保持康健。倘遇疾病,轻则由厂医治,重则回家调养,如系远道,工徒不便返家则送医院。十三、机械行动,极为危险,工徒工作,应各自小心,以防意外。设遇危险或遭不测,各由天命,与厂无涉。十四、工徒对于厂中任何物件及机器工具,均宜爱护,谨慎使用。如有遗失或损坏,应酌量赔偿。

学徒志愿书和保证书以1918年苏州振亚丝织厂的文本为例。学徒志愿书如下:

具志愿书×年×岁×县人,现住×,愿投贵公司学习织绸新法,所有贵公司章程,情愿一律遵守。其在学习期内应需学费、膳费及损坏之机具,耗费之丝径,约计至少需洋五十元,本应于投学时照数缴清,现蒙格外体恤,准由贵公司暂行代垫,惟学成之后,愿在贵公司服务五年,所该垫款,自领取工资之日起,扣除工资一半,以扣足五十元为止。未经扣足五十元,而中途造退者,其不足之数,由保证人缴纳。倘故意违犯规则,希图斥退,籍得另图别就,或要挟罢工,或对于银钱货物,有不正当之行为等情,须缴罚金五十元。如本人无力缴纳时,并由保证人赔缴。恐后无凭,邀同保证人,具此志愿书为证,并呈交振亚织物公司收照。

中华民国×年×月×日,具志愿人×××。保证人保证书另具。

保证书

具保证书×××,今因×××在贵公司学习织绸新法,所有一切章程,自应遵守。如有不遵章程,半途辍业,以及意外等事,均归×××负完全责任。恐后无凭,立此存交振亚织物公司收照。

中华民国×年×月×日,保证书人×××。

职业

住址

通信处①

学徒契约的三种文书一般是单独分列的，不过，也有把学徒章程的一些内容罗列于志愿书之后的。如上海新祥机器厂的投师“关约”就是如此。② 至于学徒志愿书和保书的名称因行业和企业的不同而异。如江南造船厂、上海大隆机器厂、天津机器铁工厂同业工会等企业和行业的学徒契约名称不叫“志愿书”，而叫“关书”。其内容与上举振亚丝织厂的学徒志愿书相类似，只不过把保书中的有关内容写进了关书之中，而取消了保书的形式名称。

从上例章程、志愿书和保书的内容，可以看出近代学徒与师傅的关系，具有十分明显的权利义务不对称性。在学徒契约中，学徒的责任和义务规定得十分详细，而师傅传授技术的责任和学徒的待遇却没有任何保证，甚至明文规定解脱师傅责任。如天津市机器铁工厂同业公会议定的学徒契约规定：“如有天灾、人祸、丢失、投河、落井、被绑架、抓虏等事，由铺保、家长、介绍人负责，不与厂方相干；如因工作发生触电及一切意外，致生命受到危险时，全由铺保、家长、介绍人负责办理。”③江南造船厂的契约则规定：“风云不测，皆由天命。”“掉江落水，与师无关。”④这种权利义务失衡的状况导致学徒的雇佣状况十分恶劣。

首先学徒必须缴纳的保证金成为学徒的沉重负担。学徒为进厂而缴纳的保证金，有的叫“押柜”。保证金的金额，各业规定不等。上海机器业学徒一般要缴 20 ~ 30 元。为筹措保证金，多数学徒不得不东挪西借。据访问学徒出身的老工人，许多学徒的保证金是家长“变卖押当”筹措的，并且“这种为了‘押柜’而

① 苏州市档案馆：《苏州丝绸档案汇编》（上），江苏古籍出版社，第 637 页。

② 王新：《上海民族机器工业》，中华书局，1979 年版，第 812 页。

③ 《旧中国的资本主义生产关系》，人民出版社，1977 年版，第 157 页。

④ 《江南造船厂史》，上海人民出版社，1975 年版，第 62 页。

遭遇困难的情况是相当普遍的"①。保证金要到学艺期满后才能发还。资本家因此而掌握了相当大的一笔资金,增加了资本。有些工厂的学徒保证金在企业股本中占了相当大的比例。如上海中华铁工厂的学徒保证金是每人30元,其所收保证金与股本的比例如表:②

年份	工徒保证金	股款	百分比
1928	680元	10000元	6.8%
1929	970元	10000元	9.7%
1930	1250元	24700元	5.1%

这等于是学徒自己提供了剥削自己的资本。

其次,学徒的技术学习无保障。传统学徒制,技术传授由业主(即师傅)直接指导。近代学徒绝大多数不再由业主亲自传授,而是由老学徒、技术工人、匠师等承担。如南京沙磨房业学徒,"在例只认老板为师,但学徒之学技,全赖技精工人之教授,故习惯上亦称此项工人为师,名曰带师"③。上海机器业学徒"由师傅或资本家指定跟某一位老师傅"学技术。除去一部分规模很小的工厂,由资本家亲授技术外,一般厂的资本家都"不直接传授技术"④。又据对天津地毯业学徒技术传授情况的调查,在被抽样的261名学徒中,由老学徒教者100人,由细工教者61人,由匠师教者60人,由工头教者40人。技术教授的方法多种多样。虽然有比较重视理论知识的,如上海五金机器业个别企业那样,采取"组织学徒上课,以数学、识图为主要课程,半年以后,教授制图。这样一面实

① 王新:《上海民族机器工业》,中华书局,1979年版,第810页。

② 王新:《上海民族机器工业》,中华书局,1979年版,第811页。

③ 《沙磨房之学徒制度》,1925年5月23日《中外经济周刊》第113号。

④ 王新:《上海民族机器工业》,中华书局,1979年版,第828页。

习，一面上课，一年以后，基本上有了独立操作的基础”[①]，但是不讲究教授方法，“惟使其与他人一处工作藉以学习者，为数最多”[②]，因而学徒掌握技术的程度很难保证。同时，随着工业的发展，劳动的分工协作程度提高。原来复杂的生产工艺被分解为一个个简单的工序。学徒学习的内容往往只是某一个工序的操作，而不是全面的技术。所以，学徒对技术的掌握很不成熟。同一行业中学徒技术掌握的程度也有着明显的差别。如上海机器业中“小厂的学徒学习技术较大厂全面，因为厂小人少……师徒之间见面时间多，传授技术的机会也就较大中型厂为多。并且一般小厂的业务依靠修修配配，缺乏制造能力，因此小厂学徒容易学到全面的技术”[③]。从技术传授的角度讲，近代学徒制较传统手工业学徒制倒退了。

学徒的学习内容缩小，但学徒的学习时间仍然保持旧有的规定。学徒的学艺期限长短因行业而异，普通的为三年时间。地毯业一般是三年半，木工、漆工一般是四年。有些行业还有试用期半年至一年的规定。满师后，一般要帮师一二年。就是这样，很少有学徒能按时满师。资本家设法制造种种借口，延长学徒满师期限。学徒事假、病假、工伤停工，要补工；不到节期，未办“谢师酒”等都是延迟出师的借口。结果规定的三年到三年半的限期，“一般要在四年左右，甚至五年六年以上才能满师”[④]。后来，学徒的期限被明确修改为“三年学习，三年实习”。所有这一切，只是为了保持对学徒最大限度的剥削。

第三，工作时间长，劳动待遇低。学徒的工作时间无定数，比一般工人的要长。因为他们不仅要在正常的工作时间内辅助师傅

---

① 王新：《上海民族机器工业》，中华书局，1979 年版，第 831 页。

② 彭南生：《中间经济：传统与现代之间的中国近代手工业（1840—1936）》，高等教育出版社，2002 年版，第 300 页。

③ 王新：《上海民族机器工业》，中华书局，1979 年版，第 813 页。

④ 王新：《上海民族机器工业》，中华书局，1979 年版，第 815 页。

工作,而且工作开始前的准备和工作结束后的清理整顿,都是他们分内应做之事。学徒的工作时间,据调查,北京地毯业工人工作时间以12小时为多,学徒工作时间以14小时为最普遍。[①] 东北织布业,学徒工作"每日约13小时,自上午5时起,至下午7时止"[②]。上海机器业"学徒工作时间,经常要达十八九个小时左右"[③]。尽管学徒劳动时间极长,假期却正好相反。天津织布业,"学徒假期有定,大抵端阳及中秋各放假一日,新年则放假五日至十日不等"[④]。北京珐琅业"每年端阳、中秋两节,各放假一日,旧历年放假二日,平常并无放假时期"[⑤]。上海机器业虽然规定每月初二、十六停做夜工,但是还是要被资本家叫去打杂差的,"学徒终年是没有休息时间的"[⑥]。

通过最大限度地榨取学徒的劳动,资本家获得了巨大的利润。如上海制造内燃机的机器厂在接受订货估算成本时,学徒工的每工工价是1元。资本家实际在学徒身上支出的是饭费0.2元,再加工具折旧费0.15元,资本家从每个学徒工身上每天就获得0.65元的纯利润。与此巨额利润相比,学徒所得到的待遇却极其恶劣。学徒在学艺期间基本上是无偿劳动。如江南造船厂的学徒"关书"就明确规定:"学徒期间不给工资"[⑦]。学徒可能的收入就是,有的企业在供给学徒伙食外,每月给点理发、洗澡钱,叫做"月规";有些企业则取消伙食供应,相应地发给少量津贴。近代学徒有的有一点工资,但为数极少。天津织布业学徒"工资之数,约当

① 彭南生:《中间经济:传统与现代之间的中国近代手工业(1840—1936)》,高等教育出版社,2002年版,第299页。

② 《东北织布业近况》,《经济半月刊》第1卷第1期。

③ 王新:《上海民族机器工业》,中华书局,1979年版,第821页。

④ 彭南生:《中间经济:传统与现代之间的中国近代手工业(1840—1936)》,高等教育出版社,2002年版,第299—300页。

⑤ 《北京珐琅业近况》,《经济半月刊》第2卷第14期。

⑥ 王新:《上海民族机器工业》,中华书局,1979年版,第821页。

⑦ 《江南造船厂史》,上海人民出版社,1975年版,第62页。

工人所得一半或三分之一”。有的学徒“工资与工人相等,而重收其膳费,以示别于工人”①。不仅如此,学徒那点微薄的工资也要被资本家克扣。中兴铁工厂在工徒章程中明确规定学徒“每次所得之工资,应扣除五分之一,作为储蓄金,存于本厂会计部,于六年习业期满时与保证金同时发还”②。

学徒的生活待遇也很坏。上海机器业学徒生活被形象称为“吃三年萝卜干饭”。一般在10人左右的小机器厂中当学徒的,吃睡都在车间内。每天一粥二饭,小菜经常只有萝卜干,每月初二、十六两天“当荤”,只有这两天能吃到薄薄的几片肉或一些咸鱼之类。学徒的居住环境“简陋之极”。如北京纺织业学徒的住处,“室内秩序之乱,空气光线之不洁不足,几为共同之缺点”。工人衣服一般为蓝色或黑色粗布,一年四季鲜有更换,“虽夏日也复如此”③。学徒所受的劳动待遇也是十分恶劣的。在工厂中,学徒处在最低层,受资本家、工头和师傅的压迫,厂内任何人都可以随意支使他们,挨打受骂成为家常便饭。学徒不仅在工厂内干各种指派的工作,有的甚至干老板、工头指派的私活。

学徒伤病,师傅一概不问。当学徒生病时,哪怕有一点可能,资本家都会迫使学徒干活。一旦学徒病重,资本家则往往一推了之,让学徒家长或保人领回。学徒的生命在资本家眼中形同儿戏,毫无保障。有个1924年到北京崇外门祥聚织布厂参观的人写道:“参观时,见有学徒染急性疫病,不及一日而死,暴尸街衢,尚未收敛”,而厂方“视若无事”④。

第四,学徒人身不得自由。学徒的人身自由被剥夺,行动受到

① 彭南生:《中间经济:传统与现代之间的中国近代手工业(1840—1936)》,高等教育出版社,2002年版,第282页。

② 王新:《上海民族机器工业》,中华书局,1979年版,第819页。

③ 刘明逵、唐玉良:《中国近代工人阶级和工人运动》第1册,中共中央党校出版社,2002年版,第594页。

④ 《旧中国的资本主义生产关系》,人民出版社,1977年版,第155页。

种种限制。许多企业的学徒章程都对此有明文规定。如有企业规定“工徒无故不准擅出大门,如有事外出,必须报告账房,限时回厂”①。又有企业规定“工徒入厂后,概不准请假,如遇本人疾病,及家中有正当要事,须由父兄来厂说明,方可请假,但须论事酌量给假”②。实际情况是,学徒入厂以后曾未出过厂门的比比皆是。有人在 1929 年调查了天津地毯业 261 个学徒的情况,发现其中只有 43 个人入厂后回过家(主要因父母丧事),有 108 人有家属来探望过,其余都没有和家人见过面。除了不得人身自由外,学徒在工作中还受到种种其他限制,如工作中出错,损毁物品,要赔。本人无力赔偿时,要由保证人代为清偿,甚至学艺不成被开除后还要“追缴饭资”。受此种种压迫,加上长时间的劳动,学徒在工作中的伤亡事故频频发生。

学徒的悲惨生活引起世人的关注。1926 年的第三次全国劳动大会和 1927 年的第四次全国劳动大会都讨论了学徒问题,通过了相关的决议,主张“学徒期限应为三年以内。学徒期禁止使用学徒为私人私事服务。规定请假和休假制度。学徒期满后,一切待遇与成年工人平等享受”。

类似于学徒生活的是养成工。养成工是日本在华纱厂最先使用。1922 年,上海日本工厂推行养成工制度。后来,青岛等其他地方的日本工厂也实行这一制度。中国纱厂本来实行学徒制。由于纱厂的劳动并非需要长期学艺,所以中国纱厂仿效日本厂,也使用这种制度。养成工的年龄一般是 14 至 20 岁,其他像文化程度、品行、健康状况,甚至是身高等都有要求。如无锡申新三厂规定,养成工“限定年龄在 15 至 20 岁,具初小或高小程度,品性纯善,身体强健,能耐劳苦,且身材高度以达 54 寸者为合格”③。芜湖裕中

① 《天津商会档案汇编》(下),天津人民出版社,1989 年版,第 1327 页。

② 《苏州丝绸档案汇编》(上),江苏古籍出版社,1995 年版,第 622 页。

③ 刘明逵、唐玉良:《中国近代工人阶级和工人运动》第 7 册,中共中央党校出版社,2000 年版,第 743 页。

纱厂规定清花、钢丝、并条、粗纱车间的养成工,年龄 18 至 25 岁,体重在 90 磅以上,不得超过 120 磅;细纱车间的年龄为 14 至 25 岁,体重在 80 磅以上。[①] 养成工与学徒虽然名称不同,但其共同的特征是用超经济的强制,奴役非成年人。当然他们之间也是有区别的。

养成工的训练期较短,一般三至六个月。在训练期内,由工厂供给膳食,没有工资。训练期满,给工资。无锡申新三厂规定,养成工学艺期为三个月,期满"则正式派以相当工作,可与普通工人同样以货计资"[②]。养成工的工资要比普通工低得多。武汉申新四厂 1933 年失火,1934 年重新开工后改用养成工,平均工资由灾前的 0.39 至 0.47 元降为 0.36 至 0.40 元。养成工的工作时间与普通工一样,为 12 小时。申新四厂灾前用工 3200 人,灾后用工 1500 余人。[③] 这就是说养成工的劳动强度要大大超过普通工。

养成工同样有工厂直接招收与非工厂直接招收两种。工厂直接招收的养成工年龄一般较大,进退拥有较多的自由。如申新四厂在湖北天门县招收青年妇女为工,许以较好的工资待遇,"不料来厂时,待遇不良,难以容身,一般招来女工纷纷回家"[④]。非工厂直接招收的养成工往往是由工头经手。日本人的工厂最初就是委派工头到内地乡村招收的。这类养成工的年龄较小,一般十来岁,甚至有八九岁的。他们的雇佣状况一如学徒工,有的甚至更加恶劣。当这类养成工只由工头负责,而不归工厂管理时,他们实际上已经是包身工了。

二、包工制

包工制在旧中国十分普遍。它是一种层层压迫和层层剥削的

① 《旧中国的资本主义生产关系》,人民出版社,1977 年版,第 165 页。

② 刘明逵、唐玉良:《中国近代工人阶级和工人运动》第 7 册,中共中央党校出版社,2000 年版,第 743 页。

③ 《旧中国的资本主义生产关系》,人民出版社,1977 年版,第 167 页。

④ 刘明逵、唐玉良:《中国近代工人阶级和工人运动》第 7 册,中共中央党校出版社,2000 年版,第 744 页。

雇佣劳动制度。这种制度是以计件工资为基础的，因此，经常有把属于雇佣关系的包工制与属于工资制度范畴的包工相混淆，把计件工资的包工称为直接包工制，而把雇佣关系的包工称为间接包工制。实际上，作为雇佣关系的包工制，其最大特点是把"管理工人的全部责任转交给包工头"①。包工头成为资本家与工人之间的中间人，一般是包工头以计件方式向资本家承包工作，再以低于资方所给工价来招募工人干活。一切涉及雇佣关系的问题，资本家与工人并不直接接触。因此，包工制工人受资本家和包工头的双重剥削。所谓直接包工制是"资方和劳动者直接发生关系"②，因而不应该属于包工制的范畴。

近代包工制的产生，跟外国在华企业有关。最初，由于语言障碍等客观原因，外资在华企业于招募和管理工人方面遇到了不少困难。于是，就把这项工作委托给他们选择的中国人承办。由此，近代包工制度产生。由于这种制度免除了资方管理工人的必要费用，又可以最大限度地减少工资支出。因此，包工制不仅在外资在华企业，而且也在中国人开办的工厂中广泛推行开来。在某些行业中，近代包工制的产生也与中国传统有关。如采矿业的包工制，在中国封建社会就已经存在了。近代采矿业因袭了这种制度。

除了上述原因外，近代包工制产生的根本原因还在于，中国劳动力的价格十分低廉，使用大量劳动力来增加生产比更新生产技术设备更加有利可图。以开滦煤矿为例，井下采煤长期使用手工劳动和原始落后的生产技术工具，与开平矿务局相比，几乎没有什么改进。之所以如此，开滦总经理英国人杨嘉立公开说："无论何项事业，莫不以减少雇工为目的，而减工之宗旨实在于减轻成本。今在工价低贱之国，从经济方面而论，实无利用省工机器之必要。

① 刘明逵、唐玉良：《中国近代工人阶级和工人运动》第1册，中共中央党校出版社，2000年版，第613页。

② 刘明逵、唐玉良：《中国近代工人阶级和工人运动》第7册，中共中央党校出版社，2000年版，第745页。

况且中国内战连年不息，百万人民皆将饿死，工商业凋敝，处此情形，试问以利用来自国外省工机器为有利，或仍以雇佣大批工人为有利乎？"[①]反过来，大量使用廉价劳动力的结果又增加了使用包工制的诱惑力。随着生产规模的扩大，井下采煤工人愈来愈多，加上井深巷远，生产分散，如果全部工人都由矿方直接管理，势必使英国资本家增加管理支出，减低利润。因此，包工制的使用更加不可动摇。正是因为资本家能从中得到巨大的利益，包工制在近代中国一直存在，直到全国解放后，才由中央人民政府政务院在1950年明令废止。

包工制的行业分布很广。一般"凡是不要求熟练技术的企业或企业的工种，包工制度就很普遍"[②]，如搬运业、采矿业、纺纱业等，多实行包工制。除技术性低的行业外，一些技术要求高的行业，如船舶修造业和建筑业，也实行包工制。包工工人的数量因行业而不同。有的行业是部分实行包工制，如纺织厂的成包车间，火柴厂的装盒、包装工作等；有些工厂的运料、卸煤等工作也实行包工制，称外包工。有的行业则以包工工人为主体，如中国矿业工人有200万，其中包工工人占了80%以上。有的行业，如码头搬运业和建筑业，则全部使用包工工人，并且工人人数众多。虽然包工制受到社会舆论的抨击，包工工人有所减少，但数量仍然很大。在矿业劳动者中，包工工人所占比例一直很高，如表所示：[③]

① 《旧中国开滦煤矿的工资制度和包工制度》，天津人民出版社，1983年版，第157—158页。

② 刘明逵、唐玉良：《中国近代工人阶级和工人运动》第1册，中共中央党校出版社，2000年版，第615页。

③ 刘明逵、唐玉良：《中国近代工人阶级和工人运动》第1册，中共中央党校出版社，2000年版，第618页。

矿区名称	包工工人之百分比	矿区名称	包工工人之百分比
北票煤矿公司	79%	华五煤矿公司	77%
刘江煤矿公司	75%	安山铁矿公司	66%
开滦煤矿公司	54%	大野沟煤矿公司	54%
汉冶萍公司	27%	抚顺煤矿公司	25%

在抗战前,上海有47个码头,码头搬运工人约15万人。武汉在1948年统计有各种搬运工人24000人。解放后,1950年统计全国50个城市,共有搬运工人568584人①。

为管理工人,包工头一般均有一定的组织系统。如上海码头包工组织是:包工头为最高,其下为挡手,再下为跑码头和拆账头。包工头是老板。挡手为其所雇佣的经理,负责处理码头一切事务;跑码头则负责统计货物,计算人工及确定工作时间,做完后交拆账头办理;拆账头的职务是招集工人,指挥工作,分发工人工资。挡手、跑码头均有工资。拆账头无工资,只吃一份空额。② 开滦煤矿的包工组织称"包工大柜"。大柜内有行政管理和技术管理两个部门。行政管理有营业经理一名,在其下有会计、供应、工人食宿等管理单位。技术部门有技术主任一名,其手下有两名总管。总管之下有查头、二头等负责具体分配工人工作。③ 海员的包工组织称为"馆口",约有三种:洗马沙馆、君主馆及民主馆(或称兄弟馆)。前两者由包工头或个人开设,垄断海员的雇佣介绍工作。凡经其介绍而得就工作的海员,必须向其交纳费用,而且数量不菲。

① 《旧中国的资本主义生产关系》,人民出版社,1977年版,第189页。

② 刘明逵、唐玉良:《中国近代工人阶级和工人运动》第7册,第753页。

③ 《旧中国开滦煤矿的工资制度和包工制度》,天津人民出版社,1983年版,第264—266页。

后一种是“海员合股组织，系公共宿舍性质，自然比较公平”①。

包工工人的雇佣方法因行业而异。例如开滦煤矿的包工工人，多数是煤矿周围的农民。在每年秋收后，农民多来矿上当包工工人。在1932年以前，“工人不要登记，包工头同意就能上班”②。码头搬运业因乡土背景和历史关系等原因形成一个个帮会。工人必须先入帮，才能够有受雇的机会。为入帮，工人“必须向包工的人花一笔很大的运动费”③。入帮以后，工人必须每天到码头上领“工牌”。领到者，可以上班；领不到者，就没有工可做。

包工制有不同的类型。从包工工人与包工头的关系来看，包工制分为自由与不自由两类。自由的包工工人受包工头雇佣，可以自由地离职。不自由的包工工人，人身受包工头控制，实际上是一种奴隶制性质。自由与不自由两类包工工人的雇佣状况有很大区别，下面试分别叙述。

自由的包工工人受到包工头极其沉重的盘剥。剥削工人工资是包工头的首要手段。包工头总是以远低于资方提供的标准，支付包工工人的工资。尽管因行业而异，包工头克扣工人工资的比例相当大。如开滦煤矿资方给工人的工资每人每日可合银洋2角，而包工头给工人的则是每人每日合铜板20枚。以当时中国银洋与铜板的兑换价，“包工头从工人工资中剥削一半以上。再则发给工资时，又得剥削其尾数，如工资1元以上则只给1元，其尾数被扣去，如不上1元者则仅以不足数之铜元付给之”④。在船舶修造业，包工的层次很多。有的分为三层：大包、二包、三包，也有的分两层：大包、小包。每一层都要克扣工人的工资。层次越多，工

① 《邓中夏文集》，人民出版社，1983年版，第459—460页。

② 《旧中国开滦煤矿的工资制度和包工制度》，天津人民出版社，1983年版，第304页。

③ 刘明逵、唐玉良：《中国近代工人阶级和工人运动》第7册，中共中央党校出版社，2000年版，第752页。

④ 《邓中夏文集》，人民出版社，1983年版，第489—490页。

人的工资就被克扣得越狠。据1950年对上海造船业的调查,全部工资包价中,大包一般约得20%,小包约得20%至30%,工人所得仅及一半①。码头工人的工资据有人1931年估计,上海码头工人所得约占20%至30%,各级包工头克扣了70%至80%。② 武汉和一些内河码头更加惊人,工人所得只占包价的10%至17%,中间剥削达到80%以上。③ 除了明着克扣工价外,包工头还有其他办法,如吃空额,聚赌,放高利贷,包办伙食等,侵吞工人劳动所得。吃空额也有叫"吃点",极为普遍,就是工头将工人劳动人数以少报多,获取多余人数的工资。包办伙食在华北煤矿业叫"锅伙",由包工头设置,包办工人伙食,提供免费住宿。"锅伙"饮食十分粗恶简陋,但扣除的费用竟达工资的30%至50%。④

包工工人不仅工资低,而且几无福利待遇可言。有人考察过锅伙的情况,认为"讲究的猪窝,也比它好"⑤。资方对包工的福利事业一概不问。工人遇有疾病没有什么医药,只由"包头"给予旅费回籍,如遇死亡,则由包头出钱简单料理埋葬而已。有些厂矿确实设有所谓工人医院,"然亦仅潦草塞责,司其事者……直一性情暴躁如狼似虎之市侩耳,屠夫耳"⑥。总之,包工工人的状况极惨。然而,相对于不自由的包工工人来说,他们的状况又好得多了。

不自由的包工工人因时间长短而分为有定期和无定期两种。有定期的,如各种包身工,通过契约受雇,规定一定期限,期满后解除雇佣。无定期的,如山西采煤业的"窑黑子"和湖南煤矿的水工,多为被诱骗的外籍失业苦工,过路的外籍客商,无赖,罪犯等,

① 《旧中国的资本主义生产关系》,人民出版社,1977年版,第183页。

② 《独立评论》1932年第1号,第17页。

③ 《旧中国的资本主义生产关系》,人民出版社,1977年版,第195页。

④ 刘明逵、唐玉良:《中国近代工人阶级和工人运动》第1册,中共中央党校出版社,2000年版,第618页。

⑤ 《唐山劳动状况》(一),《新青年》7卷6号。

⑥ 刘明逵、唐玉良:《中国近代工人阶级和工人运动》第1册,中共中央党校出版社,2000年版,第621页。

并以前两者为多[1];也有的是用武力绑架,勒令充任的。这种绑架行为在湖南叫做“扎枯”。无定期包工工人一旦落入包工头手,除死方休。他们均没有任何报酬,工作又十分辛苦,完不成任务常常要遭到毒打,行动自由也被完全剥夺。山西煤窑内有“看门者执拿锁钥。管理门户启闭,窑场十数里内,更有巡风者散布各路,所以工人纵在窑上得有脱逃机会,也必为巡风捕回,十九被岔头打死”[2]。无定期包工制完全是一种奴隶制度。但是,它的存在比较少。上述山西的“窑黑子”和湖南煤矿的水工是民国期间仅见的两例。在被公之于众后,为首者受到当地政府的惩治。山西省曾公布《取缔各煤窑虐待工人办法》和《查禁虐待矿工办法》,规定煤窑雇佣工人“须双方自由订立契约,不得强买骗诱或利用其他不正当方法强迫工作”;禁止雇佣未满 18 岁的工人;工人工作时间为 10 小时;最低工资“应以煤窑所在地之工人生活状况为标准”;要求煤窑按工厂法设置工人名册,分期呈报地方主管官署核查[3]。

有定期的包身工有相当的分布。它也是由日本人带到中国来的,大约产生于 20 世纪 20 年代。最先是上海日本在华纱厂使用包身工,后来,中国纱厂也为效法。申新九厂是华厂中使用包身工最多的。除了上海外,包身工也使用于青岛的各纱厂。包身工的数量没有统计。1932 年“一·二八”事变时,上海日本纱厂 48000 工人中,约有一半是包身工。中国纱厂的包身工没有日本厂子多。因此,有人估计包身工最多时占上海纱厂女工三分之一左右。[4]包身工一般是十二三岁至十五六岁的未成年女孩,由包工头(或称包工老板)从内地农村或灾区诱骗而来,一般都有包身契。包身契

① 《民国二十二年中国劳动年鉴·第一编劳动状况》,台北文海出版社,1992 年版,第 260 页。

② 《民国二十二年中国劳动年鉴·第一编劳动状况》,台北文海出版社,1992 年版,第 261 页。

③ 《民国二十二年中国劳动年鉴·第五编劳动法规》,台北文海出版社,1992 年版,第 56—57 页。

④ 《旧中国的资本主义生产关系》,人民出版社,1977 年版,第 171 页。

的内容为包身期间包身工义务的规定。举例如下:[①]

兹自愿将小女杨桂英交姜阿六带领到上海当包身工。当面言定包身金大洋二十元;三年内由姜阿六负责一切生活费用;所得工资也全归姜阿六收用;生死疾病,一概听天由命,与姜阿六无干。姜阿六先付包身金大洋十元,人银两清;另外十元,到满一年半时再付。恐后无凭,立此包身契是实。

包身契是包老板行使统治权的依据。其所规定的内容已十分残酷,而实际情况更加野蛮。包身工的期限一般是三年,要按期脱身则很难。有的包身工开始因年龄小往往先在包老板家当一年奴婢,才能进厂工作;有的包身工进厂后要从考试及格能独立挡车时,才开始算包身期;多数包身工是因为包身契上"倘有停工,如数照补"[②]的规定,而被包老板勾结工头罚工,才延长了包身期。一般包身工要四五年的时间,才能满期。在包身期内,包身工没有丝毫人身自由。为完全控制包身工,包老板力图隔绝他们与外界的一切联系。不仅包工期内不准回家,也不许父母亲属来探望,而且包身工上下班都有人押送。按契约规定,包身工的工资全部归包老板。虽然包身工的工资较普通工人低40%左右,但是包老板剥削的包身工工资也不菲。据包老板自己供认,控制一个包身工"每年可赚70至80元,最多可达96元。因此,当一个包工头,只要包三四个人自己就便可生活;包10至20个人,则每月的净收入即大大超过拿摩温的工资"。不仅如此,包老板还要克扣包身工的身价银和向满身工索要"报效"。包身工的身价银一般是20至30元,包老板克扣一个包身工8至10元身价银,是常事。对满身包身工,包身契明定"满工后,当报招工员数月"[③],包老板以此为据向他们索要"报效"。这种报效的时间和数目又是无定的。有的满

① 王庆庭、闻华生:《一个包身工的故事》,农村读物出版社,1965年版,第5页。
② 《旧中国的资本主义生产关系》,人民出版社,1977年版,第169页。
③ 《旧中国的资本主义生产关系》,人民出版社,1977年版,第169页。

身工要被包老板索要一年以上。

包身工大多数住在工厂的公房中。有的是住在包老板的家里。其居住环境,极不卫生。饮食恶劣,而且不能保证吃饱。上海公共租界工部局童工委员会1924年的报告称“包身工经常生活在非常可怕的工房中,吃着有毒的食品,他们手里也从来没有一个钱,简直是奴隶”[①]。包工头对这种状况熟视无睹。1934年,《国际劳工》的记者在日本纱厂考察包身工的居住情况时,发现包身工连棉被也没有。当这件事被问起时,包老板说:“习惯了,没有被头也会睡觉的”。由于生活待遇极差,加上繁重的劳动和种种的摧残,许多包身工疾病缠身。包老板不仅不给治病,而且不到万不得已决不许包身工停工。由于备受虐待,包身工的死亡率极高。申新九厂每年都要死不少包身工,夏天几乎天天都有死亡的,最多时一天死四五个人。上海裕丰纱厂一个叫毛德祥的包老板,包了100多个包身工,三年中就死了30多。可以说,包老板的财富是由包身工的尸骨积累起来的。

包身工是定期的卖身奴隶。资本家和包老板对包身工制度遮遮掩掩,生怕内情外泄。1932年“一·二八”事变时,包身工才为社会知晓,引起了强烈的舆论谴责。国民党上海市社会局发布了八项《处理包身工制工人问题之办法》。此后,包身工问题越来越多地被舆论曝光,到抗战爆发后,包身工制渐趋灭亡。

第五节　近代农业雇工

农业雇佣劳动在传统社会就有相当程度地存在,秦末农民起义的领袖人物陈涉就是农业雇佣劳动者出身。传统社会农业雇佣劳动的存在,一方面是因农业生产是季节性很强的生产活动。农

① 刘明逵、唐玉良:《中国近代工人阶级和工人运动》第1册,中共中央党校出版社,2000年版,第612页。

忙季节为不误农时往往需要大量的劳动力。一个拥有较多自家劳动力的农户也要雇请一定的短工帮忙。因此,中国封建社会很早就存在农户的雇工劳动。另一方面是因为土地的兼并和自然灾害造成农民的破产。破产农民一无所有,或仅有栖身之地。他们没有资本充当佃户,只得四处觅活度日。所谓“无田可耕,则力佃人田;无资充佃,则力佣自活”①,就是指这些破产的农业雇佣劳动者。近代中国农业经济发生了深刻的变化。在新的历史条件下,农业雇佣关系的发展状况如何,性质是否发生变化,这些都是本节所要考察的内容。

一、近代农业雇工的类别及雇佣方法

近代农业雇工有不同的类别。以雇佣时间来分,农业雇工可分为长工、短工。若以居住关系为标准,则可分为土著雇工和巡回雇工两种。土著雇工“居住于一定地域,于农村不荒废之区见之”②。巡回雇工,或称游工,又称行农,是一种根据各地农季差异而流动佣工的农民。若以雇工工作的内容为标准,则又可分为家仆雇工及纯农业雇工二种。家仆雇工既要承担各种田间农活,又要在雇主家内做各种杂役。纯农业雇工专门从事于田间农事,不为雇主做家内杂役。下面对以雇佣时间为标准划分的各种雇佣关系,作进一步讨论。

长工俗称长年、长年大工、长年伙计等。长工的雇佣期限各地并非一样,大致是满一年、不满一年和一年以上三种。上工及下工的日期,也各不相同。满一年的,如安徽六安的长工有以 12 个月计算的,也有以 8 个月计算的。具体情况“由雇主与雇工于先年八月商定。其以 12 个月计算者,正月初上工,腊月底下工”。广西容县的长工“自正月初二上工,至年底下工,如有闰月,加工资一

① 许涤新、吴承明:《中国资本主义的萌芽》,人民出版社,1985 年,第 236 页。

② 《第二次中国劳动年鉴·第一编劳动状况》,大北印书局,1932 年,第 169 页。

月”[①]。不满一年的，如浙江各县的长工，多分一年为上下两期。宁海以春夏为第一期，秋冬为第二期。黄岩以大暑为上半年终止期，年底为下半年之终止期。嘉兴以半年为期，自清明节上工，至早稻登场农事完了为止。江苏溧水长工在正月半上工，端阳或中秋节下工。江宁县长工在十月下工。安徽六安以八个月计时的长工，二月初一日上工，十月初二日下工。天长县长工以季节为准。正月上工，立秋下工者，为春季；七月间上工至秋收完毕下工者，为秋季。[②] 一年以上雇佣期的多在一些边远地区，如广西东兰县的长工，因债务而雇佣，以作工二三年抵偿债务利息。期满偿还本钱后，脱离雇佣关系。思恩县有立当身契的雇工，也有订约雇佣十年八年或三五年的。[③]

长工的雇佣期限在近代有逐渐缩短的趋势。其原因在于“年岁丰歉，变化太剧。收成若好，雇工可于下半年另寻雇主，提高工资。收成不好，雇主可辞退雇工，另雇工资较低之雇工”[④]。这种趋势在中国南北方都有表现。如直隶宛平小井村一带，二十世纪二、三十年代，雇用长工一般都是一年一讲。长工干一年的多，一干十年八年的很少。顺义长工也是一年一换。昌黎一带，过去雇佣长工有一年以上期限的，但进入 20 世纪 30 年代也少了。山东历城冷水沟、王舍人庄等地，长工雇期均为一年。浙江东部沿海地区，二十世纪二、三十年代，虽然连续雇佣数年的长工“甚多”，但

① 陈正谟:《各省农工雇佣习惯之调查研究》,《中山文化教育馆季刊》,创刊号,1934 年。第 348 页。

② 陈正谟:《各省农工雇佣习惯之调查研究》,《中山文化教育馆季刊》,创刊号,1934 年,第 348—349 页。

③ 陈正谟:《各省农工雇佣习惯之调查研究》,《中山文化教育馆季刊》,创刊号,1934 年,第 349 页。

④ 陈正谟:《各省农工雇佣习惯之调查研究》,《中山文化教育馆季刊》,创刊号,1934 年,第 349 页。

都是一年为一期,没有一次立约雇佣几年的。[①] 长工雇佣期限的缩短体现了市场和价值规律的作用,是一种进步的表现。

农业短工又称忙长年、忙月、月工、弥月或忙工。农业短工雇佣期间在半年以内。如江苏松江县叶谢乡雇佣期间概由插秧至施肥,约三个半月。湖北当阳县由六月至十月末。[②] 也有农业短工雇佣期间不足一月的,这样的短工一般叫做日工。

近代农业工人的雇佣方法因其类型的不同而有分别。首先看长工,其雇佣方式一般是"雇农与雇主见面,两方意气相投,雇农再觅一适当保证人,将劳动条件协定后,雇佣关系,即行成立,而保证人对于雇主须负该雇农以后一切行为之责任。雇佣劳动条件,亦仅规定其工资及雇佣期间等而已,其他条件,均依各地习惯行之"[③]。在有的地方,长工的雇佣要有介绍人或中间人。如在山东,长工先托人介绍,再经雇主表示同意就可上工。这些中间人有的是"伙友"、"老长工",有的是"朋友"或"说工人"。工价则由雇工直接与雇主谈或由"介绍人"谈。确定了雇佣关系后,有的要预支给长工部分工资作为定钱;有的长工上工时雇主给长工一次"好酒好菜吃",有的是长工"同保人一同在地主家里喝回酒"[④]。在安徽宿县,长工多由亲友介绍,从中介绍者曰"中间人",俗呼之为"说合"。上工后,如有不法行为或怠工逃工等情,"说合"要负相当责任。[⑤] 长工续雇的做法,在一些地方很富有习惯的色彩。如河北定县,老长工工作期满后,是否继续雇佣时,主雇双方一般不

① 刘克祥:《甲午战争后自由的、资本主义的农业雇佣劳动的发展》,《中国经济史研究》1990 年第 4 期。

② 《第二次中国劳动年鉴 · 第一编劳动状况》,大北印书局,1932 年版,第 169 页。

③ 《第二次中国劳动年鉴 · 第一编劳动状况》,大北印书局,1932 年版,第 169—170 页。

④ 景甦、罗仑:《清代山东经营地主经济研究》,齐鲁书社,1985 年版,第 202—203 页。

⑤ 尹天民:《安徽宿县农业雇佣劳动者的生活》,《东方杂志》第 32 卷第 12 号。

直接明说。一般是长工整理自己的行李,“置于走廊下,以示去意,设雇主欲继续雇佣时,则换置其行李于中厅,若无意继续雇佣时,则换置其行李于墙角,于是雇农依雇主换置其行李之位置,而决定去就”①。

其次看农业短工的雇佣。其雇佣方式有通过市场雇佣和不通过市场雇佣两种。短工市场,据 20 世纪 30 年代的调查,各省“除湖南外其余凡多雇短工之处,多有劳工雇佣市场”。据调查统计,全国有短工雇佣市场的县约占被调查数的 37.02%。② 短工雇佣市场,各地的称呼不一。在北方多称为人市、工市或工夫市,在广东则称摆工、人行或卖人行,在云南则称工场或站工场。雇工场的地点有在普通交易市场的,有在寺庙所在处的,也有在乡村之中的。雇工市场的短工雇佣方法,有以村长、闾长或僧侣为中间人,评定工资以便主雇双方遵守的。也有雇主喊出工作种类、工资价格,求雇工人。倘无人应征,则增加工资;倘应者甚众,则择优而用。这种方法叫“喊市”。这种“喊市”也有由雇工提出价格,等待雇主聘用的。也有市场第一次雇佣成功,其余皆依其所订工资待遇成交的。但更多的方法是主雇双方直接协定。

没有雇佣市场的短工雇佣方法,一种是农工结队游行,以待雇主的。如江苏南通县农忙之时,雇主常于通路上见有三五成群之农工,即邀至田间工作。③ 这种游行工人在全国各地都大量存在。如黄河流域及其以北地区“赶麦场”的“麦客”,利用各地季节的差异,在麦收时节流动佣工。其流动路线是河南、山东两省农民麦收之后去河北、山西等省,河北、山西两省农民麦收之后去辽宁、内蒙

① 《第二次中国劳动年鉴 · 第一编劳动状况》,大北印书局,1932 年版,第 170 页。

② 陈正谟:《各省农工雇佣习惯之调查研究》,《中山文化教育馆季刊》,创刊号,1934 年,第 332 页。

③ 陈正谟:《各省农工雇佣习惯之调查研究》,《中山文化教育馆季刊》,创刊号,1934 年,第 333 页。

等地充当“麦客”,陕西、甘肃两省农民相互“赶麦场”。江南各地的插秧工和打禾工,也是“游行雇工”。另一种方法是雇工直接寻找雇主求职或雇主在本村或邻村呼喊,求雇工人。如陕甘地区,农工求雇“多系登门访问”;四川涪陵有径往田间寻主雇者,俗称“打枪”①。

各地短工常有一定的组织,有工头带领。这种组织在各地叫法不一。浙江昌化县叫“帮工班”;安徽芜湖叫“工蓬”;山西隰县有“札工”组织,石楼县叫“工队”,汾西叫“农工团”;陕西延长县有“拉工”之法,由农工纠合十人为一组,出外寻工。无论哪种短工组织,都有工头统领。工头的作用一般是“向雇主接洽工作、商订工资”②。在没有雇工市场的地方,雇主雇佣短工往往是通过这些工头完成的。如在浙江平湖雇佣短工,须先一日向当地的短工工头——“作头”说明。“作头”就能如数雇就。又如在山东平度县,欲雇短工者,可将工钱多少告知工头,工头即代雇短工。因此这类短工组织类似于工矿企业的把头制。

关于农工的雇佣契约,无论是长工还是短工,“雇主与雇农之间契约,多为口约,少见有文字作成之例”③。农业雇工少有契约一方面是农村雇佣习惯使然,另一方面是因为清政府在管理雇佣劳动方面设立了“雇工人”的法律条款。“雇工人”的法律社会地位比较低,与雇主存在严重的人身依附关系。“雇工人”区别于一般雇佣劳动者的重要条款中,就有“立有文契”的约束。虽然晚清“雇工人”的范围已受到很大限制,但是有关的法律条款并没有废除。因此其对社会的影响还是存在的。当然,农工签订雇佣契约,

① 陈正谟:《各省农工雇佣习惯之调查研究》,《中山文化教育馆季刊》,创刊号,1934 年,第 333 页。

② 陈正谟:《各省农工雇佣习惯之调查研究》,《中山文化教育馆季刊》,创刊号,1934 年,第 334 页。

③ 《第二次中国劳动年鉴 · 第一编劳动状况》,大北印书局,1932 年版,第 169 页。

还是存在的。只是由于种种原因,实物极为罕见。现举一则,以为讨论雇佣关系内容之示例。[①]

立守雇字人晋江县水门外卅四都柳通铺鲤州乡郑日出,认过黄衙上来龙眼壹所,内栽龙眼壹拾壹典,坐在本乡土名后铺门闭内,东至岸,西分郑才身龙眼;南至岸,北至郑添彩伧。郑日出认来竭力看守,每年龙眼成熟之时,卖得银项若干,衙上应得八分,其余二分应得分于日出,以为守雇之工资。倘日出无竭力梭巡守雇,听衙上召起别管。今欲有凭,立守雇字为照。

中人　郑咸官　郑婆官　林财官　许豪淡官

同治四年拾贰月　日　　　　　　立守雇字人郑日出

二、近代农业雇佣关系的基本情况

农业雇工的工资及工作待遇是研究农业雇佣劳动的重要内容之一。其中的主要问题有工资标准的确定,工资形式与支付方式,工资水平等;工作待遇包括工作时间、劳动强度,伙食待遇等。下面试一一叙述。

关于工资标准的确定。近代农业雇工工资的标准体现了市场及技能的原则。工人工资的多寡以劳力供应状况、工作轻重、时间季节及农工个人工作技能为定。当劳动力供应多时,农工工资则低;在时间紧迫和农忙季节时,农工工资则高、工作重的,工资高,反之则低。农工个人在生产中所担负的任务也决定工资的不同。如江苏南通"游行工人"的工资,"随工人之多少及天时气候而定之"[②]。江苏铜山县短工工资,在忙时最高可达每天 0.8 元,农闲时的最高工资一般每天只有 0.25 元,低的甚至只有 0.10 元。[③] 山

① 《闽南契约文书综录》,《中国社会经济史研究》1990 年增刊,第 48 页。

② 陈正谟:《各省农工雇佣习惯之调查研究》,《中山文化教育馆季刊》,创刊号,1934 年,第 333 页。

③ 《民国二十一年中国劳动年鉴·第一编劳动状况》,台北文海出版社,1992 年版,第 346 页。

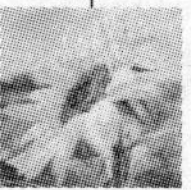

东章丘县太和堂李家同一个工人的工资，在四月农忙时工价为每日 60 文，此期干轻活的工价是每日 40 文；在五月农忙时工价为每日 100 文，此期干重活的工价 240 文；在六月初农活紧张时工价涨至每日 360 文，而到六月中旬以后工价又降到每日 140 文。① 淄川县树荆堂大伙计，负责帮助雇主计划作物种植数量，指定种植地点，规定施肥数量及耕作时间，并负责到短工市领雇短工，分配给二伙计带到田间工作，责任较重，因而工价是年薪 32000 文；二伙计负责带领短工工作，责任稍轻，因而工价是年薪 24000 文；其他牛羊倌，小觅汉子、女做饭的也都工价有等差，从 4000 文到 2 万文不等。② 安徽宿县能够“摇篓撒种及领导耕种者”，称曰“大领”，工价为年薪 25 至 32 元；专营“割麦或锄地带趟子，耕耙地，喂牲口和赶车者”，称为“二领”，工价为年薪 15 至 22 元；其他如打杂，割草的童工，叫“伴头”；磨绿豆及红薯的叫“粉匠”，工价也有相应数量。③

除了上述确定工资标准的方法外，还有以粮价转移确定工资标准的。如四川大邑县日工工资以米价为准；每日约给米半升乃至七八合。广东宁兴县日工工资以每日食米之价为准。假定平均每人每日食米一升，值小洋一角八分，则每日除供饮食外，另给工资一角八分，农忙时加倍；山西孝义、左云各县，月工工资亦随粮价涨落。④ 这种确定工资标准的方法是一种简单的生活费计算方法，也具有一定的客观性。

关于工资形式和支付方式。近代农业雇工的工资有计时工资和计件工资两种。计时工资就是所谓的年工、月工、日工。计件工资就是所谓的“包工”，即包定完成某种工作后，由雇主给以相当

① 景甦、罗仑：《清代山东经营地主经济研究》，齐鲁书社，1985 年版，第 77 页。

② 景甦、罗仑：《清代山东经营地主经济研究》，齐鲁书社，1985 年版，第 86 页。

③ 尹天民：《安徽宿县农业雇佣劳动者的生活》，《东方杂志》第 32 卷第 12 号。

④ 陈正谟：《各省农工雇佣习惯之调查研究》，《中山文化教育馆季刊》，创刊号，1934 年，第 332 页。

工资,又叫“点工”或“估工”。这种工资制度在不少地方存在,黄河流域较多,珠江流域也有。按承包内容大体可分成垦荒包工、翻地包工、戽水包工、锄地(除草)包工、采摘包工、收割包工、放牧包工等。如广西柳江的许多垦荒公司采用两种包工制度。比较通行的是垦荒每一方丈,种桐一株,除草两年,可得工资七分;另给三分作为借款,期满归还。在包种期内,听凭包工种植杂粮,收获全归包工,作为补助工资。第二种是每一方丈种桐一株,包垦包种包活,共得工资一角。[①] 广西中渡县“打估谷”也是一种计件工资。一般以石计算工资。每石稻谷二角五分,伙食由雇主供给。山东德县不供应饮食的短工为“包干”。拔麦一亩,工资四角;锄地一亩,工资一角。甘肃华县除供饮食外,割麦一亩,可得工资一角一分。绥远武川县短工工资,以工作亩为准。每亩工资自一角至五分不等。[②] 直隶南宫一带的小地主,往往“招人包工。或包为锄草收获,概不管饭,只给工资,名为估工”。宁津东北部,包工制度“各村皆有”,大多行于拔麦、锄地,筛花生等农活。在华东,江苏常熟一带,因计时工难免工作不负责任,“乃有一种包工制之产生”。有的包全部农活,即所谓包上岸;也有的只包一部分工作。在华东的其他地区,如浙江、安徽、江西等地,包工制也普遍存在。[③]

从工资结构来看,近代农业雇工的工资有货币工资和实物工资两项,而且实物工资支付相当普遍。如山东章丘太和堂雇工工资老账就留有实物工资的记录:光绪三十三年丘四长取玉米一升折四百文;光绪三十四年,冯巴子取麦二升折一千一百二十文,取

① 农英:《广西各地的农业劳动》,《东方杂志》第32卷第22号。

② 陈正谟:《各省农工雇佣习惯之调查研究》,《中山文化教育馆季刊》,创刊号,1934年,第346页。

③ 刘克祥:《甲午战争后自由的、资本主义的农业雇佣劳动的发展》,《中国经济史研究》1990年第4期。

高粱一斗折三千六百文;冯明林取谷子五升折一千九百文。[①] 又如广东钦县每年给长工谷八石为工资,广西横县给谷十石,亦有给钱谷各半的。山东东河县的长工雇主,抽田产的十分之一,给长工工资。甘肃崇信县有一种长工,每年工资一半为钱,一半为粮食。[②] 农业雇工的实物工资还包括雇工的伙食。长工一般都由雇主提供伙食。短工则有不供伙食的,但为数较少。

进入20世纪20年代后,农业雇工的货币工资存在上升的趋势。如湖北通城县往时也有给谷为工资的,"近则论为给钱,因为每石谷仅值一元,工人太不合算也"。四川郫县"向有给米谷为工资之习惯"。米价涨则工人得利,跌则要求加资,不允,就停工。雇主不堪其扰,故"今年来改米为钱"。甘肃华亭县本来也流行实物工资制,现在"此种习惯逐渐减少也"[③]。总的讲,货币工资与实物工资这种比例变化,在清代前期,长工大致为1:2,短工大致为1:1。到二十世纪二、三十年代,长工所得报酬的现金部分大体上接近实物,短工报酬的现金部分则已大多超过实物,高的可达4:1或3:1[④]。农工工资构成的这种变化,反映了农村商品经济发展的程度。

农工工资的支付有预先支付的,有分期支付的,有工作完了支付的。短工工资一般工作完时支付。长工工资预支的比较多。如山东章丘、德县和泰安等地雇主在劳资双方谈好工价后,"要预支给长工部分工资作为定钱"[⑤]。浙江江山县雇主雇用长工,"多预支工资"。四川仁寿县长工在先年八月十四日雇定,略给定钱若

---

① 景甦、罗仑:《清代山东经营地主经济研究》,齐鲁书社,1985年版,第78页。

② 陈正谟:《各省农工雇佣习惯之调查研究》,《中山文化教育馆季刊》,创刊号,1934年,第353页。

③ 陈正谟:《各省农工雇佣习惯之调查研究》,《中山文化教育馆季刊》,创刊号,1934年,第353页。

④ 刘克祥:《甲午战争后自由的、资本主义的农业雇佣劳动的发展》、《中国经济史研究》1990年第4期。

⑤ 景甦、罗仑:《清代山东经营地主经济研究》,齐鲁书社,1985年版,第202页。

干。陕西陇县长工初上工时,“须预付工资半年或三两月,以为安家之用”。武功县则须预付半年或全年。察哈尔赤城县长工可以预支半年或三分之一。预付工资一般要有保人,出事时由保人负责。农工工资的预付一般体现了市场原则,“在劳工供过于求,则雇主剥削雇工;在求过于供之处,则雇工剥削雇主”①。但是预付工资中也存在超经济剥削。如云南寻甸县,农户预借钱粮给农工,农忙时,招农工工作。凶年时借米一升,要做工十余日,丰年则做四五日偿还。借钱,约五分钱一日。而该处农忙时工钱是每日大洋二角。河南新野县春荒时的“放工”办法,也是一种超经济剥削。②

近代农工工资水平,各地工价不一。如江苏省淮北长工每年之工资为百串钱。吴县短工每月 3 元,长工每年 30 元。湖南省湖滨各县植棉雇农工资情况如表:③

县别	日工工资	年工工资
岳阳	240 ~ 400 文	60000 ~ 70000 文
常德	300	70000
澧县	300	80000
华容	400 ~ 800	60000 ~ 100000
南县	300 ~ 700	60000 ~ 90000
桃源	320	70000
按乡	350	80000

① 陈正谟:《各省农工雇佣习惯之调查研究》,《中山文化教育馆季刊》,创刊号,1934 年,第 352 页。

② 陈正谟:《各省农工雇佣习惯之调查研究》,《中山文化教育馆季刊》,创刊号,1934 年,第 334 页。

③ 《第二次中国劳动年鉴·第一编劳动状况》,大北印书局,1932 年版,第 172 页。

山东章丘太和堂长工年工资是21200文制钱。按当时高粱价格折算只合324斤高粱。短工工资是日资124文，合高粱1.92斤。[①] 从上述各地工资情况来看，农工工资水平比较低的总趋势是明显的。金陵大学农学系1929年至1933年所做的范围较大的调查和国民政府内政部1932年的调查也证明了这种情况。金陵大学农学系调查的20个省155个县，农工平均工资，年工是39.02元，月工是5.51元，日工是0.25元。国民政府内政部1932年调查的21个省908个县，农工平均工资，年工是36.59元，月工是4.34元，日工是0.256元。[②] 同期城市工人的工资水平，29个大中城市平均月工资是16.47元。而各省农工平均月工资，供饮食者是6.76元，不供饮食者为10.55元。[③] 农工工资水平不仅低，而且呈下降趋势。如河北蓟县，1927年农业长工的工资比1912年增加了2.27倍，而同期玉米、机织布、煤油等基本消费资料的价格上涨了3.52倍，长工实际工资下降了27.6%。浙江兰溪长工和短工的名义工资，1927年比1912年分别增长了29%和50%，而实际工资分别下降36%和21%。四川合江，1895—1925年间，农业雇工日薪由30文增到300文；而同期大米、棉布、菜油、烟酒等20种主要生活用品上涨了15.2倍，雇工实际工资下降了38.2%[④]。

农业雇工工资水平不高。工作待遇也很恶劣。如长工工作，雇主一般要提供手巾、草帽、蒲扇各一，布鞋衣服多少不等。在有些地方如湖北蒲圻，这种衣鞋手巾等的给予“含有感情作用，主工

① 景甦、罗仑：《清代山东经营地主经济研究》，齐鲁书社，1985年版，第78页。

② 陈廷煊：《近代中国农业雇佣关系的封建性》、《中国经济史研究》1987年第3期。

③ 陈正谟：《各省农工雇佣习惯之调查研究》，《中山文化教育馆季刊》，创刊号，1934年，第343页。

④ 陈廷煊：《近代中国农业雇佣关系的封建性》、《中国经济史研究》1987年第3期。

相投甚深者始给之,不然,无有也”[①]。雇主提供给农工的生活待遇也比较恶劣。在安徽省宿县,“雇主率多啬吝,蔬菜且甚菲薄,油盐亦力图撙节,冬日则一碟或两碟咸菜而已。饭食则为极粗糙之高粱或豆面,除农事最忙或过佳节之外,鲜有用荤和食麦面者。四季衣履,全由雇农自备,以收入极微故,所着皆褴褛不堪……无被褥,冬日则卧于喂牲口之草堆中,俗谓之‘钻草屋’,夏日则只需一条草席而已”[②]。农工少有休息日,至于伤病,雇主根本不问。如四川大足县“除阴历年节可以休息十余日外,余均不能休息。遇必要时缺工,刻薄主人且扣工钱”。涪陵长工在雇佣期间“有病,自行调养,且须请人代行工作”[③]。“刀镰斧伤,山荒草野,车前马后,自不小心,不与主相干”[④]之类的规定,也堂而皇之地出现在一些雇佣契约中。

生活待遇如此恶劣,而农工工作却十分繁重,工时很长。如浙江省义乌县,农工春秋二季为 11 小时,夏季为 12 小时。河北定县,每日从上午 5 时到下午 6 时 13 个小时。[⑤] 从全国来看,农业劳动时间,南北无大差异,约 9 小时至 12 小时,农忙期较长,农闲期较短,长工较短,散工较长。长工,其屋外的农业劳动时间虽较短,但因起卧于雇主底家中,也从事于家内的杂役,所以结果须做长时间的工作。[⑥] 工作时间长,劳动强度也大,尤其在农忙季节,农工十分辛苦。因此,近代中国农工雇佣状况并不乐观。

① 陈正谟:《各省农工雇佣习惯之调查研究》,《中山文化教育馆季刊》,创刊号,1934 年,第 354 页。

② 尹天民:《安徽宿县农业雇佣劳动者的生活》,《东方杂志》第 32 卷第 12 号。

③ 陈正谟:《各省农工雇佣习惯之调查研究》,《中山文化教育馆季刊》,创刊号,1934 年,第 348 页。

④ 杨国桢:《明清土地契约文书研究》,人民出版社,1988 年版,第 67 页。

⑤ 《第二次中国劳动年鉴·第一编劳动状况》,大北印书局,1932 年版,第 170—171 页。

⑥ 章有义:《中国近代农业史资料》第 2 辑,上海三联书店,1957 年版,第 451 页。

三、近代农业雇佣劳动的性质

中国近代农业雇佣劳动已达到相当规模。雇佣劳动者的数量，目前虽然还难以作出准确的判断，不过有学者进行了大致的估计，认为20世纪20年代短工在人数上已明显超过了长工。农业雇工中的长短工人数比例，在南方地区，长工占10至20%，短工约占80至90%；在北方地区，长工约占20至30%，短工约占70至80%；全国平均，长工约占15至25%，短工约占75至85%。从人数来说，短工约占五分之四，长工约占五分之一。按劳动日计算，长短工的比例结构与人数比例结构正好相反，南方地区，长工约占60%，短工约占40%；北方地区，长工约占70%，短工约占30%，全国平均，长工约占65%，短工约占35%。因此按劳动日计算，长工仍然明显多于短工。具体到某一农户的雇工数量，因地区、经营规模等的差异，难以作出精确的估计，大致雇工农户平均，每户不会超过一名长工或相当一名长工的短工。南北方相较，南方地区雇工农户的比重稍高，但单位农户的雇工数量较少；北方某些地区雇工农户的比重略低，而单位农户的雇工数量较高。按全国农户平均，每户约雇工0.25人。如果每人平均以200个农业劳动日计算，约折合50天。① 从总体规模讲，近代中国农业雇佣劳动的规模已大大超过了传统社会，但是近代农业雇佣劳动的性质不能仅依雇佣劳动的规模下结论，下述几点确有注意的必要。

首先，从明朝开始设立的“雇工人”法律条款，一直到清朝灭亡才被取消。在它存在的几百年间，虽然经过多次修订，所适用的范围一再缩小，但是这一法律条款的存在，本身就剥夺了相当大的一部分雇佣劳动者与雇主的平等地位。再加上封建统治者在法律适用上的随意性，使得许多不属于“雇工人”范围的雇佣关系被定性为“雇工人”关系。

---

① 刘克祥:《二十世纪二三十年代中国农业雇佣劳动数量研究》,《中国经济史研究》,1988年第3期。

“雇工人”条款虽然随着清王朝的灭亡而成为历史，但是其影响在民国时期依然存在，表现为卖身、佃奴和债务等有一定前提条件的雇佣劳动形式广泛存在。卖身劳动，如山东一些地方，有些大地主有世袭制雇工。这些雇工的祖先，将其本身及后代子孙的劳动力一次性卖给了地主。地主把雇工的名字刻于石碑上，并大书“海枯石烂”四字，以示其对劳动力的永久拥有权。① 陕西也有类似事例，下述契约就是一个实证②：

立写芒工文字人赵桂如，今写到郭世福名下芒工两料，同中言明青钱二串一百五十文。刀镰斧伤，山荒草野，车前马后，自不小心，不与主相干。割大麦上工，谷锄三遍下工；种麦上工，豌豆种毕下工。恐后无凭，立字为证。

中见人刘添才　郭添春

乾隆五十九年八月初六日借支60年芒工两料立字人赵桂如

佃奴式劳动是地主利用租佃权，驱使佃农从事无报酬或低报酬劳动。佃农害怕地主撤佃，在任何时候都要听从地主的召唤去工作。如江苏崇明地主经常使用这类劳动，农工在地主“有事时一定要来，没事赶走，工资也不高”。河南洛阳、陕州一带，佃农往往同时是地主的雇工。遇地主婚丧嫁娶，佃农必须提供无偿劳役。也有的地主自营部分土地，但不雇长工或月工，凡种菜、打谷、耕耘、收获等农活，大都驱使佃农完成。③

债务劳动则是地主利用农民的贫困，通过借贷方法对劳动力进行预买。这种债务劳动各地都有。如广西农民借洋一元，到次年农忙时期，借债者要为债主工作五天或十天，而工资只是按农闲时标准计算。在广西思恩，负债农民替债主做工，仅作为支付利

① 葛懋春：《从昌潍土改工作中看封建剥削》，《文史哲》1951 年第 15 期。

② 杨国桢：《明清土地契约文书研究》，人民出版社，1988 年版，第 67—68 页。

③ 汪敬虞：《中国近代经济史（1895—1927）》中册，人民出版社，1998 年版，第 988 页。

息,直到归还本银,方可停止工作。[①] 在江苏崇明县,农业短工很多“不是自由请工,而是春天借粮,忙时抵工”。河北清苑很多贫农冬天或秋天“借钱,春天或夏天给人家做工”[②]。上述三种雇佣形式在全国各地都有存在。这些雇佣劳动者为一种无形的锁链所束缚,显然不是自由的雇佣劳动。这些落后的雇佣劳动形式的广泛存在说明近代中国农业雇佣劳动还处在其发展的初级阶段。

其次,中国近代农业雇工很多不是完全意义上的雇佣劳动者。雇佣工资在他们的生活来源中并不占主导地位。据对山东 47 个县 141 个村的调查,农业雇工中的长工完全依靠本人工资收入来维持生活的,占调查总数的 57.4%。而部分依靠工资,部分依靠耕种小块自有地或佃种地主的土地来维持生活和完全不依靠工资生活的占到 39.7%。[③]

短工之中,大多数还不是农村无产者,他们家里大都还有一小块属于他自己所有的土地。因此,“短工的工资收入和土地收入比较起来还不是最主要的”[④]。短工除去种地和出卖劳动力所得收入外,还从事多种副业,以补充部分收入,维持常年生活。此外,近代农业雇佣劳动中还有很多不是工资劳动者,典型的就是各种形式的“换工”劳动。换工既有人工的互换,也有人工与畜工的互换。例如江苏某县有一种长工,名为“帮手”,乃是种地十亩(或自田或租田)左右的农民,自己喂不起牲口,无力耕种,便要给牲畜力有余而人力不足的富农或中农做帮手,以自己的人力换取畜力来种田。江苏清江县,借用牛工一日,须还人工二日。浙江缙云县是人工一日换牛工一日。四川绵阳县则是“一牛抵三工”,即人工三

---

① 农英:《广西各地的农业劳动》,《东方杂志》第 32 卷第 22 号。

② 刘克祥:《甲午战争后的中国农业封建性雇佣劳动》,《中国经济史研究》1992 年第 1 期。

③ 景甦、罗仑:《清代山东经营地主经济研究》,齐鲁书社,1985 年版,第 141 页。

④ 景甦、罗仑:《清代山东经营地主经济研究》,齐鲁书社,1985 年版,第 158 页。

日始能换得牛工一日[①]。这种换工劳动在近代中国各地都有，显然不是真正的雇佣劳动。

不仅如此，从总体规模来讲，农业雇工劳动在整个农业劳动中也不占主导地位。据20世纪30年代的调查，农业雇工劳动的费用在农户整体支出费用中的比重在华北农村是32.51%。家庭农工算同雇工所用费用的比重是67.49%。这两项数字在华东地区分别是25.74%和74.26%。全国平均则分别是27.92%和72.08%[②]。金陵大学对全国17个县2866户的调查进一步分析了不同经营规模的农户使用雇佣劳动的比重，其情况如下[③]：

百分比 / 地区	小田场	中田场	大田场
华北	4.1	13.0	31.8
华中东	4.5	15.7	20.1
合计	4.3	14.3	31.6

上述两种调查所反映的情况基本一致。由此可见，无论什么样的农户，雇佣劳动都不是农业劳动的主力。

不仅雇佣劳动在整个农业劳动中所占比例不大，而且农业雇佣劳动也并没有形成一种相对稳定的、主雇双方角色界线分明的社会关系。有研究表明，农业“雇佣关系的社会构成涉及乡村社会各主要阶层，雇主和雇工双方角色并不完全固化。中农、贫农、少数佃农和雇农可同时兼有雇工和雇主角色，只是雇工和雇主不断

① 孙晓村：《现代中国的农业经营问题》，《中山文化教育馆季刊》，1936年夏季号，第469—470页。

② 陈正谟：《各省农工雇佣习惯之调查研究》，《中山文化教育馆季刊》，创刊号，1934年，第369页。

③ 孙晓村：《现代中国的农业经营问题》，《中山文化教育馆季刊》，1936年夏季号，第468页。

相互易位,形成一种循环式交互雇佣”。“这使农村中缺乏真正的纯粹雇工,而存在大量季节性兼业雇工”①。

第三,近代中国农业商品生产的发展程度是判断近代农业雇佣劳动性质的决定性因素。近代中国农业商品化的总体规模远高于过去。一般说来,各地农业经济的商品率不低于40%,在专门化的种植区域内则达到60%~70%。② 然而,由此给农户带来的收入并非是农户收入的主要部分。1913年一份对山东胶州附近农村进行的调查报告称,有42亩地的自耕农出售农产物和副业产品的现金收入为其总收入的38%,在有20亩地的佃农家庭该数字是28.6%,在有14亩地的自耕农家庭则仅为24.5%。③ 不仅如此,农户对市场的依赖程度也与这种农产商品率的高比例不相适应。20世纪20年代调查所反映的情况如下④:

地区 百分比	17处或13处平均	中国北部平均	中国中东部平均
农家生活资料中自给	65.9	73.3	58.1
农家生活资料中购买	34.1	26.7	41.9

之所以如此,有学者指出:“农民出售农产物所得,有相当大部分是要用来纳租银、完赋税、偿还积欠之用,所余才能购置一些生活资料和生产资料。”⑤因此,近代中国政府“财政的高度货币化,是推动近代农产品走向市场的一个重要因素”⑥。这种缺乏利润刺激的商品生产自然难于扩大,也就难于从根本上撼动中国近代

① 王先明、牛文琴:《二十世纪前期的山西乡村雇工》,《历史研究》2006年第5期。

② 严中平:《中国近代经济史统计资料选辑》,科学出版社,1955年版,第325页。

③ 章有义:《中国近代农业史资料》第2辑,上海三联书店,1957年版,第423页。

④ 严中平:《中国近代经济史统计资料选辑》,科学出版社,1955年版,第328页。

⑤ 黄逸平:《中国近代经济变迁》,上海人民出版社,1992年版,第224页。

⑥ 周育民:《晚清财政与社会变迁》,上海人民出版社,2000年版,第447页。

农业自给自足经济的地位。其商品生产也只能是小商品生产。因此,近代中国农业商品化的发展并不是一种新型生产力的发展,却是中国农民日益贫困化的表现。

综合上述各点情况,可以断定近代中国农业雇佣劳动与过去相比并无多大变化,其性质远未达到商品生产性雇佣劳动这一步。在某些城市和交通发达地区出现的商品生产性雇佣劳动规模有限,不足以改变这一总的趋向。

第四章　近代雇佣关系问题及其影响

近代雇佣关系是在半殖民地半封建社会中发生的。由于历史条件的变化,雇佣关系问题在内容和表现形式等方面具有明显的、新的时代特征。在内容上,雇佣关系问题由原来简单的主雇矛盾,扩大为一种阶级与阶级之间的矛盾,其性质也由一种经济纠纷而变为政治问题;在表现形式上,以大规模罢工为主体的劳动运动成为近代雇佣关系问题的主要表现方式。由于这些变化,雇佣关系问题在近代社会成为一种严重的社会问题,引起了社会各方面的关注,从而对近代中国政治、思想和社会意识产生了极其深刻的影响。本章从探讨近代雇佣关系问题的发展过程入手,对这些问题进行分析研究。

第一节　劳动冲突:经济问题政治化的枢纽

近代雇佣关系中的矛盾冲突并不是从一开始就十分尖锐的。雇佣关系问题成为一个严重的社会问题,是一系列经济和政治条件作用的结果。从近代雇佣关系矛盾发展的过程来看,19 世纪的雇佣关系矛盾并非尖锐,大多数冲突还属于纯经济的范畴。到了 20 世纪,伴随着中国资本主义经济形势的恶化和民族危机的加深,近代雇佣关系问题才日益严重。政治性的冲突也逐渐在整个雇佣关系矛盾中占有了突出的地位。

一、19世纪的雇佣劳动纠纷

近代雇佣关系问题首先发生在五口通商地区。这是因为，近代雇佣关系问题产生的关键是新式工业劳工的产生和手工业等旧式行业工人的近代化。中国近代第一批资本主义工业企业就产生在五口通商地区。同时，五口通商地区是中国最早开放的地区，不仅由于中外交往的便利而得风气之先，较早地接触到了西方社会的先进思想和制度，而且通商口岸也是中外矛盾冲突最早发生的地区。处在民族矛盾尖锐激烈形势下的中国近代企业工人及手工业工人较早地具有了自觉意识。他们对参加反抗外国侵略的斗争也比较积极。因此，近代中国雇佣关系问题的发生首先是与反抗侵略、维护民族利益的民族解放斗争紧密联系起来的，具有明显的政治性。如1841年三元里人民反抗英国侵略军的起义就有广州机房纺织工人参加。此可为中国近代工人最早的反抗斗争。从鸦片战争以后，在历次反抗侵略的民族斗争中，都有近代中国工人阶级活动的身影。如1858年英法联军发动第二次鸦片战争，侵占了广州城。香港两万多市政工人、搬运工人和其他行业的劳工举行罢工，离港赴穗，抗议英法联军发动侵略战争。又如中法战争期间，香港船坞工人举行罢工，拒绝为法国受创军舰修理，并计划焚毁停泊在港的法国军舰。当地其他行业的工人也为支持船坞工人的行动，举行了为期两周的同盟罢工。香港工人的斗争迫使法国军舰拖往日本修理。

近代雇佣关系问题的发生始于政治斗争，这是中国不同于西方之处。之所以如此，是因为近代雇佣关系是发生在半殖民地半封建社会的背景下，争取民族独立一直是中国社会各阶级的主要任务，近代无产阶级也概莫能外。当然，必须指出，在19世纪，这种纠纷在中国社会各阶级反抗侵略的整个斗争中并非占有突出的、主导的地位。

除了以罢工为武器，参与反抗外国侵略的政治性斗争外，近代无产阶级也为维护其经济利益进行了各种斗争。在19世纪，为要

求增加工资,减少工时,改善劳动条件和福利待遇,反对各种形式的降低和拖欠工资,延长工时和加重工作,发生了多起雇佣劳动纠纷。据统计,从 1840 年至 1894 年,近代中国发生的各种雇佣关系纠纷有 71 次。其中发生在机器大工业中的共 28 次,发生在城乡手工业、苦力运输业和旧式矿业中的共 43 次。由于我国民族资本主义企业产生得比较晚,所以机器大工业中的纠纷几乎全都发生在外资企业和本国官办企业中。据统计,外资企业在这个阶段发生雇佣关系纠纷 16 次,占产业纠纷总数的 57.1%;本国官办企业发生雇佣关系纠纷 10 次,占产业纠纷总数的 35.7%,两项合计占产业纠纷总数的 92.8%。[①] 外资企业中的雇佣关系纠纷大多数发生在船舶修造业和航运业中。本国官办企业中的雇佣关系纠纷则多发生于军工、煤矿和纺织企业中。1895 年以后,上海、武汉、南京、芜湖、营口、福州等地又发生各类纠纷 12 起。[②] 从 19 世纪雇佣劳动纠纷的总体情况来看,以下几点情况值得注意。

首先,雇佣劳动纠纷的总体情况并不严重。从雇佣纠纷发生的次数来看,从 1840 年至 1868 年,至今还没有发现一次有文字记载的工人经济斗争。在 1868 年以后的 26 年中,每年发生一次纠纷的共 5 年,每年发生两次纠纷的有 10 年,每年发生三次纠纷的也有 5 年,每年发生四次纠纷的共 4 年。只在 1881 年和 1882 年纠纷发生得稍多一点;前一年发生过八次,后一年发生过七次。[③] 雇佣纠纷的规模也不大,如 1879 年耶松船厂工人罢工只涉及 40 名散工。[④] 除矿业和个别旧式手工业的雇佣劳动纠纷规模稍大以

① 刘明逵、唐玉良:《中国近代工人阶级和工人运动》第 2 册,中共中央党校出版社,2000 年版,第 2 页。

② 汪敬虞:《中国近代工业史资料(1895—1914)》第二辑(下),科学出版社,1957 年版,第 1299 页。

③ 刘明逵、唐玉良:《中国近代工人阶级和工人运动》第 2 册,中共中央党校出版社,2000 年版,第 8 页。

④ 孙毓棠:《中国近代工业史资料(1840—1895)》第一辑(下册),科学出版社,1957 年版,第 1252 页。

外,产业劳动和绝大多数手工业劳动的纠纷规模均小。

不仅19世纪雇佣劳动纠纷发生的次数少,规模小,而且纠纷持续的时间也短,劳动纠纷延绵不断的现象并未出现。手工业雇佣纠纷的持续时间虽然较机器产业为长,但除了少数规模较大的纠纷持续10天以上,个别长达一个月左右以外,多数手工业雇佣纠纷的持续时间不超过10天。在机器产业中,雇佣纠纷持续时间过10天的只有1882年7月上海会德丰公司驳船水手的罢工,其余大多只坚持几天或几小时。如1879年至1890年上海江南制造局工人的三次罢工,最长的一次坚持了3天,还有一次坚持了大约一天半,最后一次反对延长工时的斗争只持续了几小时。①

从雇佣纠纷发生的方式来看,随意性的特征十分明显。如江南制造局1883年4月发生的罢工,是因为制造局总办的一个亲信在制炮厂内瞎指挥,致使生产工具损坏。该亲信不知自责,反诬蔑操纵机器的工人"故意逞刁,以手掴其脸者再",结果激起众怒,该亲信被殴打。制造局方命令关闭厂门,企图逮捕"滋事人等"。由于当时正值上下班之时,局内工人"内外互攻,破门而出",局方捕人企图落空。次日,工人在局门前贴出告示,宣布"罢工"。像这种偶然因素激起的纠纷在19世纪还有许多。它表明罢工的发动缺乏组织性,这也是雇佣劳动纠纷在19世纪难以持久的根源之一。

上述种种情况表明,19世纪的雇佣劳动纠纷还只是"一些偶然地、孤立地发生的个别、零星的现象"②。之所以如此,原因有二:一是近代产业工人人数不多,组织程度不够;二是雇佣劳动者的社会生活相对稳定,缺乏斗争的客观动力。近代中国产业工人首先是在资本主义侵华企业中产生的。五口通商后,列强为便利

① 刘明逵、唐玉良:《中国近代工人阶级和工人运动》第2册,中共中央党校出版社,2000年版,第11页。

② 刘明逵、唐玉良:《中国近代工人阶级和工人运动》第2册,中共中央党校出版社,2000年版,第9页。

对华商品输出和掠夺原料，在中国开设了一些非法企业，如船舶修造，各种原料加工业，其他轻工业及便利在华洋人生活的公用事业等。据估计，截止到1894年，在列强的在华企业中，有中国产业工人3万4千人。19世纪60年代，洋务运动兴起，洋务派官僚创办了一批近代军用、民用及矿业企业。10年后，中国民族资本主义企业出现。上述两种企业构成了中国近代产业工人的第二批和第三批。据估计，到1894年时，洋务派创办的近代军用工业中有产业工人9100至10810人，炼铁及纺织企业中有工人5500至6000人，近代矿业中有工人16000至20000人；民族资本主义企业在机器缫丝业中有工人13600人，在轧花及棉纺织业中有工人6450人，加上造船、铁工、火柴、造纸印刷等行业的工人共有27250人。三类企业中，近代产业工人总数在1894年时约达10万人。[①] 这个数字在全国总人口中所占比重很低。同时，工人的集中程度也有限。以上海为例，在1910年时，上海有人口118万多人，而当时上海所属的江苏省全省才有工人102390人。[②]

再就组织程度而言，19世纪的中国产业工人还没有形成近代工会组织，有的只是传统社会就已经存在的行会、帮口和秘密结社。行会是一种神权的宗法式的组织，由雇工学徒和业主共同组成。业主在其中“自然处于绝对的领导地位”，其任务与同业公会的相同，即“所谓生产者对付消费者”。这样的组织当然不会领导发动雇工对雇主的斗争。帮口原来是绅士阶级的组织。近代苦力和其他非技术性劳动者因远离家乡，工作难找，出于一种寄托的需要也有这种组织。当然，它“不是阶级的组织，而是同乡性质的组织，其中小商人小官吏也有加入的，而且总是头脑”。在帮口内，成员之间互相帮助并一致对外，与别帮人争夺工作机会。因此，这样

① 孙毓棠:《中国近代工业史资料(1840—1895)》第一辑(下册)，科学出版社，1957年版，第1201页。

② 汪敬虞:《中国近代工业史资料(1895—1914)》第二辑(下)，科学出版社，1957年版，第1183页。

的组织很难团结多数的雇佣劳动者与雇主斗争。民间秘密结社在中国有悠久的历史。相对于帮口之类的组织,秘密结社有比较严密的组织,具有一定的团结力。但是,这种组织是靠"极严格的宗法社会"的形式维系的,它在维护组织成员利益的同时,也极易为组织的首领所利用,去牟取私利,再加上其组织形式的神秘性,秘密结社的团结作用也是有限的。① 由于工人数量及组织程度的不足,工人阶级社会力量的发挥受到了严重制约。相比之下,近代各传统行业的雇佣劳动者人数众多,并有较为完整的组织系统,因而在冲突中能发挥出群体的力量。这是19世纪传统行业的雇佣劳动纠纷更为激烈的重要原因。

近代中国在19世纪时,除了太平天国运动期间出现大的动乱以外,其他时间基本上还是安定的。安定的社会环境有利于经济的发展。虽然由于西方廉价工业品的倾销,传统的手工业受到一定的冲击。但是,在19世纪,传统手工业所受到的经济压力并不大。相反,由于对外贸易的扩大,不仅一些旧有手工业得到发展,而且还有一些新的手工业行业产生。正因为社会经济某种程度的发展,雇佣劳动者的生活状况相对稳定,生活困苦的情况并非普遍。如一个企业工人的收入虽然只有每月数元,但在当时已是相当可观了。正如时人所指出的:江海通商,食力之民,趋之若鹜,每月工资至少数元,以养妻孥,绰有余裕。在1894年以前的71次纠纷中,要求增加工资、改善待遇的,只有17次,而反对减少、克扣、拖欠工资和降低饭食供应待遇的,有25次。② 这表明,当时雇佣劳动者的首要目标是维持雇佣劳动待遇的现状。因此,雇佣关系纠纷还只是当事者之间的冲突,并未扩大到当事者之外,成为一种社会问题。

① 瞿秋白:《中国职工运动的问题》,《瞿秋白文集·政治理论编》第6卷,人民出版社,1996年版,第474—477页。

② 刘明逵、唐玉良:《中国近代工人阶级和工人运动》第2册,中共中央党校出版社,2000年版,第9页。

其次,雇佣劳动纠纷的主体是手工业工人和苦力运输业工人,产业工人还没有在雇佣纠纷中占据主导地位。近代机器产业中最早发生的雇佣劳动纠纷是,1868 年 10 月上海英资耶松船厂广东籍工人,为反对降低工资而举行的罢工。1879 年,该厂工人又因被克扣工资而罢工。除上述各次纠纷外,发生较早的产业雇佣劳动纠纷还有:1882 年开平部分矿工为取得同工同酬而罢工;1883 年和 1889 年,江南制造总局工人为抗议延长工时而两次罢工;1891 年开平煤矿工人反对外籍雇员欺压工人而举行罢工;同年上海织布局的工匠也举行了罢工。但是,总的来说,机器产业中雇佣劳动纠纷发生的并不多。据统计,在 1894 年以前发生的 71 次纠纷中,发生在手工业中的有 40 次,超过了近代机器产业,占总数的 56.3%。[①] 同时期上海的情况也是如此。在全部有文字记载的 34 次纠纷中,发生在机器产业中的仅有 16 次,而在非产业部门中却有 18 次。不仅纠纷发生的次数非产业部门多于产业部门,而且矛盾冲突的激烈程度也是非产业部门占有优势。如 19 世纪雇佣纠纷唯一的一次"集众至万人"的事件——1876 年 6 月景德镇制瓷工人的罢工,就是传统的手工业工人斗争。大多数发生暴力冲突,打毁机器厂房设备,甚至出现"焚署殴官"行为的纠纷,都与手工业工人和运输苦力有关。如在 1882 年 2 月上海建筑工匠的罢工中,就发生了 2000 多名石匠和木匠"袭击法院监狱",救出被会审公廨无理拘留的工人的事件。又如 1889 年 5 月,福建丹阳挑茶苦力在反抗税局的苛捐勒索时,就拆毁了税局,打了一名税务人员,吓得税局主事官员"逾垣而遁"。

19 世纪雇佣劳动纠纷比较平静,产业雇佣劳动纠纷不多的状况在进入 20 世纪后,随着中国社会经济条件的变化而迅速改变。连绵不断的雇佣劳动纠纷,大规模的产业工人罢工事件,层出不

① 刘明逵、唐玉良:《中国近代工人阶级和工人运动》第 2 册,中共中央党校出版社,2000 年版,第 5 页。

穷。现代劳动运动兴起。

二、20 世纪的劳动运动

19 世纪的雇佣劳动纠纷，到 20 世纪发展成为雇佣劳动者与雇主之间的阶级对垒。以大规模罢工为主要冲突形式的雇佣劳动纠纷频繁发生，劳动运动兴起。其原因有以下几点：

首先，劳动运动兴起的主观条件开始具备。这就是近代雇佣劳动者阶级队伍的壮大和组织程度的提高。由此，近代雇佣劳动者才得以发挥出应有的社会影响力。随着商品经济的发展，近代雇佣劳动者队伍逐步壮大。以产业工人为例，1894 年以前，产业工人只有 10 万人左右。到 1912 年前后，据对全国使用 500 人以上的中外企业的统计，共有 240395 人。[①] 到 1919 年前后，全国约有产业工人 261.5 万人，其中邮电工人 3 万人，海员 15 万人，汽车、电车工人 3 万人，搬运工人 30 万人，中国工厂工人 60 万人，在华外资工厂工人 23.5 万人，矿山工人 40 万人。[②]

伴随着阶级队伍的壮大，雇佣劳动者的近代化组织也在发展。早期中国工人常常借助帮会、行会等组织形式进行斗争。这类组织一般不为官府所承认，是一种非法组织。民国建立后，资产阶级基本的民主自由权利得到了国家的认可和法律的保护。这为工人组织起来，争取自身生存权利的改善，提供了政治上的可能。同时，西方各种社会思潮也在民国建立后，以前所未有的规模介绍到中国来。新思潮对中国传统思想意识的改造，具有非常有益的借鉴作用；其在中国的传播，为中国工人的斗争赢得一定的社会同情提供了思想基础。由于有了上述种种变动，辛亥革命后，近代化的雇佣劳动者组织逐步建立和发展起来了。民国初年，一批早期工会组织在一些资产阶级和小资产阶级知识分子的帮助下陆续创办

① 汪敬虞：《中国近代工业史资料（1895—1914）》第二辑（下），科学出版社，1957 年版，第 1183 页。

② 刘明逵：《中国工人阶级历史状况》第 1 卷第 1 册，中共中央党校出版社，1985 年版，第 122 页。

起来。如1912年3月洛潼铁路工程师徐世远发动铁路职工,组织了"铁路工人同人共济会"。同年6月至9月,在留日学生俞惠民和丝商吴菊庭、敖保安等人的帮助下,上海工人先后成立了"制造工人同盟会"、"制造工人维持会"和"缫丝女工同仁会"等组织。1912年4月,津浦路南段职工组织"中华民国铁道工会"。四川省工人组织发展很快,有一百数十县成立了工会,重庆和成都两市还成立了总工会。① 除了地域性工人组织外,带有全国性的工人组织也出现了。1912年1月22日,徐企文等人在上海发起成立中华民国工党。该党宣言书称,党的发起"专为联络全国工界之亲情,并为劳动者谋自身之活动","发展民生主义,以及民生主义中之人道主义"②。该党确定其活动范围在推进工业发达,开通工人智识,改良工人待遇及福利等方面。因此,它实际上是一个有工人参加的资产阶级改良主义团体。中华民国工党成立后,积极开展组织活动。据称,在不到一年的时间内,其支部发展到十六省和南洋各地,"党员几达四十万"③。与此同时,工人也自发组织了一些规模较大的、类似近代工会组织的团体。如在1914年,上海海员成立了有6千余成员的"焱盈社"。1918年,上海宁波籍水手成立了拥有4千会员的"均安公所"。同年,长沙印刷厂工人联合组织了"湖南印刷公会"。经过斗争实践,工人组织的目的性日益明确。上海商务印书馆华字部工人在1916年组成"集成同志社"时,就宣布组织团体的缘由是因为"目击资方的压迫,工友生活之痛苦,遂毅然联合同志数十人,以谋解放之策"④。这表明反对资本家的剥削,维护工人自身利益,成为新的工人团体的奋斗目标。因而,这些工人组织渐渐具有近代工会的性质。

① 《中华民国史档案资料汇编》第三辑,江苏古籍出版社,1991年版,第103页。

② 汪敬虞:《中国近代工业史资料(1895—1915)》第二辑(下册),科学出版社,1957年版,第1272页。

③ 详见1912年12月15日《民权报》。

④ 《商务印书馆工会史》,1924年版,第1—2页。

五四运动以后,具有初步共产主义思想的中国知识分子开始走向产业工人。由于这些知识分子的帮助,中国雇佣劳动者的组织"才渐次的相当具有组织性、阶级性","现代式"的工会产生。[①] 1921年中国共产党成立,工人阶级有了真正代表自己利益的政党。党的纲领明确规定"党的基本任务是成立产业工会","在工会里要灌输阶级斗争的精神"[②]。在共产党的组织领导下,中国劳动组合书记部成立。1922年第一次全国劳动大会又成功召开,通过了《罢工援助案》、《全国总工会组织原则案》和《惩戒工界虎伥案》等,实现了工人阶级的初步统一,从而增强了斗争的力量。因此,中国共产党的成立标志着真正意义的中国劳动运动的开始。[③]

其次,近代雇佣劳动者的生活状况,在进入20世纪后日益恶化,劳动运动兴起的客观条件因而具备。20世纪上半期,中国处于一个动荡的时代。世纪之初,大规模的义和团运动席卷北方大部分地区。晚清末年,全国各地民变蜂起,社会动荡不安。民国建立后不久,中国更陷于大小军阀连年混战的局面。由于社会的持续动荡,经济发展停滞,物价飞涨,人民生活困苦。在辛亥革命前后,物价的上涨就开始了。到20世纪20年代,物价上涨的状况更加猛烈,并遍及全国各地。在上海,米、煤、布等几种与普通工人生活关系较大的物资价格,在1913年至1919年间均有较大幅度的上涨。如表所示[④]:

① 《邓中夏文集》,人民出版社,1983年版,第435页。

② 刘明逵、唐玉良:《中国近代工人阶级和工人运动》第4册,中共中央党校出版社,2000年版,第32—33页。

③ 《毛泽东著作选读》上册,人民出版社,1986年版,第387页。

④ 刘明逵、唐玉良:《中国近代工人阶级和工人运动》第2册,中共中央党校出版社,2000年版,第49—50页。

	1913 年	1919 年	涨幅
米(元/石)	6.9	9.55	38.1%
煤(元/吨)	5	14.5	190%
布(元/百尺)	35.3	49.05	46.4%

进入 20 年代后，物价继续上涨的幅度更大。如米价，在 1919 年 4 月，每石“涨至十元有另”；次年 5、6 月间暴涨至近十二元，最高达十五六元[①]。在广州，据广东省农工厅 1926 年的调查，若以 1913 年的物价指数为 100，则 1918 年为 133.4，1919 年为 136.4，1920 年为 135.4，1921 年为 144.4。[②] 在汉口，普通民众赖以生活的几种主要商品，如米、蔬菜、猪肉等平均涨价 125%，煤、面粉、劈柴等平均涨价 180%，鞋、棉布等平均涨价 200%。[③] 在天津，1921 年面粉和大米每斤的售价由 1911 年的 4 分涨至 10 分，涨幅达 1.5 倍；玉米每斤由 2.5 分涨至 6 分，涨幅达 1.4 倍。[④] 除了物价上涨外，支付工资的铜元也严重贬值。1919 年 1 月，银币一元平均可兑换铜元 132.12 枚，同年 5 月则涨至 135.31 枚，到次年 5 月，则涨至 138.08 枚，12 月更达到 141.36 枚。[⑤] 由于物价上涨和铜元贬值，工资收入不足以养家糊口。生活艰难、要求增加工资和维持实际工资水平成为雇佣劳动纠纷的主要诱因。在 1914 年至 1919 年载明原因的 103 次纠纷中，由此类原因引起的冲突有 52 次，占

① 刘明逵、唐玉良：《中国近代工人阶级和工人运动》第 3 册，中共中央党校出版社，2000 年版，第 315 页。

② 刘明逵、唐玉良：《中国近代工人阶级和工人运动》第 3 册，中共中央党校出版社，2000 年版，第 316 页。

③ 《武汉工人运动史》，辽宁人民出版社，1987 年版，第 9 页。

④ 刘明逵、唐玉良：《中国近代工人阶级和工人运动》第 3 册，中共中央党校出版社，2000 年版，第 317 页。

⑤ 唐海：《中国劳动问题》，光华书局，1927 年版，第 129—131 页。

总数的50.4%。[1] 另据陈达的统计，在1918年至1926年间，这类原因引起的纠纷有580多次，占总数的52.87%。[2] 工人在纠纷中提出上述这些要求，目的是为了维持最基本的生存需要。这些要求成为纠纷的主要诱因，表明雇佣劳动状况在进入20世纪后明显恶化。它也说明劳动运动的发生并不是仅靠少数人的鼓动就能够兴起的。20世纪劳动纠纷的尖锐化而成为劳动运动，是存在着相当重要的客观依据的。

第三，世界潮流的影响。20世纪初期，由于第一次世界大战和十月革命的影响，主要资本主义国家出现了工人运动的高潮。殖民地半殖民地国家的民族解放运动也再起波澜。世界潮流的信息通过种种途径传入中国。中国海员因职业关系，经常涉足世界各地，消息灵通。他们是中国最早知悉和了解十月革命及世界工运潮流的群体。有关十月革命及世界工运潮流的许多信息，就是通过中国海员传播到国内的。十月革命后，中国报刊上关于世界工运潮流的信息"日不绝书"。人们的街谈巷议也往往离不开这些内容。通过这种方式，大多数不识字的中国工人也能了解一点世道变动的信息。除此之外，一部分中国工人更是亲身体验到了世界革命的潮流。"一战"期间，有数十万中国劳工在西欧和俄国从事战勤工作。这些华工，尤其是在俄国的华工，直接经历了所在国工人运动的浪潮。战后回国的华工把他们自身的所历所闻带到了各地的工厂和矿山，更进一步增进了人们对世界形势变动的了解。由此，中国工人"受到深刻的影响和强烈的鼓励"，其阶级意识也迅速觉醒。[3] 就是在这种外部因素的作用下，已经有了一定规模的阶级队伍，具备相当组织水平，并且深受生活困难之苦的中国雇佣劳动者开始以阶级团体的方式，主动掀起了要求改善雇佣

① 刘明逵、唐玉良：《中国近代工人阶级和工人运动》第2册，中共中央党校出版社，2000年版，第50页。

② 陈达：《中国劳工问题》，上海书店，1935年版，第157页。

③ 《邓中夏文集》，人民出版社，1983年版，第434页。

劳动状况的斗争。

劳动运动兴起后，雇佣劳动纠纷无论是发生的次数，还是规模，都是过去无法比拟的。从19世纪末开始，雇佣劳动纠纷的发生次数明显增加，其规模也随之扩大。据统计，从甲午战败到辛亥革命这段时期内，国内规模较大的罢工在50次以上。另一项时间跨度更长的统计也显示了这样的结果。从1895年至第一次世界大战前，全国共发生雇佣劳动纠纷277次，平均每年有14.58次。短短的十几年间，纠纷发生次数超过了以前50多年总数的3.8倍，特别是从1905年至1913年的9年间，除1907年以外，其余各年罢工数均在22次以上，其中1909年多达30次，1905年和1906年各24次，1910年25次，1911年26次，1913年27次。[①] 1914年至1919年5月，全国共发生罢工108次，超过1840年到1911年70年间的罢工总数。此间上海工人进行了85次罢工，也超过了从1840年到1913年罢工数的总和。不仅罢工次数增多，而且从1916年起，每年发生的罢工数呈逐年上升之势：1916年17次，1917年21次，1918年30次。[②]

由于劳动纠纷发生频率大大增加，在上海、武汉、苏州等近代工业和手工业比较集中的城市，出现了连续数月不断发生罢工和在同一个月连续发生多起罢工的现象。同盟罢工、同一工厂工人持续不断地发动斗争的现象也开始出现，形成局部性的罢工风潮。如在上海，1905年4月就连续发生了华兴纱厂、增裕面粉厂和集成纱厂等三起工人罢工。同年5、6月又连续发生了裕源纱厂、谋德利洋行工人罢工。在1906年6至7月，上海连续发生了绍兴帮印染工人、英租界工程工人和水木作工人、英美烟厂和三泰纱厂工人、城厢内外皮箱业工人等6起罢工。1916年至1919年，上海英美烟草公司年年发生罢工；1918年内，上海纱厂工人连续发生多

① 刘明逵、唐玉良：《中国近代工人阶级和工人运动》第2册，中共中央党校出版社，2000年版，第17页。

② 王建初、孙茂生：《中国工人运动史》，辽宁人民出版社，1987年版，第38页。

次罢工；同年3月间，大连沙河口铁路工人发生了1000多人的罢工；10月间又发生了有2000工人参加的罢工。同盟罢工在19世纪末就开始出现了。1898年9月，上海杨树浦德商瑞记纱厂和英商老公茂等纱厂工人，为“反对把计日工资改为合同工资或计件工资”而罢工。这是中国纺织工人最早的一次，带有同盟倾向的斗争。[①] 进入20世纪后，同盟罢工的事例就更多了。由于同盟罢工的出现，劳动纠纷卷入的人数不断增多。如1905年，上海集成纱厂工人为反对工头压迫和克扣工资，先后组织了南北两厂工人的同盟罢工，参加人数有4600多人。1909年，汉口沙俄所办的阜昌、顺丰、兴泰等几个砖茶厂工人发动同盟罢工，参加的工人有9000人。1914年，上海建筑业工人罢工“有数万之多”。1915年，上海人力车大罢工有2万多人；1919年，上海三新纱厂工人的罢工有8000多人。在这众多的纠纷中，发生在大机器产业中的次数开始超过了其他行业。据统计，从1895年至1913年，近代产业工人共计罢工143次，占这一阶段全部罢工数的51.6%。[②] 产业工人开始成为近代劳动纠纷的主体。近代意义的劳动运动形成。

从1914年开始，雇佣劳动纠纷的发生频率更高，规模也更大。到20世纪20年代中期，劳动运动达到了高潮。这一时期雇佣劳动纠纷的情况如表所示[③]：

① 刘明逵、唐玉良：《中国近代工人阶级和工人运动》第2册，中共中央党校出版社，2000年版，第22页。

② 刘明逵、唐玉良：《中国近代工人阶级和工人运动》第2册，中共中央党校出版社，2000年版，第22页。

③ 陈达：《中国劳工问题》，上海书店，1935年版，第147—148页。

类别 时期	次数	载明人数的罢工	人数总计	每次平均人数	载明天数的罢工	天数总计	每次平均天数
1918 年	25	12	6455	537.92	15	124	8.27
1919 年	66	26	91520	3520.44	52	294	5.65
1920 年	46	19	46140	2428.00	22	157	7.14
1921 年	49	22	108025	4910.23	21	155	7.38
1922 年	91	30	139050	4635.00	54	452	8.37
1923 年	47	17	558335	2107.94	21	134	6.38
1924 年	56	18	61860	3436.66	26	241	9.27
1925 年	183	103	403334	3915.86	95	505	5.32
1926 年	535	313	539585	1723.91	340	2335	6.87
九年总计	1098	559	1231804	2203.59	646	4397	6.81
每年平均	122.00	62.11	136867.11		71.77	488.55	

上表1925年的统计不包括五卅反帝运动中政治的、经济的雇佣劳动纠纷。若包括进去，则1925年雇佣劳动纠纷的各项统计分别是：发生次数为318次，载明人数的罢工有198次，人数总计为784821人，每次平均人数是3963.74人，载明天数的罢工有120次，总天数为2266天，每次平均天数为18.88。包括“五卅”反帝运动中各次雇佣劳动纠纷的9年总计有1232次罢工，参加总人数达1613291人。①

在劳动运动中，不仅劳动纠纷的发生频率增高，规模扩大，而且雇佣劳动者的阶级意识觉醒，为政治性因素而发动的罢工次数增多，并逐渐占有越来越突出的地位。如1905年，上海华新纱厂工人的罢工就是因盛宣怀要将该厂卖给日商而引发的。在罢工

① 陈达：《中国劳工问题》，上海书店，1935年版，第148页。

中，劳资冲突激烈，几致酿成工人暴动。同年，上海英瀚印书馆工人因反对厂主干涉工人抵制美货而罢工。20 世纪初年，在孙中山领导的资产阶级民主革命中，中国工人阶级的活动不绝如缕。如交通口岸的海员、码头工人、苦力及机器工人，是革命党人传递信息，运送人员、军火等活动的主力。辛亥之前，由革命党人发动的一系列武装起义都有工人参加，如 1906 年的萍浏澧起义有 6000 安源矿工参加；黄花岗起义的牺牲者中有 17 人属于工人出身。辛亥革命中，工人参加革命斗争的事例更多，如京汉铁路工人举行了罢工，并配合革命军的行动，袭扰清军后方。江南制造总局的工人举行起义，配合了江浙革命军的光复上海之役。在 1915 年，上海搬运工人和在日本企业做工的工人，为反对“二十一条”而纷纷举行罢工。在 1916 年，天津法租界工人率先罢工，掀起了天津各界人民反抗法国侵占老西开的斗争。

经过实践的锻炼，工人斗争的策略水平明显提高。为扩大影响，工人在罢工斗争中经常借一些公共场所集会，制造声势。如在天津老西开事件中，天津法租界工人全体罢工后，“齐集商会联合会，筹商对待法人办法”，并借此会址开全体工人联合大会，请社会知名人士演讲，扩大声势。上海建筑工人 1914 年的罢工也“先后在二马路三鑫楼及鲁班殿会议，假同盟罢工，要求加给工价；并刊送传单，号召企业”①，争取社会同情。由于工人的觉醒，工人斗争的社会影响力明显加强。如 1916 年，天津反对法国侵占老西开的斗争，首先是由法租界工人罢工引发的。在工人罢工的影响下，法租界华警罢岗。法政学堂学生一律罢课。法国商店、机关的中国店员、职员也一律罢工。工人的斗争影响了社会其他各阶层的行动。

尽管如此，到五四运动前夕，雇佣劳动者的阶级意识水平还不能作过高的估计。如 1905 年的抵制美货运动影响遍及全国。运

① 彭明：《五四运动史》，人民出版社，1984 年版，第 93 页。

动的基层组织和行动依靠各地劳工团体及行会的支持,和各行业工人的执行,但是运动的组织领导者是资产阶级中上层。运动对资产阶级民主革命起了一次组织动员作用,而对工人阶级本身情况的改善却无成果可言。在同盟会及其他革命团体发动的起义中,产业工人、海员及手工业工人参加的不在少数,有时还成为武装斗争的主力,然而,斗争的直接目标是推翻清政府的统治。在这些运动中,近代无产阶级只是作为其他阶级的追随者参加的。虽然他们发挥了很大的作用,但是还没有成为一个自觉的阶级。

五四运动是近代雇佣劳动运动的分水岭。中国工人在运动中发挥了主力军作用。经过五四运动的洗礼,中国工人阶级觉悟得到普遍提高,不仅在爱国斗争中表现积极,而且意识到自身在社会中的作用,要求改善待遇的经济斗争迅速增多。五四运动后,工人罢工浪潮逐渐形成了东北、上海、华南、华北几个中心。在东北,1919 年 6 至 10 月,日资企业工人为增加工资、改善待遇而举行的一系列罢工斗争,遍及沈阳、大连、抚顺、本溪、安东等地。上海在 1920 年 5 至 7 月,因米价上涨也爆发了一系列的罢工,各产业部门的工人和各行业手工业者都参加了斗争。在华南,以香港和广州为中心,在华北以开滦为中心,工人争取经济利益的罢工也不断发生,规模也相当可观。如 1920 年 5 月的开滦工人罢工有 2 万人参加。1921 年 6 月,广州机器工人与粤汉、广九、广三铁路工人联合举行的罢工也是万人同盟罢工。在五四运动后的经济斗争中,工人所提出的要求条件突破了单纯的经济内容,包含了越来越多的政治性要求。如开封商务印刷所工人在罢工宣言中提出"要尊重工人的人格"。1920 年 11 月 16 日,北京大学印刷所工人也宣称他们是为了"争工人的人格"而罢工。① 雇佣劳动纠纷的频繁发生和工人对其自身社会政治、经济地位的强烈要求,给旧中国社会以

① 刘明逵、唐玉良:《中国近代工人阶级和工人运动》第 3 册,中共中央党校出版社,2000 年版,第 334 页。

前所未有的冲击,因而引起了社会各方面对以产业工人为主体的劳动群体的关注。

第二节 社会舆论对雇佣关系问题的反应

近代雇佣关系问题从劳动纠纷逐渐演变为劳动运动,从而引起了社会舆论的广泛关注。不同的阶级阶层,仁者见仁,智者见智,众说不一。但是,舆论态度变迁的轨迹是清晰可寻的。在19世纪,传统社会就存在的雇佣劳动问题,比如北京西山煤窑矿工之"生受鞭笞,死委沟壑"的情况在19世纪80年代初期时有所闻。有人投书报界,揭露北京西山煤矿野蛮的包工制,认为矿工的苦难应该唤起置身于人类大家庭中每一成员的积极同情。[①] 但是,从总体上来看,人们讨论和关注的雇佣关系问题不是国内的劳动纠纷,而是出国劳工的命运。到20世纪,国内雇佣关系问题才开始进入人们的视界。前后两个阶段,社会舆论的态度有着明显的变化。

一、晚清舆论中的雇佣关系问题

工时长、工资待遇低、缺乏劳动保护、劳动灾害频仍,是近代中国雇佣劳动的一般状况。对中国国内的雇佣关系问题,由于职业的原因,中国新闻界是最早给予关注的社会阶层。早期雇佣关系纠纷的许多情况都是通过新闻界的记载而保留下来。对雇佣关系状况的披露时而见诸报端。[②] 但是,从总体上看来,晚清舆论对雇佣关系问题并不重视。当时,新闻界对雇佣关系纠纷一般只是客观地叙述事件的经过。按当时新闻界的习惯,影响大的社会事件,一般都要配有短评以表明态度。在雇佣关系问题的报道中,这类短评很为罕见。只有一些西方人所办报刊,在报道时把一些突出

① 汪敬虞:《中国资本主义的发展和不发展》,中国财政经济出版社,2002年版,第24页。

② 详见1883年5月30日、6月15日《申报》。

事件与西方的雇佣劳动运动作比较，但也仅此而已，并未深入。如1882年6月和7月，上海接连发生了建筑工人和汇德丰公司驳船水手两次规模较大的罢工，上海西人报纸在报道时认为，这两次罢工“只是偶然地在相隔不远的时间内发生的”。他们认为西欧各国“劳工争取权利运动是否已渐渐传入中国”，上海的雇佣劳动纠纷是否受了这一运动的影响，还难以确定。[①] 又如《捷报》在1890年9月5日以“中国的罢工运动”为题，报道了江南制造局的工人罢工，并对东西方雇佣劳动纠纷某种程度的相似表示了惊叹，称罢工“在中国也出现了，本不足为奇。然而，我们不能预料罢工的方法会和英国的完全相同”[②]。新闻界的反应是当时中国社会对雇佣关系问题态度的一个缩影。这种态度的实质就是，雇佣关系问题在当时并未引起社会足够的重视。同情的表示及其他一些观点的讨论更是无从谈起。这种状况在维新运动的启蒙思想家严复个人的身上得到了进一步的验证。

严复在向中国介绍西方近代思想时，注意到了西方社会严重存在的雇佣关系冲突，并就此问题作了一定的阐述，但对在中国已经发生的雇佣关系纠纷却没有任何的论述。如严复在《原强》一文中认为欧洲劳动问题出现的根源是“贫富不均”。他在评述欧洲贫富不均的情况时说：“夫贫富不均如此，是以国财虽雄而民风不竞，作奸犯科，流离颠沛之民，乃与贫困相若，而于是均贫富之党兴，毁君臣之议起矣。”[③]在译述《天演论》时，严复就贫富问题进一步指出“以均富言治者曰，财之不均，乱之本也”。针对西方的雇佣关系问题，严复提出了解决问题的方法——“一群之民，宜通力而合作，然必事各其所视，养各给其所欲，平均齐一，无有分殊，为

---

① 刘明逵、唐玉良：《中国近代工人阶级和工人运动》第2册，中共中央党校出版社，2000年版，第9页。

② 孙毓棠：《中国近代工业史资料（1840—1895）》第一辑（下册），科学出版社，1957年版，第1250页。

③ 《中国近代思想史参考资料简编》，上海三联书店，1957年版，第451页。

上者职在察贰廉空，使各得分愿，而莫或并兼焉，则太平见矣。"①从这些评述来看，严复还是以中国传统的观点来看待欧洲产业社会的矛盾的。受论文的主题限制，在这两篇论文中，他也没有直接涉及雇佣关系问题。但是在《原富》的译文中，严复就直接论述了雇佣关系问题的两个基本内容：劳动时间和劳动工资。

在译述亚当·斯密减少工作时间、提高劳动效率的观点时，严复加按语，介绍了欧洲各国的工厂立法。他指出："英国议院著律，名厂令，佣者操作，每礼拜不得过五十二小时，而佣主交利。自是以来，各国大抵著厂令矣。"他感叹中西工人待遇的悬殊，说："英民业时最少，而光绪二十三年，业机器者尚求减功作时刻。不得，则罢工争之……中国操工小民，夜以继日，几无休时。西国七日一辍业，中国并此无有，其勤可谓至极。使待西民而然，不终日哗矣。"②对劳动工资，严复在译文按语中也阐明了这一问题的基本规律："庸率常过于劳力者之所实食，亦不容已者也。佣不能常作劳，有疾病，有休老，且必有以长养教诲其子孙。使庸率仅足以养其当时之躯，则劳力之民，弹指尽矣。"③严复的见解具有一定的深度。然而，他对雇佣劳动问题的认识并没有就此深入。这是因为中国政治上的维新变革是当时中国先进分子关注的焦点。严复的主要精力在宣传介绍西方先进思想，对中国社会进行启蒙。其译述亚当·斯密著作的主要目的还是在鼓励人们发展本国资本主义经济。他没有，也不可能提出改善雇佣劳动状况的建议的。

晚清舆论关注较多的是出国劳工问题。近代中国国门洞开之后，西方列强不仅从中国掠夺丰富的自然资源，也掠夺中国大量的劳动力。在鸦片战争之前，西方列强就从中国非法输出劳动力。这种行动当时就引起了清政府的重视。道光年间，清廷指令林则徐调查闽粤一带华人出洋一事。林则徐通过调查发现，华人出洋

① 王栻主编：《严复集》（五），中华书局，1987年版，第1343—1344页。

② 王栻主编：《严复集》（四），中华书局，1987年版，第858页。

③ 王栻主编：《严复集》（四），中华书局，1987年版，第869页。

确有其事。在灾荒之年,华民出洋谋生者相当多,正常年景则少。虽有“买猪崽”之说,“其实只系受雇,并非卖身”①。因而,当时华工出国并不是一个严重的问题。鸦片战争以后,情况则大不相同了。大量廉价劳动力,为资本主义经济发展所必需。在黑奴制度被废除后,西方资本家把目光移向了中国。为满足对劳动力的需要,西方列强采取了种种野蛮手法,骗掠华人出洋。在外国人的收买下,沿海地区的地痞流氓恶棍,四出活动。用诱赌、诱酒、下蒙汗药、讹诈索欠,或诳称介绍职业,乃至打闷棍、强行绑架等狡诈狠毒的手段,肆意抓人。拐匪的猖狂,使得东南沿海一带人人自危,甚至大白天都不敢上街。第二次鸦片战争时期,西方列强掠卖华工更达到了十分疯狂的地步。广东巡抚耆龄上奏说:“夷人在粤东利诱内地匪徒,拐骗人口出洋,名为买猪仔,由来已久,自咸丰七年夷人入城,此风更盛。”②被卖到目的地的华工不仅承担极为艰苦的劳作,而且经常遭到雇主的残酷虐待。因而,华工死亡率极高。如在1847年华工初到古巴后的20年间,所有登岸的114081名华工,因各种迫害而死去的,计有53502名,约占半数。③ 由此,出国劳工待遇问题成为一个有关中国国家声誉的外交问题和社会问题。

东南沿海拐卖华人的事情,也较早地引起了中国近代知识分子的注意。第一个留美的中国人容闳曾记述了华民被拐骗的惨状:“无数华工,以辫相连,结成一串,牵往囚室。其一种奴隶牛马之惨状”,令人不忍目睹。④ 容闳并在广州亲自抓获贩猪仔的拐匪数人,送到官府。掠贩华工的行为受到社会舆论的遣责。在谈到澳门的猪仔贩卖时,王韬有过详细地论说:“其中最可议者,莫如招人出洋一事,盖招工者,每借词于出洋开垦荒土,自有此举,而匪徒

① 陈翰笙,《华工出国史料汇编》第一辑,中华书局,1981年版,第7页。

② 陈翰笙,《华工出国史料汇编》第四辑,中华书局,1981年版,第186页。

③ 陈翰笙,《华工出国史料汇编》第四辑,中华书局,1981年版,第238页。

④ 容闳:《西学东渐记》,湖南人民出版社,1981年版,第98页。

随视为利薮，拐诱鬻贩之弊，层见叠出，愚民无知，受其陷害，入其牢笼，至于踪迹杳然，存亡莫问者，不知凡几。此实设坎阱于境中，有心世道者所当极为禁绝也。”①他指出：“向来谈者皆以澳门一隅为畏途，诱鬻掳勒，无所不至。其居人为奇货，辗转贩售，视同豕畜，迹其行为，几至暗无天日。莠民所聚，积弊已久，恐不能一旦扫除，惟有撤其招工之馆，则鬼蜮狡狯之技，自无所施。”②郑观应也多次论及猪仔问题。在《救时揭要》中，他非常同情华工所受的种种虐待，斥责雇主的野蛮行径：“人命至重，此事不伤天地之祥和乎！户口至重，此事不绝男女之孳息乎！”。对清政府在华工问题的处理，郑观应也十分不满。他批评到：“华夏至重，此事不失天朝之体统乎！乃各国禁之于先，而中土不闻禁之于后，抑独何欤？”他十分明确地提出了“禁止贩人为奴”的主张，进而要求设领事馆以卫我国民。当华人受到欺侮时我“则照会该处地方官，按照《万国公法》伸理其冤，辨析其事”③。他呼吁清政府积极与列强交涉，申明中国海禁政策，阻止掠贩人口之风。禁止拐卖华工的倡议，在洋务派官僚中也得到一定的回应。洋务派大员彭玉麟不仅提出“严禁地方拐贩”，而且主张对已出洋的华工“不可徒作旁观之太息，宜令各国公使、领事认真清查，密为保护”④。

上述各种主张的基本论点是禁止人民出洋，以避免洋人种种迫害。然而，西方列强掠夺中国廉价劳动力的企图，是清政府无法阻挡的。第二次鸦片战争中，西方列强迫使清政府同意华民出洋佣工，从而使列强掠夺中国人口的行为“合法化”了。在招工“合法化”后，东南沿海拐骗华人之风，并没有得到有效遏制。清政府虽严治拐匪，但并无多大明显效果。由于招工的合法化，此时，保护中国老百姓，已不能用严禁华民出洋的方法了。因此，郑观应提

① 王韬：《宜索归澳门议》，《弢园文录外编》卷7。

② 王韬：《代上广州冯太守书》，《弢园文录外编》卷10。

③ 夏东元编：《郑观应集》（上），上海人民出版社，1987年版，第12—13页。

④ 陈翰笙，《华工出国史料汇编》第四辑，中华书局，1981年版，第2页。

出，与其禁之不绝，不如“官为经理，舍良民而谪匪徒，则善者可保生全，而恶者可加惩创也”①。他主张将各地盗案犯，交外洋招工总理，装赴外洋，认为“以中国不胜诛之盗，充外洋群欲招之工，群盗得其生，中国去其害，而贩卖良善懦弱之风，亦不禁而自戢。斯一举而三善备焉”②。郑观应的这种主张可谓用心良苦。其出发点是寻求一条解决华工问题的根本办法。然而，华工所受种种迫害不仅仅是在国内，而主要是在海外受雇场所。“盗工”主张并不能有补于海外华工。在不能有效保护海外华工的情况下，“盗工”主张的积极意义不仅大打折扣，而且有助纣为虐之嫌。由于西方列强的经济侵略，连年的战乱和灾荒，中国社会经济凋敝，失业人口众多，流民问题严重。大量流民的存在严重威胁到清政府的统治。对清政府来说，郑观应的主张不失为解决流民问题的一个办法。清政府内部也有不少人回应了这种主张。薛福成、张之洞、刘坤一、李鸿章等都赞成这一观点，认为与其让这些穷人在国内辗转沟壑、冻饿而死，或铤而走险，为匪为盗，不如让他们去海外“求得一线生机”③。

相比之下，剑华道人的主张更具积极意义。受郑观应观点的启发，剑华道人认为国内既已决计开办交通、铁路等浩大工程，与其把大批盗犯送往海外，不如“悉下地方官，使按名册解送工所，立工头以监力作”④。这样，既保证国内建设所需劳动力，又能使华人免于海外为奴。剑华道人的主张值得肯定，但是在当时是无法实现的。因为，华工问题的根子是西方资本主义国家因经济发展而需要掠夺中国的廉价劳动力。只要这个源头不解决，华工出国也就不能遏止。同时，清政府是一个封建专制政权。它不可能提出一个有效的办法解决国内劳动就业问题。19 世纪末 20 世纪

① 夏东元编：《郑观应集》（上），上海人民出版社，1987 年版，第 541 页。
② 夏东元编：《郑观应集》（上），上海人民出版社，1987 年版，第 541 页。
③ 陈翰笙：《华工出国史料汇编》第四辑，中华书局，1981 年版，第 228 页。
④ 夏东元编：《郑观应集》（上），上海人民出版社，1987 年版，第 542 页。

初,由于帝国主义减少了对中国苦力的需要,这一困扰清政府几十年的掠贩人口问题才逐渐消停下来。

然而,华工在国外遭受西方人野蛮驱赶和迫害的消息又不断传到国内。如何保护在海外的华工问题又引起人们的关注。郑观应在《盛世危言》中谴责美国的野蛮排华行径,提出了“救之于已然,不如保之于未然也;争之于事后,不如察之于事先也”①的主张。但是,由于清政府的软弱无能,西方国家,尤其美国,掀起的排华狂潮愈演愈烈,从而引起了中国人民的愤怒,终于在1905年爆发了全国性的抵制美货运动。中国知识分子是这次运动的倡导者和组织者。为指导抵货运动,檀香山《新中国报》的总编辑陈义侃,提出了完整的抵制美货的行动方案,并在后来的运动中得到执行。抵制美货是为了反对美国苛待华工及旅美华人,而当时商人及清政府一部分官员主张只让美国修改条约,宽待赴美游历的士商,而维持工禁。这种主张受到知识分子的反对。著名小说家吴趼人致函上海总商会会长,抵制美货运动的领导人曾铸,指出:“无论士商学生工人均我之同胞也。此次合全国之群力以抵制之,徒为此仕商学生出死力,而置工人于度外……于理未免不顺。”上海人镜学社也给上海总商会发出公开信,批评这种主张。知识分子的这种态度表明,在戊戌变法之后,中国知识界已经具有了国民平等的观点。抵制美货运动恰恰成为中国社会普遍关注一般雇佣劳动者命运的开端。在抵制美货运动,尤其是辛亥革命以后,国内雇佣劳动者的命运引来了更多的关注。

二、民国初年舆论对雇佣关系问题的反应

民国初年,由于中国社会雇佣劳动冲突日益严重,雇佣关系问题已经成为社会生活的重要组成部分。因而,引发更广泛的关注也已成为势之所趋。伴同社会舆论关注兴趣的逐渐浓厚,舆论报道中也出现了明确的倾向性。如上海《民国日报》以“工厂太无人

① 夏东元编:《郑观应集》(上),上海人民出版社,1987年版,第416页。

道”为题,报道了纱厂童工因长时间过度劳作而猝死一事,指出“该厂工作时间甚长,无论日夜工均以十二小时为限”,工人“未免劳苦”,批评资本家“于工人一方面太不体恤”[①]。该报还就此事配发了时评,抨击资本家的恶劣行径,指出“产业上之专制与政治上之专制,其罪一也”。时评并指出,那种认为中国因产业不发达之故,雇佣关系中的“不平、不均,尚未若欧美之甚”的观点是错误的,呼吁社会重视此一问题,并“思所以制限资本家之专制”[②]。社会舆论态度的这种变化还能从工人组织的迅速增长得到反映。所谓新式工界团体在辛亥革命之后就出现了。在五四运动之前,这类团体总共不过30余个,而且大多存在的时间很短。“五四”以后的两年间,这类组织大量涌现,仅上海、广州、长沙、香港等地就大约有300个左右。[③] 这其中的大多数是由资产阶级政客、资本家、工头等所谓“社会名流”发起的。许多团体在成立时还发出各种呼吁,主张重视劳动问题。如1919年8月成立的上海电器工界联合会在向社会各界发出的《呼吁书》中就提出“望急设劳动教育社”、“望多设职业学校”、“望设公共花园与游乐场”、“望资本家顾惜工人”、“望组织全国工会”等多项建议。[④] 虽然大多数主张只是挂羊头卖狗肉,根本不能付诸实施,但是,这众多的“名流”参与,本身就是社会关注增长的表征。

对工人为争取改善劳动状况而进行的各种斗争,社会各界也给予了较多的关注。由于中国社会各阶级所处的地位及利益的差别,其态度是不一样的。新闻界始终关注中国的各种雇佣劳动纠纷,并对中国工人斗争水平的提高有较为敏锐的意识。如1917年3月,上海商务印书馆工人因反对资本家无故开除工人而举行罢

① 《工厂太无人道》,1916年3月30日《民国日报》。

② 《人道》,1916年3月30日《民国日报》。

③ 刘明逵、唐玉良:《中国近代工人阶级和工人运动》第3册,中共中央党校出版社,2000年版,第470页。

④ 夏东元编:《郑观应集》(上),上海人民出版社,1987年版,第542页。

工。中华书局和文明书局的工人立即支援，实行同情罢工。新闻界敏锐地意识到工人斗争的这种新变化。《民国日报》的一篇述评指出："罢工风潮昔亦有之，惟不如此次之甚。"①对工人组织程度的提高，新闻界也能敏锐地把握。如对1920年6月开滦工人的罢工，上海《民国日报》在一篇综合报道中指出，这次罢工是"很坚决的，很有组织的"，"他们的精神和有觉悟的表示，实在是中国劳动运动史中仅见的"②。

中国民族资产阶级与中国工人阶级的关系处于矛盾状态之中。中国民族资本主义的发展，深受外国资本主义和本国封建统治的双重束缚。中国工人阶级的爱国斗争打击了列强在华经济势力，有利于民族资本主义发展。因此，民族资产阶级在一定程度上支持工人的斗争，称赞"此等苦力穷民，亦知大义，殊属可敬"③。在1916年天津老西开事件期间，天津法租界工人的罢工获得了当时社会各阶层的支持，连商会、参议会都采取了积极的态度。不仅省参议会议长出席了在商会联合会内召开的全体工人联合大会，发表演说，甚至有商界人士公开表示坚决支持工人的斗争，"情愿倾家败产，亦决不辞其责任"④。同时，民族资产阶级也害怕工人的反帝斗争祸及自身。1913年，上海瑞鎔等翻砂厂工人为营救被押工人而罢工。民族资产阶级就表达了他们的忧虑，认为"长此罢工，实非实业前途之福。当局者其亦注意否耶"⑤，希望政府干预雇佣劳动纠纷的处理。为企图限制斗争的范围，民族资产阶级打出了"实业救国"和"工战"等旗号，要求工人罢工应当有个分别，民族工厂"如确有振兴国货挽留利益的功效，非但不应该罢工，并

① 《印刷业罢工大风潮》，1917年3月28日《民国日报》。

② 刘明逵、唐玉良：《中国近代工人阶级和工人运动》第3册，中共中央党校出版社，2000年版，第333页。

③ 彭明：《五四运动史》，人民出版社，1984年版，第346页。

④ 《天津罢工风潮》，1916年11月19日《民国日报》。

⑤ 刘明逵、唐玉良：《中国近代工人阶级和工人运动》第2册，中共中央党校出版社，2000年版，第115页。

且还要加工”,否则就有违工人爱国的直接目的。[①] 当工人斗争突破其所能允许的范围时,他们就力图尽快结束工人斗争。在“五四”运动时,民族资产阶级的舆论公开要求,工人“千万不可罢工”,声称罢工“必至举国骚然,酿成大乱”,“是非国家之福”[②]。上海民族资本家的代表人物穆藕初提出“工界罢工最危险”,明确主张应当“竭力遏止”[③]。

民族资产阶级的上述态度只是他们的一厢情愿。随着工人的觉醒,雇佣劳动纠纷不断扩大。有鉴于雇佣劳动纠纷的从层出不穷,越来越多的普通人物唤起了对雇佣关系问题的关注。例如,1920年上海厚生纱厂湖南招聘女工一事,就引发了一场有相当影响的讨论。参加讨论的新闻单位有长沙《大公报》、《时事新报》、《湖南日报》、《星期评论》等多家报纸。参加讨论的社会人士有新闻从业人员,教育工作者,实业家,一般社会知识分子,资产阶级革命家等。讨论的问题涉及工资、工时和平等待遇三个方面。在讨论中,人们的普遍认识是,工值要与工作等值,并应随生活程度的增高而增长;工人与资本应立于对等的地位;工人在劳动条件的改善和劳动福利等方面拥有基本的权利。人们一致的看法是“这种最长时间工作,最低工银的结果,一定发生社会上的危险”[④]。因而,讨论者对资本家的贪婪提出了一致的谴责与批评。通过讨论,人们对近代雇佣关系问题所应包括的内容有了明确的认识。《新青年》上刊登的一篇文章,系统地阐述了这一问题的内容。文章指出,劳动问题包括劳动工资、劳动时间和劳动保险三大内容。作者认为:工资不过是工人对于雇主一种劳力的代价,是资本主义制度之下一种方法,并不是自然的,也不是永久的。关于劳动时间,文

---

① 《罢工问题的商榷》,1919年6月9日《民国日报》。

② 刘明逵、唐玉良:《中国近代工人阶级和工人运动》第3册,中共中央党校出版社,2000年版,第210页。

③ 彭明:《五四运动史》,人民出版社,1984年版,第344页。

④ 《朱执信集》(下),中华书局,1979年版,第702页。

章提出了8小时工作制,并仔细地区分了"儿童工作时间"、"妇女工作时间"和"成年男子工作时间"的不同,提出了缩短劳动时间而不减少报酬的主张。关于工人保险,文章指出,工人保险包括疾病、老年、死亡、失业、伤残等内容。工人保险不应由工人承担,而应由资本家与政府来办理。[①] 这些认识的形成说明,中国社会对雇佣关系问题的理性认识已具有了相当水准。

除此之外,人们对"五一"节的纪念和宣传,是当时社会对雇佣关系问题引起普遍关注的又一实例。1920年5月,中国掀起了空前的劳动节纪念高潮。不仅北京、上海等地举行了劳动节的纪念集会,而且新闻界也以前所未有的热情参加了纪念活动。国内众多刊物刊登了大量的文章,开展了劳动节纪念活动。当时,《新青年》、《觉悟》、《星期评论》、《新社会》、《北京大学学生周刊》等重要刊物,出版了劳动节纪念专号。上海《新妇女》、《民国日报》、《时报》、《申报》,苏州《妇女评论》,北京《晨报》,天津《大公报》等也都刊登了纪念专文和有关工人情况的调查报告。各项纪念活动形成了一个介绍和研究雇佣劳动关系问题的高潮。正如当时北京的舆论界所指出的那样:"五四运动以后,新文化的潮流滚滚而来,'劳工神圣'的声浪也就一天高似一天,到了今年,北京人士虽然感想不尽相同,但几乎没有一个人不晓得有劳动节的。但看这一点,中国这一年的进步不能算不快。"[②]1922年中国工人第一次掀起了争取改善劳动状况的斗争高潮。虽然北洋军阀以武力镇压了工人的斗争,但是社会普遍的看法认为,工人罢工为因生活困难而起的正当自卫手段。当局不应单纯镇压,而应对"凡足以促进生活困难之点,俱应深加注意,徐谋所以疏导之方"。否则,罢工不会平息。[③]

总之,上述这些认识的形成十分明显地显示出社会舆论对雇

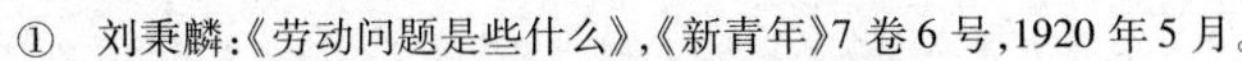

① 刘秉麟:《劳动问题是些什么》,《新青年》7卷6号,1920年5月。

② 《劳动节的北京》,1920年5月1日《民国日报》。

③ 《试探罢工风潮之根源》,1921年9月24日《申报》。

佣劳动者的同情态度。这种态度的变化，是新的社会意识产生的前兆，也就是在雇佣劳动者获得普遍的社会同情的基础上，新的社会意识形成了。

第三节　近代社会意识的转变

在中国传统社会，等级意识、门第观念十分盛行。在现实生活中，大多数社会成员分别归属于四个不同的社会等级，其中“士”即读书人，被置于社会等级的最上层。所谓“万般皆下品，惟有读书高”，就是对“士”之优越社会地位的最好概括。在社会成员的四大等级中，虽然农工居于中间地位，拥有较商人为高的社会等级，但是在现实生活中，作为体力劳动者的农民和手工业者最受歧视。“劳心者治人，劳力者治于人”的传统观念深深地扎根在人们的头脑中。这种意识的实质就是对劳动的鄙视。在近代，这种旧观念受到强烈挑战，劳动群体受到了社会的尊重，人们的社会意识有了明显变化。

一、新社会意识的产生

新社会意识的核心内容就是尊重劳动、尊重劳工。它的流行始于五四运动前后，而以“劳工神圣”口号的提出为标志。然而，作为一种社会意识，它的最早出现要追溯到清朝末年。薛福成在19世纪末比较了中外富强相异之根源，明确提出奖劝“百工”的主张，认为“欲劝百工，必先破去千年以来科举之畦畛，朝野上下皆渐化其贱工贵士之心”①。在20世纪初叶，资产阶级知识分子在宣传资产阶级民主革命思想时，附带着提出了“尊劳”主张。当时，由资产阶级知识分子创办的《俄事警闻》、《中国白话报》、《第一晋话报》等刊物，发表了一些讨论雇佣劳动的文章。在这些文章中，

① 薛福成:《中国近代史资料丛刊 · 洋务运动》(一)，上海人民出版社，1961年版，第395页。

他们初步宣传了劳动创造价值的理论。如《俄事警闻》的一篇社论指出,劳动是创造价值的唯一源泉:"凭你土地什么样多,本钱什么样多,机器什么样多,要是没有人力加上去,就想造一点点东西,也是造不出来的。"①世界上最有力量的群体是劳工。因此,他们主张:"我们所最该崇拜的,所最该受我们尊敬的……是那'神圣不可侵犯的劳动的兄弟姐妹'。"人世间若是"有阶级就该把劳动的搁到第一级"②。资产阶级知识分子十分同情劳工的工作生活境遇,号召劳工"也学着外国工人,结成一个大党",维护自身利益。③ 民国建立之初,劳工与神圣直接相连的字眼开始出现在资产阶级改良主义者的宣传中。江亢虎的中国社会党不仅宣称"劳动者,神圣也",而且主张社会要尊重劳动者并"奖励劳动家"④。

早期资产阶级知识分子关于"劳工神圣"观念的宣传,大致如上所述。当然,必须指出,这种思想不是当时资产阶级知识分子所要宣传和提倡的主流意识。不仅有关此项内容的文章刊登的少,而且有些观点的提出有十分特殊的历史背景。如《俄事警闻》的社论发表在日俄战争的背景下,宣传劳工是世界上最有力量的群体,是为着动员民众抗俄,而与知识分子的内心观念并无多大联系。正因如此,已经刊登出来的文章在当时的中国知识界及社会其他阶层中并没有引起多大的反响。

不过,第一次世界大战结束前后,社会舆论对这种新社会意识的宣传有了明显的变化,不仅参与宣传的队伍壮大,而且所宣传的内容也与前一阶段不一样。在宣传队伍方面,除了资产阶级知识分子外,中国无政府主义知识分子也参加了这一行列。无政府主

① 刘明逵、唐玉良:《中国近代工人阶级和工人运动》第2册,中共中央党校出版社,2000年版,第774页。

② 刘明逵、唐玉良:《中国近代工人阶级和工人运动》第2册,中共中央党校出版社,2000年版,第778页。

③ 刘明逵、唐玉良:《中国近代工人阶级和工人运动》第2册,中共中央党校出版社,2000年版,第777页。

④ 《中国无政府主义和中国社会党》,江苏人民出版社,1981年版,第175页。

义者在法国创办的《旅欧杂志》,发表了许多介绍欧洲社会名人的文章。在选择要介绍的社会名人时,杂志编辑有意识地选择了一些出身劳动阶层的思想家和社会活动家,并通过加编者按的方式宣传劳工神圣的思想意识。如《樊克林传》的按语说:"樊氏出于劳动之家,身为工匠者若干年,卒以勤俭好学,而成世界之名人。然此为工人之特见乎?抑常事耶?吾敢断言曰:工人中有聪明才识如樊氏者,必不仅此一人,惟其际遇与彼不同,故其才无从发展,则所为不若彼之显著,然其人未必逊之或且过之。"①在宣传的内容方面,1917 年 7 月,资产阶级民主主义教育家蔡元培扩展了"劳工"的范围。他在《教育工会宣言书》中提出了一个新的"工"的定义:"凡人以适当之勤劲,运用其熟练之技能,而所生效果确有裨益于人类者,皆谓之工。"他认为"我国自昔分职业为士、农、工、商四类,实则工以外三者,亦得以工赅之。农者,树艺之工也;商者,转运之工也;而士则为教育之工"②。蔡元培的这种定义,显然是对"劳工"概念的泛化。但是,透过这种解释反映出来的却是知识分子对劳工阶级社会作用的重估,因而对"劳工神圣"社会意识的形成也有一定的作用。

就在蔡元培提出新的劳工概念后不久,"劳工神圣"的宣传有了新的发展,并且这种新发展是与中国无政府主义者紧密相关的。1918 年 3 月,中国无政府主义者吴稚晖等人在法国创办了《劳动月刊》。这是中国第一个以"劳动"一词命名的杂志。该刊发刊词《劳动者言》明确宣布刊物的宗旨是:"尊重劳动;提倡劳动主义;维持正当之劳动,排除不正当之劳动;培植劳动者之道德;灌输劳动者以世界知识普通学术;记述世界劳动者之行动,以明社会问题之真相;促进我国劳动者与世界劳动者一致解决社会问题"③。

① 《五四时期期刊介绍》第三集,人民出版社,1959 年版,第 194 页。

② 《蔡元培全集》第三卷,浙江教育出版社,1997 年版,第 104 页。

③ 葛懋春等:《无政府主义思想资料选》(上),北京大学出版社,1984 年版,第 363 页。

《劳动》杂志存在的时间不长，但它使“劳工神圣”的宣传达到了一个新层次。首先，《劳动》刊发了多篇文章，系统讨论劳动的价值和尊重劳动的重要性。如第一号上发表的《尊劳》一文提出：“劳动具有无上价值，道德之所不能遗，卫生之所不容已，大之以振拔精神，磨砺志气，小之亦借呈活泼，免陷衰颓，此君子所以尊劳也。”“劳动者当直接享有生产物，于以成其为社会主义，不劳动而享有者，是谓劫夺，所当排除，于以成其为社会革命。”[①]其次，宣传了劳工阶级的社会作用。《劳动》杂志广泛地关注“一战”期间的国内外工人运动，对工人在政治、社会运动中的作用估价很高，认为欧美劳动者的势力“已足以左右国家，推挽政府，牵连国际，操纵政客”，“震天撼地之大战争，恐亦将待解决于劳动者”[②]。总的来说，在巴黎的中国无政府主义知识分子对“劳工神圣”的宣传有重要贡献。但是，由于他们局处海外，其宣传对象又主要是“一战”期间在欧洲的华工和为数不多的华侨，所以他们宣传的实际影响力毕竟是有限的。真正使“劳工神圣”意识的宣传具有广泛社会影响力的是蔡元培。

1918 年 11 月 16 日，北京各界举行集会，庆祝“一战”结束。蔡元培在集会上发表了著名的“劳工神圣”的演讲。在演说中，他明确指出了今后社会发展的潮流：“此后的世界，全是劳工的世界。”主张人们：“不要羡慕那凭借遗产的纨绔儿！不要羡慕那卖国营私的官吏！不要羡慕那克扣军饷的军官！不要羡慕那操作票价的商人！不要羡慕那领干俻的顾问咨议！不要羡慕那出售选举票的议员！”要认清劳工的社会价值，承认“劳工神圣”[③]。蔡元培的演说引起了强烈的社会反响，特别是在青年知识分子中引起了巨大共鸣。一般青年普遍接受了“劳工神圣”的观念，正如当时舆论所指出的，主张“劳工神圣”的“声浪在杂志界和报章上也闹得

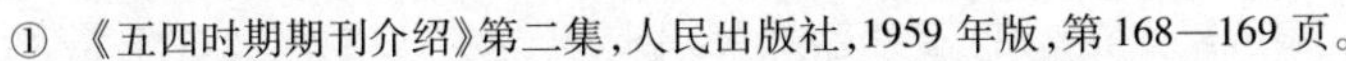

① 《五四时期期刊介绍》第二集，人民出版社，1959 年版，第 168—169 页。

② 《五四时期期刊介绍》第二集，人民出版社，1959 年版，第 169 页。

③ 《蔡元培全集》第三卷，浙江教育出版社，1997 年版，第 464 页。

够高了,一般讲新文化的青年,都免不掉要讲几声"①。也正是因此,《新青年》杂志把是否尊重劳动列为区别传统和现代青年的标准之一,在《本志宣言》中提出:"新青年当然尊重劳动,但应该随个人的才能与兴趣,把劳动放在自由愉快艺术美化的地位,不应该把一件神圣的东西当做维持衣食的条件。"②"劳工神圣"思想意识的宣传之所以通过蔡元培之口而产生广泛的社会影响,不是因为他是著名的教育家,享有很高的社会声誉,而主要是因为"劳工神圣"意识符合20世纪初期的世界思想潮流。正如后来有人指出的,蔡元培的演说"居然把'劳工神圣'底标语,深印在觉悟者的脑筋中,这难道是认蔡元培作偶像,才把'劳工神圣'深入人心?……想来蔡元培一个人,哪里能够凭空造出'劳工神圣'这句话,他不过将众人脑筋里深深地藏着的'劳工神圣',一声叫破了出来,于是众人都被他喊着就回答一声'劳工神圣'"③。此外,当时的中国社会也具备了接受这一思潮的主客观条件。这些主客观条件概括起来有以下几点。

首先,辛亥革命后中国的黑暗政治,使得改造社会以挽救民族危机,成为一种普遍的要求。"劳工神圣"的提出适应了唤起民众的客观需要。辛亥革命给中国社会的发展注入了新的希望。民国初年,以国会选举为核心的民主政治的实施,激发了民族资产阶级的参政热情;而民国政府整理财政,颁布保护资本主义经济的法律法令,也确实促动了民族资产阶级发展实业的雄心。可以说,辛亥革命后一个不长的时间内,中国确实有万象更新之势。然而,曾几何时,袁世凯独裁专制的野心显现,进而发展到复辟帝制。民初民主参政的可能性不复存在。紧接着,为镇压国内反抗独裁统治的革命力量,袁世凯不惜以出卖国家主权为筹码,与列强签订了善后

① 丁守和、殷叙彝:《从五四启蒙运动到马克思主义的传播》,上海三联书店,1979年版,第143页。

② 《本志宣言》,《新青年》7卷1号,1920年4月。

③ 《"劳工神圣"的意义》,1920年10月26日上海《民国日报》副刊《觉悟》。

大借款。这给刚刚复苏的民族资本主义经济以沉重打击。为反对独裁专制统治，孙中山重举民主革命的大旗，领导了一系列斗争。但是，由于资产阶级革命领袖没能提出新的革命纲领，以有效解决辛亥革命后中国面临的新问题，虽然进行了不屈不挠的斗争，但成效有限。在袁世凯复辟被推翻后，中国又一次陷入了政治纷争的局面。先是黎元洪和段祺瑞的府院之争，继之以前清余孽张勋之复辟，再后就是长期的、不堪目睹的军阀混战。中国社会陷入了黑暗的深渊，民族危机进一步加深，由此激发出中国舆论改造社会的呼声。中国激进资产阶级知识分子是这种主张的积极倡导者和支持者。陈独秀在1915年揭起新文化运动的大旗，以图补救辛亥革命之缺憾，继而猛烈抨击军阀专制，号召“国民起来根本解决”①。改造社会需要新的依靠力量。接受“劳工神圣”，说明中国激进知识分子已把目光转向了劳动阶级。鲁迅曾回忆说：“先前，旧社会的腐败，我是觉到了的，我希望着新的社会的起来，但不知道这‘新的’该是什么；而且也不知道‘新的’的起来以后，是否一定就好。待到十月革命后，我才知道这‘新的’社会的创造者是无产阶级。”②

其次，新思想的广泛传播奠定了接受“劳工神圣”观念的思想基础。辛亥革命开启了西方社会思想在中国传播的新前景。当时，中国社会流传的新思想种类繁多，与接受“劳工神圣”观念有直接影响的思想有无政府主义和资产阶级激进民主主义。先说无政府主义传播的情况。无政府主义是小资产阶级社会主义思想，一定程度上与工人阶级利益有共通之处。辛亥革命前，这种思想在中国海外留学生中有一定的影响。辛亥革命后，无政府主义者加强了在国内的思想传播和组织活动。在实际活动方面，1912年5月和7月，无政府主义者刘师复在广州成立了中国最早的两个

① 《每周评论》第10号，1919年2月23日。

② 《鲁迅全集》第六集，人民文学出版社，1981年版。

无政府主义者团体——晦明学社和心社,并在广州工人中进行活动,帮助组织了“茶居工会”和“理发工会”。此外,另一无政府主义者徐企文组织了中华民国工党。该组织吸收工人参加,在工人中从事活动,于调解劳资纠纷、举办工人夜校和劳工福利等方面,做了一些有益的工作。在理论宣传方面,晦明学社和心社在不到一年的时间内,翻译出版了《新世纪丛书》、《无政府主义粹言》、《无政府主义名著丛刊》等众多出版物。1913 年 8 月,刘师复又创办了晦明学社的机关刊物——《晦明录》。为进一步扩大无政府主义的宣传,1914 年刘师复又在上海、广州、常熟等地成立了无政府主义共产主义同志社等组织。经过努力,无政府主义思想在中国知识分子中产生了广泛影响。但是,无政府主义者进行的理论宣传和实践活动,与袁世凯建立独裁专制统治的目的相冲突,因而不断受到北洋政府的打击。1913 年,徐企文在二次革命中被杀,其组织瓦解。刘师复系统的各种刊物又屡遭查禁。在刘师复死后,这一派的活动也大大缩小。这样,民国初年,无政府主义的活动在袁世凯的高压下暂告停息。

资产阶级激进民主主义的传播是以新文化运动的形式出现的。为了建立独裁统治,袁世凯一方面残酷镇压孙中山为首的革命党人的反抗斗争,另一方面为其复辟帝制造势,在思想文化领域推行尊孔复古。袁世凯的倒行逆施不仅没有得到他所希望获得的结果,反而激起了中国民主主义知识分子的强烈反弹。他们探索中国社会问题,努力把中国民主革命继续推向深入。陈独秀创办《新青年》,就是资产阶级民主主义知识分子这种倾向的突出表现。资产阶级民主主义知识分子认为,辛亥革命失败的根源在于没有唤起“多数国民之自觉”。他们指出:“吾国之维新也,复古也,共和也,帝政也,皆政府党与在野党之所主张抗斗,而国民若观对岸之火,熟视而无所容心,其结果也,不过党派之胜负,于国民根本之进步,必无与焉。”[1]必须唤起“国民之自觉”,革命才能深入。如何唤起国民之自觉呢?他们认为当扫除国民头脑中存在的、种种腐败的、旧的思想意识。陈独秀指出:“这腐旧思想布满国中,所以我们要诚心巩固共和国体,非得将这班反对共和的伦理、文学等等旧思想,完全洗刷得干干净净不可。”[2]新文化运动的倡导者们明确指出,中国欲求生存,“必弃数千年相传之官僚的、专制的个人政治,而易以自由的、自治的国民政治”[3];中国要求进步,必须反对迷信、盲从和武断,遵循科学,断言:“科学之兴,其功不在人权说之下,若舟车之有两轮焉。”[4]他们主张,创造新世界,必须打破以养成“无独立自主之人格”为目标的旧伦理道德的束缚,树立新的社会道德意识。《新青年》正是循着这样的路线,大力宣传民主与科学、批判封建伦理道德和愚昧落后,提倡新文学、反对旧文学。《新青年》的宣传“为中国的社会思想放出有史以来绝未曾有的奇彩”,在中国的思想界和知识青年中引起了极大的震动[5];也从文化思想上对中国知识分子进行了新的启蒙,为中国知识分子接受新思想,更新价值观念打下了基础,“立下了伟大的功劳”[6]。

第三,近代无产阶级力量的显现。进入20世纪以后,近代无产阶级在整个社会生活中举足轻重的作用,伴同近代劳工争取改善自身地位的频繁斗争而逐步为世人所认识,尤其在一些重大事件中,近代无产阶级向其他社会阶级充分展现了自身的实力,并得到了承认。如第一次世界大战时,中国北洋政府虽然宣布参战,但是并没有向战场派一兵一卒。数十万在各个战场上从事后勤服务工作的华工是中国参战的唯一象征。“一战”结束时,这数十万华

① 《新青年》1卷5号,1916年1月。

② 《新青年》3卷3号,1917年5月。

③ 《新青年》1卷6号,1916年2月。

④ 《新青年》1卷1号,1915年9月。

⑤ 丁守和、殷叙彝:《从五四启蒙运动到马克思主义的传播》,上海三联书店,1979年版,第40页。

⑥ 《毛泽东著作选读》上册,人民出版社,1986年版,第390页。

工的努力使中国赢得了"战胜国"的"光荣"。因而,引来一般人士的称赞。北京大学一名学生在庆祝协约国战胜的大会上说:"不知一人之力,力虽小,合为群力,其力大也。如十五万之华工。当彼等在本土之时,丝毫无足轻重,且常为旧官僚派所贱视,及赴欧也,竟致协约国获最后之胜利,可以知华工虽少,其功实不在协约国以下。"[①]其后,"五四"运动使近代无产阶级的首要地位得到了确认。上海学联在五四后发表的《告同胞书》就是一个突出的事例。在《告同胞书》中,学生坦承了工人力量的伟大:"学生联合会对于此次救国运动,虽奋起在先,而不敢居功,何也?学生罢课半月,政府不仅不理,且对待学生日益严厉","工界罢工不及五日,而曹、章、陆去"[②]。青年学生的宣言表达了五四运动后社会各阶层的共同认识。吴玉章在回忆自己的革命生涯时说:"以往搞革命的人,眼睛总是看上层军官、政客、议员……如今在'五四'群众运动对比之下,上层的社会力量显得何等的微不足道,在人民群众中所蕴藏的力量一旦得到解放,那才是真正的、惊天动地无坚不摧的。"[③]

二、劳工神圣的内容与影响

在尊重劳工的主张获得广泛的社会共识后,舆论对"劳工神圣"的宣传内容也日渐全面。与20世纪初年知识分子刚刚注意劳工阶级时的认识相比,此时的宣传内容有了很大的不同。

第一,在宣传劳动的意义的同时,更注意对传统旧观念的批判。这一时期,社会上歌颂劳动的文章大量出现。大多数作者肯定了劳动在创造生活资料和维持人的生命方面的重要意义,肯定了知识分子只有依靠劳动人民才能生活,才有条件创造精神财富:"我们每日享受那物质的文明,还是靠着'劳工',因为没有劳力的人工,什么文明都不能成就,什么幸福都不能享受。"人们"应以劳动为生活的第一义","如果不劳动的话,那就不能算他一个生人,

① 彭明:《五四运动史》,人民出版社,1984年版,第246页。

② 《五四运动在上海史料选辑》,上海人民出版社,1960年版,第449页。

③ 《吴玉章回忆录》,中国青年出版社,1978年版,第111页。

就像一个死人”①。有些人进一步指出了在当时的社会制度下知识分子和体力劳动者的对立,批判了那种口头上自称“劳工”而心里头仍认为知识分子比劳动者优越的人。如李大钊在《低级劳动者》一文中批评了一些“自命为绅士”的人的观点,提出“凡是劳作的人,都是高尚的人,都是神圣的”②。同时,“劳心者治人,劳力者治于人”的传统观点也受到人们的直接批判。《工学》第1卷第1号上的一篇文章指出:“这几句话,我们中国人从来把它看作天经地义的。但是到了现在,我们觉得孟子这句话毫无理由,绝对不能成立了。然而有这种觉悟的人还是少数,国内大多数人的心理还同孟子一样,看劳心的人神圣的了不得,看劳力的人卑贱的了不得,这实在是万恶无道的思想,我们要用全力打破它。”③通过对传统旧观念的批判,中国先进分子发出呼吁:“我们要想在世界上当一个庶民,应当在世界上当一个工人。”④由此,成为一个劳动者就成为许多知识分子的共同愿望。

第二,宣传劳工阶级在推动社会发展中的伟大作用,阐明劳动社会出现的必然性。俄国十月革命后,中国知识阶层中的先进分子觉悟到了世界潮流的变动,开始注意普通国民的力量。1917年3月29日,李大钊在《甲寅》月刊上发表文章,提出俄人之血“间接以灌润吾国自由之胚苗,使一般官僚耆旧,确认专制之不可复活,民权之不可复抑,共和之不可复毁,帝政之不可复兴”。他指出,任何破坏共和之举,必“撄国民之怒,抑之怒,抑之愈甚,抗之愈力,终以激成险烈可怖之变动”⑤。1917年2月,李大钊在《可怜之人力车夫》一文中还只能悲叹人力车夫的可惨命运,而感到救济人力车

① 《五四时期期刊介绍》第一集,人民出版社,1958年版,第200页。

② 《李大钊选集》,人民出版社,1959年版,第305页。

③ 丁守和、殷叙彝:《从五四启蒙运动到马克思主义的传播》,上海三联书店,1979年版,第143—144页。

④ 《新青年》5卷5号,1918年5月。

⑤ 《李大钊选集》,人民出版社,1959年版,第82页。

夫之无奈，只寄托于以“警察之力干涉车主之设备。俾奔走劳瘁之车夫，稍受涓埃之保护”[①]，现在则看到了改造社会的新希望、新动力。在1917年4月3日的文章中，他说：“工人问题……皆成为社会问题，而政治革命、社会革命之先声，遂皆发于工人之口。若英，若美，若法，政治上、社会上之一切改革，罔不胚酿于劳动阶级之运动。最近俄国大革命之发端……工人团体为先锋”[②]，社会上之改革，如解决工人问题，“亦自为应今世之文明谋人生之幸福所必经之阶序”[③]。在《庶民的胜利》和《布尔什维克主义的胜利》等文章中，李大钊进一步强调了工人阶级的伟大力量，说：“在这世界的群众运动的中间，历史上参与的东西……凡可以障阻这新运动的进路的，必挟雷霆万钧的力量摧拉他们。他们遇见这种不可阻挡的潮流，都像枯黄的树叶遇见凛冽的秋风一般，一个一个的飞落在地。”[④]李大钊对劳动阶级推动社会发展的肯定，在十月革命后也为一般知识分子所赞同。一位读者投书《每周评论》指出，欧洲的革命经历了两个阶段，即包括18世纪下半期和19世纪全部的“资产阶级对于贵族阶级”的“政治革命”和从今往后的“无产阶级对于资产阶级”的“社会革命”。“中国此刻第一要紧的革命，还是仿佛欧洲旧式的革命。不过起革命的，要是劳农阶级，不是资产阶级”[⑤]。

由于肯定劳动阶级的作用，中国知识分子预见社会发展的结果：“二十世纪的潮流”是“资本主义失败，劳工主义战胜”。1919年1月，李大钊指出，“从今以后，生产制度起一种绝大的变动，劳工阶级要联合他们全世界的同胞，作一个合理的生产者的结合，去

① 《李大钊文集》(上)，人民出版社，1984年版，第281页。

② 《李大钊文集》(上)，人民出版社，1984年版，第425页。

③ 《李大钊选集》(上)，人民出版社，1984年版，第426页。

④ 《新青年》5卷5号，1918年5月。

⑤ 《每周评论》第20号，1919年5月。

打破国界,打倒全世界资本的阶级"[①]。陈独秀在1920年9月也明确表示:"承认用革命的手段建设劳动阶级(即生产阶级)的国家,创造那禁止对内对外一切掠夺的政治、法律,为现代社会第一需要。"[②]

第三,阐述劳动运动的目标。在接受新思想后,中国知识分子对劳动阶级现时的状况十分同情。号召劳动阶级起来、自求解放是知识分子的共同认识。而劳动阶级如何自求解放,则成为知识分子关注的重要问题之一。许多人发表了他们自己的看法。在这一问题上,陈独秀的观点具有代表性。他在《劳动者底觉悟》一文中指出,世界劳动者的觉悟计分二步:"第一步觉悟是要求待遇","所要求的,是劳动者对于国家资本家,要求待遇改良(像减少时间、增加工价、改良卫生、保险教育等事)";"第二步觉悟是要求管理","是要求做工的人自己起来管理政治、军事、产业",只有做到这一步,"做工的人底权利,才算稳固"[③]。

"劳工神圣"的思想内容,大致如上所述。这一社会意识的产生对20世纪的中国历史发展产生了极其深远的影响。

首先,它进一步促使中国知识分子由传统向现代转变。是否关注现实社会问题,是衡量知识分子这种转变的主要标准。在中国传统社会,虽然"经世致用"是中国知识分子的优良品德之一,但是科举取士制度吸引了知识分子的主要精力,能够关注现实社会问题的知识分子极少。进入近代以后,这种情况逐步有了变化。由于民族危机的逐步加深,中国知识分子的救国意识日渐觉醒。关注现实社会,寻求救国之策,成为先进知识分子的主流意识。随着近代中国开放程度的加深,中国先进知识分子通过广泛地接触西方社会,开阔了眼界。在这期间,西方社会激烈的社会矛盾冲突吸引了他们的目光,从而使他们认识到西方社会的严重缺陷。针

① 《每周评论》第3号,1919年1月。

② 《新青年》8卷1号,1920年9月。

③ 《新青年》7卷6号,1920年5月。

对西方社会的缺陷,为建设理想的中国新社会,中国知识分子提出了自己的主张。中国知识分子的这些活动表明,他们开始摆脱了八股取士制度的影响,由传统知识分子向近代知识分子蜕变。中国知识分子这种转变的第一个阶段始自晚清末年,"公车上书"是其开始,戊戌变法则标志着本阶段高潮的到来。然而,必须指出,中国知识分子在第一个阶段的转变无论规模,还是程度,均不能高估。一方面戊戌变法为时短暂,其所影响的对象主要是上层知识分子。中下层知识分子基本上仍受科举取士制度所支配,所以它的影响范围有限;另一方面戊戌变法的起因是紧迫的民族危机,属于政治问题而非社会问题。它所唤起的是知识分子的救国意识,与知识分子的价值观念并未产生直接的冲击。

与戊戌变法相比,"劳工神圣"观念对知识分子转变的促进作用,竟直不可同日而语。因为"劳工神圣"观念的形成是由现实社会中的雇佣关系问题所引发的,它所改变的是人的价值观,由此建立了观察和分析问题的新平台,因此,其影响程度至深。同时,这一观念影响的不仅是上层知识分子,而是以中下层知识分子为主体的知识界的大多数。其影响范围要广得多了。

现实的社会问题导致新观念的产生,新观念的产生则又直接推动新的社会风气的形成。在"劳工神圣"观念基础上兴起的新风尚就是调查研究雇佣劳动状况,深入劳动者的生活,"与劳工为伍"。传统知识分子对雇佣关系问题非常漠视。一方面传统社会中雇佣劳动冲突并不多见,雇佣关系纠纷并没有成为一个严重的社会问题,另一方面受"劳心者治人,劳力者治于人"等传统观念的束缚和现实社会中士农工商等级秩序森严的限制,知识分子既不愿意,也不会有更多的机会接触一般劳动者。近代雇佣关系纠纷是发生在知识分子身边的问题。它的频繁发生有着巨大的影响,使得一贯以"治世"为己任的知识分子不得不予以关注。调查雇佣劳动状况,对雇佣劳动问题展开讨论是知识分子的最初反应。这一活动最先是从无政府主义者开始的。辛亥革命之前,在无政府主义者所办刊物上就有一定数量的文章,如《天义报》、《衡报》上发表了《农民疾苦调查会章程》、《论中国田主之罪恶》、《哀佃民》、《贵州农民疾苦调查》、《山西佃民之疾苦》、《四川工人之悲苦》、《衢州纸工苦况》、《论中国资本阶级之发达》等文章。这些文章在调查的基础上,概述了中国农民、工人的劳动状况,并作了一定程度的阶级分析。①

“五四”前后,中国知识分子对雇佣劳动问题的讨论与研究明显不同于以前。一方面关注国内雇佣劳动状况的知识分子群体不仅有无政府主义者,还包括资产阶级激进民主主义知识分子、小资产阶级知识分子、资产阶级知识分子等众多的知识阶层;另一方面社会舆论的反应明显热烈。《每周评论》等众多杂志辟有《国内劳动状况》的专栏,发表了大量的调查报告,如《北京之男女佣工》、《修武煤场之工头制》、《北京剃头房与理发店之今昔》、《人力车夫问题》、《唐山煤场的工人生活》、《山东东平县的佃户》等。

在调查劳动状况的同时,受新思潮的鼓舞,一部分知识分子积极与劳动阶级加强联络,以实际行动实践对劳动的尊重。李大钊在“五四”运动之前就提出“非把知识阶级与劳动阶级打成一气不可”②。他要求青年应明了现实社会劳动的人还不免有苦痛。青年应了解造成苦痛的原因,然后“大家一齐消灭这痛苦的原因”③。李大钊的倡导在青年学生中得到了回应。北京大学学生组织平民教育讲演团,深入社会底层,开展“增进平民知识,唤起平民之自觉心”④的工作。一部分青年则组织“工读互助团”,亲身体验尊劳主义。上述中国知识分子在“五四”前后的种种动向表明,新的价值观念已在相当多的知识分子头脑中扎下了根。传统价值观在他们心目中的牢固地位已经动摇了。

① 徐善广、柳剑平:《中国无政府主义史》,湖北人民出版社,1989 年版,第 52 页。

② 《李大钊选集》,人民出版社,1959 年版,第 146 页。

③ 《李大钊选集》,人民出版社,1959 年版,第 161 页。

④ 《李大钊选集》,人民出版社,1959 年版,第 161 页。

其次,改变了中国政治的发展方向。近代中国的民族危机促使中国先进分子努力寻求救国之道。在中国发展资本主义,走西方所走过的道路,是中国先进分子最初的选择。但是,辛亥革命的失败预示着这条道路的艰难,而民族危机的不断加深又没能给这条道路更多的尝试机会。在经历了严重的挫折后,中国先进分子的选择目光转向了新的可能。劳动阶级力量的展示自然引起了注意,加上俄国十月革命的影响,中国先进分子的选择发生了重大的转折。如1920年8月,蔡和森在给毛泽东的信中谈到自己研究的感受时说:“对各种主义综合审缔,觉社会主义真为改造现世界对症之方。中国也不能外此。”①蔡和森的观点得到了新民学会多数人的支持。毛泽东在复信中明确表示:“于和森的主张,表示深切的赞同。”②天津觉悟社的成员也得出了同样的认识。1921年1月,周恩来在一封家信中就提出,中国积弊既深,似非效法俄式之革命,不易收改革之效。在与觉悟社员的通信中,他更明确地表示:“当信共产主义的原理和阶级革命与无产阶级专政两大原则。”③由于知识分子接受了“劳工神圣”的观念并与劳工为伍,在劳工中努力开展各种组织活动,从而积聚了伟大的力量,改变了20世纪中国的革命面貌。

当然,事物总是一分为二的。“劳工神圣”观念给20世纪中国所带来的正面影响确实值得肯定,然而对由此而生的负面作用,我们也不应该忽视。

首先,五四激进知识分子在宣传劳动阶级的伟大作用时,不恰当地否定了知识阶级的社会作用。“五四”时期对知识阶层的尖锐批评言论比比皆是。一些过去从来不会与知识分子沾边的言辞,被广泛地用来加诸于过去的优等人——读书人的身上,如有人尖锐批评知识分子:“念书人是什么东西,还不是‘四体不勤,五谷

① 《蔡和森文集》(上),湖南人民出版社,1978年版,第23页。

② 《新民学会资料》,人民出版社,1980年,第150页。

③ 彭明:《五四运动史》,人民出版社,1984年版,第541页。

不分'，无用而又不安生的一种社会的蠢民吗?"也有人明确指出了知识教育与劳动的脱节："我们这些人，号称是受了高等教育的人了，但是请问到回到家里抗得起锄，拿得起斧子，凿子，擎得起算盘的可有几个……我们虽然受了三十几年教育，依然是无用的人。"而那些不识字的平民，"才是真正的中国人、真正的社会分子"①。更有一些人甚至公开地说："我想我这拿笔在白纸上写墨字的人，够不上叫劳工。我不敢说违心话，我还是穿着长衫在，我的手不是很硬的，我的手掌上并没有长起很厚的皮，所以我不是一个劳工，还是社会上一个寄生虫。"②瞿秋白在1919年著文，猛烈批评中国知识阶级腐朽的家庭生活，提出读书人为"万恶之源"，要对今天中国社会的诸多弊病负责，认为"这样的万恶之源不塞，社会改革是永久无望的了"，呼吁"救救现在这样的知识阶级"③。由于否定了知识阶级的积极社会作用，否定知识的言论也出现了。瞿秋白就在文章中明确称："知识就是赃物，财产私有制下所生出来的罪恶。"④

其次，在抛弃资本主义道路时，也否定了资本主义所包含的、最有意义的东西。比如自由民主思想和民主制度是资本主义所创造出来的、最具价值的东西。五四知识分子却对此颇有微词。1920年12月1日，毛泽东在与新民学会成员的通信中就强调："我对于绝对的自由主义、无政府的主义，以及德谟克拉西主义，依我现在的看法，都只认为于理论上说得好听，事实上是做不到的。"⑤

五四知识分子的上述言论，虽然在当时是讨论中的一种观点，有点偏激，但并非过分，有的还具有一定的针对性，能够切中时弊。

① 《五四时期期刊介绍》第一集，人民出版社，1958年版，第339页。

② 《五四时期期刊介绍》第一集，人民出版社，1958年版，第201页。

③ 《瞿秋白文集·政治理论编》第1卷，人民出版社，1987年版，第18页。

④ 《瞿秋白文集·政治理论编》第1卷，人民出版社，1987年版，第46页。

⑤ 《新民学会资料》，人民出版社，1980年版，第150页。

不过,从整个20世纪中国的历史来看,后来批评知识、否定民主的盛行,又使人们不得不追溯到"五四"时期这些看似一般言论的观点。

第四节　近代雇佣关系问题的政治化

当雇佣关系问题渐渐成为影响社会安定的重要因素时,各种政治势力也对这一问题给予了必要的关注。从资产阶级革命派提出社会革命纲领开始,先后有资产阶级立宪派、无政府主义者、社会主义者等各种政治势力提出他们的主张。这样,原来一个普通的经济问题就与中国政治革命的进程联系起来而成为一个政治问题。上述各派所代表的阶级利益不同,因而他们各自的主张也迥然相异。

一、清末民初各派政治势力的主张

清末民初关注雇佣关系问题的各派政治势力,包括资产阶级革命派、资产阶级立宪派和无政府主义者等。这里主要讨论资产阶级立宪派和无政府主义者的主张。

在清末立宪运动中,资产阶级立宪派也注意到了日益严重的雇佣劳动冲突。一些立宪派人物在他们的机关报——《预备立宪公会报》上发表了几篇讨论文章。如何棫翻译了《论救贫防贫之事业》、《普鲁士国之感化救济事业》等文章,介绍欧美各国政府处理劳动纠纷的办法,并发表了《劳动者设立机关之希望》一文,阐述对待国内劳动纠纷的处理意见。何棫指出,雇佣关系问题极应受到重视,予以妥善处理,否则将"激起猛烈之暴动,至社会为狂澜怒涛之所震荡","流出社会非常之惨祸"。为此,他主张"宜尊重劳动者之利益,不可对之而加以不当之待遇",任何"轻视劳动者之利益之举动,断不可不慎";为防止激烈的劳动冲突,他主张应该允许劳动者"组织一代表机关",遇有劳动纠纷,"由代表机关以解决之";声称鼓励劳动者组织团体的目的是"预防对劳动者不当之压抑于未然”,也可免除劳动者“日后结成工党,动辄挟制”,使劳动者与雇主“基于利益分割主义”,为“亲善圆满”之举,“避无益之纷事”,“而得以举最大事业之成绩”;他批评反对劳动者组织团体的主张,声称此为“防患于未然之最好之一策”,“能改良劳动者,对于资本家之关系”。鉴于机器大工业发展的必然性,何棫提醒人们注意手工业者的状况,主张手工业者应避开机器工业的优势,把自己的聪明才智转移到可以发挥自身长处的方面。概括起来说,何棫主张劳动阶级“以自主、自治为经,以共济同助为纬,起团体、积资金、谋利植、行友爱的相互之保险,以备疾病老衰不虞之灾害”。劳动者个人则通过储蓄银行,购买股票,“劳动者于同时又为资本家”,由此而达“发达健全之社会”①。就其实质而言,这种观点无外乎是一种改良主义的、劳资合作的主张。

清末立宪运动为时短暂。因此,立宪派对于雇佣关系问题的讨论并未深入下去。同时,与清末其他政治派别,如无政府主义者、资产阶级革命派的主张相比,立宪派的主张也无多少独到之处。就对雇佣关系问题的重视程度而言,无政府主义者在清末民初各政治派别中是比较突出的。

晚清革命活动以海外留学生为主力。海外留学生除大多数人追随孙中山投身于资产阶级民主革命外,还有一部分人信奉无政府主义。这些无政府主义者在宣传介绍无政府主义思想的过程中,也注意到了雇佣关系问题,并试图用无政府主义思想来研究和解决中国的这一问题。1907 年 6 月,中国无政府主义者刘师培、张继,因“中国人民仅知民族主义,不计民生之疾苦,不求根本之革命”②之故,发起创设社会主义讲习会。讲习会第一次会议就确定讲习会的主旨是:“一为无政府主义及社会主义学术,一为无政府

① 刘明逵、唐玉良:《中国近代工人阶级和工人运动》第 2 册,中共中央党校出版社,2000 年版,第 770—774 页。

② 张枬、王忍之:《辛亥革命前十年间时论选集》第二卷(下),上海三联书店,1963 年版,第 944 页。

党历史，一为中国民生问题，一为社会学。”[①]讲习会是中国无政府主义者开展社会活动的开始。以辛亥革命为界，无政府主义者对雇佣关系问题的讨论宣传呈现出两个阶段。晚清无政府主义者信奉“人类均力”的平等观点，主张社会任何成员“处于社会，则人人为平等之人；离于社会，则人人为独立之人，人人为工，人人为农，人人为士，权利相等，义务相均”[②]。从这种平等观出发，无政府主义者批评了资本主义社会的雇佣劳动制度，指出：“世界自古及今舍阶级社会而外，无只享权利不尽义务之人，而只享权利不尽义务者，厥惟资本家；并无只尽义务不享权利之人，而只尽义务不享权利者，厥惟佣工。是则资本家者，兼有昔日贵族、官吏、教士之特权者也，佣工者兼有昔日平民、奴隶之苦况者也。”“今日所谓佣工，实劳力卖买之奴隶制度耳。”[③]

无政府主义者不仅揭露劳资之间权利义务的失衡，而且对资产阶级民主制度进行了批判。他们描述了西方国家无产阶级的悲惨现状，谴责资产阶级国家政权镇压无产阶级争取生存权的正义斗争，抨击了西方国家普选制的虚伪，指出：“多数之贫民，虽有选举之名，实则失选举自由之柄。”[④]对于如何改造这样一个不平等社会，中国无政府主义者很赞成德国人罗列提出的“总同盟罢工”策略。1907 年，张继翻译了罗列的《总同盟罢工》一书。刘师培为之作序，加以推荐，认为“总同盟罢工者，无政府革命之唯一方法

---

① 张枬、王忍之：《辛亥革命前十年间时论选集》第二卷（下），上海三联书店，1963 年版，第 947 页。

② 葛懋春等：《无政府主义思想资料选》（上），北京大学出版社，1984 年版，第 68 页。

③ 葛懋春等：《无政府主义思想资料选》（上），北京大学出版社，1984 年版，第 81 页。

④ 葛懋春等：《无政府主义思想资料选》（上），北京大学出版社，1984 年版，第 82 页。

也”[①]。为推行总同盟罢工，无政府主义者提出要组织“劳民协会”，“以劳动组合为权舆，使全国之农工，悉具抗力，则革命出于多数人民”[②]。

与资产阶级革命派不同，晚清无政府主义者以主要精力关注雇佣关系问题。在社会主义讲习会第一次会议上，无政府主义者就提出，实行无政府革命，“则联合农工，组合劳动社会，实为今日之要务。然欲达此目的，势必于全国民生之疾苦，悉行调查”[③]。为有效地开展这一工作，张继主张中国无政府主义者要学习欧洲革命党人深入工人群众的工作方法，“痛改旧习，若在外邦，则入彼国贫民窟；若反本国，即循正正堂堂之路，混入会党之中，脱卸长衣，或入工场，或为农人，或往服兵”[④]。事实也正是如此，晚清无政府主义者不仅积极关注国内外的劳动冲突，而且对中国的劳动状况进行了调查。通过这些活动，无政府主义者对中国劳动问题的现实状况，有了一定了解，从而为他们在民国建立后率先从事工人运动准备了一定基础。

进入民国以后，中国无政府主义者在理论上有了很大的进步。在这一方面，刘师复做出了较多的努力。1914 年 8 月刘师复撰写《无政府共产党的目的与手段》一文，提出无政府主义者的目的是，生产资料公有，废除私有财，消灭资本家与劳动家之阶级，人人皆当从事于劳动，劳动成果归社会公有，无政府，义务教育，社会养老，每人每日劳动时间大约由二小时最多至四小时。实现这些目

① 葛懋春等:《无政府主义思想资料选》(上)，北京大学出版社，1984 年版，第 150 页。

② 张枬、王忍之:《辛亥革命前十年间时论选集》第二卷(下)，上海三联书店，1963 年版，第 946 页。

③ 张枬、王忍之:《辛亥革命前十年间时论选集》第二卷(下)，上海三联书店，1963 年版，第 946 页。

④ 葛懋春等:《无政府主义思想资料选》(上)，北京大学出版社，1984 年版，第 152 页。

标的手段是宣传、教育,发动罢工罢市,开展平民大革命。[①] 在与友人的通信中,刘师复对无政府主义的目的和手段作了进一步阐述。关于教育宣传,刘师复说,无政府主义的本质,就是"劳动阶级与富贵阶级战斗之主义。故吾人传播事业,自然不能出乎劳动阶级之范围"[②]。他提出,对劳动阶级的宣传教育,重在科学教育和平民教育。科学教育的任务不仅在改变中国科学的落后,尤重在养成多数将来改造社会之工匠。开展科学教育的主要手段是派遣多数人留学海外。至于平民教育,刘师培认为更是重要,"传播吾人主义,对于劳动者精神之教育,全在乎此"[③]。他提出,平民教育应根据具体情况采取不同的方法。在城市,应教授工人应具备的知识,在农村应教授农业应有的知识。刘师复的这些论述涉及目的、手段等多项内容,形成了较为完整的理论体系,成为无政府主义者行动的指针。

由于有了较为明确的理论指导,民国初年无政府主义在劳动阶层中进行了较多的活动。开始,无政府主义的活动主要在国内。刘师复等人在广州、上海等地进行了一些组织宣传活动。在遭到北洋政府镇压后,无政府主义者的活动重又转入海外。民国初年,法国集中了相当多的中国旅欧青年学生、工人以及一些社会名流。当时无政府主义者的主要人物李石曾,吴稚晖等都在法国。他们在旅法中国人中积极活动,成为旅法中国人中有影响的人物。1915 年,李石曾创办一个勤工俭学会,帮助那些在欧战期间收不到汇款的留法学生,一边做工,一边维持学业。后来他又帮助旅法华工组织了旅法华工公会。当时旅法中国人创办了不少刊物。无政府主义者都侧身其间,宣传无政府主义思想,讨论劳动问题。例

---

① 《中国无政府主义和中国社会党》,江苏人民出版社,1981 年版,第 13—14 页。

② 葛懋春等:《无政府主义思想资料选》(上),北京大学出版社,1984 年版,第 326 页。

③ 葛懋春等:《无政府主义思想资料选》(上),北京大学出版社,1984 年版,第 325 页。

如，勤工俭学会1916年创办的《旅欧杂志》就非常注意报道勤工俭学的活动，以及旅法华工的情况。为宣传和配合勤工俭学的进行，《旅欧杂志》译载了欧洲各国许多苦学出身的著名人物的传记。《旅欧杂志》停刊后，勤工俭学会在1917年又创办了《华工杂志》。该杂志注重对华工的宣传教育。它明确声明"是编专为工界同志所刊行"，"非仅欲增进工人之知识，且欲为工人之喉舌，代表工人之言论，而联络工人之感情也"①。它表明自己的宗旨是"勤"、"俭"、"学"；认为此三者是达到"幸乐正当之人生"之途径，且为"工界改良的办法"。该杂志刊登了大量的关于时事和各国工人运动的报道，对增进工人的知识和启发工人的觉悟起了一定作用。

为加强对劳动阶级的宣传，无政府主义者对雇佣关系诸问题进行了更为系统的研究，其认识也有明显进步。如对于雇佣关系问题的起因与实质，无政府主义者指出，根本的还是"阶级战争也。不耕不作而幸福美满者为一级，上焉者也；勤耕苦作而困厄颠连者为一级，下焉者也。不平斯争，问题起矣"②。对劳动节，无政府主义者认为，"五一节"的出现表明劳动阶级反对资本家的斗争达到了新的阶段。开展劳动节的纪念活动是工人阶级觉悟日益提高的标志。他们提出8小时工作制不是劳动节的目的，而应当为准备工人阶级直接掌握生产机关而努力。工人阶级的斗争可分三步，"以联络互助为作战第一步，以增值减时为作战第二步，以劳动者自身直接管理生产机关，生产物公平分配为最终目的"③。关于工人组织，无政府主义者肯定了组织团体的必要性："我们在社会上，各人有各人的事情，各人有各人的职业，不能通通弄到一块，但是同行同道的人也可以大家联成一气，组织一个机关，以为彼此交通

① 《五四时期期刊介绍》第三集，人民出版社，1959年版，第197页。

② 葛懋春等：《无政府主义思想资料选》（上），北京大学出版社，1984年版，第363页。

③ 《五四时期期刊介绍》第二集，人民出版社，1959年版，第175页。

声息、联络感情、保护利益、巩固团体的地方"[①],提出"工团之目的,在保护劳动者、抵抗资本家而设"[②]。他们正确地指出了当时中国工人组织的缺点:工人团体多由工人与资本家合组而成,阶级阵线不明显;工人团体分散,互相之间争斗不已,削弱了抵抗资本家的力量。他们提出工团组织当纯粹为工人的组织,工人团结重在大群。对于国内工人的斗争,无政府主义者给予了密切的关注。1915 年 5 月,上海漆业工人举行了罢工。无政府主义者的报刊对此进行了跟踪报道。无政府主义者一方面肯定劳动界的这种斗争,称它是"东亚劳动同盟之动机","辟上海劳动界之新天地";另一方面也指出工人斗争的手段"仍不脱十年前之窠臼","未似非进步之佳象",强调劳动运动的当务之急是"结团体,求知识"[③],通过结成工人团体,开展工人自身教育,提高工人觉悟,指出普通工人斗争的目标应该是要求增加工价及减短工作时间:"工价当就各地方生活状态得一略优之率,工作时间当以每日不得过八小时为限,而星期日之休息,尤不可无"[④],号召工人"当了悟劳动主义之真理",达到"打破资本制度而后已"[⑤]。

在相当长的一段时间内,中国无政府主义者的这些认识,在中国知识分子中是比较激进的,在中国思想界具有领先地位。但是他们在提出正确认识的同时,错误的认识也不少。他们反对工人参加政治活动,反对工人团体进一步完善。加上无政府主义者的这些认识在他们思想认识的整体中并不占主导地位。因而,无政

① 《五四时期期刊介绍》第三集,人民出版社,1959 年版,第 202 页。

② 葛懋春等:《无政府主义思想资料选》(上),北京大学出版社,1984 年版,第 377 页。

③ 葛懋春等:《无政府主义思想资料选》(上),北京大学出版社,1984 年版,第 329 页。

④ 葛懋春等:《无政府主义思想资料选》(上),北京大学出版社,1984 年版,第 330 页。

⑤ 葛懋春等:《无政府主义思想资料选》(上),北京大学出版社,1984 年版,第 376 页。

府主义者最终不能把握历史发展的潮流，成为中国无产阶级的组织者和领导者。

二、旧民主主义革命纲领中的雇佣关系问题

在清末民初的所有政治派别中，最早关注雇佣劳动问题的是以孙中山为首的资产阶级革命派。前文已述，近代人们习惯把雇佣关系问题叫做"劳动问题"。孙中山一直没有使用"劳动问题"这个词，而是用"民生问题"或"民生主义"等词来代替。孙中山在1896年伦敦脱险后，用了相当长的一段时间钻研西方各种社会学说。这其中就包括各种社会主义学说。通过理论的学习，加上在西方的游历，孙中山敏锐地认识到了欧美社会危机的严重。他说："欧美强矣，其民实困，观大同盟罢工与无政府党、社会党之日炽，社会革命其将不远。"①他认为，西方社会出现的严重社会危机，是随着文明的进化而来："文明越发达，社会问题越着紧"②；并预见随社会文明的演进"经济问题继政治问题之后"而出现，"二十世纪不得不为民生主义之擅扬时代也"③。有鉴于此，孙中山在其资产阶级民主革命纲领中列入"民生主义"政纲。目的是未雨绸缪，防止中国在政治革命后，重蹈欧洲覆辙。

孙中山提出的举政治革命和社会革命，"毕其功于一役"的观点，遭到梁启超等维新派的反对。梁启超在《新民丛报》上著文，批评孙中山的主张。他认为，社会革命的核心是抑制资本家而保护雇佣劳动者利益；而处于列强侵略威胁下的中国，当务之急是发展经济，增强国力。如此则必须"奖励资本家"，而不应"煽惑劳动者以要求减少时间，要求增加庸率"④。梁启超并从宣传保皇立宪的观点着眼，根本反对社会革命。他指出社会革命是对政治革命

① 《孙中山选集》，人民出版社，1981年版，第76页。

② 《孙中山选集》，人民出版社，1981年版，第83页。

③ 《孙中山选集》，人民出版社，1981年版，第75页。

④ 张枬、王忍之：《辛亥革命前十年间时论选集》第二卷（上），上海三联书店，1963年版，第340页。

的反动。中国推行君主立宪制而根绝政治革命，自然也就没有进行社会革命的必要。

梁启超的批评当然引来了革命党人的反击。革命党人认为，社会革命发生的根源是"社会经济组织之不完全"①。由于社会经济组织的不完善，造成社会贫富不均，导致社会矛盾的尖锐。工人不满于生活水平低下的状况，力求改善，起而斗争，工人与资本家斗争的有力武器是总同盟罢工。工人斗争的频发及规模的不断扩大，严重影响了现实社会的安定，成为一大社会痼疾。这一问题若不得很好解决，同盟罢工发展的结果必然是暴力革命。资产阶级革命派认为，"社会问题，在欧美是积重难返，在中国却还在幼稚的时代，但是将来总会发生的"②；"革命的事情，是万不得已才用，不可频频伤国民的元气"。因此，他们认为必须想法改良社会经济组织，防止后来的社会革命。

革命党人与梁启超关于社会革命问题的辩驳，是当时革命与改良总体论战的一部分。革命党人在辩论中的中心论点是阐述社会革命纲领的必要。由于他们认为中国社会革命的隐患在将来，因而对现实社会中雇佣劳动问题并没有投入多大的关注。但是这不等于革命党人没有研究过这一问题。相反，在介绍解决雇佣劳动问题的西方理论和组织劳工运动的实践活动这两个方面，革命党人都有一定的作为。在理论介绍方面，朱执信发表了《德意志社会革命家列传》一文，介绍了包括马克思在内的德国劳工运动的领袖人物的思想与活动。朱执信很赞赏马克思得出的"资本基于掠夺"的结论，认为此论"真无毫发之不当"③。对劳资关系，朱执信认为，在资本家与工人间的所谓"平等"契约，实际上是由于资本家拥有的不当权势所致，从法理上讲，这是一种不平等契约，应该被取消。资本家"沾丐于劳动者之泽，终不可不归诸劳动者"。在

① 《朱执信集》(上)，中华书局，1979年版，第56页。

② 《孙中山选集》，人民出版社，1981年版，第83页。

③ 《朱执信集》(上)，中华书局，1979年版，第20页。

组织发动劳工方面，早在1898年，兴中会会员尤列就受孙中山指派在日本横滨的华工中活动，帮助侨工组织了俱乐部。1909年，孙中山指派革命党人从事国内工人的组织工作。他们先后在香港和广州建立了“中国研机书塾”和“广东机器研究公会”。通过革命党人的活动，不少海员和华工参加了资产阶级民主革命活动。虽然革命党人有上述理论宣传和革命活动，但是必须指出，劳动问题在晚清并没有引起革命党人足够的重视。

民国建立后，孙中山开始把主要精力用于关注国内建设，力图继政治革命之后，解决民生问题，以实现他的举政治革命和社会革命“毕其功于一役”的主张。1912年4月，孙中山在南京同盟会的演说中提出：民国成立，“民族、民权两主义俱达到，惟有民生主义尚未着手，今后吾人所当致力的即在此事”[①]。此后一年多的时间里，孙中山在上海、广州、杭州、天津、太原等地发表的演说均以阐述民生主义为主要内容。孙中山明确指出，民生主义，“约而言之，即在预防资本家压制贫民耳”[②]。他积极肯定工人的社会贡献：“故工人者，不特为发达资本之功臣，亦即人类世界之功臣也。”[③]主张不应以“不平之待遇”工人，而应使“劳工得其劳力所获之全部”[④]，呼吁人们关注国内的雇佣劳动问题。在这一年多的演讲中，孙中山对雇佣劳动问题的阐述，以对劳资关系问题的阐述为多。关于劳资关系问题，他批评资本家对工人无止境的剥削和对工人命运的漠视。他说：“资本家者，以压抑平民为本分者也，对于人民之痛苦，全然不负责任者也。一言以蔽之：资本家者，无良心者也。”[⑤]对于工人反抗资本家的斗争，孙中山给予了很大同情。他说：“平心思之，资本家所获甚丰，皆由工人之劳力而来，工人争

① 《孙中山选集》，人民出版社，1981年版，第93页。

② 秦孝仪：《国父全集》第三册，台北近代中国出版社，1989年版，第57页。

③ 《孙中山全集》第二卷，中华书局，1982年版，第519页。

④ 秦孝仪：《国父全集》第二册，台北近代中国出版社，1989年版，第279页。

⑤ 《孙中山选集》，人民出版社，1981年版，第104页。

其所应得之权利,亦理所当然也。"[①]对于工人罢工,孙中山一方面肯定"工人受资本家之苛遇而思反抗,此不能为工人咎也",另一方面也认为"罢工之事,工人之不得已也,世界上最惨最苦之事也"[②]。

除劳资关系问题外,孙中山还讨论了工人工资和劳动福利。对工人工资,孙中山提出:"工人之佣值,即可按照社会生活程度渐次增加,务使生计宽裕,享受平均"[③]。关于劳动福利,孙中山主张实行社会政策,"法定男子五六岁入小学堂,以后由国家教之养之,至二十岁为止,视为中国国民之一种权利"[④]。对于老人,则"设公共养老院,收养老人,供给丰美,俾之愉快,而终其天年"[⑤]。

孙中山宣讲民生主义,号召重视对雇佣劳动问题的研究。同时,他对当时无政府主义者在工人中的活动也给予了勉励与支持。1912 年 2 月初,孙中山在接见中华民国工党领袖徐企文时,肯定了徐所从事的组织工人的活动,勉励他"须努力进行,使工界早日受福"[⑥]。1912 年初,社会党在湖南的活动,受到谭延闿的禁止。孙中山对此不表赞同,并接受社会党江亢虎的请求,电令湖南停止干涉。1912 年 12 月,孙中山派人把自己搜集的西方社会主义理论著作送给社会党。他称赞社会党对社会主义的研究,鼓励社会党继续从事这一工作,"使其理论普及全国人心目中矣"[⑦]。

民国初年,孙中山对劳动问题的宣讲,并没有在国民党内引起什么反响。同时,随着袁世凯镇压革命党人,孙中山又投身到反对北洋军阀专制统治,维护辛亥革命成果的斗争之中,无暇顾及国内民生问题的研究。在经过多次斗争的失败后,孙中山开始重新寻

① 秦孝仪:《国父全集》第二册,台北近代中国出版社,1989 年版,第 279 页。
② 《孙中山全集》第二卷,中华书局,1982 年版,第 519 页。
③ 《孙中山全集》第二卷,中华书局,1982 年版,第 521 页。
④ 《孙中山选集》,人民出版社,1981 年版,第 98 页。
⑤ 《孙中山全集》第二卷,中华书局,1982 年版,第 523 页。
⑥ 陈旭麓、郝盛潮:《孙中山集外集》,上海人民出版社,1990 年版,第 165 页。
⑦ 秦孝仪:《国父全集》第二册,台北近代中国出版社,1989 年版,第 434 页。

求新的救国之路。也就在这个时候,中国的政治形势大变。中国工人阶级队伍迅速壮大。工人斗争开始引起社会各方面的广泛关注。同时,数十万中国华工在第一次世界大战中的表现和俄国十月革命,给中国先进知识分子以很大的启发。因此,孙中山重新注意到国内的雇佣劳动问题。

1920 年 11 月,孙中山出席了上海机器工会成立大会。他在会上发表演说,称"工人是与世界、国家、社会最有益处的人",表达了愿意与工人加强联系的愿望。[①] 同年,孙中山提出一个内政方针,其第三项是设立劳工局,"保护劳动,改进工人生计,提倡工会"[②]。1921 年,孙中山重返广州,组织军政府。军政府建立后,孙中山不仅设立了专司处理劳动问题的部门,而且废除了北洋政府颁布的限制工人活动的《治安警察法》,并发布了戴季陶起草的《广东省工会法草案》。他支持广州的工人运动,提供改善工资福利的便利,资助 1922 年的香港海员罢工,又在新成立的广州市议会中,特别分配席位给劳工代表。孙中山上述这些活动表明,他对劳动问题的关注已与民国初年明显不同,开始从理论走向实践。之所以出现这种变化,在于孙中山的理论视角有了很大变化。依靠工人、改造社会,成了孙中山的主要目标追求。1922 年 12 月,在上海,孙中山在对新闻记者约翰·白莱斯福特谈话时,阐述了这种追求:"余之目的,在使劳工被认为社会间一种有资格之人。从前劳工在中国政治生活中毫无势力,一般人视彼等为奴隶,不配预闻公共事,余则确信公共生活若有劳工势力参加其间,其意味当益浓厚。"他并明确表示:"凡关于改良劳工情形之运动,余皆赞同。"[③]

由于孙中山的态度,也因为"五四"运动以后中国政治形势的变化,中国国民党员中有不少人开始关注雇佣劳动问题。这些人

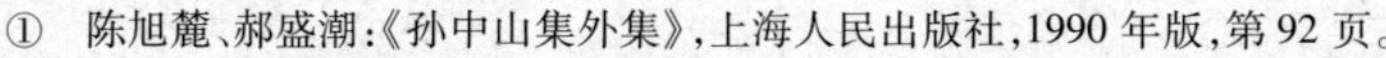

① 陈旭麓、郝盛潮:《孙中山集外集》,上海人民出版社,1990 年版,第 92 页。

② 秦孝仪:《国父全集》第二册,台北近代中国出版社,1989 年版,第 349 页。

③ 秦孝仪:《国父全集》第二册,台北近代中国出版社,1989 年版,第 566 页。

有戴季陶、冯自由、朱执信、沈玄庐、胡汉民等,其中戴季陶对雇佣劳动问题发表的言论最多。为讨论雇佣劳动问题,国民党人出版了《建设》、《星期评论》、《闽星》、《觉悟》等刊物,其中《星期评论》为国民党人讨论雇佣劳动问题的主要舆论阵地。无论是认识的程度,还是讨论的范围和观点的一致性,这一时期国民党人对雇佣劳动问题的讨论和研究都与过去国民党人的态度,不可同日而语。

首先,国民党人对"一战"以后的社会形势形成了明确的认识。他们认识到社会主义已经成为"世界的时代精神",雇佣劳动问题又是社会主义的基调。社会主义的实质就是"为工所有,为工所治,为工所享"。因此,他们主张国家建设的方针应该是,"一切产业及征税制度,以维持'社会的平等生活',完成'社会的互助组织'作终结目的";"农夫和工人的生活,国家在法律上、制度上,应该要保障他们的安全,使农夫、工人都能够脱离地主和资本家不正当的压迫垄断"①。

其次,注重研究国内的雇佣劳动问题。这一时期,国民党人对国内雇佣劳动问题的研究,涉及范围很广。举凡劳动问题发生的原因、国内劳动状况、劳动运动状况、工人组织和工人教育等,国民党人都有文章发表。关于劳动问题的发生原因,戴季陶研究了"五四"以后的工人运动,认为根源在于"生活的不安而生"。他指出,这种根源早已存在,但是许多人或没感觉到,或没认出它的原因,直到欧战以后,资本主义产业制度,露出各种破绽,工人已觉醒并开始斗争之时,人们才觉悟过来。结果,"改造"、"解放"、"革命"的声浪便随之而起,也影响到了中国。② 对于如何对待这一问题呢?国民党人虽然能认清资本家的本质,并给予严厉的谴责,但是他们还是把根治雇佣劳动问题之源的希望寄托在资本家身上。戴季陶就主张"唤起各人社会的良心,把中国劳动者的地位改善问

① 《五四时期期刊介绍》第一集,人民出版社,1958 年版,第 171 页。

② 《五四时期期刊介绍》第一集,人民出版社,1958 年版,第 175 页。

题,拿来做民国九年的第一事业”①。

关于中国国内的劳动状况,国民党人做过调查。戴季陶以上海工厂为对象,对工人的工作时间、劳动报酬、生活状况进行了调查。在此基础上,他提出了一个解决劳动基本问题的方案:“实行八点钟及四十八点钟工制;男女工价平等;附设工人补习学校,游园及工人集会所;实行工人保险,设立工人病院;董事由出资者举十分之八,工人举十分之二,以后每三年加十分之一的工人董事,至双方平均为止;纯益分配,出资者得百分之五十,董事经理人,工人得百分之五十,但除出资者之外,纯益分配应以人数平均分配”。

关于国内的雇佣劳动冲突,国民党人也有多篇文章介绍,如《星期评论》第9号有莫芙卿的《唉!打盒的女工》,第48号上有仲九的《香港机器工的同盟罢工》,劳民的《上海丝头业工人》、《诸暨劳动界最近的状况》等。戴季陶对1919年至1921年2月上海发生的七起比较重要的罢工事件进行了集中研究,详细说明了罢工发生的原因、经过、雇主态度、官厅态度、社会公众态度及结果,并指出了工人在斗争中的缺点:没有工人组织,行动不周密;没有一定物质基础,斗争不易长久;各厂罢工不能一致;易为资本家各个击破;“社会一般对劳动阶级的同情心稀薄,既不能对劳动者表同情,也不能对资本家提出严格批评和惩罚”。因此,戴季陶主张工人应建立工会,加强组织联络工作。国民党人加强工人组织的主张受到一些非难。有人在《民铎》杂志上发表文章,认为“我国雄厚之资本家既不多见,而劳动阶级组合能力之薄弱,尤在零点以下。则震撼全球之劳动阶级战争,在吾国目前之极短时期,除野心家煽动不计外,决不致成吃紧问题”。对于这种挑战,朱执信著文进行反驳。他指出,工人生活的痛苦是工人反抗的根源。中国工人所受的剥削不亚于欧美的无产阶级。虽然中国工人的组织程度不高,但是“社会上这种生活不安,是逼人而来,没有什么野心家,

① 《五四时期期刊介绍》第一集,人民出版社,1958年版,第179页。

革命也是不能免的”[①]。

关于工人教育,戴季陶认为这是“刻不容缓”的事情。他主张工人教育问题“应由资本家、教育家负起责任来,资本家靠了工人赚钱,工人就应该靠了资本家识字读书”。戴季陶的主张能否实现,另当别论。但这反映出了国民党对劳动问题的基本态度:“循英国式社会民主主义的正轨,以温和、渐进、不流血的方式来改造社会,不取俄式暴动、激烈的革命方式”。其他国民党人也持有类似的观点。例如,沈玄庐认为:“罢工不是轻易做的事,必须认定道德、公理、公义。”比较激进的朱执信也持互助论观点,认为“人能够互助,故能够组织社会。组织社会第一要紧的事,就是爱人,且使人爱己”[②]。因而,他对激烈方式的社会革命持否定态度,也是明显的。对工人组织工会的态度,也反映出国民党人社会改良观点。他们一方面鼓励工人建立自己的组织,另一方面又要求工人“不可带政治的色彩,做一部分有政治的臭味者的利用品”,“应保持与雇主阶级的调和”[③]。

宣传和介绍国际劳动运动状况,是这一时期国民党人关注雇佣劳动问题的又一表现。《星期评论》上刊登了相当多的文章。有些文章介绍了欧美劳动运动状况,如《英国的劳动运动与三角同盟》、《英国的劳动组合》、《美国产业界的大恐慌》等。有些文章则介绍了西方国家关于劳动立法情况及一般劳动理论的进展,如《萨波达举的研究》、《劳动问题的新趋向》、《劳动立法的国际化》等。这些介绍文章的刊登,“不只提供国人对劳动运动的新观念,并且直接启发了劳工界自我团结奋斗的决心和勇气”。

国民党人对雇佣关系问题的看法大致如上。在控制全国政权后,国民党对雇佣劳动冲突的调节基本上奉行了他们自己的主张。

---

① 《朱执信集》(下),中华书局,1979 年版,第 725 页。

② 《朱执信集》(上),中华书局,1979 年版,第 325 页。

③ 《五四时期期刊介绍》第一集,人民出版社,1958 年版,第 177 页。

三、新民主主义革命中的阶级意识

所谓阶级意识，就是以政治革命的观点看待雇佣劳动中的矛盾冲突，把对立的一方看作革命的依靠力量，而把另一方当作革命的对象。新民主主义革命中的阶级意识就是把劳动阶级当作革命的依靠力量，而把生产资料占有者当作革命的对象。作为革命依靠力量的劳动阶级，在城市指的是以产业工人为主体的近代无产阶级，在农村则是指以雇农为主体的半自耕农、贫农等农村无产者；作为革命对象的有产者阶级，在城市指的是大资产阶级，在农村则指的是地主阶级。阶级意识是中国共产党领导新民主主义革命的基本理论观点之一。它的经典表述见于 1926 年 3 月毛泽东的《中国社会各阶级的分析》一文。他把旧中国社会划分为地主阶级，买办阶级，中产阶级（主要是指民族资产阶级），小资产阶级（包括自耕农，手工业主，学生界、中小学教员、小员司、小事务员、小律师、小商人等小知识阶层），半无产阶级（包括绝大部分半自耕农，贫农，小手工业者，店员，小贩等），无产阶级（包括产业工人，苦力，游民无产者以及长工、月工、零工等雇农为主的农村无产者）等几大类阶级，认为地主和买办阶级阻碍了中国生产力的发展，而工业无产阶级却是中国新的生产力的代表，提出一切勾结帝国主义的军阀、官僚、买办阶级、大地主阶级以及附属于他们的一部分反动知识界，是革命的敌人。工业无产阶级是革命的领导力量。一切半无产阶级、小资产阶级是革命的基本同盟者。中产阶级则是革命队伍动摇不定的同盟。

在新民主主义革命的大多数时间里，毛泽东的观点成为中国共产党阶级意识理论的主流，并影响到 1949 年以后的中国。中国共产党形成这样的阶级意识理论既有思想认识的根源，也有实践经验的总结。从思想认识来说，中共所信服的马克思列宁主义主张阶级观点，认为阶级是一些大的集团。虽然它的“存在仅仅同生

产发展的一定历史阶段相联系"①,但是一旦阶级社会形成,那么任何一个人都要隶属于一定的阶级,处于一定的阶级关系之中。由于阶级集团"在一定社会经济结构中所处的地位不同,其中一个集团能够占有另一个集团的劳动"②,因而阶级之间的关系是对立关系。由此,必须以阶级和阶级斗争的观点去观察和分析纷繁复杂的社会现象。政治革命也莫能外。

从中共民主革命纲领的形成来看,这种阶级划分完全是政治实践的总结。中共"一大"所提出的党的纲领规定"推翻资本家的政权","把工人、农民和士兵组织起来,并以社会革命为自己政策的主要目的","彻底断绝与资产阶级的黄色知识分子及与其类似的其他党派的任何联系"③。从这些规定内容来看,中共只是照搬了俄国十月革命的经验,还没有对中国社会阶级进行具体分析。然而,在不到一年的时间里,中共对中国社会阶级的具体分析就有了长足的进步。1922 年 5 月,第一次全国劳动大会召开。由中共起草的《全国劳动大会第一次会议宣言》就有对中国社会阶级的某种分析。虽然资本家仍然被列为革命的对象,但是《宣言》也提出"国际帝国主义和本国军阀也是我们的敌人",无产阶级要"结合全国的农人,至于小资产阶级,暂时联络,共同向着那些敌人奋斗"④。到"二大"召开时,中共就开始对中国社会各阶级进行了初步的具体分析。"二大"区分了革命的不同阶段,提出民主革命的对象是国际帝国主义和本国的军阀,而革命所依靠的阶级队伍则不仅仅是无产阶级。在"二大"宣言中,中共肯定中国广大农民有极大的革命积极性,是"革命运动中的最大要素";小资产阶级的

① 《马克思恩格斯选集》第 4 卷,人民出版社,1972 年版,第 332 页。

② 《列宁选集》第 4 卷,人民出版社,1972 年版,第 10 页。

③ 刘明逵、唐玉良:《中国近代工人阶级和工人运动》第 4 册,中共中央党校出版社,2000 年版,第 31 页。

④ 刘明逵、唐玉良:《中国近代工人阶级和工人运动》第 4 册,中共中央党校出版社,2000 年版,第 286—287 页。

广大群众因遭受极大痛苦,会"加入到革命的队伍里面来","中国极幼稚的资产阶级为免除经济上的压迫起见,一定要起来与世界资本帝国主义奋斗"①。在这里资产阶级由革命的对象变成可能的革命同盟。这种转变显然是对中国民族资本主义经济的现实状况有所认识所致。当然,必须指出中共阶级分析的这些进步是在共产国际的帮助下取得的。还没有证据表明中国共产党是从自身政治活动的实践经验中得出这些认识。

中国共产党根据自身政治活动的实践经验去认识中国社会各阶级始于第一次工人运动失败之后。第一次工人运动的失败使中国共产党看到了工人力量的不足。这不仅直接促进了第一次国共合作的形成,也启动了中共对中国社会各阶级的具体分析。中共"三大"前后,陈独秀连续发表了《资产阶级的革命与革命的资产阶级》和《中国国民革命与社会各阶级》两篇文章,阐述自己对中国国民革命的阶级力量分析。他认为:"工人阶级在国民革命中固然是主要分子——然亦只是主要分子而不是独立的革命势力。"在殖民地半殖民地社会因工业不发达,"连资产阶级都很幼稚,工人阶级在客观上更是幼稚了";"然而资产阶级的力量究竟比农民集中,比工人雄厚,因此,国民运动若轻视了资产阶级是一个很大的错误观念"②,断言国民革命"若失了资产阶级的援助,在革命事业中便没有阶级的意义和社会基础"③。

陈独秀观点的核心是否定工人阶级在革命中的主导作用,显然与马克思主义传统观念不符,然而却是中共具体地认识中国社会阶级状况的开始,所以激发了中共党内的讨论。邓中夏连续发

① 《中国共产党第二次代表大会宣言》,《中共中央文件选集》第1册,中共中央党校出版社,1992年版。

② 陈独秀:《中国国民革命与社会各阶级》,《陈独秀文章选编》(中),上海三联书店,1984年版。

③ 陈独秀:《资产阶级的革命与革命的资产阶级》,《陈独秀文章选编》(中),上海三联书店,1984年版。

表文章,批评陈独秀的观点,强调“工人数量虽少,工人在社会上所占的地位,实在比任何群众尤为重要”;中国工人“有革命的趋向与可能,而且是革命军中最勇敢的先锋队,有香港海员和京汉路工两大罢工可以证明”①。他还根据中国社会各阶级在“五四”以来历次政治运动中的表现进行了具体分析,指出资产阶级虽有政治革命的动机,“然而终因顾虑目前之利益,亦不过只有动机罢了”;即或有所行动,“也不能坚持到底,终出于与军阀及帝国主义调和妥协之一途”。上海资产阶级在反对曹锟贿选,要求修改税则及废督裁兵等运动中的表现就是明证。小资产阶级及农民“有革命要求和倾向,惟不能集中,只能为革命的助手”。从辛亥革命及“五四”运动来看,知识界“往往为各阶级革命势力间之连锁,褒然为革命之中心人物”,但也“只能附属于有经济实力的各阶级方有所成就”。总之,资产阶级和小资产阶级的力量是有限的。“只有无产阶级有伟大集中的群众,有革命到底的精神”,“配做国民革命的领袖”②。

由于第一次国共合作建立,中国政治革命形势重新高涨。连续不断的政治运动,尤其“五卅”运动,使中国社会各阶级有了更充分的表现机会,由此推动了中共对中国社会阶级分析的深入。有众多的共产党人发表文章,总结政治运动的实践经验,阐述各自对中国社会各阶级的看法。除邓中夏继续有文章发表外,瞿秋白发表了《国民革命运动中之阶级分化》、《“五卅”运动中之国民革命与阶级斗争》等文章,周恩来发表了《军队中的政治工作》,蔡和森发表了《在今年“五一”之广东农民运动》、《今年“五一”之中国政治状况与工农阶级的责任》,李大钊发表了《土地与农民》,恽代英发表了《中国劳动阶级斗争的第一幕》等,毛泽东发表了《中国社会各阶级的分析》,刘少奇发表了《工人阶级在革命中的地位与

① 《邓中夏文集》,人民出版社,1983 年版,第 42 页。

② 《邓中夏文集》,人民出版社,1983 年版,第 101—102 页。

职工运动方针》。这些文章的共同特点就是根据各阶级在政治运动中的表现而作出分析。如毛泽东肯定无产阶级领导作用的依据就是,“我们看四年以来的罢工运动,如海员罢工、铁路罢工、开滦和焦作煤矿罢工、沙面罢工以及‘五卅’后上海香港两处的大罢工所表现的力量,就可知工业无产阶级在中国革命中所处地位的重要”①。刘少奇否定资产阶级领导作用,是因为“‘五卅’运动中,上海资产阶级的反动行为,已够我们领教了”②。

中国共产党从政治斗争的实际出发认识中国社会各阶级,是对马克思主义阶级观点和阶级分析方法的正确运用,是中共把马克思主义理论与中国革命实际相结合的整个过程的一个组成部分。从中共领导新民主主义革命的实践来看,这种分析是正确的,在实践中的运用也是成功的。从中共阶级意识理论的产生过程来看,它具有一定的合理性,不能因为1949年以后对这种理论的教条化运用而简单地加以否定。当然,1949年以后的教条化运用所产生的严重后果也说明这种理论存在某种缺陷。

劳动是社会财富的源泉,这是绝对正确的。但是,劳动不仅仅是指体力劳动,人的智力活动所产生的结果也是劳动的成果。社会财富也不是仅指有形的物质产品,无形的思想文化也是社会财富所应包括的内容。因此,脑力劳动者也应该获得社会应有的尊重。与体力劳动相比,脑力劳动是更为复杂的社会劳动。按照按劳分配的原则,社会财富的分配倾向于脑力劳动者是必然的。承认按劳分配,那么个人财富的占有必然有多有少。拥有较多的财富不应该是一种罪过。同时,从社会财富的起源来看,劳动是社会财富的唯一源泉。但是在社会发展到一定程度后,由劳动创造的生产资料摆脱了一定劳动的束缚而成为了资本。它在财富创造中的作用也是十分重要的。没有资本而仅有劳动力,劳动就不能进

① 《毛泽东著作选读》上册,人民出版社,1986年版,第9页。

② 《刘少奇选集》上卷,人民出版社,1981年版,第2页。

行,财富也就不能被创造出来。资本的积累有肮脏血腥的成分,然而靠劳动积累也是存在的。否则,小生产者的分化这种现象就不会出现。从尊重劳动出发而尊重劳动者是应该的,由此出发全面否定资本持有者则有明显的绝对化倾向。马克思主义宣称,社会革命的最终目的是解放生产力,创造更多的社会财富。新民主主义革命的领导者之所以选择依靠工人和农民,是因为“他们失了生产的手段,剩下两手,绝了发财的望”①,有改变现状的要求;而其他阶级之所以不能依靠,是因为他们或多或少还有发财的可能。②这样划分的结果就成了有能力、能发财的就有罪;反之,则光荣。这就与社会革命的终极目标背道而驰了。

① 《毛泽东著作选读》上册,人民出版社,1986 年版,第 9 页。

② 《恽代英文集》,人民出版社,1984 年版,第 499—500 页。

第五章　近代雇佣关系的国家调节

调节雇佣关系,避免劳动冲突失控而成为严重的社会问题,是近代国家重要的对内职能之一。近代国家对雇佣关系的调节是通过劳动立法来实现的。劳动立法包括两个部分:基本的原则及处理具体事务的法律规定。基本的原则问题是为国家的劳动政策。这些基本原则一般由国家立法机关制定,而以普通法律的形式颁布,在国家机关处理雇佣关系问题时具有指导意义。近代国家政权的性质不同,其所确定的劳动政策也不一样。处理具体劳动纠纷的法规由国家行政机关,根据国家劳动政策而制定。劳动法规的范围极其广泛。它以体力劳动及从事一定职业或事业的脑力劳动为对象,对劳动条件、劳动效率、劳动分配、劳动服务,以及劳工组织、劳工权益、劳工保险,厂矿检查、劳动伤害赔偿等内容进行原则的规定。由于范围极广,近代劳动法规的制定有一个逐渐完善的过程。

第一节　近代国家调节的历程

近代中国由中央政权对雇佣劳动问题进行干预起自清末新政。劳动立法则始自北洋政府统治时期。在国民政府统治时期,中国劳动立法的范围基本确定,各种法律法规形成了一个较为完整的劳动立法体系。这期间,雇佣劳动冲突的日益尖锐是其推动

力,社会思潮的变迁及立法实践经验的总结是其基础。国家对雇佣关系的调节依据的是各项劳工法规。从北洋政府到国民政府,他们制定的法律多少不一。同时,虽然公布的法律不少,但是真正实现的不多。因此,近代政权对雇佣关系调节的范围和内容是不一样的。本节着重从近代国家干预的范围和内容的演进方面描述近代国家调节的情况。

一、清末及北洋时期国家调节的范围和内容

前文已述,中国传统社会除矿业雇佣劳动问题外,其他雇佣劳动问题罕有由中央政权制定处理法规的。鸦片战争后虽然洋务派创办了一些近代工业企业,但是这种状况并未有多少改变。雇佣劳动问题的处理基本上还是如过去一般,在地方层次上,由地方官僚具体处理。清朝中央政府对此并不重视。在洋务派创办的各式近代企业中,管理人员由官府任命,都是有一定出身的洋务派官僚的亲信。他们不仅管理生产,而且是官府权力的代表,负责监督工匠与矿工的活动。洋务派所办各企业中都设有封建官府的刑具,对于滋事罢工的工人可以"就近督察审讯,量于枷责发落","情节较重者,照例移请地方官究治"①。对敢于反抗的工匠,洋务派则不惜血腥镇压。如 1895 年汉阳铁厂发生工匠罢工。湖广总督严令汉阳县镇压,并增调兵勇对付罢工工人。同年,洋务派对金陵制造局工匠罢工的镇压,更见残酷。为首的两名工匠被"严鞫","各责军棍一百下,荷以头号巨枷"②。为加强镇压工人的力量,有些厂矿甚至驻有军队。洋务派以为如此防范,厂矿的工人则"不致滋事"。总的讲,1895 年之前,洋务派官僚对厂矿企业的劳动冲突虽有镇压,但在大多数事件的处理上以威胁和利诱为主。在事件平息后,工人的要求能得到一定程度的满足。

---

① 孙毓棠:《中国近代工业史资料(1840—1895)》第一辑(下册),科学出版社,1957 年版,第 1243 页。

② 汪敬虞:《中国近代工业史资料(1895—1915)》第二辑(下册),科学出版社,1957 年版,第 1271 页。

1895年以后,情况开始发生变化。首先,中国近代工业企业不仅数量增多,规模扩大,而且分布范围也扩大了。因而雇佣劳动冲突日益增多,影响力也日渐扩大。其次,由于战争赔款,清政府财政严重拮据,为解决问题,清政府除加紧搜刮外,也不得不开辟新的财源,开采矿产、兴办企业是其重要的手段之一。这样,解决由此增加的雇佣劳动问题就需要由中央政府出面,制定统一的政策。清末新政时期,一系列由清廷制定的规定纷纷出笼。但是国家调节涉及的范围并无多大变化,矿业依然是主要对象,重点是劳动冲突的处理规定,对近代化企业有关的内容甚少涉及。如1902年,奕劻等人提出的《筹办矿务章程》第19条规定,采矿公司"如遇百姓阻挠及工匠滋事,由公司呈报地方官,即应随时晓谕弹压"。1907年,《大清矿务章程》第70条规定,对"籍端罢工要挟者","无论何时,矿务委员亦可迫令矿商清查此工人交地方官惩办"。1909年,广东《士敏士厂章程》规定"谬给团体故起风潮停工者,查明为首者发县监禁,附从者酌度责罚"[①]。这些规定表明清政府防范劳动冲突的重点依然是矿业劳动者。而与过去不同的是,清政府也注意禁止工人结社和防范一般工厂的工人斗争。清末新政为时短暂。清政权也很快就在民主革命的风暴中垮台。因此,清中央政权也不存在扩展雇佣劳动调节范围的可能。

民国建立,然而取得政权的却是袁世凯为首的北洋军阀。北洋政府虽名为民国,但其实质为军阀专制。与晚清相比,北洋统治初期国家调节劳动问题的范围及内容,变化不大,也不存在专门的法规。民国更始,社会百废待举,实业救国思潮广为流行,进行国家建设的呼声日益高涨。袁世凯在巩固自己的统治后,在国家建设上也有所动作,颁布了一些实业法规,以应社会舆论之要求。这些法规中也有涉及雇佣劳动问题的,如1914年公布的《矿业条例》

① 汪敬虞:《中国近代工业史资料(1895—1915)》第二辑(下册),科学出版社,1957年版,第1270页。

中规定，“矿工工价应于每月按预定日期，以通用货币一次或分两次发给”；“矿工如因工作负伤致罹疾病或死亡时，矿业权者应给与医药、抚恤等费”。对政府的管辖范围，该条例规定，农商总长可以限制“矿工年龄及工作时间，并妇女、幼童工作之种类等事”。矿主所定的矿工服务规定，须“由该管矿务监督署长核准方生效力”①。这些规定涉及劳动保护的最基本方面，是对社会保护劳工利益呼声的一点反应。然而这种保护范围很窄，也无法落到实处。在雇佣劳动问题上，北洋政府所奉行的，是清政府已施行过的高压政策，而且更有发展。如1912年公布的《中华民国暂行新刑律》第224条规定：“同盟罢工者，首谋处四等以下有期徒刑、拘役或三百元以下罚金，余人处拘役或三十元以下罚金。聚众为强暴胁迫或将为者，依骚扰罪之例处断。”②

北洋政府虽然对雇佣劳动问题奉行高压政策，但是第一次世界大战后，社会形势起了很大的变化，保护劳工逐渐形成为一种社会思潮。从国际上说，保护劳工已经引起了世界各国的重视。在巴黎和会上，雇佣劳动问题也进入了会议的议事日程。凡尔赛和约指出：“劳动现状，对于多数人民之不公正，困苦及穷乏，危及世界之和平与融洽，此种情形亟应改良。”③为保护劳工利益，条约规定设立一常设机关，处理劳工事务。国际联盟会员国均应成为该组织的会员。根据凡尔赛和约的规定，第一次国际劳工大会在华盛顿举行，通过了8小时工作，工人失业补救，妇女生育前后待遇，童工最低年龄限制，幼年工夜工取缔等公约。第一次国际劳工大会成立了一个“特别国家委员会”。该委员会专门讨论了中国的劳工保护问题，“承认中国暂时不能完全仿行欧美各国的现在劳工

① 《中华民国史档案资料汇编》第三辑，工矿业，江苏古籍出版社，1991年版，第49—50页。

② 汪敬虞：《中国近代工业史资料（1895—1915）》第二辑（下册），科学出版社，1957年版，第1269页。

③ 《国际条约集（1917—1923）》，世界知识出版社，1961年版，第247页。

法”，但“希望中国政府能自己立法保护国内几个大工厂的工人”[①]。在第一次国际劳工大会上，中国出席会议的代表人数也引起了会议的注意。按照规定，各国代表必须包括政府、雇主及工人三方代表。北洋政府只派出两名政府代表参加了会议，没有派出雇主及劳工代表，因而受到大会质问。

从国内来说，雇佣劳动问题也受到越来越多的关注。第一次国际劳工大会召开时，北洋政府阻挠国内雇主及劳工团体派出代表参加。北洋政府的这一行径受到社会普遍的指责。上海中华工业协会发出通电主张“应急起力争”，“联合各工团一致具请愿书，向国会请愿”[②]。劳工同盟在致北洋政府总统、总理的电文中指责了政府的所作所为，指出这是自“甘放弃国际上应享权利，损失国家地位”，要求“速图补救”[③]。国会议员何海鸣等人也就政府不派民间代表一事提出质询，进而责问政府“劳动专部是否筹设，劳工结社是否干涉”[④]。一般社会人士也普遍认识到“劳动问题在吾国今日实有研究之必要”，劳动冲突“有非防遏所能计”，“不可不速筹缓和之策”[⑤]。

受此内外压力，北洋政府在1923年前后被迫对社会舆论的强烈要求作出回应。北洋政府一方面酝酿设立保护劳工的行政机关，另一方面农商部在1923年3月成立“修订农商法规委员会”，并聘请王宠惠、张耀曾等17人为该会顾问，着手修订各项农商法规。该委员会成立后不久，就提出了有关工人结社及工厂问题的劳动法规草案。1923年3月26日农商部以部令颁布了《暂行工厂通则》。

关于工人结社的法律规定集中在《工会法》中。北洋政府农

① 王云五、李圣五：《劳工问题》，商务印书馆，1933年版，第21页。

② 《中华工业协会开会纪》，1919年11月22日《申报》。

③ 《请派代表参预万国保工会》，1919年11月26日《申报》。

④ 《中华民国史档案资料汇编》第三辑，江苏古籍出版社，1991年版，第90页。

⑤ 《劳工保护之提议者》，1919年6月5日《申报》。

商部所拟《工会法》草案，是在法制局编订的法案基础上修订而成的。该草案承认同一业务工人可以组织工会；同时又限制工会活动，划定工会工作为：推动会员间的互助，改善雇佣情形，调查劳动情形，关于劳动立法的意见及答复政府咨询等事务；草案并规定，工会有妨害政府组织和治安，加害共同生活，阻碍交通，危及政府或社会时，主管机关得解散之。① 该草案经政府提交国会讨论。由于政局变动，此草案并未通过，也未经农商部以部令发表。“五卅”运动后，要求给予工人结社权的呼声日益高涨。上海总商会在1925年7月2日致电段祺瑞执政府指出：“近来工人知识日见增高，国家对农会、商会、教育，均颁有法令章程，而工会独付缺如，未免偏枯”，要求政府迅速制定工会法，“俾工人结社有所遵守，而产业易于进行”②。上海总工会也致电农商部，批评对工人结社的压制，主张“工人有组织工会的自由，不应加以教育程度等的限制”③。

为此，北洋政府农商部提出《工会条例》草案14章50条。1925年7月28日通过阁议而公布。该条例的最大特点为对工会的权利和行动进行限制。按此条例规定，工会发起人必须是从事现在业务3年以上，年龄在30岁以上的能识字的工人；工会基金须存储代理国有之银行；工会在违反现行法律，或妨害治安、公益，或不遵守主管官署命令时将遭政府解散。④ 此条例遭到社会各界的批评。还在条例制定之中，中华全国总工会致电北洋政府指出，工会条例制定必须以“人民有集会结社言论罢工出版之自由，及工会为保障工人利益之机关”⑤为原则。中共中央发表《为工会条例

① 谢振民：《中华民国立法史》（下），中国政法大学出版社，2000年版，第1075页。

② 《总商会请速颁工会法》，1925年7月2日《申报》。

③ 《工会问题》，1925年7月3日《申报》。

④ 谢振民：《中华民国立法史》（下），中国政法大学出版社，2000年版，第1077页。

⑤ 《工界对工会条例草案之不满》，1925年7月7日《申报》。

事告全国工人书》，猛烈抨击北洋政府对工人结社的种种限制，号召中国工人“决不承认北京政府那样的工会条例”，“要求极自由的工会，要求保障工人权利的工会条例”①。上海总工会通电指出“中国之独立解放，胥赖民权伸张，群众团结，工会之组织，关系非仅工人”②，要求北洋政府迅速删除种种束缚之规定。由于《治安警察法》有关条文未被废除，《工会法》的制定最终无果。

《工厂法草案》是最先提出的劳动法规草案，它的部分内容后来被包括在正式颁布的相关法律中。该草案包括总则、年龄、时间、休息、工资、待遇、工作、契约、检查、学徒、证明、管理、罚则及附则等 14 章，52 条。该草案规定，本法适应范围为“平时使用职工在五十人以上的中外工厂”；关于工人年龄的规定是，男子必须满 12 岁，女子满 14 岁，男子满 17 岁为成年工，17 岁以下至 13 岁为幼年工；幼年工及 15 岁至 18 岁只能从事轻便工作。

关于工作时间，草案规定幼年工及女工每日工作不得超过 8 小时；成年工每日工作不得超过 10 小时。工作时间的延长无论是长期的，还是临时的，均须由主管官署核准；延长时间数在“一个月以内不得过 10 日”或“不得过该时节三分之一”；幼年工及女工不得在午后 10 时至翌日午前 4 时间工作。关于休息的规定是，工人应有休息时间。成年工每月至少有 2 日；“幼年工及女工至少每星期一日”。停止此项规定须经主管官署批准。

对于工资，该草案规定，职工工资必须“定期，以通用货币付给”，“不得以物品折抵”；延长工时，应加给较优工资；厂主不得扣除工人工资，以为“违约或损害赔偿”。从工资中提取储蓄金必须呈由行政官署核准；工人需预支工资时，“厂主应酌量准许”③。对于工人待遇，法案规定厂主“应常尊重其人格”，要求工厂拟订抚恤规则、奖励金及养老金办法，报官署核准；并应举办职工补习教

① 《五卅运动史料》第一卷，上海人民出版社，1981 年版，第 162 页。

② 《总工会力争修正工会条例》，1925 年 7 月 10 日《申报》。

③ 《农商部提出工厂法案》，1923 年 3 月 21 日《申报》。

育,注意工人卫生。

关于工作限制,草案规定,工人伤病应酌量限制工作时间;妇女产前产后应停工5个星期;运转机械的扫除、注油、检修;毒药、爆炸物等有害物的处理,散布尘埃、粉末等有害卫生或危险的处所,“不得令幼年工女工从事工作。”关于契约,草案规定:雇佣契约必须经官署核准。雇主为保护自己利益,可制定违约金及赔偿金办法,报官署核准;雇主提前终止契约“须酌给相当酬金”并“于二个月以前,通知本人”。

关于学徒,草案规定学徒年龄必须在13岁以上,由专人指导学习“一定职业所必需之知识技能”。政府有权对工厂的劳动保护设施进行检查,并可责令工厂改正不足之处。对于违反《工厂法》者,“处百元以下之罚金”。厂主对于所雇工人及学徒年龄发生疑问时,可以请求有关行政机关给予免费证明。若有违反有关职工年龄的规定,厂主不得以不知职工之实在年龄而“免于处罚”[①]。

“修订农商法规委员会”提出的这个工厂法草案,其特点是“于保护劳工之中,仍寓维持实业之意”[②]。其关于劳动保护的有关规定,如工时、工种、工龄及工厂设施等,比较全面,大体上也容纳了国际劳工会议对于中国所提出的建议。然而,该草案毕竟是近代第一部劳动立法草案,其缺点也比较明显。首先,该草案没有指定专门的行政机关来实施《工厂法》。而“工厂法之颁布却非有完善的行政组织决不能发生实效”[③]。这是后来《工厂法》难以成功的重要原因之一。其次,有关劳工保护的规定很不全面。对于工人福利,当时舆论已经指出应包括工资问题、住房问题、教育问题等。[④] 该草案没有提及工人住房问题。对工人抚恤、养老金及

① 《农商部提出工厂法案》,1923年3月22日《申报》。

② 《农商部提出工厂法案》,1923年3月21日《申报》。

③ 王云五、李圣五:《劳工问题》,商务印书馆,1933年版,第73页。

④ 《上海工厂中之劳工问题》,1921年11月9日《申报》。

工人教育的规定相当笼统,也无具体实施办法的规定,为资本家逃避责任提供了空子。该法主张尊重工人人格,但也没有规定具体落实的办法。第三,该草案体例不纯,包括了一些不属于工厂法调节范围的内容。如雇佣契约的签订、核准等属于契约法的内容被包括在该草案之中。所有这些缺点均体现了当时中国劳动立法不成熟的状况。然而,就是这样的草案也没有完全变成正式的法律条文。

在北洋政府讨论制定工厂法的时候,上海租界当局也在考虑调节租界内工厂的劳动问题。沪上外人舆论对此问题的讨论也很热烈。上海总商会致电北洋政府指出,"先由租界当局制定章程,即时实施恐损国体";为杜"外人越俎代谋之势",上海总商会请求北洋政府迅速颁布工厂法。[①] 农商部接受了这一建议,决定把工厂法提前颁布。这就是1923年3月26日由农商部颁布的《暂行工厂通则》。《暂行工厂通则》的出台非常仓促,与工厂法草案相比,其最大特点是简化,从形式上看,《暂行工厂通则》不分章别,共28条,体例大大缩小;《工厂法》草案中第八章契约,第十章学徒,第十一章证明,第十三章罚则,第十四章附则均被删除;从立法精神上看,则有明显倒退,如《通则》适用的工厂规定为"平时使用工人在一百人以上者",就使大量中小工厂逸出法律管理范围之外;雇工年龄限制规定为"男子未满十岁,女子未满十二岁";"男子未满十七岁,女子未满十八岁者,为幼年工",幼年工禁止工作的时间区间上限规定为午后10小时[②],为资本家奴役更多童工提供了可能。

《暂行工厂通则》对工厂工人的工作休息时间、工资问题、福利待遇、童工女工保护等项内容作出规定。关于工作休息时间,《通则》规定成年工每天给予一次或数次之休息,每月休息不少于

---

① 《农商部拟订工厂暂行规则》,1923年3月26日《申报》。

② 《中华民国史档案资料汇编》第三辑,江苏古籍出版社,1991年版,第37—40页。

2日;每日工作至多不得过10小时。工人工资应每月定期、“全部付给通用货币,非得工人同意,不得以物品抵折”;延长工作时间,应按时间实数“加给较优工资”;厂主不得预扣工资为违约或损害赔偿之用;提存工资为工人储蓄等情应得工人同意,并详拟办法呈行政官署核准。关于工人福利待遇,厂主应“拟订抚恤规则、奖金及养老金办法,呈请行政官署核准”;举办工人补习教育,并担负其费用;厂主对于伤病工人应酌量限制或停止工作,因工致伤病者不仅应负担其医药费,而且不得扣除其伤病其应得工资。

为保护童工、女工,厂主不得雇佣未满10岁的男子或未满12岁的女子;男子未满17岁、女子未满18岁的幼年工只能从事轻便工业,不得从事运转机械的扫除、注油、检修,毒药、爆炸物等有害物的处理,也不得在散布尘埃、粉末等有害卫生或危险的处所工作;女工产前产后应停工5个星期,并酌给以相当之扶助金;幼年工每日工作至多不得过8小时,不得“在午后八时至翌日午前四时间”工作,每月休息不少于3日;“工厂内于工人卫生及危险预防,应为相当之设备”。《通则》适用于“平时使用工人在一百人以上者”及“凡含有危险性质或有害卫生者”,在中国境内的合于上述条件的外国工厂“亦应遵照通则办理”①。

除《暂行工厂通则》外,北洋政府在1923年5月12日又发布了《矿工待遇规则》。该《待遇规则》共有22条,对矿工的雇佣、工作时间、工资、劳动保护、工伤抚恤等项内容作出规定。关于矿工雇佣,农商部规定“十二岁以下之男子,不得用为矿工”;“妇女及十二岁以上、十七岁以下之幼年工,仅能从事坑外之轻便工作”;矿主“不得与包工头订立矿工二百人以上之包工契约”,可以随时辞退“犯刑事罪者”、“不遵守预防危险命令者”、“对于矿业权者及其使用人员,有粗暴之行为者”等;矿工也可在受到虐待或得不到工

① 《中华民国史档案资料汇编》第三辑,江苏古籍出版社,1991年版,第37—40页。

资等情况下辞工；雇佣期限“除临时事业及订有特别契约者外，皆为无限期”，但主雇双方“各得于十五日前预行通知退工或辞工”。矿工工作时间每日不得过10小时，“在坑内空气、温度在摄氏三十度以上时，工作时间不得过八小时”。矿业权者必须有卫生、灾害等劳动保护及医院、学校、邮政、汇兑、游乐等福利设施。矿工工资必须“每月以通用货币，一次或分次发给”，计件工资的衡量标准必须明确。矿工工作，伤者应给予一至二年以上工资为抚恤金；亡者，应给予50元以上之葬费，并给予其遗族二年以上工资。①

除上述两个法令外，1920年，北洋政府公布过《电话局雇佣工匠暂行章程》。1921年，北洋政府交通部公布了《京奉铁路员役养老金试办章程》等。这些章程或为时短暂，或范围有限，因此，不再一一述及。

二、国民政府时期国家调节的范围与内容

1927年国民党建立了全国性政权。作为地方性政权，国民党的统治则要追溯到1922年。在1922至1949年的国民党统治时期，政府调节劳动问题的范围与内容逐步扩大，分为1922至1927年、1927至1937年、1937至1949年三个时段。

1922至1927年的大革命时期，国民党统治属地方政权，其政策法律适用的地域为南方部分地区，主要的政策法规涉及劳工组织和劳动纠纷两方面。在劳工组织方面，广东根据地建立后，在国共合作的背景下，革命形势日渐高涨，工农运动日渐复苏。国民政府也适时发布命令，确认劳工有集会结社权。早在1922年，当香港海员罢工取得胜利时，广东军政府就发布命令，废除《暂行新刑律》第224条，及《治安警察法则》第一条、《治安警察条例》第22条，工人争得了罢工及集会结社之自由。国共合作后，广州各工会纷纷呈请政府制定《工会法》。国民党中央随任命廖仲恺、汪精卫

① 《中华民国史档案资料汇编》第三辑，江苏古籍出版社，1991年版，第109—112页。

等负责起草。1924 年 11 月,广东政府以孙大元帅的名义公布了《工会条例》。

该条例共有 21 款,是我国第一部关于劳工结社、集会的政府法令。其立法基点在于(1)确认劳工团体的地位。条例“承认工会与雇主团体立于对等之地位”,“予工会以公共财产之保障”。(2)允许劳工团体拥有较大的权利和自由。条例确认工会有“言论出版及办理教育之自由”,赋予工会“对雇主之团体契约权”,“参与规定工作时间,及改良工作状况与工场卫生之权”,“与雇主争执事件发生时,有要求仲裁权”及“罢工权”。(3)打破妨碍劳工运动组织及进行之障碍。条例明确规定“对于刑律及违警律中所禁止之聚众集会等条文,不得适用于工会法,以免法院警厅之比附”;“行政官厅对于非公用事业之雇主或工人间冲突,只任调查及仲裁,不执行强制判决,以养成工会自动之能力”①。

《工会条例》接受了当时社会关于广义劳工的定义,在组织工会方面规定:“凡年龄在十六岁以上,同一职业或产业之脑力或体力之男女劳动者。家庭及公共机关之雇佣,学校教师职员,政府机关事务员”,均可以聚集法定人数组织工会。政府鼓励劳动者力量的联合,允许工会或工会联合会“与别者或外国同性质之团体联合,或结合”;同时顾及中国产业的实际情况,规定:“工会以产业组织为主,但……亦得设职业组织”②。

在国共两党推动下,工农运动发展迅速,罢工斗争不时发生。劳动纠纷既有发生于劳资之间的,也有发生于工人组织之间的。这一方面表明了工人阶级意识的觉醒,组织程度的提高,另一方面频繁罢工也影响了正常的经济生活,带来了社会的动荡,不利于革命根据地的巩固。为解决日益增多的劳动纠纷,1926 年 8 月,国

① 《中华民国史档案资料汇编》第四辑(上),江苏古籍出版社,1991 年版,第 105 页。

② 《中华民国史档案资料汇编》第四辑(上),江苏古籍出版社,1991 年版,第 101 页。

民政府颁布了《劳工仲裁会条例》和《解决雇主雇工争执仲裁会条例》。劳工仲裁会的任务是决定工会工作的范围,解决劳工组织间的纠纷及其他纠纷或冲突。雇主雇工争执仲裁会的任务是,解决劳资间关于工值、伤害补偿、工作时间、雇工待遇等双方不能解决的问题。仲裁会均由政府所派代表一人,及各关系方所派代表一人至数人组成。广东国民政府规定,对仲裁不服者,可以上诉国民政府。"国民政府所认为公平,或修改之判决,即为最后之判决,各方须遵依之"①。

为安定社会秩序,上述两个条例均对工人的直接行动进行了限制。如《劳工仲裁会条例》规定:"凡工人争执须在仲裁会解决,无论何时各方不得聚众携械斗殴,或有违反警律,或危害公安之行动";"两工会发生争执时,双方之行动不得危及第三方,无论何方违反此条,所有损失归其直接负责"②。《解决雇主雇工争执仲裁会条例》规定:"凡雇主雇工之纠纷已呈请仲裁,双方不得采取直接行动,如罢工或闭厂之举"③。大革命后期,国民政府限制劳动纠纷的趋势更加明显。如广东省政府在 1926 年 12 月颁布的《广东省暂行解决工商纠纷条例》一方面保护劳工利益,禁止"商店工厂当工人罢工时雇用其他工人制造货品或帮同工作及营业",也不得"阴谋搀设工会以破坏该行原有工会之组织及统一",更不许商人在发生工商纠纷时,"指使或贿买别行工人或间杂流氓参加以增重纠纷"。要求"商店工厂如歇业时须先一月通知工人并须补给一月工金",如忽然停业,要加倍补给;在因要求加薪的罢工解决时,罢工期间的工金照给。另一方面又明令禁止工人或工会擅自

① 《中华民国史档案资料汇编》第四辑(上),江苏古籍出版社,1991 年版,第 152 页。

② 《中华民国史档案资料汇编》第四辑(上),江苏古籍出版社,1991 年版,第 151—152 页。

③ 《中华民国史档案资料汇编》第四辑(上),江苏古籍出版社,1991 年版,第 153 页。

“封锁商店工厂，拘捕工人商民，侵害他人身体上之自由，携取商店或工厂之货品及一切器物，禁止东家本人工作”。“工人巡行不得携带器械。违者，军警得随时没收之。如有实行聚众械斗或不服军警制止者，政府应随时逮捕之”。《条例》还规定，在军用品制造、金融、交通及与公共生活有密切关系的企事业发生工人纠纷时，“仲裁委员会之判决绝对有效，由政府强制执行之”①。

在十年内战期间，由于推行社会改良政策，国民党政府制定了大量的劳动法规，形成了庞大的劳动立法体系。然而，制定的劳动法律虽多，真正实行的却有限。国民党明确实施的法律主要是关于劳动组织、劳资关系和劳动保护三个方面的立法，即《工会法》、《劳资争议处理法》、《团体协约法》以及《工厂法》。在十年内战期间，这些法规屡有修订。

首先看《工会法》的制定与颁布。1928 年 9 月，国民政府法制局以时局的变化为由，提出修改广东国民政府时期颁布的《工会条例》，并拟具《工会法草案》25 条，提请国民党中央政治会议审议。此为国民党制定新的劳动组织法的开始。法制局的这个草案反映出国民政府对劳动组织的一些基本态度。这些是（一）承认工会有团体缔约权，并对雇主的解雇行为进行限制，以预防雇主压迫劳动者。（二）对工会章程或工会决议中的“违法”规定，以及工会扰乱安宁秩序的行为，设有相当的制裁；保护工人出会入会的自由，防止工会压迫雇主、工会会员或社会全体，并特别对工人组织工会联合会进行严格的限制。（三）对工会的成立，既不采自由设立主义，亦不采行政特许主义，而采呈报主义。对工会的解散，一方面承认行政官署得不经过司法手续，解散工会，一方面亦承认工会对于施行解散手段之官署，得提起诉愿或诉讼。（四）改变工会的性质。该草案对工会救济基金的设置，特设多种保护及优待条件，以期工会的性质，渐渐地不以对抗雇主为目的，而以劳工阶级自谋福

① 李剑华：《劳动问题与劳动法·附录》，上海法科大学出版部，1928 年版。

利为根本精神。[1] 该草案经国民党中央政治会议第150次会议讨论后决定,原案发交法制局参照《工会组织暂行条例》修改。此后,《工会法》草案几经讨论,最后决定等中央政治会议确定了《工会法原则》后,再行修订。

1929年9月18日,国民党中央政治会议第196次会议通过了《工会法原则》16条,对工会的目的与任务,工会的组织,工会的指导与监督,工会法的范围等内容作出了原则性规定。《工会法原则》明定"同一产业或职业之工人得组织工会","工会之设立应经呈报立案手续,其未呈报或虽呈报仍未经该地主管机关核准立案者,不得享有工会法所规定之权利及保障"。对于工会的目的与任务,国民党中央规定"工会应以增进知识技能,发达生产,改善其同一职业或同一产业工人之生活及劳动条件为目的;工会得办理消费、生产等合作及职业介绍所、托儿所、失业救济与其他一切互助事业"。对于工会的指导与监督,该原则规定,工会之指导机关"为各该地方之最高党部,其监督机关为其所在地之省、市、县政府及特别市政府"。对于应该组织起来而没有建立起来的工会及工会应办而未办的事业,各级党部及当地行政主管机关应协助其组织或举办。

对工会法的适用范围,该原则规定:"国家行政、交通、军事、军事工业、国营产业、教育事业、公用事业各机关之职员或雇用员役不适用工会法"。没有法律的许可,不得组织工会联合会,非经政府同意,也不得与任何外国工会联合。对于工会与工人及雇主的关系,《工会法原则》规定,工会应予工人以入会的便利,"不得以强力压迫工人入会,亦不得限制工人退会,及妨害未入会工人的工作。雇主不得以退出工会及不加入工会为雇佣条件,也不得拒绝雇用或解雇工会人员或职员"。对于工会的法律地位,该原则规

① 谢振民:《中华民国立法史》(下),中国政法大学出版社,2000年版,第1080页。

定:“工会为法人。”其解散、合并、清算,依民法法人之规定。工会对其职员执行职务时所造成的对他人的损害,“负连带赔偿之责”①。据此,法制局劳工法起草委员会制定了《工会法》的新条文,经审议通过后,由国民政府在1929年10月21日明令公布,并定于同年11月1日施行。

《工会法》共53条,分为设立、任务、监督、保护、解散、联合、罚则、附则等8节,全面地体现了《工会法原则》的有关规定。此外,工会法对工会的设立和入会提出了明确的限制条件:“凡同一产业或同一职业之男女工人集合十六岁以上现在从事业务之产业工人人数在一百人以上或职业工人人数在五十人以上时得适用本法组织工会。”②对工会的行为,《工会法》也作出了限制。第十六条规定,国家行政、交通、国营产业、教育事业、公用事业各机关的工人组织的工会“无缔结团体协约权”,“也不得宣言罢工”;第二十三条规定,“劳资间之纠纷非经过调解仲裁程序后,于会员大会以无记名投票得全体会员三分之一以上之同意,不得宣言罢工”,“工会于罢工时不得妨害公共秩序之安宁,及加危害于雇主或他人之生命财产”,更不得“要求超过标准工资之加俸而宣言罢工”;第二十七条规定工会不得“封锁商店或工厂,擅取或毁损商店工厂之货物器具,逮捕或殴击工人与雇主,命令工人怠工,集会或巡行时携带武器”③等。对工会的解散,《工会法》规定了强制解散和任意解散两种方式。第三十七条规定了主管官署可强制解散工会的理由:“丧失了存在的基本要件,严重违犯法规,破坏安宁秩序或妨害公益”。第三十八条规定了任意解散工会的五种情况:“大会决议解散,但须得主管官署认可,章程内规定解散事由之发生;工会之

① 《国民党政府政治制度档案史料选编》(上),安徽教育出版社,1994年版,第643—644页。

② 《中华民国法规大全》第三册,商务印书馆,1936年版,第3437页。

③ 《中华民国法规大全》第三册,商务印书馆,1936年版,第3438页。

破产,会员人数之不足;工会之合并或分立"[①]。1929年颁布的《工会法》在十年内战期间保持了较大的稳定性。除在1932年和1933年对个别条款的文字表述有所更动以外,其他内容一直保持不变。

《工会法》颁布后,国民政府工商部拟具了《工会法施行细则草案》,送立法院审议。立法院把标题改为《工会法施行法》,全文通过,由国民政府在1930年6月6日公布实行。该法共25条,大致规定(1)工会名称,应为某地某业工会;(2)工会种类为产业工会和职业工会;(3)工会区域,以市县之行政区域为其区域;(4)工会之成立、合并、分立、联合、解散,应转报工商部备案;(5)工会得设理事5-9人,任期均为一年;(6)工会所创办的生产、消费、购买、信用、住宅等各类合作社,视为非营利事业。[②]

其次看关于劳资关系的处理。国民党公布实施的处理劳资关系的法律是《劳资争议处理法》和《团体协约法》。大革命失败后,国民党虽然对工人斗争基本持镇压态度。但是由于时局动荡和经济困难,工人的生活日趋恶化,要求改善生活的经济斗争仍不时爆发。上海是中国工业最发达的地方,这里的劳资纠纷也最多。自南京国民政府成立以来,这里的劳资纠纷呈现出明显的上升趋势。1928年,上海共发生罢工140起,有23.4万人参加。1929年上海发生劳资纠纷案件372件,关系资方4500家,关系工人264681人。1930年发生纠纷376件,涉及资方为3379家,涉及工人130329人。劳资纠纷的原因主要是工资和雇佣两个方面。据上海社会局的统计,1928年因工资问题而罢工者占22.5%,因雇佣或解雇而罢工者占20%。1929年因工资而罢工者占23.42%,因

① 《中华民国法规大全》第三册,商务印书馆,1936年版,第3439页。

② 谢振民:《中华民国立法史》(下),中国政法大学出版社,2000年版,第1095页。

雇佣或解雇而罢工者占32.43%①。

由于劳资纠纷日趋剧烈,国民党中央认为关于仲裁法规有重新制订的必要。1928年2月,国民党中央政治会议第128次会议推定叶楚伧起草《劳资仲裁暂行条例草案》。立法院法制局审查了这个草案,将其名称改为《劳资争议处理法》,并拟具了立法原则上报国民党中央。该立法原则在国民党中央政治会议第132次会议上获得通过。其中心指导思想是:"既不欲剥夺劳方之罢工权,亦不欲使厂方之生产毫无保障。盖欲使劳资双方互相谅解,以真诚的态度,共将劳资间所发生之病态,以和平之手腕,谋公正之解决,务使劳资间阶级之观念消除;然后劳资间之争议,乃能避免于无形。"②

为此,立法原则规定,(1)《劳资争议处理法》仅适用于劳资间的团体争议,即劳动者团体或劳动者若干人以上与雇主间之争议。(2)劳动争议发生时,经当事者一方或双方之请求,或行政官厅认为有必要时,应付调解委员会调解。调解终结,当事人不服时,该争议应付一种仲裁会仲裁。对于仲裁结果,不得声明不服。特种公用事业(如电灯、自来水业等)及军需制造业发生争议时,如调解无效,必须交付仲裁。(3)劳资争议的处理机关是调解委员会和仲裁委员会。调解委员会由争议当事者双方,各推同等数额之代表及地方行政官厅加派代表一人组成,以官厅代表为主席。仲裁委员会的组成人员是省政府或特别市政府代表一人,省党部(或特别市党部)代表一人,地方法院院长或其代表,及与争议无直接关系之劳方及资方代表各一人。劳方及资方代表由省或特别市政府令辖区内劳工及雇主团体,在一定期间内各推选若干人备选。凡曾任调解委员会成员者,不得为同一事件之仲裁委员会成员。

① 刘修如:《中国当前的劳资协调问题》,《劳工月刊》第5卷第4期,1936年4月。

② 王莹:《劳资争议处理法之制定及实施经过》,《劳工月刊》第4卷第8期,1935年8月。

(4)限制罢工及闭厂行为。特种公用事业及军需制造业,发生劳资争议时,未经调解仲裁前,绝对不准罢工或闭厂,其他工商业争议在调解仲裁期间也不得开始罢工或闭厂。地方政府在调解仲裁期内有权命令罢工之劳工或已停工的工厂、商店,先行复工复业。[①] 根据上述原则,国民政府法制局起草了《劳资争议处理法》草案,经第141次中央政治会议通过,由国民政府在1928年6月9日颁布,以一年为期进行试用。

此项《劳资争议处理法》包括劳资争议处理之机关(内分调解机关与仲裁机关二节),劳资争议处理之程序(内包括调解程序和仲裁程序二节),争议当事者行为之限制,罚则和附则等6章47项条款,详细规定了劳资纠纷的处理办法。其最大特点是实行强制仲裁。除体现立法原则的有关规定外,其他重要内容还有,(1)法律适用范围是"雇主与工人团体或工人三十人以上关于雇佣条件之维持或变更"而起的争议。(2)劳资争议的主管行政机关,在特别市为特别市政府,在县为县政府,在普通市为市政府。(3)关于调解决定,规定以调解委员会"全体委员之合议行之,取决于多数","调解委员会之决定,非经争议当事者双方同意,不生拘束力,其经双方表示同意者,视同争议当事者间之劳动契约","如经定明存续期间,除适法解约外,当事者任何一方不得于该期限内提出变更该决定之要求"。(4)关于仲裁程序,规定了职权交付的原则,即"特别市政府,应于收受仲裁声请书后从速召集仲裁委员会,如系县政府或普通市政府,应将仲裁声请书及有关文卷移送省政府办理。省政府应从速于省或争议事件所在地召集仲裁委员会"。(5)罢工期间内的工资给付问题,"应由调解委员会或仲裁委员会连同争议事件一并决定或裁决之"[②]。

① 谢振民:《中华民国立法史》(下),中国政法大学出版社,2000年版,第1126—1127页。

② 王莹:《劳资争议处理法之制定及实施经过》(一续),《劳工月刊》第4卷第9期,1935年9月。

对于这项《劳资争议处理法》，社会上有种种批评意见。国民党中央委员朱霁青的意见可为代表。他认为，国民党扶助农工政策，已明确承认了工人罢工权。该法对争议当事者劳工方面行为之限制，“几将同盟罢工权全部剥夺殆尽”，使劳动者在争议中，只能屈服而别无选择。他主张“在仲裁裁决之后，如确有不公存在，应予当事者以相当之罢工权。但此种罢工权，不得妨害公共秩序之安宁，或危及他人之生命财产，并以至上诉裁决时为止”。对于强制仲裁，朱霁青也提出批评，认为“劳资双方，均在本党领导之下……对劳动者，只有扶助其改善条件，增进利益，更无强制压迫之理”。他提出应设立仲裁后的上诉机关，解决仲裁不公的问题。这种上诉机关可定为国民政府，经国民政府之最后判决，“无论如何较仲裁裁决正确多矣，此时当事者不能不服从其判决”①。

《劳资争议处理法》实施一年半后，国民政府接受社会各方要求，对该法进行重新修订。1930 年 3 月，修正的《劳资争议处理法》公布。新法的最大特点是改劳资争议强制处置为任意处置。其主要不同点有，(1)法律适用范围扩大，由 30 人以上之劳工变为 15 人以上之劳工。旧法关于公益事业发生劳资争议，“当然付调解，调解无结果，当然付仲裁，其雇主或劳工不得因任何争议罢工或停业”的规定被删除。(2)关于调解决定的形成，新法改为“经争议当事人双方代表之同意签名于调解笔录而成立”，旧法有关调解决定解除的规定被删除。(3)关于仲裁，新法简化了声请程序，取消了职权交付规定，改为调解不成立时，经当事人双方或一方之声请，应付仲裁；对仲裁执行机构，新法规定省市县政府均可以召集仲裁委员会，从而扩大了范围；新法取消旧法有关仲裁结果解除的规定，争议当事人也可在仲裁裁决送达后 5 日内声明异议。旧法对不履行调解及仲裁决定的处罚条款也被取消。(4)在形成调

① 王莹：《劳资争议处理法之制定及实施经过》（一续），《劳工月刊》第 4 卷第 9 期，1935 年 9 月。

解或仲裁决定时,对双方当事人是工会的有关情况处理,旧法漏未规定。对此,新法明定调解或仲裁成立时的当事人是工会时,“视同当事人间之劳动协约”①。

修正《劳资纠纷处理法》公布后,各地劳资纠纷仍然不断发生。据实业部对 15 个省市、17 个行业的统计,全年共发生纠纷案件 239 件。虽然数量并没有以往年份多,但涉及的工人数明显增多。全年参加纠纷的劳工有 570607 人。最多者为上海市,有 438583 人,占全人数的 78% 以上,每月平均有 36548 人参加。② 国民党上海市长吴铁城认为,劳资纠纷增多的原因虽然很多,但主要是修正《劳资争议处理法》抛弃了强制仲裁的结果。1932 年 2 月,他向国民党中央提出恢复强制仲裁的建议。国民党中央政治会议经第 319 次会议讨论,决定:“修改《劳资争议处理法》,恢复强制仲裁办法,交立法院审议”③。立法院奉令修改。1932 年 9 月 27 日,国民政府公布了再次修正的《劳资争议处理法》。

新修正案共有 44 条,章目章数均未变更,其修正的最主要点是恢复强制仲裁。由于有两次立法的经验,新修正案在法律条文规定上比较全面。(1)在法律适用范围上,新修正案维持了工人十五人以上的规定。(2)关于行政主管官署,新法的规定是“除有特别规定外,在市为市政府,在县为县政府,在国营事业为其主管机关”。(3)关于调解和仲裁的一般原则,新法规定,经当事双方或一方声请,或在没有收到声请而主管机关认为有必要时,行政主管官署均可召集调解委员会。调解成立时视同争议当事人间之契约,如当事者一方是工会时,视同当事人之间的团体契约。“劳资

① 谢振民:《中华民国立法史》(下),中国政法大学出版社,2000 年版,第 1135 页。

② 沈云龙主编:《近代中国史料丛刊三编:民国二十一年中国劳动年鉴 · 第二编 劳动运动》,台北文海出版社,1956 年版,第 113 页。

③ 谢振民:《中华民国立法史》(下),中国政法大学出版社,2000 年版,第 1137 页。

争议事件未经调解程序者,不得付仲裁",但当事人"双方声请径付仲裁时不在此限"。"争议当事人对于仲裁委员会之裁决不得声明不服"。仲裁裁决视同当事人间的契约或团体协约。(4)自来水、电灯或煤气等公用事业,邮务、电报、电话、铁道、电车、航运及公用汽车事业,发生劳资争议事件调解无结果时,应付仲裁委员会裁决。其他事业发生争议而调解无结果时,经争议当事人双方之声请,应付仲裁委员会仲裁。但"行政官署因争议情势重大,并延长至一月以上尚未解决而认为有付仲裁之必要时,虽然无争议当事人之声请,亦得将该项争议交付仲裁委员会仲裁"①。其他有关调解委员会及仲裁委员会的组成,调解与仲裁的一般程序,违犯调解和仲裁决定的处罚等,均与第一、二次法案条文相同或近似。对推定仲裁委员会人选,新法规定与旧法有较大不同。旧法规定每年推定 15 ~30 人,新法改为每二年推定 24 ~48 人;并规定国营事业之工人团体及各该事业之直接主管机关,亦各每二年推定 24 ~48 人②。

新法颁行后,交通、铁道、实业各部以新规定适用国营事业有困难为由,呈请立法院重行审议修正。立法院经审查研究后,驳回请求,维持新法的原规定。此后,《劳资争议处理法》除在 1933 年修正第 32 条文字外,一直使用到抗战时期,于 1943 年又一次修正。

《团体协约法》分总则、限制、效力、存续期间、附则等 5 节 31 条,规定了团体协约的有关内容。关于团体协约当事双方,国民政府规定,能够签订团体协约的是"雇主或有法人资格之雇主团体与有法人资格之工人团体"。关于契约的形式与内容,规定为"书面契约",包括"学徒关系,一企业内之劳动组织,关于职业介绍机关之利用,劳资纠纷调解机关或仲裁机关之设立或利用"等内容;非

① 《中华民国法规大全》第三册,商务印书馆,1936 年版,第 3449 页。

② 《中华民国法规大全》第三册,商务印书馆,1936 年版,第 3451 页。

劳资关系方面的内容不适用于《团体协约法》;团体协约可以规定雇主雇用工人限于某一工人团体的成员,但不得"限制雇主之自由去取";也可以规定雇主在休假日或原工作时间外要求工人工作,对工人工资"应加成或加倍发给"。

团体协约的效力期限可以"以定期、不定期或完成一定之工作为期订立";不定期协约订立一年后,"得随时终止",但应于三个月前"以书面通知地方当事人";定期协约的期限,"不得超过三年,超过三年者视为三年";团体协约的效力范围规定为,团体协约当事者双方的雇主及工人,属于协约当事团体的雇主及工人,"或于团体协约订立时或订立后加入该团体之雇主及工人"。为防止当事者不遵守协约规定的义务,国民政府规定,团体协约一旦成立,其效力以协约终止为度。所属协约关系不因雇主或工人退出订立协约的团体而废止;也随订立协约团体的"合并或分立移转于合并或分立而成立之团体"。为加强国民政府对团体协约事务的控制,该法规定,团体协约"应由当事人双方或一方呈请主管官署认可。主管官署发现团体协约条款中有违背法令或与雇主事业之进行不相容或与工人从来生活标准之维持不相容者应删除或修正之"①。

第三,关于劳动保护的法律。近代工业生产,因技术及人为等因素的影响,经常给工业生产者造成种种损害。这些损害主要有三类:第一类是过长的劳动时间对劳动者所造成的危害。第二类是因工厂的建筑设备而起,如危险的机器无适当的安全防护设备,工厂光线不足而使用瓦斯照明,卫生设备的缺乏而造成的恶劣环境等。第三类是由于厂家压迫操纵而引起的。如不时的解雇,过低的报酬等。社会改良主义认为,工业生产造成的危害不仅直接关系到劳工福利,也有害于公众卫生和国民教育,甚至有破坏社会良善风俗和社会的安宁秩序之虞。因此近代西方国家把推行劳动

① 《中华民国法规大全》第三册,商务印书馆,1936年版,第3449—3450页。

保护作为实行社会改良政策的重要内容。在旧中国,工人不仅工资低、工时长,而且生产的安全保护、劳动教育等其他劳动保护内容均无从谈起。中国工人恶劣的劳动状况较早地引起了社会的关注。20 世纪 20 年代实施劳动保护的倡议已经在社会上出现。南京国民政府成立后,国民政府工商部在 1929 年初建议制定工厂法。国民党中央政治会议第 172 次会议决定由胡汉民、戴传贤、王宠惠、孔祥熙、孙科、陈果夫等人组成专门委员讨论工厂法问题。该专门委员会提出了《工厂法原则案》,经中央政治会议第 177 次会议通过。

《工厂法原则》共分 12 条。其内容主要有以下几点。(1)确定工厂法的适用范围为用机器发生动力的机器工厂,人数以 30 人为标准。(2)工人年龄以已及 14 岁男女为工人最低年龄。工厂法施行时,工厂中原有的 12 岁以上、14 岁以下的在职者,得由主管和监督机关宽其年限。但自工厂法公布以后,工厂不得有新雇不符合年龄要求的工人。工厂得收用学徒工,关于学徒工之保护方法,另为详细制定。(3)关于工作报酬。男女作同等之工作,而其效力相同者,须给同等之工资。最低工资宜以各工厂所在地之工人生活状况为标准,并规定工人工资的给付方法。工厂于年终对于全年工作并无过失的工人,应给以奖金,或分盈余。奖金以 1 ~ 2 个月工资为原则。盈余分配方法是工厂从盈余中提存公积金和支付股息之后,在厂工两方及管理人员中分配其余额。比例为厂工各得 45%,管理人员得 10%。(4)关于工作与休息时间。每日实在工作时间以 8 小时为原则;成年工的实在工作时间得定至 10 小时;幼年工、女工的实在工作时间不得过 8 小时,并须有夜工限制;女工在产前产后相当期间内不准工作,但工厂仍须照付工资;含有危险性的工作时间,由主管机关规定;工人每日连续工作一定时间后,必须有一定的休息时间,然后再行工作。每星期应有 18 小时连续休息,继续工作半年或一年者、应有特别休假。(5)关于安全卫生。工厂内设备以能适合卫生清洁及安全为标准,条文宜采取列举的规定。(6)关于工人的福利。幼年工及失学职工的教育,工人正当娱乐及保恤,均明白规定。(7)工厂得规定工人工作效率标准。(8)工厂得经主管机关核准,由厂工两方之代表,组织厂工委员会。其任务以调解工场纠纷,及关于工场改良状况、举办工人福利事业为限。① 从《工厂法原则》的起草过程来看,工厂法的适用范围、工人年龄及工作报酬是关注的重点。这三种情况的规定均经过国民党中央政治会议的再三讨论,经过修订而成。《工厂法原则》制定后,劳工法起草委员会据此制定出《工厂法》,由国民党政府在1929年12月30日公布,1931年8月1日开始实行。

这个《工厂法》计分总则、童工女工、休息及休假,工资、工作契约之终止,工人福利,工厂安全与卫生设备,工人津贴及抚恤,工厂会议,学徒,罚则及附则等13章,共有77条。其有关具体规定是,关于适用范围,规定为"凡用汽力、电力、水力发动机器之工厂,平时雇佣工人在30人以上者"。关于主管官署,"除有特别规定者外,在市为市政府,在县为县政府"。

关于童工、女工保护,规定,"凡未满十四岁之男女,工厂不得雇佣。男女工人在十四岁以上,未满十六岁者为童工。童工只准从事轻便工作。"童工不得在午后七时至翌晨六时之时间内工作,"每日工作时间不得超过八小时。女工不得在午后十时至翌晨六时之时间内工作"。"处理有爆发性、引火性或有毒质的物品","有尘埃、粉末或有毒气体散布场所之工作","运转中机器或动力传导装置危险部分之扫除、上油、检修及上卸皮带绳索等事","高压电线之衔接","已溶矿物或矿滓之处理","锅炉之烧火"及"其他有害风纪或有危险性之工作",童工女工禁止从事。

关于工作与休息,成年工人每日工作时间,"以八小时为原则",有特殊需要延长时间,"得定至十小时","因天灾事变季节之

① 《国民党政府政治制度档案史料选编》(上),安徽教育出版社,1994年版,第644—645页。

关系,仍得延长工作时间,但总工作时间不得超过十二小时,每月不得超过三十六小时”。工人连续工作五小时,得休息半小时,每星期中应有一日休息,政府法定节假日均应休息。特别休假规定为,未满三年者,每年七天;未满五年者,每年十天;未满十年者,每年十四天;十年以上者,每年加给一日,其总数不得超过三十日。休息休假日工资照给。假期加班,加给工资。对于军用、公用工作,主管官署有权停止工人休假。

关于劳动报酬,各地应确定最低工资率。无论计时还是计件工资,均应“至少每月两次,以当地通用货币给付”。“加班工资额加给三分之一到三分之二。男女同工同酬。工厂不得预扣工资,“为违约金或赔偿之用”。关于工人福利,工厂应使童工及学徒有补习教育之机会,并承担“其全部费用”。补习教育时间,每星期至少十小时。对其他失学工人,亦应酌量补助其教育。工厂应协助工人举办储蓄及合作社事宜,提倡工人正当娱乐。工厂年终盈余应给无过失工人以奖金或分配盈余。女工分娩前后,停工八星期,工资照给。

关于工作契约的终止,定期契约续约“必须双方同意。无定期工作契约终止,除另有约定外,工厂须根据情况,给予十至三十天的预告期,预告期内,工人有权请假外出寻工而照领工资。如果没有预告期而解雇,必须照给预告期之工资。但工厂因客观原因而歇业或工人违犯工厂规则,可不有预告。工厂不遵守国家劳动法规,不按时发工资及虐待工人时,工人也可不经预告而解约。

关于安全卫生,规定工厂应有工人人身,工厂建筑,机器装置,预防水火灾害的安全设备,并对工人进行预防灾变的训练。工厂卫生设备应包括防卫毒质,保持空气流通、饮料清洁及有利采光的设备,盥洗所及厕所等。主管官署有权检查工厂安全卫生设备情况,并“令其改良或停止其一部之使用”。关于劳动者伤害赔偿,规定在劳动保险法实行前,工人因执行职务而遭受伤病,工厂除担任其医药费外,“每日给以平均工资三分之二的津贴,六个月后减至二分之一,以一年为期。致残者,给以一至三年平均工资限度内的津贴。死亡者,给与五十元丧葬费,三百元遗族抚恤费和两年的平均工资”。

关于工厂会议,规定其组织,以劳资平等为原则。工厂会议的核心职责是调协劳资关系,力谋工人福利,发展产业和改善工作环境。关于学徒,规定“未满十四岁之男女,不得为学徒”。学徒习艺期间的膳宿、医药费用由工厂支付并每月有相当的零有钱。工厂收用学徒,必须与学徒本人或其法定代理人签订契约,约定双方权利义务和存续时间、职业种类等,收用学徒不得超过普通工人三分之一①。

《工厂法》公布后,国民政府又制定了实行工厂法所需的配套法律——《工厂法施行条例》及《工厂检查法》。《工厂法施行条例》在1930年12月公布,与《工厂法》同日施行。《工厂检查法》对《工厂法》的实行极为重要。它的主要作用是确定了检查各地工厂执行《工厂法》条文的法律依据。《工厂检查法》几经修订,在1931年2月公布,定于同年10月1日起施行。该法共有20条,大致规定工厂检查的内容是,调查工厂对工人年龄、工作种类、工作时间,休息休假、女工分娩假期,工厂安全卫生等规定的执行情况,并得向厂方及工人提出意见,以改进工厂卫生安全。工厂检查员须经过专门训练。其职务执行权受法律保护②。

从劳动法律本身来讲,全面抗战爆发前,国民政府颁布的各项法律法规已经形成了较为完整的体系。抗战期间,战前颁布的各项劳动法律法规继续有效。虽然有的劳工法律法规根据战时情况进行了修订,但战争状态下国家对劳动问题的调节还是与和平时期有别。

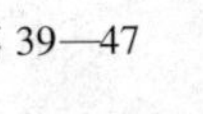

① 《中华民国史档案资料汇编》第五辑,江苏古籍出版社,1991年版,第39—47页。

② 《中华民国法规大全》第三册,商务印务馆,1936年版,第3416—3417页。

三、战时国家对劳动问题的干预

抗战时期,《国家总动员法》是国民政府调节雇佣劳动问题的直接依据。1941 年 12 月,国民党五届九中全会通过了《加强国家总动员实施纲领》,规定:"全国公私企业从业人员及技术人员,皆应对其业务锐意振作,提高工作效能,增进物资生产,以充分供应战争之需要;全国各地国民生活必需品之物价,以能适合国民经济与维持健康水准为原则;应由政府负责管制,绝对不许有违法抬价之行为,无论何人均有严切奉行,并检举违法之义务"①。战时,国民党进行的劳动管制工作主要有以下几个方面。

首先,国民党加强了对工会组织的控制。1941 年 8 月,国民政府行政院颁布了《非常时期工会管制暂行办法》。其管制工会组织的工作首先从运输、市政、文化等各类重要职业工会开始,然后推及其他重要产业工会。按其规定,市县政府和行政院直辖市所属社会局等地方政府为实施工会管制工作的主管行政机关。主管机关的管制任务是:限令具有会员资格的工人依法入会,并随时考察工人入会情况,依法处分违犯者;指导工会组织或健全其分会、支部、小组等基层组织;依法派遣训练合格人员充任工会书记,必要时得派遣指导员督导工会之会务;对工会理监事和会员实施思想、生活、业务等训练,调整不称职的工会理监事的职务。被管制工会的工作是:协助政府平定工资、调制所属会员工资及生活费指数和征调所属会员服工役;指导会员改进生产技术、节约器材消耗,增加生产效率;举办教育、合作、卫生、娱乐等福利事业等。②

为加强对工会组织的控制,国民政府社会部在 1942 年举行团体登记,规定 1942 年 2 月以前成立的团体,均须参加登记,"逾期

① 秦孝仪:《中华民国重要史料初编——对日抗战时期》第四编,中国国民党中央委员会党史委员会资料,1988 年,第 267—268 页。

② 社会部编:《劳工法规》,1944 年印行,第 28—29 页。

不履行登记,或认为不合法之团体均予解散或整理”[①]。借此机会,国民党对抗战以来建立起来的各种民众抗日团体进行清洗,取缔不符合国民党意愿的民众团体。最终履行了登记手续的民众团体有2625个。

由于抗战以来情况的变动和《非常时期工会管制暂行办法》的公布,战前颁布的《工会法》有些条款不适应于新的情况,需要修正。为此,国民政府根据《国家总动员法》,对《工会法》进行修订,并在1943年11月公布。新法在体例和内容上都进行了调整。在体例上,新法包括总则、设立、会员、职员、会议、经费、监督、保护、解散、市县总工会、联合会、罚则和附则13章65个条款,较旧法的8节52款多出5节13款。

在内容上,总则中规定“工会以增进工人知识技能,发达生产,维持改善劳动条件及生活,并协助政府关于国防及生产等政令之实施为宗旨”。工会宗旨中加入“协助政府关于国防及生产等政令之实施”,为战前工会法所无,体现了战时特色。工会为法人,不得为营利事业,此为原法所规定,但列入总则之中则为第一次。工会主管官署增列了在中央为社会部的规定。限制组织工会的条款修订为,“国家行政交通教育事业,其职员、雇佣员役及军事、军事工业各机关之职员、雇佣员役及工人不在此限”。工会的设立,新法修订为“凡同一区域年满二十岁同一产业工人人数在五十人以上或同一职业之工人人数在三十人以上时应依本法组织产业工会或职业工会”。设立工会应向主管官署提出申请,报送名册、履历等材料。工会会员条件,新法未有变动。而工会职员的人数、任期、职务,新法均作了详细规定。关于工会会议,新法规定,工会每年至少应开会员大会或代表会一次,必要时得举行临时会议。大会或代表会议“非有会员或代表过半数之出席不得开会,非有出席

① 秦孝仪主编:《革命文献》第九十六辑,中国国民党中央委员会党史委员会资料,1983年,第3页。

会员或代表过半数之同意不得议决”。关于监督，新法新增“非常时期不得以任何理由宣言罢工”，“章程之变更非经主管官署之认可不生效力”，主管官署可对失职、违令的工会理监事进行处分等条款。关于工会的解散，新增“工会对于解散处分有不服时得于处分决定之日起三十日内提起诉愿”，“工会之合并或分离，以产业职业种类或组织区域之划分有变更时为限，并应得主管官署之许可”等条款。

当然，修正的《工会法》也对时代潮流和社会的要求有所反映，这就是关于市县总工会及联合会等新增条款。国民党在1927年之后是严厉禁止不同产业工人间的联合的。产业总工会和地域总工会等都为国民政府所不许。社会各界虽多有呼吁，相关阶层和团体发起的成立总工会的呈请也有过多起，但均为国民党所驳回。此次修正《工会法》新增了市县总工会及联合会等条款。不过，国民党的限制依然是严厉的，如市县总工会的任务被规定为“促进当地各业联系，提高生产效能，协助政令推行”。成立条件规定为同一区域至少有7个以上工会或会员总数达5000以上时方可。在联合会一章中规定，省联合会的成立要有5个以上工会发起。而全国各产业或职业工会联合会的成立要在社会部或目的事业主管机关认为必要，以及有5省以上工会联合会提议时，才由社会部召集。这样，国民政府随时可以“不必要”为由，拒绝设立联合会的请求。除上述条文外，新法其余条文均与旧法相同。①

以上众多条文的修改表明，新法的最大特点是要确定国民党对工会的严格控制。国民党企图通过控制工会，达到控制工人的目的。因此，经过修订的《工会法》为国民党对工人组织的严加控制提供了合法的依据。在国民党的“帮助”下，各地工会组织进一步发展。1944年底，工会组织达到了3359个。②

① 社会部编：《劳工法规》，1944年印行，第1—9页。

② 秦孝仪主编：《革命文献》第九十六辑，中国国民党中央委员会党史委员会资料，1983年，第4页。

其次,加强人力控制。战时劳力缺乏是普遍现象。1941 年 12 月,国民党五届九中全会通过了《确定当前战时经济基本方针》,要求“指定负责机关,设法招致沦陷区及其他口岸之技术人员与熟练工人,从事后方生产事业”[①]。为了控制战时人力资源,国民党首先进行了人力调查与登记,以明了一般劳动的动态。为此,除委托固定机构进行调查登记外,社会部劳动局还在重庆、成都、贵阳、桂林、衡阳等地设立 15 个流动登记站。在调查登记的基础上,国民党进行人力的控制和调配工作。(一)针对当时工人,尤其是技术员工流动频繁的状况,国民政府先后颁布了《战时全国技术员工管制条例》和《非常时期厂矿工人受雇解雇限制办法》两个法规。前者规定,技术员工的调查、登记、分配、限制、调整、征调、招收、训练等事项,由社会部劳动局统一管理。技术员工待遇应尽力统一。被征调者应限期报到。违者“依妨害国家总动员惩罚暂行条例惩罚之”。后者确定了政府主管机构对工人受雇解雇的控制权。它规定“凡未经核准解雇者,工人不得擅自离职,厂矿不得擅自解雇。厂矿非呈经主管部门登记,不得呈请添雇或招募工人”[②]。按照这两个法规,国民政府进行了技术员工和普通工人的统制工作。到 1944 年 10 月,经调查登记的技术员工有 16189 人,厂矿工人有 134396 人[③]。

(二)推行劳力节约计划,尽量减低一些非生产性行业的劳力,并将其充实到生产性和战时需要的行业中去。如 1942 年 12 月,国民党政府公布了《重庆市人力节制计划》,对重庆市内之车轿夫以及与抗战无关各业从业员工进行取缔,使其转入兵役或参加生产工作。同时对机关公役的使用严加限制。到 1944 年 10

① 秦孝仪主编:《革命文献》第九十七辑,中国国民党中央委员会党史委员会资料,1983 年,第 257 页。

② 社会部编:《劳工法规》,1944 年印行,第 37 页。

③ 秦孝仪主编:《革命文献》第九十六辑,中国国民党中央委员会党史委员会资料,1983 年,第 172—173 页。

月,此项计划先后动员人力为89924人。①

(三)统制职业介绍。战时失业人口众多。对此,国民党在抗战前期进行了一些社会救济工作。抗战后期,国民党根据强制就业的规定,力图把失业人口控制利用起来。1942年11月社会部公布了《私设职业介绍所暂行办法》,规定农会、工会、商会、同业公会或其他合法组织之团体设立的职业介绍所为私设职业介绍所。其任务为接受雇主或求职者的请求并登记,调查人才供求状况,调剂人才供需,指导择业、训练就业并提供服务。私设职业介绍所不得违背政府法令,有欺诈、诱惑或胁迫之行为,必须受主管官署指导监督,汇报业务状况。此类主管官署在中央为社会部,省为社会处或民政厅,直辖市为社会局,在县市为县市之政府。② 1943年9月,社会部又颁布了《各职业介绍机关实施失业人员职业训练办法》,规定职业训练"应根据社会需要及求职人员登记统计,使求才求职两方得适当之配合为原则;训练应同时施行职业指导与职业介绍"③。为统制职业介绍,社会部先后在重庆、贵阳、桂林、衡阳、内江、遵义等地社会服务处内设置职业介绍组,办理求才求职登记及介绍工作。同时,加紧训练工作干部,指导各省市设置职业介绍机关。从1941年起,3年内社会部训练工作人员93人。各省市社会处从1942年开始普遍兼办职业介绍业务。

第三,调节工人劳动工资及消费。国民党宣称,战时调节工人劳动工资及消费的目的是,使战费筹措合理及稳定战时经济,防止通货膨胀。④ 实际上,国民党控制工资的目的是把工资因物价飞涨而随之增加的势头压下去。从1941年开始国民党就试图限制

① 秦孝仪主编:《革命文献》第九十六辑,中国国民党中央委员会党史委员会资料,1983年,第174页。

② 社会部编:《劳工法规》,1944年印行,第65页。

③ 社会部编:《劳工法规》,1944年印行,第37页。

④ 史维焕:《劳动政策与劳工问题》,中央训练团党政高级训练班编印,1943年,第4页。

工资。当年1月15日,国民政府行政院公布了《平定工资办法》,同年12月19日,社会部发出了"关于平定工资"的电报。但是平定工资的实施并不能阻止工资的上涨。为此,国民党加强了限制工资的力度。1942年12月16日,国家总动员会议第26次常会通过了《限制工资实施办法》的决议。该办法规定,战时限制工资的标准,依照当地限制物价的标准随同订定;限制物价地区同时限制工资;同一地区同一性质行业限制工资的标准力求划一;限制的对象包括产业工人、职业工人;限制工作由当地党部、团部、宪警机关、同业公会、社会法团组织工资评议会执行。①

根据国家总动员会议的决议,行政院在1943年核准公布了《战时管制工资办法》,制定了管制工资的具体办法和程序,规定各地一律以1942年11月30日的工资额为标准,实行管制;嗣后工资之调整须"照当地限制物价之标准",由"主管官署决定","雇主不得以其他名义增加类似工资之报酬"。该办法自公布之日起实施,此前颁布的各种平定工资办法同时终止。②

对国民党来说,管制工资工作的成果很大,工资直线上涨的趋势被压制住了。对于工人来说,管制工资严重恶化了他们的生活。1944年10月,重庆、昆明和贵阳三市的产业工人工资指数分别为329.3、311.4、378.8,职业工人工资指数分别为730.6、627.9、448.9。而同期三地物价指数分别是890.89、832.35、1356.00,米价指数分别为790.4、1017.3、3777.8。③ 国民党管住了工资,却制止不了物价的上涨,使工人深受其苦。负责管制工资的社会部自己也承认:"限价开始时,原规定工资应依照物价之上涨随时比例调整","惟本部对于工资始终采低抑政策,非万不得已决不予以变动",故工资的调整"均未依照物价之上涨比例,同倍增加"。结

① 社会部编:《劳工法规》,1944年印行,第33页。

② 社会部编:《劳工法规》,1944年印行,第33页。

③ 秦孝仪主编:《革命文献》第九十六辑,中国国民党中央委员会党史委员会资料,1983年,第173页。

果“无论产业工人或职业工人,其工资收入之上涨均在其维持生活所需支出之下,且为数并非甚小”①。

为了调和工人的不满,国民党在职工福利待遇等方面做了一些补偿。1942 年 1 月,国民政府公布了《职工福利金条例》,规定凡公私营之厂矿或其他企业组织均应提留职工福利金,办理职工福利事业;福利金由各工矿或其他企业组织设置的职工福利委员会负责保管、动用,工会应参加职工福利委员会;福利金专款专用,不得没收,有优先受清偿权。② 同时,国民党也加强了对工人福利事业的督导工作,加强了厂矿检查工作;调查公私厂矿在童工、女工及学徒工作,工人津贴及抚恤、灾变死亡伤害及安全卫生设备等事项的执行情况,督促厂矿改进劳工生活。

但是,国民党的种种措施并不能与事有补。因此,抗战末期,国民党统治区工人开始冲破国民党的种种控制,开展大规模的斗争。仅重庆一市,1944 年的罢工和劳资争议就达 300 多起。1945 年 2 月,重庆更爆发了以工人为主体的,有 20 多万人参加的“胡世合”运动。抗战胜利前的 3 个月,重庆发生的规模较大的斗争就有 27 起。除重庆以外,西安、昆明、成都、贵阳等地工人也开展了各种形式的反抗斗争。这些斗争是对国民党战时劳动政策总结,表明其战时劳动调节工作完全是失败的。国民党在一切社会改良办法不能奏效之后,对雇佣劳动问题诉诸了高压手段。

第二节　近代国家调节的综合分析

一、近代政府调节劳动问题的基本趋向

从近代中国政府调节雇佣关系问题的整个过程来看,政府干预的基本趋势是,由完全站在资方一边镇压雇佣劳动者的反抗,逐

① 齐武:《抗日战争时期中国工人运动史稿》,人民出版社,1986 年版,第 222 页。

② 社会部编:《劳工法规》,1944 年印行,第 60 页。

渐转向采取改良措施,一定程度保护雇佣劳动者的利益,缓和主雇矛盾,稳定社会秩序。体现这种趋向的最重要的指标是对工人集会结社和罢工斗争的态度。在近代社会,结社、集会是资产阶级宣扬的基本人权。劳工的结社、集会不仅为法律条文所规定的,也确实存在于现实生活之中。确认雇佣劳动者的结社、集会权,使得雇佣劳动者与其他社会阶层一道,得享社会进步的实际成果。罢工斗争是劳工自卫的武器。承认了这一点,既是对民众力量的确认,也赋予了民众抗暴斗争以合法性。与封建社会禁止一切集会结社和反抗相比,这是近代中国社会转型的标志之一。

当然,这种趋向并非一开始就获得确认,而是在整个近代历史发展过程中,在各种因素综合作用下逐步表现出来的。在这个过程中,清政府是完全采取高压政策的。北洋政府虽有调和社会矛盾的表示,但是压制劳工是其政策主线。一定程度保护雇佣劳动者利益的是国民党政权。

晚清政府出台的调节雇佣劳动问题的措施并不多,但是其基本态度是明确的,即奉行镇压和取缔政策。民国元年由北洋政府颁行的《暂行新刑律》是根据民国大总统令援用的前清法令。该法令在清光绪三十三年奏准,宣统二年十二月公布,严厉禁止工人的集会与罢工。终清一代,这种政策并未改变。

北洋政府是军阀政权,但顶着民国的旗号,因此,一定的民主权利为国法所确认。《中华民国临时约法》第二章第六条明确规定,中华民国人民"有言论、著作、刊行及集会、结社之自由"①。一些地方议会,如四川省议会在1913年制定了工会法。因此,民国建立后,在资产阶级及小资产阶级知识分子的帮助下,工人组织逐渐发展起来。

工人组织的发展为军阀政权所忌。民国之初,北洋政府就竭

① 翦伯赞、郑天挺主编:《中国通史参考资料·近代部分》(下),中华书局,1985年版,第407页。

力加以阻挠。如1912年7月,上海江南制造局工人准备参加“制造工人同盟会”。当局风闻后,沪军都督发出通告,诬蔑“制造工人同盟会”为“勾引党徒,煽惑人心”之组织,主张从法律上对此“加以限制而严加禁止”;并命令制造局总办查明情况,对工人入会“严加禁止,设法解散”[①]。再如,1912年11月,北洋政府财政部印刷局职工拟组织全局职工联合会。财政部得知消息后,连电印刷局总办陈恩焘,严令其派军警禁止工人集会,“将联合大会名目即行取消,并将为首鼓动工人”,“交警拘留”;“工匠等有聚众反抗情事,即行一律解散”[②]。对中华民国工党,北洋政府也竭力封杀。该党请求立案时,北洋政府以其申请书“诸多不合”为由,不予同意。1913年,该党领袖徐企文被杀,其组织无形中停顿下来。

在镇压了“二次革命”之后,北洋军阀政府更是明令禁止工人集会和结社。1914年公布的《治安警察法》和《治安警察条例》就规定“最高当局为维持社会秩序与安宁……决定采用警察力量,制止一切工人之结会与行动”[③]。不服从《治安警察法》而举行同盟罢工者,处“五个月以下或五十元以下之罚金”[④]。同年12月14日颁布的《商会法》第四十四条又规定,本法施行前各工会应即裁撤,与商会合组。按照这些法律规定,工人的集会结社和罢工斗争均为非法行为。各地军阀均以之为依据血腥镇压工人的反抗,驱散工人集会结社。如1913年汉阳兵工厂工人因反对厂方以跌价的纸币支付工资,只罢工数小时,罢工领袖就被黎云洪处以死刑。“五四”运动之后,军阀对工人集会结社、罢工斗争的取缔更严。1920年,上海工人第一次集会庆祝“五一”国际劳动节。5月1日那天,原定在公共体育场举行有5000人参加的纪念大会,由于军

① 汪敬虞:《中国近代工业史资料(1895—1915)》第二辑(下册),科学出版社,1957年版,第1278页。

② 《中华民国史档案资料汇编》第三辑,江苏古籍出版社,1991年版,第1—2页。

③ 彭明:《五四运动史》,人民出版社,1984年版,第92页。

④ 唐海:《中国劳动问题》,光华书局,1927年版,第361页。

警的阻挠，工人不能进入会场，以至大会被迫两次改变集会地点。最后，原本隆重的纪念会是在靶子场后面的一块荒地上开的，参加者也只有几百人。1922 年 10 月，开滦工人举行罢工。罢工一发动，英帝国主义者就调动军队前往镇压。直系军阀也派出保安队和警察前往配合。结果，工人纠察队和工会被解散，工人领袖被逮捕，工人被打死数人，被打伤 50 多人。在 1923 年的京汉铁路工人罢工中，军阀对工人的镇压更是残暴。被屠杀的工人有 40 余名，被关押者有百余人，另有 500 多人被打伤。

京汉铁路工人罢工后，民国国会两院议员通过决议案，要求政府遵守临时约法给予工人以集会结社权，释放被捕工人。尽管如此，北洋政府的劳动政策丝毫未变。黎元洪发布命令，一方面要求内务、交通两部查明原委，另一方面又指责京汉铁路工人，称："罢工为刑律所不容，何得遂以罢工为要挟"①。终北洋政府统治之期，限制工人集会、结社的《暂行新刑律》和《治安警察法》，均未被废除。

至于《暂行工厂通则》也只是部令，没有经过国会讨论，并非国家法律。北洋政府制定劳动法规只是为了应付国际国内舆论而已。北洋政府统治后期，奉系军阀在北方恢复了对中国工人运动的镇压。而劳动立法在《暂行工厂通则》之后，一直到北洋政府统治被推翻，再也没有被提起。

国民党政权是近代唯一承认劳动者权益的政府。但这种承认只是部分程度，带有相当多的限制，也并非一以贯之。以 1927 年为界，国民党政权的性质并不一致，因而其劳动政策有很大差异。

1927 年以前的国民政府是民族资产阶级、无产阶级、农民及小资产阶级联合的统一战线性质的革命政权。广东国民政府和武汉国民政府都是这样的政权。这个政权奉行的基本劳动政策是扶助劳工。这一政策是国民党第一、第二次全国代表大会确定的。

① 陈达：《中国劳工问题》，上海书店，1992 年版，第 544 页。

1924 年国民党第一次全国代表大会发表的宣言指出，为推进国民革命的发展，国民党“当对于农夫工人之运动，以全力助其开展，辅助其经济组织，使日趋于发达”；“工人之失业者，国家当为之谋救济之道”；国民党在宣言中阐述的对内政策明确主张：“制定劳工法，改良劳动者之生活状况，保障劳工团体，并扶助其发展”[①]。1926 年国民党“二大”通过的《关于工人运动决议案》强调，国民党“对于各种工人运动均须切实努力参加之”。对于改良劳工状况，《决议案》提出了 11 条基本原则，即“制定劳动法，主张八小时工作制，禁止十小时以上的工作；最低工资之制定；保护童工、女工，禁止十四以下之儿童作工，请颁定学徒制，女工在生育期内应休息六十日，并照给工资；改良工场卫生，设置劳动保险；在法律上工人有集会、结社、言论、出版、罢工之绝对自由；主张不以资产及知识为限制之普通选举；厉行工人教育；补助工人文化机关之设置；切实赞助工人生产的消费的合作事业；取消包工制；例假休息照给工资”[②]。1926 年 10 月，在大革命的高潮时期，国民党第二届中央执委会联席会议通过的《本党最近政纲决议案》又重申了这些原则。[③]

扶助农工的政策直接促成了南方国民革命运动的高涨。但是，大革命后期，国民党对农工运动的态度有了明显变化。1926 年 12 月，国民党中央政治会议临时会议议决“关于工人纠纷问题”和“关于拥护革命利益保障公共生活安全”两个决议案，规定不许工会擅自拘人；厉行禁止持械游行；工人不得擅自封锁工厂、封闭商店，不得向工厂及商店强取一切什物；军用品制造业、金融业、交

① 荣孟源：《中国国民党历次代表大会及中央全会资料》（上），光明日报出版社，1985 年版，第 22 页。

② 荣孟源：《中国国民党历次代表大会及中央全会资料》（上），光明日报出版社，1985 年版，第 128 页。

③ 荣孟源：《中国国民党历次代表大会及中央全会资料》（上），光明日报出版社，1985 年版，第 287—288 页。

通业及与公共生活有直接关系之事业,“发生工人纠纷时,仲裁委员会之判决,绝对有效,由政府强制执行”①。这些规定表明国民党开始加强了对工农运动的限制,标志着国民党激进劳动政策的结束。

国民政府逐步限制劳动运动一方面有其现实的需要,因为大革命后期,工农运动确实存在许多过“左”过火的行动,激化了社会矛盾。国民政府为巩固其统治,不能不对工农运动有所约束,以符合其需要;另一方面,这也与国民党理论界对劳动问题的认识有关。“五四”运动以后,国民党人对劳动问题的关注比较多。他们认识到工人直接参加社会政治运动已不可避免,同时又对工人斗争的结果十分害怕。当时,戴季陶的有关阐述在国民党内具有相当的代表性。他认为:“这许多无组织、无教育、无训练,又没有准备的罢工,不但是一个极大的危险,而且与工人本身也是不利的。”“如果有知识、有学问的人,不来研究这个问题,就思想上、知识上来领导他们,将来渐渐的趋向到不合理、不合时的一方面去,实在是很危险的。”他还特别担心“那些做煽动工夫的人,就拿一知半解、系统不清的社会共产主义,传布在无知识的兵士中和工人里面”。因此,他竭力主张“用温和的社会思想来指导社会上的多数人”。戴季陶的这种观点得到了孙中山的肯定。② 孙中山在确定扶助农工的政策时也认为,劳动问题的发展足以影响社会,需要把它限制在合法的范围内。1924 年 11 月,孙中山在广东总工会欢送会上发表演说,进一步阐明了这种观点。他说:“本党民生主义,非着各工团以罢工为要挟能事,系欲劳资互助,农工合作,从事于谋联络一致……至于实业未能发展之际,纷纷要求加工资,实为自杀之道。”③这种理论认识表明国民党的劳动政策实质上是一种改良的政策,其本身就存在着右转的可能性。他与共产党的劳动政

① 《邓中夏文集》,人民出版社,1983 年版,第 361—362 页。

② 《孙中山全集》第五卷,中华书局,1985 年版,第 124 页。

③ 陈旭麓、郝盛潮:《孙中山集外集》,上海人民出版社,1990 年版,第 115 页。

策有共同之处,但还是有本质区别的。大革命时期国民党所颁布的许多劳动政策是在国共合作的背景下出现的,具有特殊性。当工农运动的发展逸出国民党劳动政策的允许范围,其劳动政策右转是必然的。因此,大革命后期,国民党对工农运动的镇压不单纯是右派所为,在其党内还是有相当基础的。

1927 年 4 月,蒋介石叛变革命,在南京建立了国民政府,代表着大地主大资产阶级利益。南京政府建立后,国民党背叛了孙中山的扶助农工的劳动政策,开始镇压工农的反抗斗争。1928 年 2 月,国民党二届四中全会召开。这次会议恢复了反动的《暂行新刑律》,重新确立了取缔民众运动的法律依据。1928 年 3 月,国民政府又公布了《暂行反革命治罪法》,规定"凡以反革命为目的的组织团体或集会者,其执行重要事务者,处二等至四等有期徒刑并解散其团体或集会。仅止加入团体或集会者,处五等有期徒刑或拘役"①。

为加强对民众运动的控制,国民党着手整理全国工人组织。1928 年 7 月 9 日,国民党中央执委会第 154 次常务会议,通过了《工会组织暂行条例》,规定:"凡年在十六岁以上,同一产业或职业之体力脑力男女劳动者,集合在四十五人以上者,得组织工会";工会的组织系统是全国总工会,省特别市总工会,县市总工会,各业工会,各区厂工会及小组。对于工会的工作,《暂行条例》确定各厂工会或区会以上得组织各项合作社、职业介绍所等;县总工会以上以筹划合作事业与工人教育为主要任务。② 根据这些规定,各地国民党机关在全国各重要城市成立"工会整理委员会",以解散为主,兼以改组、强令向主管机关注册等办法处理旧有工人团体,解散了大革命时期成立的各种民众团体。据南京政府工商部

① 彭明:《中国现代史资料选辑》第三册,中国人民大学出版社,1988 年版,第 27 页。

② 谢振民:《中华民国立法史》(下),中国政法大学出版社,2000 年版,第 1079 页。

调查,广东省在清党后解散的工会计有200所,广西亦有15所,湖北及武汉市解散了146所工会,涉及工人会员506515人。[①] 由于国民党的严厉控制,中国工人组织日趋减少。据调查,1928年12月间,全国工会共计1117个,会员1773998人。与1927年5月泛太平洋劳动大会的统计相较,工会会员减少了一半以上。[②] 中国工人组织的发展度过了最高潮,走向了衰落。在解散工人组织的同时,各地国民党政权明令禁止工人的各种斗争。如1928年7月国民党广州政治分会公布的《广东铁路员工服务条例》,明确禁止铁路员工组织团体或工会;规定一切纠纷,均应"静候解决,不准有藉端生事,罢工怠工,或同等之举动,倘敢故违,则认为扰乱治安,危害国本,该主动或煽动者及工会领袖,应完全负责,并受军法处分"[③]。

南京国民政府初期的劳动政策明明是一种屠杀政策。这是针对大革命的反动,有着特殊的历史背景,其明显偏向资方也与原所主张的调和矛盾的社会政策相左。因此,在完成了"二次北伐",统一全国政权后,国民党对其劳动政策进行了调整,中心目标是确立社会改良政策。1928年10月17日,国民党中央委员会发布《告诫全国工会工人书》。在此文中,国民党一方面危言耸听,称工人的斗争结果"唯有使目前一切皆陷于厄境,未来之福利无可期盼。甚至中国民族之子孙,亦遭绝灭";另一方面谴责工人要求改善生活的合理要求,说"举目一衡全国大多数人之苦况,工人之生活,其贫苦不如农民,其牺牲不如士兵,其凄惨不如一般失业之众庶。以一般社会之情形如此,工人岂尚不满于日有定业夜有定所

① 北平社会调查所编:《第二次中国劳动年鉴·第二编劳动运动》,大北印书局,1932年版,第13页。

② 北平社会调查所编:《第二次中国劳动年鉴·第二编劳动运动》,大北印书局,1932年版,第15页。

③ 北平社会调查所编:《第二次中国劳动年鉴·第三编劳动法令》,大北印书局,1932年版,第222页。

之生活,反欲向全国大多数穷苦达于极点之同胞,以求增益乎";诬蔑工人的合理要求是"一阶级生而全国大多数之同胞死,一阶级存而全中国民族之生机绝"。《告诫书》宣称,"我国民今后救国自救之道,只有全国上下共同努力于'增加生产'四字,乃为根本之图";提出"欲增加生产,国家则宜……保护实业,鼓励储蓄,制定劳动法"。《告诫书》特别明定,铁道、邮政、电机及其他交通事业,国营产业的工人,"万不可自等于寻常自私自利之辈,听人诱惑,以蹈怠工罢工之歧路";"不得以对付个人资本主义之手段与方法对待"公用事业。[①]

对于民众运动和工人组织,1929 年 3 月召开的国民党"三大",在《党务报告决议案》中规定了几项原则,即:"民众运动,必须以人民在社会生存上之需要为出发点,而造成其为有组织人民";"全国农工已得有相当之组织者,今后必须由本党协助之,使增进其智识与技能,提高其社会道德之标准,促进其生产力与生产额,而达到改善人民生计之目的"[②]。根据国民党"三大"的决议,1929 年 6 月,国民党三届二中全会通过并公布了《人民团体组织方案》,把民众团体分为职业团体和社会团体两种,规定各团体"不得有违反三民主义之言论及行为;接受中国国民党之指挥;除例会外,各项会议须得当地高级党部及主管官署之许可,方可召集"[③]。1931 年 5 月,国民会议召开。该会议制定的《中华民国训政时期约法》由国民政府在同年 6 月公布。这个约法比较全面地规定了南京国民政府所执行的劳动政策。《训政时期约法》第十四条规定,"人民有结社集会之自由,非依法律不得停止或限制

① 北平社会调查所编:《第二次中国劳动年鉴·第二编劳动运动》,大北印书局,1932 年版,第 4—6 页。

② 北平社会调查所编:《第二次中国劳动年鉴·第二编劳动运动》,大北印书局,1932 年版,第 6 页。

③ 北平社会调查所编:《第二次中国劳动年鉴·第三编劳动法令》,大北印书局,1932 年版,第 40 页。

之”。第二十条规定:“人民有请愿之权”①。第三十九至第四十二条规定:“人民为改良经济生活及促进劳资互助,得依法组织职业团体”;“劳资双方应本协调互利原则发展生产事业”;“为改良劳工生活状况,国家应实施保护劳工法规。妇女儿童从事劳动者,应按其年龄及身体状态,施以特别之保护”;“为预防及救济因伤病废劳而不能劳动之农民工人等,国家应施行劳动保险制度”②。上述这些规定表明,国民党对民众运动依然采取限制政策,而对一般的雇佣关系问题则取社会改良政策。南京政府在维护大地主大资产阶级利益的同时,也推行一些缓和劳资矛盾,一定程度上保护工人利益,维持社会稳定的措施。至此,从国民党二届四中全会开始的劳动政策调整完成了。这个劳动政策通过国民党制定的劳动立法而具体化。在十年内战时期,国民党制定的劳工法包括工会组织,劳资关系、厂矿检查、最低工资及储蓄、劳工教育、职业介绍、侨工及国际公约等八大类,提供了较为完整的调节雇佣劳动问题的法律依据。

1937 年 7 月,抗日战争爆发。战时一切工作的中心是夺取战争的胜利。近代化战争的胜负取决于双方国力的高低。决定国力高低的主要因素是近代工业。抗战时期,中国是个半殖民地半封建社会,工业经济落后,所以要取得战争的胜利,必须要充分发动民众力量。调节雇佣劳动问题是调动产业工人积极性的重要方面。因此,抗战爆发之初,国民党就根据战争的需要拟具了战时民众动员和经济动员的指导方针,着手调整其劳动政策,一定程度上开放民众运动。在战时劳动组织问题上,国家总动员设计委员会在 1937 年 8 月制定的《战时民众团体工作指导纲要草案》规定,战时民众动员“以坚强三民主义之信念,启发民族意识,国家观念,增

① 彭明:《中国现代史资料选辑》第三册,中国人民大学出版社,1988 年版,第 70 页。

② 彭明:《中国现代史资料选辑》第三册,中国人民大学出版社,1988 年版,第 72 页。

进民力,充实国力”[1]为指针,指导民众团体完成各自的任务。对于工人团体着重在“使其消弭劳资争议,保护生产机关,刺探敌情,补助通讯,安辑流亡,协助运输消防,贡献熟练技术,修理道路、桥梁、电线及其他军用工具,并服务纠察、防止间谍及汉奸之活动等”[2]。1938年10月,国民党公布的《战时民众动员指导纲领》进一步确定,战时民众动员,“以实现全民有力出力有钱出钱”为正确原则;规定“工会之主要任务,厥在增进工人之科学技术与工作效能,使工厂之为敌损坏者,早日恢复;工厂如能继续开工者,增进其生产”[3]。

为增加战时生产,国民党对劳资矛盾的处理制定了新的政策。国民政府军事委员会根据总动员计划拟订了《绝对禁止各工厂之怠工罢工及技术人员不合理之要求实施办法》,规定“暂停劳资纠纷调解法令的执行”,战时任何劳资纠纷,“概由当地党政军机关迅速会同审查,予以强制仲裁,于仲裁进行时,并不得罢工、怠工”。仲裁机关由党政军机关各派代表一人组成,也可让商会或同业公会及工会各出代表一人列席参加。对劳方不服仲裁,仍然罢工怠工者,“由当地军政机关立即暂将该厂封闭,所有肇事工人或技术人员于必要时依照戒严法令处分”,因资方不服仲裁而致罢工或怠工者,“由当地军政机关立即暂将全部工厂接受,设法立即继续开工,并将该厂负责人及纠纷造成之起因人员拘送军法处惩办”[4]。1938年10月国民党政府公布的《非常时期农矿工商管理条例》又明文规定:“各企业之员工不得罢市罢工或怠工”,如违反上项规

① 《中华民国史档案资料汇编》第五辑第二编,江苏古籍出版社,1991年版,第2页。

② 《中华民国史档案资料汇编》第五辑第二编,江苏古籍出版社,1991年版,第3页。

③ 《中华民国史档案资料汇编》第五辑第二编,江苏古籍出版社,1991年版,第15页。

④ 《国民党政府政治制度档案史料选编》(下),安徽教育出版社,1994年版,第683页。

定就要“处 7 年以下有期徒刑并 1000 元以下之罚金”①。

在取缔罢工怠工的同时，国民党也力图将罢工怠工行为消弭于无形。抗战之初，国民政府实业部提出了防止工潮发生的具体办法，并得到了行政院的批准。该办法抓住劳动问题的几个基本方面，提出各省市政府“应努力推行劳动契约法、最低工资法及工厂法，以政府力量随时予以指导督促”；各地主管部门应“随时调整劳工之生活物价”，“尽量推行劳工教育，训练工人技能，以增进工人之知识，提高工作之效率，期能增加工厂产量，改善劳工待遇”②。同时，各工厂应在可能的情况下公布营业状况，增进工人对厂情的了解，培养工人与工厂共存共荣的精神。

总的来讲，抗战初期，国民党所确定的劳动政策是比较适中的。因而，抗战初期，劳动纠纷比较正常，同时工人组织发展很快，工人抗日热情高涨。在战地，工人积极投入战地服务工作。上海、天津、青岛、武汉、香港等地在日本工厂和商店中做工的数万工人，相率罢工。各地工人的抗日救亡团体也纷纷建立。在淞沪抗战的 3 个月内，上海成立了各种职工抗日团体有 40 多个。在华北地区，陇海、京汉、津浦、同蒲、正太、平绥等主要铁路线，都成立了工人抗日读书会、职工同学会、工友联谊会和工人补习学校等团体。一些著名矿区如开滦、阳泉、井陉等也都先后成立了员工俱乐部、工友互助会等群众组织。华北更有数万工人组织了武装，直接打击侵略者。

抗战进入相持阶段后，由于国民党消极抗战，社会各方面对其批评日益增多，要求国民党废除一党专政，建立民主政治的呼声也日益高涨。同时，由于战争的巨大消耗和大片国土的沦丧，战时经济的困难日益严重。在这种情况下，为巩固统治，国民党的政策逐渐右转。1939 年国民党军委会政治部发出指示，要求各地对工会

① 孙茂生、王建初：《中国工人运动史》，辽宁人民出版社，1987 年版，第 220 页。

② 《中华民国史档案资料汇编》第五辑第二编，江苏古籍出版社，1991 年版，第 18 页。

等战时民众团体加以整理，“须严格管理体制，并支配其工作”。各团体的行动“必须取得管理机关之命令，按命令中所赋予之使命活动”①。1940年6月，国民政府公布了《非常时期人民团体组织纲领》，规定人民团体“应以适合战时需要为前提，每一团体均应尽其战时义务，对于政府所定动员办法、国防及生产计划等，应努力促其实现”；“除受中国国民党之指导、政府主管机关监督外，关于抗战动员工作，并受军事机关之指挥”，各种人民团体“依法许其有纵的组织者，其组织应由下而上。职业团体之会员入会，及下级团体加入上级团体，均以强制为原则，退会应有限制”②。同年8月，国民党中央又依据这个组织纲领，制定了《非常时期职业团体会员强制入会与限制退会办法》，规定工会等法定会员资格的从业人员或团体，均应加入当地业经依法设立的各该团体为会员，非因废业或迁出团体组织区域、或受永久停业处分者，不得退会。“对未加入者应限期加入，拒不执行者应受处分”③。

1940年10月，国民党政府颁布了《非常时期取缔集会演说办法令》，开始加强对群众集会的限制，规定对任何违反政府规定者，“当地警察机关得停止或解散之”④。1942年5月，国民党实施《国家总动员法》，授权政府机关在必要时“对从业者之就职、退职、受雇及其薪俸、工资加以限制或调整”；可以“命令预防或解决劳工纠纷，并得对于封锁工厂、罢工、怠工及其他足以妨碍生产之行为，

① 《中华民国史档案资料汇编》第五辑第二编，江苏古籍出版社，1991年版，第8页。

② 《中华民国史档案资料汇编》第五辑第二编，江苏古籍出版社，1991年版，第430页。

③ 《革命文献》第九十七辑，中国国民党中央委员会党史委员会资料，1988年版，第278页。

④ 《中华民国史档案资料汇编》第五辑第二编，江苏古籍出版社，1991年版，第13页。

严行禁止”①。为适应《国家总动员法》的要求,1942 年 11 月,国民党召开了五届十中全会,通过了蒋介石提出的《推行战时生活要项》,规定“强化守时习惯,实行工作强迫制(使无业者就业工作),推行业余服务二小时”以达到“增加工作,养成劳动习惯”的目的②。在五届十中全会上,谷正纲、孙科等人提出增订劳工政策纲领的建议。在他们的提案中,劳动政策被规定为健全劳工组织、提高劳工地位,改善劳工生活,调节劳工分配,促进劳资合作,增进生产效能,适应国防需要,加强国际劳工合作③。

国民党的这种劳动政策从文字上看并没有什么不好之处,然而从其战时实施的原则来看,国民党的目的就很明显了。按其战时实施原则的规定,工人要一律加入工会,而工会领导由主管官署派任;一般工会及特种工会均不得罢工;工人工资由政府限制或调整;工时由主管机关根据工业性质、地方情况及战时需要规定;其他有关劳工保险、劳工福利等均由政府酌情办理。这些原则成为国民党调节劳动问题的实际指针。因而,抗战后期,国民党调节雇佣劳动问题的实质是加强国民党对整个社会的控制力。国民党的这种企图是披着动员各种力量、继续抗战的合法外衣进行的。因此,国民党对劳动问题的调节是以抗战为名,行巩固独裁统治之实。

抗战后期,由于生活困难,罢工、怠工等雇佣劳动冲突频频发生,形成工潮。国民党认为:“工潮的发生不全由于生活问题,而另有其他复杂原因”,共产党的煽动是根源。因此,国民党对一般工人的斗争开始诉诸武力。1945 年 12 月,国民党重庆卫戍总司令

① 《国民党政府政治制度档案史料选编》(下),安徽教育出版社,1994 年版,第 723 页。

② 《中华民国重要史料初编——对日抗战时期》第四编,中国国民党中央委员会党史委员会资料,1988 年版,第 271 页。

③ 秦孝仪主编:《革命文献》第九十六辑,中国国民党中央委员会党史委员会资料,1983 年版,第 230 页。

部要求军、警、宪各方“严密防范”工人,并作了“制压工潮”的军事部署,除警察、宪兵外,还准备动用军队“作最后增援”①。以军队对付工人,说明国民党原有的调节劳动冲突的行政机构已经不能发挥作用。而这一套行政机构是国民党执行社会改良政策的工具。它的被抛掷一边,标志国民党已对用社会改良方法调节雇佣劳动冲突失去了耐心。由于国民党的武力镇压,抗战后期大后方工人要求改善劳动状况的斗争很少有成功的。到了解放战争时期,由于国民党发动违逆民心的内战,导致经济凋敝,民众失业,人民反抗斗争日益扩大。国民党不惜动用军警血腥镇压,彻底抛弃了其所标榜的社会改良的劳动政策。

除了一定程度承认雇佣劳动者集会结社和罢工权力外,劳工法规的许多具体规定也是有利于劳动者的。如确认了雇佣劳动者的团体缔约权,改变了劳工的弱势地位,建立了维护劳工利益的有效屏障。规定劳工工作休息时间,限制过度劳动,确认基本劳动保护和劳工福利等。这些规定保护了雇佣劳动者众多的具体利益。

二、近代政府调节的总体效果

近代政府对劳动问题的干预并没有取得当权者所希望的结果。劳动问题涉及的双方均对政府的行为表示不满。从雇佣劳动者方面来看,国民党虽然颁布了种种劳动法规,但是劳工从中得到的实际效果却极差。正如当时的有关专家指出的那样,“劳动法令的完成,诚然可以说是国民政府在劳动方面最大的成绩。这样急进的立法,在远东,尤其在一切落后的中国,是破天荒的。但他的实施,似乎现已无望。因为政府至今还没有实施的一切准备。所谓中国劳工法令,只是一些废字纸罢了。”“国民党的当政,似乎对于中国劳工,未发生什么积极的影响”。② 因此,劳动者对政府行为有种种批评是理所当然的。

① 齐武:《抗日战争时期中国工人运动史稿》,人民出版社,1986 年版,第 320 页。
② 《第二次中国劳动年鉴·序言》,大北印书局,1932 年版。

比如 1929 年由国民党制定的各项工会法原则体现了其奉行的社会改良政策。按其规定,不仅政治斗争和民众运动被排除在工会的任务之外,而且由于严禁产业工人的政治联合,只准许工人按产业或职业组成工会,不允许工人跨产业组成工会联合会,就从组织上削弱了工会的战斗力和在民众运动中地位。关于工人入会及退会的规定,也不能保持工会队伍的稳固和团结。因此,《工会法原则》遭到社会上的普遍批评。

上海二百多工会组织联合提出批评意见。他们指出,按原则第七条的规定,资本家将很容易地挫败工会发动的任何斗争。其实行的结果,必将"使已组织之工会濒于瓦解,未组织之工会窒于进行,欲谋发展工人运动,健全劳动组织,其乌乎可"。批评者进而提出"工会组织对有违反纪律,蓄意破坏之分子,应得予以相当之惩戒以资防止,在工会法原则中,殊有纳入此意之必要"。对原则十四条,批评者认为工会"首重统一意旨,互通声气,否则行动不一,各自为政,殊不足以表现其民众团结之力量",因而主张"市县总工会,实为不可少之必要组织"。对于禁止职员工会一条,批评者指出,此规定"似有背劳动原理"①。社会的这些批评意见,并没有为国民党立法者所接受。

对国民政府颁布的《工会法》,各方批评意见也不少,对取缔职工会的批评尤多。北平市总工会在 1929 年底曾呈文国民政府,很尖锐地指出《工会法》各条所载已把工人之自由权利剥夺殆尽。"工人有结社、集会、言论、出版、罢工之绝对自由权,乃中国国民党所特许者。因而工人始敢要求解放。今所颁工会法,对于厂方极端袒护,而对于工人则层层束缚,动辄得咎。本党第一次全国代表大会宣言,为农工而奋斗,今则适得其反耳。"②依照《工会法》的规

① 《第二次中国劳动年鉴·第二编劳动运动》,大北印书局,1932 年版,第 148 页。

② 《第二次中国劳动年鉴·第二编劳动运动》,大北印书局,1932 年版,第 149 页。

定,邮务工会的组成分子,仅限于信差以下之邮工,原有工会之基础,根本动摇。全国邮务总工会筹备委员会率领各地邮务工会一致宣言,拥护原有组织,反对依法改组。邮务总工会筹备委员会还拟具特种工会法草案,屡次呈请国民党中央予以批准实行。上海市各职工会自得知国民党有取消店员工会,归并加入同业公会消息后,由各工会公推代表在1930年10月进京请愿,获得了暂缓取消的答复。国民党三届四中全会开会时,全市各职工会又推举代表赴南京请愿,要求确定职工永久组织,颁布职工会单行法,主张在单行法未公布前,暂适用工会法。为扩大声势,上海职工会组织还通电全国各地职工会,呼吁于1930年11月10日同时派出代表齐集南京,向国民党中央请愿。

对于各地的批评和要求,国民党发布了一些解释,重申《工会法》的有关规定。如对上海职工会的呈请,国民政府工商部批复说:"据工商同业公会法施行细则第九第十两条规定,店员亦有参加工商同业工会之机会,无另设店员职工会之必要。店员之于店东,即偶有纠纷,亦可援用民法之规定,以求解决。"①对于限制交通及公用事业组织工会与1924年《工会条例》及1928年《工会组织暂行条例》不符的问题,国民党中央政治会议发布解释称:"国民党职责,在按照各时期之时间性,与事实上之需要而为党义之表现。""服务于国家机关之职员,或从事教育事业人员,非基于雇佣契约而提供劳力,乃基于行政权作用之委员或聘任,而效力于国家。其地位其性质,亦与一般工人有别,故有相当之限制。"②

国民党的种种法令解释,实质上是要维持已经颁布的法令不变,因而,并不能弥平各方的反对。"九一八"事变后,抗日救亡运动兴起,要求修改《工会法》的呼声更加高涨。上海全市工人代表

① 《第二次中国劳动年鉴·第三编劳动法令》,大北印书局,1932年版,第212页。

② 《第二次中国劳动年鉴·第三编劳动法令》,大北印书局,1932年版,第213页。

大会向国民党四届一中全会提出要求:“提高工人地位,保障工人团体;取消现行工会法及一切劳动法规,根据民国十年总理手订之工会组织条例,另订切实维护工人团体之工会法及劳动法规,并由工人正式推派代表出席,参予意见;工人团体有纵横之组织,并扶助其成立;工人不得以知识职业或服务机关而加以区别或歧视,应一律有组织工会之权利;承认工人有绝对罢工自由权;扶助无组织之工人组织工会”①等。同时,各地要求准许设立职工会的活动再起高潮。上海各职工会代表在1933年4月又赴南京请愿。上海总工会在同年5月致电南京政府,声援要求准许设立职工会的请愿活动。上海总工会在电文中指出:“职工系同一受雇于人,操其劳力,以谋生存……强其加入同业公会,性质既截然不同,事实尤不可能……衡情酌理,均应允许有职工会组织。”②对于各地的要求,国民党不予理睬,拒不修改《工会法》。各地工人虽然在事实上冲破国民党在法律上的限制,组织了许多职工会和总工会,使工人组织在事实上获得了发展,但是由于没有得到国民党政府的法律许可,因而,当局可以随时予以取缔。

劳动问题涉及双方对政府行为的不满在《工厂法》的颁行上得到突出的体现。该法颁行后,劳资双方均对此发表了意见,要求修改。劳方的意见以由上海商务印书馆工会及职工会、英美烟工会、南洋烟草工会、邮务工会、报界工会,华商电气工会等拟定,经上海市各工会代表大会通过的修正意见为代表。其主要意见有(1)工厂法应适用于“平时雇佣工人二十人以上工厂。无论月工包工,一律享受本法规定之权利”。国境内外资工厂亦包括在内。(2)“凡在工厂服务满一年者,无论自辞或被辞,均应由厂方给与退俸金。”(3)“成年人每日工作以八小时为原则,有特别情形时,

① 沈云龙主编:《近代中国史料丛刊三编:民国二十一年中国劳动年鉴·第二编劳动运动》,台北文海出版社,1992年版,第84页。

② 沈云龙主编:《近代中国史料丛刊三编:民国二十一年中国劳动年鉴·第二编劳动运动》,台北文海出版社,1992年版,第62页。

得减至六小时，延长至九小时。童工每日工作时间，至多不得超过六小时，女工在午后八时至翌晨七时之时间内，童工在午后五时至翌晨七时之时间内，均不准工作。延长工作之时间，成年男工每日不得过三小时，每月不得过三十六小时，成年女工每日不得过二小时，每月不得过二十小时，童工不得延长工作。”(4)其他事项，如幼年工的教育，工人伤残的津贴，抚恤金额均要求提高。[①] 观劳方的上述要求可知，劳方对《工厂法》的主要意见是，认为国民政府对工人保护的力度严重不足。其所提出的要求不仅代表了工人的愿望，有些要求如在华外厂适用工厂法问题，则指出了国民政府立法上的漏洞。

同样，雇主对政府的行为也并非满意。比如对《工厂法》，资方一般认为，《工厂法》所作的种种规定不适合中国产业落后的状况。资方的修改意见集中起来就是：工人待遇应该从现行规定标准调低，各种保护劳工条款要暂缓实行。如在工作时间上，上海中华工业总联合会，提出成人“每日实在工作时间以十小时为原则，如事实上有变更之必要者，至多不得过十二小时，至少不得低于八小时。”[②]对工厂会议，资方的批评意见也颇多。上海中华工业总联合会主张“工厂得工人多数之同意”得组织工厂会议，代表人数定为3~9人，“厂方无从推举多数代表者，得减少双方代表人数”[③]。江浙皖丝厂茧业总公所主张工厂会议各条缓行或删去。他们认为置劳资双方于同等之地位，是侵害工厂管理权。法定工厂会议取协定方式，完全是“使厂方失其财产权上之法益”[④]的违

① 《第二次中国劳动年鉴·第二编劳动运动》，大北印书局，1932年版，第152页。

② 谢振民：《中华民国立法史》(下)，中国政法大学出版社，1991年版，第1112页。

③ 谢振民：《中华民国立法史》(下)，中国政法大学出版社，1991年版，第1121页。

④ 谢振民：《中华民国立法史》(下)，中国政法大学出版社，1991年版，第1122页。

法规定。

社会上的种种批评,使得国民政府觉得《工厂法》有再行修订的必要。1932 年 12 月,国民政府公布了修正的《工厂法》。修正法与原法的多数内容相同,主要的修正点有(1)《工厂法》的适用范围规定为"凡用发动机器之工厂,平时雇佣工人在三十人以上者"。原法的"汽力、电力、水力"六字删去。此点修正扩大了工厂法的适用范围,也使条文表述更加完整。(2)关于工作时间。工厂延长工作之总时间,改为每月不得超过 46 小时,较旧法规定多出 10 小时;童工禁止夜工之时间改为午后 8 时至翌晨 6 时,减少了 1 小时。(3)关于工人福利。有关女工分娩期待遇的规定增加了入厂时间的限制:"其入厂工作六个月以上者,假期内工资照给;不足六个月者,减半发给"。"工厂应于可能范围内建筑工人住宅",则是新增条款。(4)关于学徒。其最低年龄改为 13 岁。学徒学艺期间的津贴,定为"由主管官署,酌量各该地方情形,及工厂经济状况,拟定标准,呈请实业部核定之"。(5)关于工厂会议。有选举及被选举权的工人年龄分别由 18 和 24 岁,降为 16 和 20 岁;代表人数定为 3 ~ 9 人,增加了"工厂会议须有代表过半数之出席,其决议须有出席代表三分之二以上之同意"①一款。

从上述修改之处看,新法反映劳方要求的条文几乎没有。而资方的种种要求基本得到了反映。这就显示出国民政府这个政权的性质,也表明了它保护劳工利益的虚伪性。当然,由于要推行调和劳资矛盾的社会改良政策,国民党也未完全接受资方的全部要求。例如资方取消工厂会议的要求,国民党就没有接受。胡汉民在讲演中指出,工厂会议之设,"完全根本于总理取调和进化,不愿助长阶级之斗争的遗教"。他批评资本家的目光短浅,说:"可叹的是若干企业者,当法律颁行之始,并不注意到这所定的法律的内

① 《中华民国史档案资料汇编》第五辑第一编,江苏古籍出版社,1991 年版,第 98—107 页。

容，到快要施行的时候才指陈疑点，作展缓施行的请求。不明白法律，是法律程度的太差，请求展期是国民惰性的表现。有此两点，都不配做法治国家的国民。”他更哀叹：“目前中国较有知识的企业者，乃犹不免于此，我们真不能不认为是一个重大可忧的问题。”①胡汉民的演说反映的是，国民党对其苦心安排不为资本家了解的极度失望情绪。

造成近代政府干预劳动问题效果极差的原因大致有二：首先是社会改良政策本身的矛盾所致。20 世纪 30 年代，萨孟武批评国民党的劳动政策时就说：“资本家与劳动者的利害是不能一致的。我们绝对不能同时得到他们两者的拥护。我们要想得到资本家的拥护，便必须放弃劳动者；我们要想得到劳动者的拥护，便须放弃资本家。如果我们同时希望他们两个阶级都来拥护，则我们的政策只能模棱两可。然而模棱两可的政策，最终必为他们所厌弃。”②在雇佣劳动冲突十分尖锐的情况下，在执行调节的过程中，国民党的行为受政治的干扰十分突出，导致处理雇佣关系问题时畸轻畸重，难以保证公允立场。国民党劳动政策在大革命后及抗战后期的严重右倾，十分明显地留下了政治影响的痕迹。

其次，近代国家政权社会控制力的不足，劳工行政系统的不健全，也是近代国家干预难以取得实效的重要原因。近代中国的多数时间战乱频仍，中央政府对全国的控制力有限，从而导致中央的法律法令不能好好贯彻。比如北洋政府颁布的《暂行工厂通则》就未得到地方上的很好执行。在上海，以资本家为主的“上海工业委员会”认为“部颁之暂行工厂通则，未切实用”。他们更利用英国工场视察员来华之际，“采取英国法律，重订一工厂通则”，要求北洋政府实行。北洋政府农商部官员在调查时也发现，《暂行工厂通则》“各地不但并未遵守，且不知此项通则为何事，通则内容，彼

① 《国民党政府政治制度档案史料选编》（上），江苏古籍出版社，1991 年版，第 746 页。

② 萨孟武：《如何增厚党的力量》，《时代公论》第 4 号，1932 年 4 月。

且置之不问，始终淜不经心”；在华外国工厂也以中国工厂不遵行为由而拒绝实行。①

劳工行政指的是政府赖以调节雇佣劳动问题的行政机构。近代劳工行政由于政权的更迭而历有变化。劳动立法起自北洋政府，劳工行政的设立也始于斯。

1923 年前后北洋政府开始筹设劳工行政。对于这样的机关，北洋政府内部有种种意见，有主张设立劳动司的，有主张设立劳工委员会或劳工局的。后来，北洋政府内阁会议采用了统一劳工行政的主张，决定取消设司、设会之主张，专设一局，并合侨务于其内。这一决议遭到侨务局的反对。侨务局曾呈文内阁，主张劳工与侨务“各自独立，两不相涉为是”。侨务局的意见得到了外交部的支持。由于意见分歧，建立统一的劳工行政并未成功。最后，劳工行政呈各自为政的局面：农商部设有劳工科，内务部设有保工科，交通部设有惠工科，华工事务则归侨务局。在遇有问题时，由农商部出面召集外交、内务、交通三部及侨务局开会讨论。

国民党政权设立的劳工行政在其统治的各个时期也有不少变动。在大革命时期，根据国民党“一大”和“二大”所确定的劳动政策，广东国民政府设立了农工厅，国民党中央设立了工人部，以解决劳动问题，指导工人运动。在武汉国民政府时期，又设立了劳工部及农政部，“直辖于国民政府，管理全国劳工事务，监督劳工有关系之各机关，执行国民政府保护劳工之政策”②。

南京国民政府时期，为处理各种劳动问题，南京国民政府一建立，就着手建立专门的行政机构。1927 年 8 月，南京政府成立劳工局，以马超俊为局长。劳工局存在的时间很短，但仍然做了一些工作。如在宁汉合流以后，劳动局接管了原武汉政府劳工部的档案，调查了各地工会注册情况；设立了劳动法起草委员会，着手草

---

① 《中华民国史档案资料汇编》第三辑，江苏古籍出版社，1991 年版，第 187 页。

② 《中华民国史档案资料汇编》第四辑（上），江苏古籍出版社，1991 年版，第 83 页。

拟劳动法典等。1928 年春,国民政府改组,成立了工商部。劳工局的行政隶属关系也随之变更。国民党中央政治会议于第 130 次会议决定,劳工局的行政部分并入工商部,而为劳工司,劳动法起草委员会并入法制局。劳工局内设监理、保工、益工三科。监理科掌管的事项是:监督劳工团体;处理主雇间的纠纷及工人或工会间的纠纷;指导劳资协作,调查和改善劳资关系,进行劳工统计等。保工科掌管厂矿安全卫生设备之指导及检查事项;厂矿劳工待遇之考核及监督,工人工作能力及服务状况之考核事项和有关侨外华工情况的调查及保护等。益工科掌管的事情是,工人生活之改良及保障,工人保险及养老恤金,工人卫生及教育,工人合作社,劳工移植及职业介绍,工人失业及伤害之救济等。1931 年 1 月,农矿及工商两部合并为实业部。劳工司改隶实业部,内部设置也作调整,除了原来的三科外,复成立一科,专门处理国际劳工事项。[①]经此改组,国民政府劳动行政机构基本形成。此后,劳动行政机构只有一些小的调整,如劳工司的四科名称后来相应地改称为第一至第四科,而职责未变。1933 年 8 月,因推行工厂检查的需要,又成立了工厂检查处。

除国民政府劳工行政系统外,国民党还有一套党务系统,处理民运事项,也包括劳工事务。南京国民政府成立后,这套党务系统历经改组。国民党中央党部组织机构在 1928 年 2 月二届四中全会后,取消了昔日工人、农民两部分立的系统,缩为组织、宣传、训练三部,另设民众训练委员会,分科办理各项民运事项。国民党"三大"确定新的民运方针后,民众训练委员会在 1929 年 3 月被裁撤,其事务归并到组织与训练两部。以后为统一工作起见,有关民众组织训练等事项统归训练部办理。为适应这种变化,1929 年 10 月,训练部内的民众训练科被改组为民众训练处。"九一八"事变后,抗日民众运动高涨。为控制抗日民众运动,在国民党"四大"

① 李平衡:《一年来之劳工行政》,《劳工月刊》第二卷第 1 期,1933 年 1 月。

后,民众训练处被改组为民众运动指导委员会,进一步加强了对民众运动的控制力度。

国民党各省市党部,仿照中央党部,设立了相应的民运机构。1928 年间是民训会或民训科,1929 年后先后改组为训练科或股,办理一切关于民众团体的整理、改组与组织事宜。在十年内战期间,国民党中央训练部秉承国民党中央及中央常务委员会的指示,先后颁布了各种组织法令与各种训练纲领,加强对全国民众组织的取缔与控制。

抗战之初,由于适应战争需要而进行的国民政府改组,战前建立的劳动行政系统瓦解了。在实业部改组为经济部时,原实业部劳工司被取消,改在工业司内设专科管理劳工事宜。原有的中央工厂检查处也被撤销。劳动行政机构的缩小不适应战争动员的需要。随着战争的发展,国民党逐步重建劳工行政系统。国民党先在中央设立社会部,加强了对民众团体的控制。为推行人力动员计划,进行社会建设,1939 年,国民党中央根据蒋介石的指示,在第 193 次会议上决定将国民党中央社会部改隶于行政院,以通过政府系统开展社会动员。1940 年 11 月,国民党中央社会部正式改组为行政院社会部。1941 年 9 月,行政院发布了《非常时期统一社会运动办法令》,规定社会运动的主管官署,在中央为社会部,在省为社会处,未设社会处的省为民政厅,在直隶行政院的市为社会局,在县市为县市政府。社会部内设总务司、组织训练司、社会福利司和合作事业管理司等机构。其组织训练司第二科掌管工人团体,劳资纠纷的调解、仲裁及劳资协调的指导,侨外华工保护及国际劳工会议等有关事务。其社会福利司第二科掌管劳工福利事务,第四科掌管职业介绍;社会部直属的工矿检查室掌管工厂、矿山安全卫生及工厂法、矿厂法规定事项的检查工作。在《国家总动员法》颁布后,1942 年 9 月,社会部又增设劳动局。劳动局内设有三个处,专门执行国家总动员法所规定人力动员事项,从而形成了完整的劳动行政系统。这个系统一直维持到国民党统治的结束。

北洋时期劳工行政机构的不统一自然就影响到法律执行的效率。国民党时期虽然有了一个较为完整的行政系统,但该系统机构重叠,职责交叉,在短时间内机构设置变动过繁,缺乏稳定性,再加上基本上没有深入基层,经费和人员的不足也必然影响执法的效率。

结　论

近代各种雇佣关系的状况虽然具体情况千差万别，但是从总体上来讲，中国近代雇佣关系的发展极不成熟，主要表现在以下几个方面：

第一，近代雇佣关系存在着大量的非自由因素。自由是雇佣关系的灵魂。非自由因素在近代各种雇佣关系中均有或多或少的存在，尤以农业雇佣关系的状况最为突出。除少数经济发达的地区外，其他多数地区的农业雇佣关系广泛存在着诸如典当、债务奴役等多种类型的非自由雇佣劳动，因而近代农业雇佣关系的总体状况不容乐观。又如，近代工业中的雇佣关系是近代中国最先进的雇佣关系形态，然而，即使在这样一种雇佣关系中不仅雇佣劳动的管理存在大量的非经济强制手段，而且更有严重限制雇佣劳动者人身自由的学徒、包工等雇佣劳动制度的存在，给近代最先进的雇佣关系打上了深深的落后印记。出国劳工受雇于外国资本家。这一本不应该存在问题的雇佣关系，却因民族歧视的缘故也充满了对被雇佣者的限制和迫害。

第二，近代雇佣关系中主雇双方的权利义务严重不对称，平等关系失衡。主雇双方在权利义务交换上的平等关系状况是雇佣关系成熟与否的核心衡量标准。主雇双方法律地位的平等是主雇之间平等交换的前提，但并不能必然产生主雇双方权利义务交换的平等。由于经济地位的差异，雇主拥有十分明显的优势。他往往

利用这种优势加强对雇工的剥削。在雇佣关系发生纠纷之时,雇工往往缺乏捍卫自身利益的有效手段。在近代中国,无论是体力雇佣劳动关系还是脑力雇佣劳动关系,均存在这种情况,其中体力雇佣劳动关系的情况尤为严重。

第三,近代中国雇佣关系缺乏和谐性。主雇矛盾尖锐是其突出的表现。主雇关系存在矛盾是必然的,然而他们之间又是相互依存的。社会只有依靠这种依存,才能发展。矛盾冲突的过度必然会冲淡这种关系,也就会影响社会的正常发展。近代中国雇佣关系问题发生发展的过程证明了这一点。

造成这种不成熟的原因有客观方面的因素,即雇佣关系赖以产生的历史条件发育不充分,致使近代中国雇佣关系从一开始就存在先天性的缺陷。与过去相比,近代中国的商品经济是有了不少的进步,但其实际发展程度毕竟有限。这首先是单位商品生产的规模有限,近代农业商品经济发展的情况就是这样的。其次是单种商品经济的总体规模有限,近代工业经济的情况就是这种类型的代表。

主观方面的原因,主要是近代雇佣关系自身的发展受到政治和社会等因素的影响而扭曲了它的本来面目。雇佣关系首先是一种经济关系,但是近代中国的雇佣关系显然政治化了。之所以如此,在于拯救民族危机是近代中国的首要任务。政治斗争的尖锐复杂在近代中国十分突出。近代雇佣关系冲突的尖锐为政治势力的较量提供了一个理想场所。因此,任何政治势力在处理雇佣关系问题时都不能不考虑其他政治势力的态度,使得任何调节措施都难以保持公允。同时,近代中国社会动荡不安也往往起了激化矛盾的作用。

雇佣关系的政治化严重影响了它在近代中国的发展。一方面它把主雇矛盾上升为政治问题,不仅加剧了主雇双方的严重对立,也大大限制了雇佣关系问题缓和的空间,助长了主雇矛盾的零和博弈;另一方面它也限制了近代中国政府调节雇佣关系的能力。

比如8小时工作制为国际劳工条约所规定，但中国绝大多数民族企业的技术水平限制了这一制度的推广。民国政府制定的《工厂法》照搬8小时规定时遭到资方的猛烈批评。当修订的工厂法规定了超过8小时的工作时间时，劳方就以实现国际规定为由掀起政治斗争。在兼顾经济发展和劳动者权益保护的平衡中，近代中国政府的性质使得它的任何措施难于得到社会一致的赞同。

近代中国雇佣关系发生发展的历史条件的欠缺制约了这一社会关系成熟的程度。反过来，雇佣关系的不成熟也深刻地影响着近代中国经济和社会的发展。从社会发展的历史趋势来看，社会分工和商品经济将日渐发达。由此，雇佣关系的存在与发展是无法阻挡的。和谐是经济、社会发展的必要条件。雇佣关系中存在矛盾，在某些情况下甚至激化，形成主雇双方的尖锐对立与冲突，是事物发展的必然。为了社会的安宁和发展，我们要正视雇佣关系中存在的问题，宣传健康的雇佣理念，正确地调节雇佣关系矛盾。近代雇佣关系与中国社会互动的历史给我们留下了丰富的经验教训。历史的启示就是：

首先，发展经济是建立良好和谐的雇佣关系的前提。近代中国雇佣劳动冲突日趋尖锐是总的趋势。但是这种总趋势并非一以往之，期间也有相对和缓的时期。仔细审视这样的状况可以发现，这些和缓时期往往就是近代中国社会经济发展相对较好的时段，例如相对于20世纪20年代激烈的劳动冲突来讲，20世纪初年，除"五四"运动发生的那一年外，劳动冲突是比较平和的。同样，20世纪20年代末到30年代中期，劳动冲突也不是很突出。之所以如此，是因为这两个时段恰好是旧中国资本主义经济发展相对较好的时段。前者由于辛亥革命推翻了清政府，开辟了资本主义发展的政治前途，加上第一次世界大战的爆发，西方列强暂时放松了对中国的经济压迫，并因战争的需要而加大了从中国的进口，从而使中国资本主义经济发展迎来了一段黄金时段。后者则是国民党完成了全国的政治统一，进行了货币改革，统一了国家的度量衡，

兴建了一些铁路公路等基础设施，一定程度改善了经济发展的环境。同时，国民党也进行了一些政府投资，建立一些国防和民用企业。

近代雇佣关系问题十分尖锐的根源是近代中国经济长期的停滞与衰败。近代中国经济长期的停滞与衰败的外在根源可以归结为外国的侵略和国内长期的战乱，内在的根源是中国的技术落后。外国的侵略压制了中国的经济发展，技术落后则使得中国经济失去了国际竞争力。主权的丧失使得外国在华企业可以置中国的法律于不顾，任意欺压中国工人。在技不如人的情况下，中国企业的生存与发展只能在雇佣劳动者身上打主意，也就必然引起劳动关系的紧张。因此，发展经济不仅要维护国家的主权，更要改变技术落后的状况，提高民族企业的竞争力。

其次，雇佣关系的发展不能单纯依靠市场，公允而适当的社会调节是雇佣关系健康发展的关键。一定的雇佣关系的形成依赖于市场，但是健康的雇佣关系的形成并不能由市场来保证。因为雇佣关系的天平往往倾向于雇主一方。在追求最大利润的目标下，只要对这一目标有利，雇主往往自觉或不自觉的侵犯劳动者的权益，诸如限制劳动者自由、强制加班加点等内容就会在劳动合同中出现。在生存压力下，劳动者往往也只能接受这些侵犯自身权益的条款。因此，必须有强有力的社会干预，才能保证雇佣关系的公平公正。

社会干预劳动关系并非侵犯契约自由，也并非不符合时代发展的潮流。在资本主义发展早期，资本家对工人的剥削极其严重。雇佣劳动者不仅工作时间长、劳动条件差、劳动强度大，而且劳动报酬仅限于工资而别无其他福利待遇。社会舆论对劳资关系也并没有多少关注。比如，根据契约自由原则，劳动契约所定的工资、劳动时间等内容，只要当事双方合意，并没有什么不对，就正如买卖契约一样，完全是买卖双方的自由，用不着国家来干涉。当时欧洲各资本主义国家的法律制度都是以罗马法为基础，专以保护财产和所有权为目的,完全忽视了劳动在人格上的价值,对劳动者的利益当然就漠不关心了。随着各种社会主义思想的出现,资本家对工人的种种剥削受到舆论的谴责。雇佣劳动者的权益引起了社会的关注。进入20世纪后,法律思想突破了罗马以来所谓“绝对所有权”思想,而一变为义务本位的观念,原来缔结契约是个人的绝对自由,现在则要受到社会公益上的诸多限制。放任自流的劳动关系也要置于政府的一定掌控之下。这种思想最先出现在美国,以后传播到欧洲等世界各地,成为20世纪初期著名的“进步运动”。正是此一背景,劳动立法应运而生,并逐渐把越来越多的劳动关系内容置于法律的调控之下。劳动立法的产生说明,劳动关系并不能依靠市场自生出社会公平。国家干预劳动关系所体现的社会角色就是社会公平与正义的化身。

当然,国家干预只有保持适当,才能促进雇佣关系的健康发展。这种适当干预的基本要求就是国家在调节雇佣关系矛盾时要抛弃政治意识形态影响,兼顾效益和公平,从社会发展的角度着眼,强调通过发展经济来逐步解决市场经济下雇佣关系矛盾,既要避免犯片面保护雇佣劳动者利益的错误,也要注意防止走向另一个极端。

为此,必须更新观念,正确把握主雇双方的利益所在,应该承认雇佣关系中存在某种程度的“剥削”是必然的。市场经济和私有经济的发展必然带来社会成员个人收入的差距,产生个人财富积累的不同,形成主雇之别。社会经济的发展和财富的积累不仅依靠劳动,也必须有赖于资本的投入。只有有利可图,社会资本才会被吸引到生产领域中来。同样,劳动者只有享受到社会进步的成果,才能促进其自身素质的提高,更多更好地创造社会财富。因此,只要我们还需要通过市场经济发展生产,就要承认一定程度的“剥削”的存在。允许这种“剥削”,保护和限制合法“剥削”,坚决打击非法“剥削”。国家干预雇佣关系,保护雇佣劳动者利益,不是要片面提高雇佣劳动者的待遇,而是保障雇佣劳动者的生存,为

其发展创造必要的条件。

兼顾主雇双方的利益是国家干预雇佣关系的基点。近代雇佣劳动关系的现实不能得出国家干预的实践违背事物发展规律的结论。同样,社会改良政策在近代的挫折也不能否认它在历史发展中的积极意义。总结近代国家干预失败的原因,重要的一点就是从促进社会经济发展和民族的强大着眼,正确把握主雇双方的利益交汇,扩大利益共同点,缩小利益分歧。只有这样,才能培养良好的雇佣关系,促进社会的健康发展。

主要参考文献

一、理论文献

《马克思恩格斯全集》,人民出版社1972年。

《资本论》,中国社会科学出版社1983年。

《毛泽东著作选读》,人民出版社1986年。

《陈独秀文章选编》,上海三联书店1984年。

《邓中夏文集》,人民出版社1983年。

《瞿秋白文集(政治理论编》,人民出版社1996年。

《李大钊文集》(上),人民出版社1984年。

《蔡和森文集》(上),湖南人民出版社1978年。

《刘少奇选集》上卷,人民出版社1981年。

《恽代英文集》,人民出版社1984年。

《孙中山全集》,中华书局1985年。

秦孝仪主编:《国父全集》,台北近代中国出版社1989年。

二、档案与史料汇编

彭泽益:《中国近代手工业史资料》,上海三联书店1957年。

彭泽益:《中国工商行会史料集》,中华书局1995年。

姚贤镐:《中国近代对外贸易史资料(1840—1895)》,中华书局1962年。

严中平:《中国近代经济史统计资料选辑》,科学出版社1955年。

孙毓棠编:《中国近代工业史资料(1840—1895)》第一辑

(上),科学出版社 1957 年。

陈真主编:《中国近代工业史资料》,上海三联书店。

汪敬虞编:《中国近代工业史资料(1895 - 1914)》第二辑(上),科学出版社 1957 年。

章有义:《中国近代农业史资料》第 2、3 辑,上海三联书店 1957 年。

李文治:《中国近代农业史资料》第 1 辑,上海三联书店 1957 年。

刘明逵,唐玉良:《中国近代工人阶级和工人运动》,中共中央党校出版社 2000 年。

王铁崖:《中外旧约章汇编》第 1 册,上海三联书店 1957 年。

陈旭麓等:《盛宣怀档案资料选辑:上海机器织布局》,上海人民出版社 2001 年。

陈翰笙主:《华工出国史料》,中华书局 1981 年。

实业部劳工司:《劳工法规汇编》,中山公记印书馆 1937 年。

穆煜,严学熙:《大生纱厂工人生活的调查》,江苏人民出版社 1994 年。

陈旭麓等:《盛宣怀档案资料选辑:湖北开采煤铁总局/荆门矿务局》,上海人民出版社 1981 年。

工商部劳工司编:《各地劳资新旧合约类编(机械类)》,京华印书馆 1930 年。

朱邦兴等:《上海产业与上海职工》,上海书店版。

张枬、王忍之:《辛亥革命前十年间时论选集》第二卷(下),上海三联书店 1963 年。

葛懋春等编:《无政府主义思想资料选》(上),北京大学出版社 1984 年。

夏东元编:《郑观应集》(上),上海人民出版社 1987 年。

王云五、李圣五主编:《劳工问题》,商务印书馆 1933 年。

秦孝仪编:《革命文献》,中国国民党中央委员会党史委员会资料,1983 年。

秦孝仪编:《中华民国重要史料初编——对日抗战时期》,中国国民党中央委员会党史委员会 1988 年。

彭明:《中国现代史资料选辑》第三册,中国人民大学出版社 1988 年。

荣孟源:《中国国民党历次代表大会及中央全会资料》(上),光明日报出版社 1985 年。

第二历史档案馆:《国民党政府政治制度档案史料选编》,安徽教育出版社 1994 年。

《江苏省明清以来碑刻资料选集》,上海三联书店 1959 年。

王新:《上海民族机器工业》,中华书局 1979 年。

《中国近代史资料丛刊》,上海人民出版社 1961 年。

《荣家企业史料》(上),上海人民出版社 1962 年。

《天津商会档案汇编》(下),天津人民出版社 1989 年。

《中华民国法规大全》第三册,商务印书馆 1936 年。

《英美烟公司在华企业资料汇编》,中华书局 1983 年。

《上海地方史资料》(三),上海社会科学院出版社 1984 年。

《上海钱庄史料》,上海人民出版社 1960 年。

《中华民国史档案资料汇编》,江苏古籍出版社 1991 年。

《闽南契约文书综录》,《中国社会经济史研究》1990 年增刊。

《张季子九录》,上海书店版。

《南洋兄弟烟草公司史料》,上海人民出版社 1960 年。

《旧中国开滦煤矿的工资制度和包工制度》,天津人民出版社 1983 年。

《民国二十二年中国劳动年鉴》,台北文海出版社 1992 年。

《第二次中国劳动年鉴》,大北印书局 1932 年。

《五四时期期刊介绍》,人民出版社 1959 年。

《中共中央文件选集》,中共中央党校出版社 1989 年。

《国际条约集(1917—1923)》,世界知识出版社 1961 年。

《五四运动在上海史料选辑》,上海人民出版社 1960 年。

《李文忠公全集》。

三、研究专著

景甦、罗仑:《清代山东经营地主经济研究》,齐鲁书社 1985 年。

田昌五、漆侠:《中国封建社会经济史》第四卷,齐鲁书社 1996 年。

杨国桢:《明清土地契约文书研究》,人民出版社 1988 年。

李文治等:《明清两时代的农业资本主义萌芽问题》,中国社会科学出版社 1983 年。

王方中:《中国近代经济史稿》,北京出版社 1982 年。

郑友揆:《中国的对外贸易和工业发展》,上海社会科学院出版社 1984 年。

吴承明:《帝国主义在旧中国的投资》,人民出版社 1955 年。

张仲礼:《近代上海城市研究》,上海人民出版社 1991 年。

李侃、李时岳等:《中国近代史》(第四版),中华书局 1994 年。

汪敬虞:《中国近代经济史(1895—1927)》(中),人民出版社 1998 年。

彭南生:《中间经济:传统与现代之间的中国近代手工业(1840—1936)》,高等教育出版社 2002 年。

陈正谟:《各省农工雇佣习惯之调查研究》,《中山文化教育馆季刊》,创刊号。

聂宝璋:《中国买办资产阶级的发生》,中国社会科学出版社 1979 年。

郝延平:《十九世纪的中国买办》,上海社会科学院出版社 1988 年。

黄逸峰等:《旧中国的买办阶级》,上海人民出版社 1982 年。

汪敬虞:《唐廷枢研究》,中国社会科学出版社 1983 年。

张仲礼、陈曾年:《沙逊集团在中国》,人民出版社 1985 年。

沙为楷:《中国买办制》,商务印书馆 1934 年。

庄国土:《中国封建政府的华侨政策》,厦门大学出版社 1989。

谢振民:《中华民国立法史》,中国政法大学出版社 2000 年。

张国辉:《洋务运动与中国近代企业》,中国社会科学出版社 1979 年。

王永玺:《中国工会史》,中共党史出版社 1992 年。

陈达:《中国劳工问题》,上海书店版。

王建初、孙茂生主编:《中国工人运动史》,辽宁人民出版社 1987 年。

彭明:《五四运动史》,人民出版社 1984 年。

丁守和、殷叙彝:《从五四启蒙运动到马克思主义的传播》,三联书店 1979 年第二版。

徐善广、柳剑平:《中国无政府主义史》,湖北人民出版社 1989 年。

吕芳上:《革命之再起——中国国民党改组前对新思潮的回应(1914—1924)》,(台北)中央研究院近代史所 1989 年。

齐武:《抗日战争时期中国工人运动史稿》,人民出版社 1986 年。

李剑华:《劳动问题与劳动法》,上海法科大学出版部 1928 年。

《旧中国的资本主义生产关系》,人民出版社 1977 年。

《武汉工人运动史》,辽宁人民出版社 1987 年。

汪荣祖:《五四研究论文集》,台北联合出版公司 1979 年。

四、史学论文

刘永成:《论清代雇佣劳动》,《历史研究》1962 年第 4 期。

魏金玉:《试说明清时代雇佣劳动者与雇工人等级之间的关系》,《中国经济史研究》1986 年第 4 期。

刘永成:《论中国资本主义萌芽的历史前提》,《中国史研究》1979 年第 2 期。

王宏钧、刘如仲:《广东佛山资本主义萌芽的几点探讨》,《中国历史博物馆馆刊》1980 年第 2 期。

欧阳凡修:《明清两代农业雇工法律上人身隶属关系的解放》,《经济研究》1961 年第 6 期。

汪熙:《从英美烟草公司看帝国主义的经济侵略》,《历史研究》1976 年第 4 期。

刘克祥:《中国近代的地主雇工经营和经营地主》,《中国经济史研究》1994 年增刊。

吴桂龙:《论上海开埠初期的通事和买办》,《史林》1996 年第 4 期。

汪熙:《关于买办制度》,《近代史研究》1980 年第 2 期。

彭雨新:《抗日战争前汉口的洋行和买办》,《理论战线》1959 年第 2 期。

李良玉:《加强对中国近代商业文明的研究》,《经济研究》1994 年第 6 期。

丛翰香:《关于中国民族资本的原始积累问题》,《历史研究》1962 年第 2 期。

蒋顺兴、杜裕根:《论北洋政府的侨务政策》,《民国档案》1993 年第 4 期。

刘克祥:《甲午战争后自由的、资本主义的农业雇佣劳动的发展》,《中国经济史研究》1990 年第 4 期。

尹天民:《安徽宿县农业雇佣劳动者的生活》,《东方杂志》第 32 卷第 12 号。

陈廷煊:《近代中国农业雇佣关系的封建性》,《中国经济史研究》1987 年第 3 期。

刘克祥:《甲午战争后的中国农业封建性雇佣劳动》,《中国经济史研究》1992 年第 1 期。

孙晓村:《现代中国的农业经营问题》,《中山文化教育馆季刊》1936 年夏季号。

严中平:《英国资产阶级纺织利益集团与两次鸦片战争》,《经济研究》1955 年第 1—2 期。